中国社会科学院文库
历史考古研究系列
The Selected Works of CASS
History and Archaeology

中国社会科学院创新工程学术出版资助项目

中国社会科学院文库 · 历史考古研究系列
The Selected Works of CASS · History and Archaeology

魏晋南北朝谥法制度研究

THE RESEARCH ON THE POSTHUMOUS TITLE SYSTEM IN THE WEI, JIN, SOUTHERN AND NORTHERN DYNASTIES

戴卫红 著

中国社会科学出版社

图书在版编目（CIP）数据

魏晋南北朝谥法制度研究 / 戴卫红著．—北京：
中国社会科学出版社，2024.6
（中国社会科学院文库）
ISBN 978-7-5227-2699-1

Ⅰ．①魏… Ⅱ．①戴… Ⅲ．①谥法—研究—中国—魏晋南北朝时代 Ⅳ．①K892.98

中国国家版本馆 CIP 数据核字（2023）第 200514 号

出 版 人	赵剑英
选题策划	宋燕鹏
责任编辑	金　燕
责任校对	李　硕
责任印制	李寡寡

出　版		中国社会科学出版社
社　址		北京鼓楼西大街甲 158 号
邮　编		100720
网　址		http://www.csspw.cn
发 行 部		010-84083685
门 市 部		010-84029450
经　销		新华书店及其他书店
印　刷		北京君升印刷有限公司
装　订		廊坊市广阳区广增装订厂
版　次		2024 年 6 月第 1 版
印　次		2024 年 6 月第 1 次印刷
开　本		710×1000　1/16
印　张		27.75
字　数		437 千字
定　价		156.00 元

凡购买中国社会科学出版社图书，如有质量问题请与本社营销中心联系调换
电话：010-84083683
版权所有　侵权必究

《中国社会科学院文库》出版说明

《中国社会科学院文库》(全称为《中国社会科学院重点研究课题成果文库》)是中国社会科学院组织出版的系列学术丛书。组织出版《中国社会科学院文库》,是我院进一步加强课题成果管理和学术成果出版的规范化、制度化建设的重要举措。

建院以来,我院广大科研人员坚持以马克思主义为指导,在中国特色社会主义理论和实践的双重探索中做出了重要贡献,在推进马克思主义理论创新、为建设中国特色社会主义提供智力支持和各学科基础建设方面,推出了大量的研究成果,其中每年完成的专著类成果就有三四百种之多。从现在起,我们经过一定的鉴定、结项、评审程序,逐年从中选出一批通过各类别课题研究工作而完成的具有较高学术水平和一定代表性的著作,编入《中国社会科学院文库》集中出版。我们希望这能够从一个侧面展示我院整体科研状况和学术成就,同时为优秀学术成果的面世创造更好的条件。

《中国社会科学院文库》分设马克思主义研究、文学语言研究、历史考古研究、哲学宗教研究、经济研究、法学社会学研究、国际问题研究七个系列,选收范围包括专著、研究报告集、学术资料、古籍整理、译著、工具书等。

中国社会科学院科研局
2006 年 11 月

目录

绪　论 …………………………………………………………（1）

第一章　魏晋南北朝时期谥法著述与史料 ………………（23）

　第一节　魏晋南北朝时期谥法著述 ………………………（24）
　　一　魏晋时期的谥法文献 ……………………………（24）
　　二　梁朝谥法文献 ……………………………………（28）
　　三　魏晋南北朝谥法著作丰硕的原因 ………………（32）

　第二节　吐鲁番出土《谥法》残本 …………………………（35）
　　一　吐鲁番出土《谥法》图版与释文 …………………（36）
　　二　吐鲁番出土《谥法》残本释文考证 ………………（38）
　　三　吐鲁番出土《谥法》残本源流考 …………………（48）

　第三节　魏晋南北朝墓志中的谥号实际样态 ……………（49）
　　一　墓志谥号与史书记载的异同 ……………………（50）
　　二　墓志主人谥号刻写的实际样态 …………………（76）

　第四节　魏晋南北朝诔、哀策、行状和谥法的关系 ………（118）

第二章　魏晋南北朝时期帝王谥法 ………………………（125）

　第一节　帝王谥法的理论建构 ……………………………（126）
　　一　帝王谥法理论的建构 ……………………………（126）
　　二　帝王谥字 …………………………………………（130）

　第二节　帝王谥法的礼仪范式 ……………………………（140）

一　群臣议谥 …………………………………………………（142）
　　二　南郊告谥于天 ……………………………………………（146）
　　三　题谥于神主之背 …………………………………………（151）
　第三节　魏晋南北朝皇帝谥号用字、字数 …………………（152）
　　一　魏晋南北朝皇帝谥号用字 ………………………………（157）
　　二　魏晋南北朝皇帝谥号字数 ………………………………（160）
　第四节　帝王谥法的实际操作 ………………………………（161）
　　一　追谥禅位皇帝的谥号 ……………………………………（161）
　　二　追尊皇帝谥号 ……………………………………………（164）
　　三　改谥 ………………………………………………………（172）
　　四　十六国私谥后中原王朝的给谥 …………………………（176）
　　五　高昌国谥法考 ……………………………………………（178）

第三章　魏晋南北朝时期妇人谥法 ………………………（181）
　第一节　妇人谥法的理论建构 ………………………………（182）
　　一　妇人谥法理论的建构 ……………………………………（182）
　　二　妇人谥字 …………………………………………………（185）
　第二节　皇后谥法的礼仪范式 ………………………………（186）
　　一　未谥前称大行皇后 ………………………………………（188）
　　二　皇后谥成于庙 ……………………………………………（189）
　　三　铭旌尊称皇后，彰以谥号 ………………………………（191）
　第三节　皇后谥号的用字、字数 ……………………………（192）
　　一　魏晋南北朝时期皇后谥号用字 …………………………（193）
　　二　魏晋南北朝时期皇后谥号字数 …………………………（197）
　第四节　皇后得谥的实际操作 ………………………………（198）
　　一　皇后谥号的取得 …………………………………………（198）
　　二　追谥皇后的谥号 …………………………………………（202）
　　三　皇后出家为尼后几无谥号 ………………………………（212）

第五节　太后谥法 …………………………………………… (216)
    一　太后谥法的礼仪 ………………………………………… (217)
    二　太后谥的实际操作 ……………………………………… (218)
    三　保太后的谥号 …………………………………………… (220)
    四　追尊太后及谥号 ………………………………………… (221)

第六节　嫔妃、宗室王妃、公主之谥法 …………………… (224)
    一　嫔妃谥 …………………………………………………… (225)
    二　太子妃谥 ………………………………………………… (236)
    三　宗室诸王妃谥 …………………………………………… (236)
    四　公主谥 …………………………………………………… (246)

第七节　官宦妇人和平民妇人谥 …………………………… (255)
    一　皇亲国戚、官宦妇人谥 ………………………………… (255)
    二　平民妇人谥 ……………………………………………… (262)

第四章　魏晋南北朝时期太子、宗室、外戚谥法 ……… (264)

第一节　太子谥号 …………………………………………… (264)
    一　太子谥号有无议 ………………………………………… (265)
    二　太子谥号的实际操作 …………………………………… (267)

第二节　宗室谥号 …………………………………………… (272)
    一　宗室谥号的获得 ………………………………………… (273)
    二　宗室谥号的追谥 ………………………………………… (304)

第三节　外戚谥号 …………………………………………… (313)
    一　魏晋南朝的外戚追谥和给谥 …………………………… (313)
    二　北朝的外戚追谥和给谥 ………………………………… (320)

第五章　魏晋南北朝时期百官谥法 ……………………… (325)

第一节　魏晋南北朝得谥官员身份的重大转变 …………… (326)
    一　曹魏、两晋得谥官员身份的变化 ……………………… (327)
    二　南朝得谥官员身份的转变 ……………………………… (335)

  三 北朝得谥官员身份的转变 ……………………………（336）
  四 高昌官员未见谥号 ………………………………………（338）
 第二节 百官给谥程序 …………………………………………（339）
  一 魏晋南朝官员的给谥程序 …………………………………（340）
  二 北朝的给谥程序 ……………………………………………（347）
 第三节 魏晋南北朝时期官员谥号用字和字数 ………………（360）
  一 魏晋南北朝官员单、复谥 …………………………………（360）
  二 魏晋南北朝官员谥号用字 …………………………………（392）
 第四节 君臣同谥议 ……………………………………………（397）

第六章 魏晋南北朝时期隐逸谥法 …………………………（400）

 第一节 隐逸得谥的途径 ………………………………………（400）
  一 门生亲故私谥 ………………………………………………（402）
  二 朝廷赐谥、追谥 ……………………………………………（406）
 第二节 隐逸的谥号用字、字数 ………………………………（411）

结 论 ……………………………………………………………（415）

参考文献 ……………………………………………………………（419）

后 记 ……………………………………………………………（432）

绪　　论

　　《礼记·礼运》："夫礼必本于天，殽于地，列于鬼神，达于丧、祭、射、御、冠、昏、朝、聘。故圣人以礼示之，故天下国家可得而正也"①，"礼"存在于人们生活的方方面面，在古代国家治理中具有举足轻重的地位，《礼记·曲礼》云"道德仁义，非礼不成"。在吉、凶、宾、军、嘉"五礼"中，谥法便是"凶"礼中的一部分。

　　《逸周书·谥法解》载："维周公旦、太公望开嗣王业，攻于牧野之中，终葬，乃制谥徐法。谥者，行之迹也……是以大行受大名，细行受小名，行出于己，名出于人"②，此篇交代了制谥的来源、谥的概念以及制谥的规则。《周礼》"谥，行之迹也"③，《说文解字·言部》"䛐"曰："谥者，行之迹也。从言，益声。"④"谏生时所行为之谥"⑤，"谥者，别尊卑，

---

①（清）孙希旦撰，沈啸寰、王星贤点校：《礼记集解》卷二一《礼运第九之一》，中华书局1989年版，第585页。
② 黄怀信：《逸周书校补注释·谥法解第五十四》，三秦出版社2006年版，第263页。《逸周书·谥法解》宣称此篇系由周公姬旦所述，故而古人称之为《周公谥法》，又被简称为《谥法》。详见汪受宽《谥法研究》，上海古籍出版社1995年版，第221页。
③（清）孙诒让：《周礼正义·春官宗伯第三下·大祝》引《说文》，中华书局1987年版，第1995页。
④（汉）许慎撰，（清）段玉裁注：《说文解字注》，上海古籍出版社1981年影印版，第101页。
⑤（汉）王充撰，黄晖校释：《论衡校释·道虚篇第二十四》，中华书局1990年版，第314页。

彰有德也"①，"先王谥以尊名"②，《史记·乐书》所载："故观其舞而知其德，闻其谥而知其行"③，由此可见，谥所体现的是生前的行为功绩。

一 谥法的概念

谥是古人死后的一种特殊称号。古代帝王、诸侯、高官大臣死后，朝廷根据他们的生平行为，给予一个称号，这就是谥或谥号。由于它是名字之后新增的称呼，所以在字形上写作"谥"。历代相沿形成的有关给谥的一套规定和法则，就是谥法。由于谥号是对死者一生德行的正式评价，关系到死者的毁誉荣辱，也关系到社会对其本人及子孙的看法，故极受社会的重视，所谓"生有名，死有谥。名乃生者之辨，谥乃死者之辨"④。谥法是维护封建等级制度的工具，对古代社会政治等级制度及官僚制度的发展有着不容忽视的作用。

据文献记载，周初天子称天以谥，诸侯以下赐谥，其或不赐，臣子不得私谥。春秋时命谥之制承接西周，又有变化。一方面，制谥仍根据死者生前行迹。童书业认为："读《左传》、《史记》等书，知西周中叶以来，列国君臣以至周天子谥号，多与其人之德行、事业以至考终与否大略相当。"⑤春秋时有善谥，也有恶谥，大体沿袭西周。另一方面，在给谥的对象及赐谥之礼仪等方面又有所变化，虽然卿大夫死后，仍主要由国君定其谥号，然诸侯之谥，已由大臣及公子议定，并出现了私谥。当时鲁国不仅有谥君、谥大夫，且有谥妃、谥士。诸如此类的谥号是周初制定《谥法》时所未能预见的。周初《谥法》不可能满足春秋时这众多的、行迹各异的给谥对象。因此，春秋时期对周初《谥法》进行增益、修改是必然的。但是，春秋战国时期，谥法并没有形成固定的制度，《春秋》中所载谥号，周天子的格式为"葬+谥号+王"，即葬后举谥。在《春秋》中，除去悼

---

① （汉）班固撰，（清）陈立疏证：《白虎通疏证》附录六《白虎通义定本·卷二·谥篇》，中华书局1994年版，第768页。
② （清）朱彬：《礼记训纂》卷三二《表记》，中华书局1996年版，第790页。
③ （汉）司马迁撰，（南朝宋）裴骃集解，（唐）司马贞索隐，（唐）张守节正义，中华书局编辑部点校：《史记》卷二四《乐书第二》，中华书局1982年版，第1197页。
④ （宋）郑樵：《通志》卷四六《谥略·序论一》，中华书局1995年版，第785页。
⑤ 童书业：《春秋左传研究》，中华书局2006年版，第382页。

王和敬王，共记载12位天子，其中载崩、葬、谥者分别是桓王、襄王、匡王、简王和景王，如"（桓公十五年）三月乙未，天王崩。（庄公三年）五月，葬桓王"。载崩而缺葬后举谥者为平王、惠王、定王和灵王，崩葬皆缺者为庄王、僖王、顷王。①

秦灭六国，统一天下之后，颁布了废止谥法的诏书："制曰：'朕闻太古有号毋谥，中古有号，死而以行为谥。如此，则子议父，臣议君也，甚无谓，朕弗取焉。自今已来，除谥法。朕为始皇帝。后世以计数，二世三世至于万世，传之无穷。'"② 因此，秦始皇、二世及此时段死去的大臣均未见有谥号。

不过，随着秦的灭亡，这一禁令便解除了。史载，陈胜、吴广起义，儒生"持孔氏之礼器，往归陈王"，陈胜死后，被谥为隐王。③ 而刘邦也令叔孙通制定礼仪制度，汉立，便谥其生母为昭灵夫人④，长兄刘伯为武侯，妻兄吕泽为令武侯⑤，张耳、吴芮、留胜等异姓王侯也有赐谥，谥法又恢复施行。

随着官僚制度的发展，两汉时期的谥法制度比先秦时期的谥法更规范，发展至唐朝，谥法制度更加制度化、规范化，而魏晋南北朝时期便是谥法制度走向成熟的一个重要过渡阶段。

二 学术史回顾

目前专门研究谥法、在学术界影响颇大的，仅有汪受宽《谥法研究》一书。⑥《谥法研究》是第一部用白话文撰成的系统性研究谥法制度的著作。全书正文分十一章，分别阐述了谥法的产生、历朝谥法的概述、帝王谥法、皇后嫔妃谥法、太子公主宗室谥法、百官谥法、特种人物谥法、私谥、谥法的经典性文献——《逸周书·谥法解》、历代谥法著述考略、谥

---

① 董常保：《〈春秋〉所载周天子谥号体例考析》，《天中学刊》2012年第4期。
② 《史记》卷六《秦始皇本纪》，第236页。
③ 《史记》卷四八《陈涉世家》，第1958页。
④ 集解引《陈留风俗传》，详见《史记》卷八《高祖本纪》，第342页。
⑤ 徐广曰："名泽，高祖八年卒，谥令武侯，追谥曰悼武王。"详见《史记》卷九《吕太后本纪》，第396页。
⑥ 汪受宽：《谥法研究》，上海古籍出版社1995年版。

法的意义和谥法学的应用；书中还附录部分"谥字集解"，从古籍中钩稽出谥字404个，谥解1700余条，以笔画检字法加以编制，极大地便利了谥法研究者及其他人士使用。

20世纪以来有关谥号和谥法研究的论文共有百余篇，关注点主要集中在：（一）关于谥法文献著述的研究；（二）关于谥法起源的探讨；（三）关于"生称谥"问题；（四）关于谥号、谥法的研究；（五）关于谥法的作用、影响等五个方面的研究。

（一）关于谥法文献著述的研究

谥法在中国古代是一门显学，学者们撰写了很多著作，其中，产生时代最早、影响最深、最为经典的文献为《逸周书·谥法解》。

有清一代，《逸周书》注家先后有卢文弨、王念孙、潘振、陈逢衡、丁宗洛、唐大沛、何秋涛、朱右曾、朱骏声、俞樾、孙诒让、于曾等十余家，其中卢文弨《逸周书雠校》十卷，是清代较早的善本；陈逢衡《逸周书补注》二十四卷；朱右曾《逸周书集训校释》。民国初年，又有刘师培、陈汉章二家，其中刘师培《周书补正》六卷搜罗了宋代以来的各种善本，进行了详细的勘校；另著有《周书略说》一篇，考证《逸周书》的篇章原貌。近年，上海古籍出版社出版了黄怀信、张懋镕、田旭东合撰的《逸周书汇校集注》，对第五十四篇《谥法解》的汇校集注是最新的校注。[①]

汪受宽在《谥法研究》中用了一章的篇幅对《逸周书·谥法解》做了两方面的探讨，一是关于《谥法解》的成书年代及其作者的蠡测，认为《谥法解》是一位楚国的儒生纂成于公元前370年至前321年间；二是《谥法解》的流传和版本。[②]

薛金玲依据古文献和社会历史发展的规律，对《逸周书·谥法》著作的时代进行了辨别、分析和考证，认为现存《逸周书·谥法》是春秋时期在周初《谥法》的基础上增益、修改而成的。[③] 蔡升奕针对《谥法解》各

[①] 黄怀信、张懋容、田旭东：《逸周书汇校集注》，上海古籍出版社2007年版。
[②] 汪受宽：《谥法研究》，第220—241页。
[③] 薛金玲：《〈逸周书·谥法〉时代辨析》，《西安石油学院学报（社会科学版）》2003年第3期。

家旧校注及黄怀信《逸周书校补注译》中的《谥法解》篇，对《谥法解》中的某些条文进行了考证，如他认为"称善□简曰圣"，缺处当补"副"字，"简"是实情的意思；"立制及众曰公"，"制"字当作"志"，是指的"无私"之志；①"刑民克服曰武"，"武"字当是"成"之误，"成"与"武"形近，易致误。②向燕南订正了《谥法通考》中的一些讹误。③

楼劲考索各种文献典籍，追溯了汉末魏晋谥法的源流，使我们更清楚地认识了魏晋南北朝时期谥法文献及谥法依据。④笔者曾对吐鲁番出土《谥法》残本进行过讨论，认为吐鲁番文书所见《谥法》残本可能是从北朝政权流传至高昌的，高昌王谥号受到了十六国北朝帝王谥号的影响。⑤

（二）关于谥法的起源

对谥法产生的时间，学术界主要关注谥法的产生时间和《谥法》论著的产生时间这两方面。"谥"的产生时间，主要有几种观点：一种认为周前也有谥。《太平御览》引《风俗通》云："自尧以上，王者子孙据国而起，功德浸盛，故造谥。"清代陈立认为，生有爵，死有谥，应是周前之礼。⑥1945年屈万里发表《谥法滥觞于殷代论》一文，认为"谥法之成为定制虽晚，而谥号之发生实始于殷代末年"。他认为，殷代王公以日干为庙号，乃出于后人避讳所追命，然日干数量有限，积世既久则不免重复，于是又追加名号以相区别，其中与先王行迹相符的特号，如武丁、武乙、文武丁之类，即为"谥法滥觞之始"。⑦而范文澜在《文心雕龙注》、汪受宽在《谥法研究》中都认为谥产生于西周之前。彭裕商认为，"谥法的兴起应上溯到晚商文丁之时"⑧，而周初谥法已进入成熟阶段。

---

① 蔡升奕：《读〈逸周书·谥法解〉旧校旧注札记》，《吉安师专学报》1999年第2期。
② 蔡升奕：《读〈逸周书·谥法解〉旧校旧注续记》，《古籍研究》1999年第1期。
③ 向燕南：《〈四库全书总目〉王圻〈谥法通考〉提要订误》，《北京师范大学学报（社会科学版）》2000年第2期。
④ 楼劲：《〈玉海〉五四〈艺文部〉所存沈约〈谥例序〉文笺解——汉末魏晋几种谥法文献的有关问题》，《文史》2005年第1辑，第33—55页。
⑤ 戴卫红：《吐鲁番文书所见〈谥法〉残本略考》，《吐鲁番学研究》2010年第1期。
⑥ 陈立：《白虎通疏证》，中华书局1994年版，第69—72页。
⑦ 屈万里：《谥法滥觞于殷代论》，《中研院历史语言研究所集刊》第13本，1948年，第219—226页。
⑧ 彭裕商：《谥法探源》，《中国史研究》1999年第1期。

另一种观点便是认为谥法起源于周初。杜勇认为这些看法实际上是把殷人的日名制与周人所行的谥法并为一谈，看成源与流的关系，同样是值得讨论的。把日名制视为谥法的前身或谥法的形成阶段都是不够妥当的，因为它既产生于谥法行用之前，也流行于谥法方兴之后，不存在时间上前后相续的情况。正确的理解可能是，日名制与谥法是内涵不同的两种易名之典，前者为殷人之俗，后者为周人之制。并认为传统看法认为谥法兴于周初，还是可以信据的。①《御览》引《礼记外传》曰："古者生无爵，死无谥，《谥法》，周公所为也。尧、舜、禹、汤，皆后追议其功也。"又葛洪《抱朴子》："上古无谥，始于周家。"薛金玲在《谥法起源探析》一文中依据文献记载和青铜铭文的考证认为：谥法产生于周初，是在商末"美称"的基础上改造而成的。②

班簋铭末有这样一段话："班非敢觅，隹乍（作）邵（昭）考爽，益（谥）曰大政。"铭中的"益"字，诸家均隶定为"谥"，但释义各有不同。一种意见以郭沫若为代表，谓"谥，号也。言班非敢有所希冀，谨作昭考之祭器，名之曰大政"③。另一种意见以唐兰为代表，他说："班不敢隐藏，这做昭考明谥，称为'大政'"，"这是毛伯班为毛公加的谥"④。由此引出一种观点认为西周中期已有姬姓诸侯死后制谥之事。

王国维等根据金文考释得出结论，认为谥法应当形成于西周中期的恭王、懿王阶段，⑤ 这一说法得到广泛认同。刘仕平认为至迟到周厉王时，已有谥法制度。谥法只能产生于周孝王、周夷王、周厉王三朝，而不会在这之前或之后。⑥

汪受宽《谥法制度》对谥法起源的周公制谥说、西周以前说、西周中期说、战国说进行了辨析，认为到周孝王时（约前909—前895年），谥法正式成为周朝制度了。⑦ 西周作为谥法初创阶段，尚未形成固定的规则。

---

① 杜勇：《金文"生称谥"新解》，《历史研究》2002年第3期。
② 薛金玲：《谥法起源浅析》，《西北大学学报（哲学社会科学版）》2000年第1期。
③ 郭沫若：《两周金文辞大系图录考释》第六册，科学出版社1957年版，第22页。
④ 唐兰：《西周青铜器铭文分代史征》，中华书局1986年版，第348、354页。
⑤ 王国维：《观堂集林》卷一八《遹敦跋》，中华书局1959年版。
⑥ 刘仕平：《谥法的起源、种类及研究谥法的意义》，《武警工程学院学报》2001年第1期。
⑦ 汪受宽：《谥法研究》，第1—16页。

从传世文献看，春秋时期已行谥法是毋庸置疑的。

另外，大多数学者主要探讨《谥法》这一著作的产生时代。汪受宽持战国说。他认为"显"字未收于《谥法解》，这是公元前321年去世的周王姬扁（显王）的谥号。周显王虽然式微，周之天子名号尚未丧失，《谥法解》收入了此前所有的周天子尊谥用字，却未收"显"字，说明作者死于周显王之前。① 薛金玲在前引《〈逸周书·谥法〉时代辨析》一文中总结了西周说、战国说、秦汉说、东汉说这四种观点，并对这四种说法进行了驳斥，提出了自己的看法，认为《谥法》产生于周初，在春秋时期，使用当时语言做过改造，也就是说，现存的《谥法》是春秋时期在周初《谥法》的基础上增益修改而成的。"鄂""宁""出"三字不见于《谥法》，说明今本《谥法》不得成书于公元前718年之前。据文献记载，周初天子称天以谥，诸侯以下赐谥，其或不赐，臣子不得私谥。春秋以后，诸侯之谥皆臣子为之，非复天子所赐矣。增加了世子之谥、士之谥、大夫之谥、夫人之谥，诸如此类的谥号是周初制定《谥法》时所未能预料的。周初《谥法》不可能满足春秋时这众多的、行迹各异的给谥对象。因此，春秋时期对周初《谥法》进行增益、修改是必然的。② 笔者同意这一观点。

（三）关于"生称谥"问题

王国维首先在金文中发现一种令人惊异的现象，即原来被认为是死谥的武王、成王等王号变成了生时之称，即"生称谥"问题。③ 后来徐中舒又力挺师说，再申谥法当兴于共（恭）、懿诸王之后。④ 黄奇逸《甲金文中王号生称与谥法问题的研究》一文，依据一些铜器例证和几条文献证据，认为王、郭"王号生称说"不能成立。⑤

杨希枚先后述及春秋初年贵族以字为谥，前文认为"果不能否认西周初期诸王的谥号可能是生时尊号（且事实上即不能否定时是谥号），也不能否定当时王侯依生时尊号命名其死谥，则不能否定诸侯以字为谥之制的

---

① 汪受宽：《谥法研究》，第227页。
② 薛金玲：《〈逸周书·谥法〉时代辨析》，第86页。
③ 王国维：《观堂集林》卷一八《遹敦跋》，中华书局1959年版，第859页。
④ 徐中舒：《遹敦考释》，《中央研究院历史语言研究所集刊》第3本第2分，1931年。
⑤ 黄奇逸：《甲金文中王号生称与谥法问题的研究》，《中华文史论丛》1983年第1辑。

谥法应存在周初"，杨希枚试图调和王号生称与周行谥法的矛盾，他根据春秋初年有贵族以字为谥的事例，进而提出："周初诸王生称谥应由于诸侯以字为谥之制，致生时尊字同于死谥，从而不能据此而否定周初存在谥法之可能性。"①

师宁曾质问谥只能是死后的称号吗，认为历史上存在过死称谥，也存在过生称谥。②杜勇则在文中明确指出，西周初年诸王王号应为死谥而非生称。③黄鹤认为西周诸王在世时无美称或字号，王号非生称。武王时已经称先王谥号，西周王号为死谥。④

在魏晋南北朝时期，北朝正史将柔然君王生前的称号与中原王朝的谥号相比称，《北史》载："蠕蠕之俗，君及大臣因其行能，即为称号，若中国立谥。既死之后，不复追称。"⑤这便是把柔然可汗号和官号的制度形式，与华夏传统的立谥制度联系起来作对比。罗新认为，可以从早期北亚游牧社会的可汗号研究，帮助认识华夏历史早期的"生称谥"问题。他认为"生称谥"的说法是不准确的，能够生称的不是谥号，而是官号，生前的官号（包括字）死后用作谥号，只不过是官号与谥号并存混用的结果。⑥

（四）关于谥号、谥法的研究

1. 谥号的研究

贺德扬、杜建民指出，"谥号与谥法并非同时产生，西周有谥号而无谥法"，提出周人谥号于先人的目的是"尊祖敬宗"，而非评议和褒贬，并分析了战国时期谥号变成辨行迹、明善恶、寓褒贬主要内涵的社会根

---

① 杨希枚：《论久被忽略的〈左传〉诸侯以字为谥之制——兼论生称谥问题》，《中国史研究》1987年第4期；《论周初诸王之生称谥》，《殷都学刊》1988年第3期，后收入杨希枚《先秦文化史论集》，中国社会科学出版社1995年版，第274—281页。
② 师宁：《论生称谥及谥法起源问题》，《首都师范大学学报（社会科学版）》1994年第6期。
③ 杜勇：《金文"生称谥"新解》，《历史研究》2002年第3期。
④ 黄鹤：《西周金文王号为生称或死称问题述评》，《古籍整理研究学刊》2013年第6期。
⑤ （唐）李延寿撰，中华书局编辑部点校：《北史》卷九八《蠕蠕传》，中华书局1974年版，第3251页。
⑥ 罗新：《可汗号研究——兼论中国古代"生称谥"问题》，《中国社会科学》2005年第2期。

源。① 杜建民、崔吉学在上文基础上又进一步辨析了谥号和谥法两个概念："我国古代，帝王后妃和公卿显宦死后，后人须避讳其生前之名而另立新号以相称。谥号就是这种死后的称号。议立谥号须依循某种规范和细则，这种规范和细则，称为谥法。"该文继而又认为，谥号文化内涵是由"尊祖敬宗"向"惩恶劝善"演化的。② 林德春辨析了谥号和谥法两个概念，并研究了古人谥号的分类及谥号的字数等，对中国古代的谥法进行了简单的评述。③ 孙德昌主要区别了谥号和其比较接近的庙号、年号。④ 谢钧祥相继研究了谥号对中国古代姓氏产生的影响。⑤

在不同朝代谥号的研究方面，涂白奎依据两周金文，研究了西周王号，认为没有恶谥。⑥ 司艾华、刘伟通过对滕文公谥号"文"的分析，认为春秋战国时期的谥法并没有得到应有的尊重，认为从中可以看出儒家思想对中国社会文化影响的渐进性。⑦ 白芳探讨了秦汉时期，"公"谥称谓经历的由废除到复兴的历史变迁，认为"公"谥称谓的社会内涵是由秦汉时期政治思想文化背景决定的，而社会的变革又直接影响着"公"谥称谓的变化。⑧ 张建龙、张建荣研究了汉代纪信的谥号，认为纪信被后人称为"忠烈将军""忠烈侯"，是明初朱元璋敕封天下城隍时所追封的，而非刘邦所为。⑨ 朱利民以新出土的北周墓志，探究了北周至唐初易代之际有关谥号扑朔迷离的根源。⑩ 杨果、赵治乐通过对宋人谥号的统计与分析，认为宋人谥号可以反映出宋代的某些时代特点。⑪ 徐春燕论述了明代后妃谥

---

① 贺德扬、杜建民：《谥号传统定义质疑》，《齐鲁学刊》1989年第1期。
② 杜建民、崔吉学：《论谥号文化内涵的演变》，《史学月刊》1994年第5期。
③ 林德春：《中国古代谥号和谥法评述》，《松辽学刊》1996年第1期。
④ 孙德昌：《谥号·庙号·年号考略》，《社会科学辑刊》1996年第1期。
⑤ 谢钧祥：《武——以谥号而得的姓》，《中州统战》2000年第9期；谢钧祥：《以谥以国命得的姓》，《中州统战》2001年第2期。
⑥ 涂白奎：《西周王号无恶谥说》，《中国史研究》2005年第4期。
⑦ 司艾华、刘伟：《说滕文公之"文"》，《枣庄师范专科学校学报》2002年第5期。
⑧ 白芳：《论秦汉时期"公"谥称谓的社会内涵》，《锦州师范学院学报（哲学社会科学版）》2003年第2期。
⑨ 张建龙、张建荣：《纪信将军"谥号"质疑》，《丝绸之路》2004年版。
⑩ 朱利民：《"武成"谥号考订》，《唐都学刊》2000年第2期。
⑪ 杨果、赵治乐：《宋人谥号初探》，《史学月刊》2003年第7期。

号的情况,并给出了妃嫔们能得到谥号的三个主要原因。① 程大鲲辨析了清代宗室贵族由于支派远近,从而封爵与谥号大不相同的谥法现象。② 之后,他又通过考证清代皇族家谱——"玉牒"中的记载,对清代宗室贵族谥号的特点、用字等进行了研究。③ 徐广源着重探究了有清一代帝、后、妃谥号的规律和特点。④

关于帝王谥号的研究,汪受宽《谥法研究》第三章"帝王谥法"从古代帝王的诸种称号、帝王谥号的颁给、帝王谥号的美恶高下、字数和简称、皇帝谥号的追尊这五个方面,对古代帝王谥号进行了研究。⑤ 除此之外,还有一些学者对断代时期帝王的谥号进行了探讨,如董常保对《春秋》所载周天子谥号体例进行了考析,认为《春秋》所载周天子谥号与葬紧密结合。⑥ 杨青华注意到魏晋南北朝时期开国皇帝的谥号多为"武"字,这是因为长期分裂的局面,频繁的战争,造成这一时期的人们对于武力的推崇;同时是对开国皇帝的一种客观的评价;也是受儒家正统观的影响,统治者希望通过谥号来表现其政权的合法性。⑦ 笔者对魏晋南北朝帝王谥法的理论构建、礼仪范式、帝王谥号的用字及字数、帝王谥法的实际操作进行了探讨。⑧

关于女性谥号,《春秋》载有十一位女性的谥号,均为葬后举谥。《春秋》所载女性谥号皆为君夫人或君母,"女子,从人者也"⑨。既嫁从夫,妻因夫贵。《论语·季氏》曰:"邦君之妻,君称之曰夫人,国人称之曰君夫人。"⑩ 死从子,子若为国君,母因子尊,妾同夫人。杜预《释例》曰:

---

① 徐春燕:《明代后妃的号》,《史学月刊》2004 年第 6 期。
② 程大鲲:《清代宗室贵族的封爵与谥号》,《兰台世界》1997 年第 4 期。
③ 程大鲲:《清代宗室贵族谥号考》,《满族研究》2004 年第 3 期。
④ 徐广源:《清朝帝后妃谥号浅议》,《清史研究》1997 年第 4 期。
⑤ 汪受宽:《谥法研究》,第 40—70 页。
⑥ 董常保:《〈春秋〉所载周天子谥号体例考析》,《天中学刊》2012 年第 4 期。
⑦ 杨青华:《魏晋南北朝开国君主多用"武"谥原因探析》,《华中师范大学研究生学报》2014 年第 3 期。
⑧ 戴卫红:《魏晋南北朝帝王谥法研究(上)》,《许昌学院学报(社会科学版)》2015 年第 6 期;《魏晋南北朝帝王谥法研究(下)》,《许昌学院学报(社会科学版)》2016 年第 3 期。
⑨ 杨伯峻:《春秋左传注》,中华书局 1990 年版,第 279 页。
⑩ 《论语注疏》,《十三经注疏》,北京大学出版社 1999 年版,第 231 页。

"凡妾子为君，其母犹为夫人。虽先君不命其母，母以子贵，其适夫人薨，则尊得加于臣子，外内之礼皆如夫人矣。"①《公羊传》："礼，妾子立，则母得为夫人。"② 夫人卒后，因其为君夫人或君母，其丧礼等级制度仅次于君，并会赐予谥号。

汪受宽在《谥法研究》一书中，从"多妻的古代帝王""由妇随夫谥到后妃有谥""皇后谥号的颁给""皇后谥号的追尊""后从帝谥及皇后谥号的字数""妃嫔给谥""后妃谥号用字的道德内涵"七个方面探讨了皇后嫔妃谥法。③ 董常保对经传文献进行分析，梳理出十位鲁国得谥女性的书谥体例为"葬+我小君+谥号+母家姓"，"我小君"体现出内鲁原则。整个春秋时期，鲁国夫人或君母书谥号者十位，其中得谥夫人有文姜、哀姜、声姜、穆姜和齐姜六位，无谥号者闵、文、襄、昭四公夫人；君母书谥号者成风、敬嬴、定姒和齐归四位，无谥者隐公、桓公母。④ 而对魏晋南北朝时期女性谥号的研究，仅见张鹤泉、苗霖霖专文考察了北魏后妃、女官的谥法；⑤ 潘敦《可敦、皇后与北魏政治》一文中涉及北魏皇后谥号。⑥

官员是得谥人数最多的一个群体，在魏晋南北朝时期，得谥官员的身份发生了重大转变。对此，汪受宽先生已有所论及，他认为曹魏谥法的改革对"有爵则有谥"的古制进行了第一次冲击，进而指出晋元帝所定百官给谥的规定对后代影响很大。⑦ 但其讨论没有展开，在此基础上，笔者对魏晋南北朝得谥官员身份的重大转变、官员谥号用字、给谥程序进行了探讨。⑧ 赐谥作为丧礼的一部分，也得到了礼制研究者的关注。吴丽娱《终

---

① 《春秋左传正义》，《十三经注疏》，上海古籍出版社1997年版，第1723页。
② 《春秋公羊传注疏》，《十三经注疏》，第2917页。
③ 汪受宽：《谥法研究》，第71—94页。
④ 董常保：《〈春秋〉所载女性谥号考论》，《四川教育学院学报》2012年第12期。
⑤ 张鹤泉、苗霖霖：《北魏后宫谥法、赠官制度考略》，《社会科学战线》2010年第9期。
⑥ 潘敦：《可敦、皇后与北魏政治》，《中国史研究》2020年第4期。
⑦ 汪受宽：《谥法研究》，第121—123页。
⑧ 戴卫红：《魏晋南北朝得谥官员身份的重大转变——魏晋南北朝官员谥法、谥号研究（一）》，《南都学坛》（人文社会科学学报）2010年第6期；《魏晋南北朝时期官员谥号用字——魏晋南北朝官员谥法、谥号研究之二》，《南京晓庄学院学报》2010年第4期；《魏晋南北朝官员给谥程序——魏晋南北朝官员谥法、谥号研究（三）》，《南京晓庄学院学报》2011年第2期。

极之典：中古丧葬制度研究》一书简单论及两晋官员谥法，指出魏晋时期官员给谥存在由爵向官的变化趋势，并注意到东晋初对周处的追谥实际上已经打破无爵不谥的传统，进一步丰富、完善了给谥标准转变的具体环节。① 高二旺《魏晋南北朝丧礼与社会》第三章"丧礼与统治秩序（上）——丧礼规格"中，以一节的篇幅，从赠谥的对象、赠谥结合的四种情况、追赠重赠改谥、议谥定谥四个方面探讨了这一时期的"赠谥制度"。他认为这一时期谥出现了三种新的情况：其一，西晋时期，谥、号分开，位非三公，则有号无谥，自东晋开始，改变了汉魏谥必有爵的旧制，开了公卿无爵而谥的先例。其二，对一些处士也给予谥号，不仅有私谥，也有官谥。其三，议谥活动屡见史籍，在九品中正制度下，死者的"行状"成为定谥的根据，后来流于形式。②

杨恩玉在《萧梁政治制度考论稿》第七章"萧梁赠谥制度"讨论了萧梁赠官与给谥制度。依据受谥对象、给谥性质和时间、谥号优劣的不同，给谥有四种分类法。朝廷赐给官员谥号，一般需要请谥、议谥、定谥、册谥四个程序。谥号体现出以单谥、美谥为主以及文武有别等特点。赠官与给谥的联系是：高级官员一般同时享有赠官与谥号，二者往往同时给与，授予的主要条件都是一定的官爵与功德。区别是：二者有时相分离（有赠官者没有谥号，有谥号者没有赠官），赠官主要依据官员的官位，更加侧重官员的功绩；而谥号的制定主要根据官员的品行。③

李彦楠《东晋南朝无爵公谥制度研究》将官员死后赠官纳入考察范围当中，推导出官员生前任官与死后赠官存在对应关系，进而发现官品高低会影响谥号中爵字的使用；在文章最后，他又从官品制下政府的运转结构与经典古制两个角度出发，探讨以三品、五品作为给谥标准的渊源。④

朱华《北魏后期至唐初赠官、赠谥异刻出现与消失原因试析》认为，赠官、赠谥由国家掌控，其运行有一定的规律，丧家可以预判。此外，一

---

① 吴丽娱：《终极之典：中古丧葬制度研究》，中华书局2012年版，第723—726页。
② 高二旺：《魏晋南北朝丧礼与社会》，上海古籍出版社2017年版，第156—165页。
③ 杨恩玉：《萧梁政治制度考论稿》，中华书局2014年版，第373—391页。
④ 李彦楠：《东晋南朝无爵公谥制度研究》，武汉大学中国三至九世纪研究所编：《魏晋南北朝隋唐史资料》第40辑，上海古籍出版社2019年版，第72—88页。

种灵活的赠谥填写方式，使得丧家可以在提前制作墓志时对赠官、赠谥进行较为准的预处理。但大变革的北魏后期，私家请求封赠、国家主动赐谥与私家请谥制度混杂、墓志发展等诸多新现象共存，丧家的误判造成了异刻的格式差异，所以，异刻主要责任者是丧家本身而非国家。隋唐以来，规范私家请谥、请求封赠、墓志制作等私人行为的制度渐次出台，赠官、赠谥异刻现象亦渐次消失，体现出以公权力约束私人行为的制度设计理念。①

2. 私谥

春秋时下大夫展禽、庶人黔娄，皆不得请谥于朝，故门人、妻子议私谥。到东汉末年私谥盛行。汪受宽界定私谥的概念为：除正式可称为天子的朝廷赐给的谥号，其他一切给谥都是私谥。在《谥法研究》中他曾将中国古代的私谥对象分为造诣高深的学者、隐逸之士、德高望重的地方贤达、忠义节烈之士、孝悌子弟、贞洁妇女等六类。② 杨学明认为私谥在春秋时代是一种特殊的文化现象。春秋时代"私谥"有两种表现形式：一是诸侯薨逝后未向周王请谥而由臣子拟谥；二是民间对无爵者私自拟谥。这两种"私谥"的出现有着特殊的历史背景，并对后世的私谥文化产生了深远的影响。③

徐国荣研究了汉末的私谥现象，认为它进一步影响到当时出现的"朋党"现象，表现了"朋党义气"。由于士大夫阶层与阉宦和外戚的尖锐对立，几次残酷的打击使得他们对朝廷的亲和感也渐渐淡薄，所以私谥和立碑也成了他们自命清流和对抗浊流的态度表征。④ 盖金伟认为"私谥"是汉唐时期体现师生关系的一种特殊文化现象，其礼仪内容和形式大体形成、定型于汉唐。这种介于国家礼典和民间礼俗之间的"私谥"在较大程度上体现了汉唐时期"师"阶层在文化地位与政治影响间的尴尬。⑤ 沈刚

---

① 朱华：《北魏后期至唐初赠官、赠谥异刻出现与消失原因试析》，《中国史研究》2020年第3期。
② 汪受宽：《谥法研究》，第200页。
③ 杨学明：《春秋"私谥研究"》，《太原师范大学学报（哲学社会科学版）》2015年第2期。
④ 徐国荣：《汉末私谥和曹操碑禁的文化意蕴》，《东南文化》1997年第3期。
⑤ 盖金伟：《汉唐"私谥"文化简论》，《新疆大学学报（哲学社会科学版）》2001年第1期。

认为，东汉时代私谥盛行，获谥者可分为隐逸者、去官或致仕者及部分在任官吏，他们皆通晓儒术。命谥者除门生、故吏外，还包括地方长吏和外戚在内的现任官吏、国人与乡人等。赠谥原则亦依据儒家经典及古义，谥号因身份不同而有不同。他认为这一时期私谥的流行与谥法制度的封闭、刻板，士人重视声誉，以及士族发展等因素有关，它反映了士大夫集团与皇权之间的离心倾向。①

3. 谥号用字

关于谥号用字，童书业指出："读《左传》、《史记》等书，知西周中叶以来，列国君臣以至周天子谥号，多与其人之德行、事业以至考终与否大略相当。"② 出土文献中包含谥号的人名对谥号用字也提供了宝贵材料。《清华大学藏战国竹简》1—9辑中，共包含哀、毕、成、定、戴、大、悼、共、惠、怀、桓、敬、简、景、庄等30个谥号用字以及包含这些谥号的81个人名。张淑一、余蔚萱《清华简所见谥号考论》通过其中的15个谥号用字和38个带有谥号的人名，分析了清华简与传世文献对同一人名谥号的记载和用字上的谥号。③

在用字字数上，童书业曾指出周代谥号往往多至二三字，而文献中常简称其主要之一字，如卫武公之为"睿圣武公"，齐灵公之为"桓武灵公"是也。……则古谥法三字似为常例。④ 两周青铜器铭文中，多字谥亦不乏其例。叔夷钟、镈铭文末尾云："至于世曰武灵成子子孙孙永保用享"，李家浩认为"'武灵成'应当是叔弓的谥"⑤。李零指出，古多字谥的出现并不始于战国，而是滥觞于商周，盛行于春秋，和单字谥相随，也有很早的来源。⑥

马卫东考察了周代天子、诸侯使用多字谥并不少见，文献记载周代同一历史人物的谥号，有时是多字谥，有时是多字谥的省称。由于对多字谥

---

① 沈刚：《东汉的私谥》，《烟台大学学报（哲学社会科学版）》2014年第4期。
② 童书业：《春秋左传研究》，第382页。
③ 张淑一、余蔚萱：《清华简所见谥号考论》，《西部史学》第5辑，2020年，第3—16页。
④ 童书业：《春秋左传研究》，第345页。
⑤ 李家浩：《庚壶铭文及其年代》，《古文字研究》第19辑，中华书局1982年版。
⑥ 李零：《楚景平王与古多字谥——重读〈秦王卑命钟〉铭文》，《传统文化与现代化》1996年第6期。

省称现象缺乏足够认识，一些学者在校释文献时，对于同一人物的不同谥号，或认定其中必有误载，或改动原作中的谥号，这种做法值得商榷。这些不同的谥号，并不能完全排除其为多字谥省称的可能。在没有更多的确切材料予以证明之前，仍需阙疑待考。①

出土简帛文献中亦有不少多字谥。《史记·楚世家》的平王，上博简《平王问郑寿》《平王与王子木》和清华简《系年》均作"景平王"；《史记·楚世家》的惠王，清华简《楚居》和《系年》皆作"献惠王"；《史记·楚世家》的简王，上博简《柬大王泊旱》和清华简《楚居》作"柬大王"，清华简《系年》作"简大王"；《史记·楚世家》的声王，清华简《系年》作"声桓王"；《史记·楚世家》的悼王，清华简《楚居》《系年》作"悼折王"；《史记·晋世家》的平公，清华简《系年》作"庄平公"。清华简《系年》中楚国的封君也多为双字谥，如平夜悼武君、阳城桓定君、郧庄平君等。②

在《左传》中，谥号为"声"者较多，国君如曹声公、蔡声侯，大夫如鲁声伯、泄声子、蔡声子，女性贵族如声子、声己、声姜、鄾声姬等。若以《逸周书·谥法解》"不生其国曰声"来阐释如此众多的"声"谥者均"生于外家"，似乎不妥。董常保以"闻其谥，知其行"为出发点，通过对《左传》所载"声"谥者行迹的分析，认为除《逸周书·谥法解》所释外，还应该有"声名远播"和"有声无实"之义。《左传·隐公元年》载"继室以声子，生隐公"。杜预《集解》释为"声，谥也"。孔颖达《正义》曰"《谥法》'不生其国曰声'，是'声'为谥也"。张守节《史记正义·谥法解》把"不生其国"释为"生于外家"③。

吴为民考察了南北朝碑刻中谥号用字情况和谥法特点，揭示出南北朝谥号以复谥和褒谥为主，与爵位有一定联系，谥号多由太常评定。④

4. 与谥有关的文体研究

魏晋南北朝时期是谥法制度发展变化的一个重要时期，这一时期谥号

---

① 马卫东：《文献校释中的周代多字谥省称问题》，《古代文明》2013年第3期。
② 罗小华：《试论清华简〈系年〉中的几个多字谥》，《简帛研究二〇一六》（秋冬卷），广西师范大学出版社2017年版，第15—20页。
③ 董常保：《〈左传〉"声"谥考析》，《牡丹江大学学报》2012年第8期。
④ 吴为民：《南北朝碑刻谥号初探》，《忻州师范学院学报》2008年第1期，第77—78页。

的评定与诔文、行状、哀策、谥议和谥策等有着密切的关系。

（1）谥和诔

目前学术界对诔辞、诔文的研究，主要集中在以下三个方面。

一是诔文作为文体自身的发展过程。如黄金明认为："扬雄《元后诔》从谥诔中走出，诔成为独立的饰终之礼文，这正标志着诔作为一种文体的正式形成……西汉丧礼有诔谥，东汉则为谥策，诔策被谥策所代替，东汉时，诔已不是赐谥之仪中的诵说之辞，而已演变为独立的饰终礼文。"① 朱玲玲认为，诔文大约起源于周末。最早关于诔文的记载应该算春秋时鲁哀公之诔孔子。在汉代时已发展成一种成熟的文体，其体制在后代没有太大的变化。② 董芬芬认为："诔文是古代丧葬礼仪上用的应用文，起源于西周的赐谥制度，它的存在依附于制谥的目的。西周形成了官谥官诔的传统，春秋时代对这些传统有所突破：士始有诔，有诔无谥；私谥私诔也悄然兴起。这些因素使得诔文逐渐摆脱制谥的目的而独立存在，内容上增加了寓哀的成分，抒情色彩更加浓重。春秋时代是诔文由应用文向文学作品发展的关键时期，后世如谥议、行状、哀辞等文体皆受其影响。"③ 赵厚均认为："诔文是古代哀祭文体中较为重要的一种……其产生固可上溯至周朝，但真正的发展却在汉晋时期。""汉魏诔文的创作因为曹植的突出成就而达到高峰。诔文也改变了'作诔以定谥'的原初意义，成为抒写哀情，展露才华的舞台。""（诔文）逐步由应用转向抒情，成为抒情文学的重要一枝，两晋诔文使这种体式固定下来，并产生了一些名家名作。又因为诔文不再为定谥而作，它施用的对象也得到扩大，乃至方外之人辞世后都可以作诔以寄哀思。"④ 陈鹏认为："东汉更加重视丧葬礼仪，再加上私谥之风盛行，所以东汉时期的诔文创作非常繁盛……两晋时期是诔文发展的黄金时期。诔文继续沿着抒发哀思的道路

---

① 黄金明：《从谥诔到诔文：论古代诔文体式的形成》，《漳州师范学院学报（哲学社会科学版）》2003年第4期，第29—33页。
② 朱玲玲：《诔文与谥议起源考》，《滨州学院学报》2005年第4期，第88—90页。
③ 董芬芬：《春秋时代的谥制与诔文》，《甘肃理论学刊》2008年第1期。
④ 赵厚均：《汉魏两晋诔文述论》，《上海大学学报（社会科学版）》2011年第3期，第81—93页。

前进。"①

二是诔文的职能。徐国荣认为:"诔文在先秦时有着具体的实用目的,汉魏六朝时,其文学意味越来越浓,从述德偏向写哀。究其因,一方面是感伤思潮的弥漫,诔文适合于表达哀情;一方面是文体间的职能交互,谥议和墓碑文对诔文传统功能的侵占。"②

三是诔文与谥法的关系。赵厚均认为:"诔文是古代哀祭文体中较为重要的一种。它与早期的谥法密切相关,是儒家丧礼中的应用文字。"(汉魏)诔文也改变了"作诔以定谥"的原初意义,"随着'读诔赐谥之典'的废除,诔文逐步由应用转向抒情,成为抒情文学的重要一支,两晋诔文使这种体式固定下来"③。

在诔文与谥法的关系上,大部分学者都认为早期的诔文与谥法有着密切的关系,而到魏晋尤其是两晋后,诔文与定谥的关系不如以前密切。那么魏晋南北朝时期,谥法与诔文之间的关系到底如何?本书将在第一章第四节中作剖析。

(2) 谥和行状

现代学者对于行状的研究,主要集中在以下三个方面。

一是行状的职能。如余樟华、盖翠杰考察了行状作为我国古代传记文体之一,其职能随着文体的不同发展阶段而各不相同,认为在两汉时期,行状具有察举选士的实用功能;魏晋时期则体现了与诔文议谥、述德职能的混同;唐代是文体定型阶段,行状承担了为议谥、作传及撰写墓志铭提供原始材料的作用。④

二是行状文体本身的内容和变化。吴夏平认为到了唐代,行状有了新的变化,初唐时期,行状所用体骈散不定;而自开元之后,行状之撰写规

---

① 陈鹏:《论六朝诔文的骈化及其艺术成就》,《嘉兴学院学报》2008 年第 4 期,第 17—22 页。
② 徐国荣:《先唐诔文的职能变迁》,《文学遗产》2000 年第 5 期,第 16—21 页。
③ 赵厚均:《汉魏两晋诔文述论》,《上海大学学报(社会科学版)》2011 年第 3 期,第 81—93 页。
④ 余樟华、盖翠杰:《行状职能考辨》,《浙江师范大学学报(社会科学版)》2002 年第 2 期。

模渐具，叙事用散体，论赞取骈偶。① 沈国光在其 2016 年硕士论文中，认为南朝行状的主要内容大致包括两个方面：第一，描绘状主的品德；第二，描绘状主的生平事迹。行状的功能则是用于上呈请谥号及旌表门闾。同时，行状也成为史书编撰的基本资料。②

三是行状和墓志碑文的关系。李乃龙比较了行状和碑文，认为二者都具有述其行而颂其德的主观动机和客观效果。行状也有自身的文体特征，如行状的先世只溯及父祖二代，并且以固定的格式系之于行状标题之下；行状的目的在于表贤请谥，读者对象是朝廷有司；行状的请谥是报告，允否未定，状主的不朽因而未定；行状书之于纸，故务求详尽以打动有司；行状全为散序，末以"谨状"作结。他还比较了行状与史传的特点，认为行状为门生故吏所作，不言具体年号，行状叙行迹重在表彰状主的人品以请谥；行状议叙结合而以议为主。③

杨向奎在《行状对墓志文创作的影响》中认为，（隋唐）定型期的行状具备了牒考功议谥、牒史馆请编录、上作者乞碑志的全部功能，但从实证角度而言，三个方面功能的发展并不同步。议谥是其较早使用的功能，其他两个方面，尤其是广泛为墓志提供素材的功能使用较晚。通过行状广泛为墓志提供素材的社会风气在宋代逐渐形成，其实质是低层官宦及其亲旧对行状的接受和使用，是一种文体在社会阶层间的下行。通过行状为墓志提供素材，对墓志写作有着深刻的影响：行状给撰者提供更为翔实的素材，使得墓志中族出、履历的书写更加详尽，从而导致墓志篇幅增长、风格细密；行状的使用也使至亲从墓志的撰写中解脱出来，从而引起墓志作者群体结构变化和序、铭分撰现象的减少。④

（3）谥和谥议

谥议，顾名思义，是讨论、商议谥号的文章体式。朱玲玲认为，谥议

---

① 吴夏平：《从行状和墓碑文看唐代骈文的演进》，《文学遗产》2007 年第 4 期，第 146—148 页。
② 沈国光：《汉魏六朝行状研究》，华东师范大学 2016 年硕士论文，指导教师牟发松。
③ 李乃龙：《〈齐竟陵文宣王行状〉考析——兼论"行状"的文体特征》，《广西师范学院学报（哲学社会科学版）》2007 年第 1 期。
④ 杨向奎：《行状对墓志文创作的影响》，《河南师范大学学报（哲学社会科学版）》2017 年第 5 期，第 129—133 页。

到东汉时定型为文体。但晚至六朝时的《文心雕龙》并没有将谥议单列为一种文体而是将其纳入"议"类，其《议对》中有："秦秀定贾充之谥，事实允当，谓达议体矣。"① 《文选》的分类中也没有谥议一体，唐代所编纂的《艺文类聚》文部无谥议类，直到宋代的《太平御览》，仍继承刘勰的观点，将谥议纳入"议"类，举例仍是《文心雕龙》的贾充之谥。但紧接《太平御览》之后修纂的文集《文苑英华》，则将谥议单列一类，则谥议之体虽早已有之，但在作品集中单列为一体，则起于宋代。② 廖重阳认为："谥议文是中国古代一种重要的文体，它在谥礼活动中发挥着重要的议谥功能。谥议文在演变过程中逐渐显现出独特的文体特征：在书写模式上，谥议文往往先对逝者的生前事迹予以评述，然后按照《谥法》身份的不同，可以将谥议文分为帝后类谥议文、臣类谥议文、私谥类谥议文，三者在书写及演变中存在着一定的区别。谥议文由于有着独特的书写内容，使其在作为一种文体存在的同时又与议文、诔文、行状等文体存在着一定的联系。"③

（五）关于谥法的作用、影响等研究

谥号关系到对死者一生的评价，是对死者的盖棺论定，一字之差，褒贬悬殊，这从唐代太常博士王彦威的上表中可见："臣闻古之圣王立谥法之意，所以彰善恶，垂劝戒。使一字之褒，宠踰绂冕之锡；片言之贬，辱过市朝之刑。此邦家之礼典，而陛下劝惩之大柄也。"④ 谥法在封建士大夫中影响极深，起到了一种惩恶扬善的作用。谥法对社会风尚影响较大，提倡仁义道德，提倡为官清廉，倡导人们建功立业，表彰有功之臣有能之人。对尊敬长者表示崇敬和怀念，对作恶多端之人加以惩戒，这些无疑对社会风尚的树立起到了一种良好的促进作用。

---

① （梁）刘勰著，黄叔琳注，李详补注，杨明照校注拾遗：《增订文心雕龙校注》卷五《议对》，中华书局 2012 年版，第 329 页。
② 朱玲玲：《诔文与谥议起源考》，《滨州学院学报》2005 年第 4 期，第 88—90 页。
③ 廖重阳：《盖棺论定：对谥议文的文章学与文化史的考察》，《古代文学理论研究：中国文论中的"体"》，第 46 辑，华东师范大学出版社 2018 年版。
④ （宋）王钦若等编纂，周勋初等校订：《册府元龟》卷五九六《掌礼部·谥法第二》，凤凰出版社 2006 年版，第 6852 页。

周清明《古代谥法及对社会的影响》认为统治阶级重视谥法主要有两个目的，其一是"别尊卑"，即维护封建等级制度；其二，是"惩恶劝善"，谥号是根据死者的一生行为，参考谥法，予以决定的。美谥、恶谥、平谥。这样的盖棺论定，既是对亡灵的安慰或斥责，更是对后世万代的教训和对社会习尚的引导。在正常情况下，朝廷是在吊丧者云集的葬礼上宣布谥号的。长此以往"劝人为善、戒人为恶"的谥法就可以达到维护封建礼教的目的。平谥对死者表示怜悯与惋惜，乡党亲属的私谥则是为了对死者表示崇敬和怀念，可以说谥法又是人们寄托哀思的方式。①

史家在叙述历史事件时，对历史人物使用谥号称谓，一般是包含着肯定、尊重的意味的。闫丽对《左传》人物称谓中所含"谥"字的社会意义也做了深入探讨，认为《左传》作者在叙述历史事件时，对历史人物称谥的情况要远远多于《春秋》。《左传》不是官方正史原著，它只是对正史的一种解释和补充，它对事件的记叙反映了笔者对该事件、该人物的态度。这就是上述经、传对相同人物采用不同称谓的原因。②

张淑一、余蔚萱在前引文中，考察了清华简人名所见谥号对先秦谥号谥法与历史研究的意义，认为清华简谥号有助于厘清某些谥字的本字和通假字，清华简人名谥号还对《逸周书·谥法解》某些漏收的谥字如"大""毕"等进行了补遗，证明了后世如宋代的谥法书所收录的一些谥字亦渊源有自，并非晚出。③

暴希明《古人谥号论略》认为，朝廷之所以要在一些人死后再给他们一个特殊的名号——谥号，原因大致有三：一是为了避讳。以谥号代替死者姓名，避免直呼其名，以示敬重。二是为了区别尊卑，建立等级制度。三是为了惩恶劝善，维护封建礼教。"谥"这种根据死者一生是非功过而给予的总结性的称谓，既是对死者的慰藉或谴责，也是对生者的一次封建礼法教育，它可以使活着的人闻美谥而钦慕，人心向善；睹恶谥而惧怕，不敢作恶。④

---

① 周清明：《古代谥法及对社会的影响》，《科技创新导报》2008年10月11日。
② 闫丽：《〈左传〉人物称谓中"谥"的社会意义》，《古籍整理研究学刊》2009年第3期。
③ 张淑一、余蔚萱：《清华简所见谥号考论》，《西部史学》第5辑，2020年，第3—16页。
④ 暴希明：《古人谥号论略》，《甘肃社会科学》2013年第4期。

以上我们总结了学术界近年来谥法研究的成果，可见学术界对于谥法的研究在不断地深化，取得了较大的成果，从而使人们对中国古代的谥法、不同身份者所得谥号及谥字、谥法的作用等有了深入的了解。但是，当前谥法研究仍然存在一些不足，主要表现为：和其他学术领域相比较，学人对于谥法这个中国传统文化的组成部分还不够重视，对谥法在中国古代社会中的重要性认识不够。谥法制度的断代研究分布不均，上面提到的关于谥法的起源、"生称谥"、谥法文献《谥法解》等的研究多集中在先秦时代；其他断代谥法的研究，多集中在宋、明、清三代，而对魏晋南北朝时期的谥法制度，及其与这一时期政治、社会风尚、礼仪制度发展的研究，还比较薄弱。

三 本书的研究思路

本书分为六章。第一章主要对魏晋南北朝时期谥法著述及史料进行搜集，探讨这一时期谥法著作丰硕的原因，两种出土谥法资料的特点，以及谥法和哀策、行状等的关系。魏晋南北朝时期，经、史注、疏体式长足发展，大批经史注疏著作出现；丧礼学兴盛，礼学专著大量涌现。在这样的大背景下，社会上涌现出一批谥法专著，这些著作以谥法解和谥号分类汇编为多，着重于对《逸周书·谥法解》的谥号用字进行评注、考据，辑录帝王将相名臣的谥号，是我们了解魏晋南北朝谥法制度的重要资料。魏晋南北朝时期的谥法文献对宋代谥法影响仍极大。但是很可惜的是，这些文献在宋后，基本已经亡佚。而搜辑残存在现今古籍中的魏晋南北朝时期谥法著作的片段，对重新认识魏晋南北朝时期谥法制度有着重要意义。

在20世纪六七十年代吐鲁番出土的文书中保存了《谥法》残本。通过对出土《谥法》残本与现在流传的传世文献对照，可以清楚地看出魏晋南北朝时期学者对《谥法》的阐释和增广。另外，墓志中也留下了很多关于魏晋南北朝时期谥号刻写的第一手材料。将墓志中的谥号材料与正史中的传主谥号相对应，便可看到墓主人的谥号与史书记载异同情况，也可以从墓志中看出谥号刻写的多种实际样态。部分记载详细的墓志还透露出，谥号的取得与当时现实社会、政治的紧密联系。这为我们动态地认识谥法制度在当时现实社会的作用、特点提供了宝贵的一手材料。

第二、三、四章分别探讨魏晋南北朝时期皇帝、妇人以及太子、宗室、外戚的谥法。从两汉到魏晋南北朝时期，皇帝和皇后妃嫔的谥号用字、字数和谥法制度等方面发生了变化。

谥法虽然是礼制的一部分，但它作为统治者笼络、鼓励广大官吏的重要手段，在社会政治等级结构中有着特殊的意义，是官僚制度的一个重要部分。魏晋南北朝时期是谥法制度发展变化的一个重要时期，尤其是此时百官的谥号发生了很大的转变，而以往的研究仍有缺省。第五章主要从三个方面探讨魏晋南北朝时期官员的谥号和谥法：一是得谥官员身份的重大转变；二是魏晋南北朝时期官员谥号用字；三是百官给谥程序中，不同机构官员的参与。

第六章探讨魏晋南北朝时期隐逸的谥法获得途径及谥号字数、用字，进而指出唐宋以来无爵者称子、朝廷赐养德丘园、声实明著者谥"先生"的规定，实来源于汉晋南北朝时期。

第一章　魏晋南北朝时期谥法著述与史料

《逸周书·谥法解》规定了议谥定谥的根本原则，并列出了百余字的谥号及其解释，其语言精练、中肯、全面地概括了各个谥字的意义。谥解一律用"××××曰×"的句式，成为历代谥解的典范之作，后代谥解几乎全部遵循这一惯例。到了秦汉魏晋南北朝时期，《谥法解》仍是谥法制度的最根本者。

魏晋南北朝时期社会上涌现出一批谥法专著，这些著作多以谥法解和谥号分类汇编，着重于对《逸周书·谥法解》的谥号用字进行评注、考据，辑录帝王将相名臣的谥号，是我们了解魏晋南北朝谥法制度的重要资料。

而在20世纪六七十年代吐鲁番出土的文书中《谥法》残本的出现，能将出土材料与文献对照，从而看出魏晋南北朝时期学者对《谥法》的阐释和增广。《谥法》残本中共有30条谥解，其中的15条清晰完整。分别是"德像天地曰帝""执应八方曰侯""扬善赋简曰圣""慈惠恩民曰文""绥来士民曰怀""述义不挠曰丁""一德不懈曰简""爱民好与曰惠""协谐九族曰和""学勤好问曰文""布纲结纪曰平""暴蛋无亲曰厉""心能制义曰度""残仁损善曰克""会（合）民安乐曰康"。另外11条能根据《逸周书·谥法解》《独断·帝谥》《白虎通义·谥》《史记正义·谥法解》等谥法资料补充，分别为"翼善传圣曰尧""仁圣盛明曰舜""受禅成功曰禹""靖民则法曰黄（皇）""化合神者曰皇""从之成群曰君""敬宾厚礼曰圣""经纬天地曰文""执义扬善曰怀""甲胄有劳曰襄""乱而不损曰灵"。还有"通敏先识曰□""安□□""克□□""□□□"4条尚不能补足。而

"通敏先识曰□"这一谥字和谥解、"绥来士民曰怀""协谐九族曰和""残仁损善曰克"3条谥解在现存的谥法文献资料中均无。搜辑残存在现今古籍中的魏晋南北朝时期谥法著作的片段，对重新认识魏晋南北朝时期谥法制度有着重要意义。

在魏晋南北朝时期，墓志中也留下了很多关于当时谥号刻写的第一手材料。墓主人的谥号与史书中记载有同有异，谥号的刻写也存在多种实际样态，如墓志主人题名中有谥号，墓志结尾处出现谥号，有的将议谥程序中的话语都刻写出来；二是虽墓志题名无谥，结尾写明谥号；三是墓志开头列谥，文中不再提及谥号；四是谥号的空刻、补刻。造成这些情况的因素很多。谥号的取得直接决定墓志上谥号的刻写，与当时社会、现实政治的联系紧密，兵革交侵、政治斗争、朝代更替都可能影响墓主谥号的取得及其墓志上谥号的刻写。丧主家人或下属向朝廷请谥，朝廷议谥毕后，将谥号赐给丧家，在丧礼中使用。但是墓主家到京城的距离有远有近，若路程遥远，来不及在下葬的时候将谥号刻在墓志铭之上，就会导致丧主墓志铭上谥号的空刻。另外，在现实的刻写条件下，刻石的版面、丧主墓志的长短、刻工的排版、墓主家人为尊者讳以及现实的政治背景下朝廷重新追赠、改赠等因素，尤其是墓主家人为尊者讳以及朝廷重新追赠美谥、复谥，可能会导致墓志中的谥号与史书中的记载不同。

第一节　魏晋南北朝时期谥法著述

秦汉魏晋南北朝时期，《逸周书·谥法解》仍是谥法制度的最根本者。汉代的谥法著述有《白虎通义》"谥"篇，共八章，分别是"总论谥""帝王制谥之议""论天子谥南郊""论天子谥诸侯""论卿大夫老有谥""论无爵无谥""论谥后夫人""论号谥取法"，对汉代及其之前谥涉及的各个方面进行总结。另外，蔡邕《独断》中有《帝谥》一篇，收录谥解46条，谥字46个。

一　魏晋时期的谥法文献

魏晋南北朝时期，礼学家辈出，《通典》列举了魏晋南北朝百余位礼学家。同一时期，丧礼学兴盛，礼学专著大量涌现。其中关于谥法的专门著述有以下多种。

(一) 东汉末年，刘熙《谥法注》；魏晋之际荀顗推演增广刘熙《谥法注》

刘熙字成国，北海人。《后汉书》无传，其事迹散见于《三国志》《世说新语注》《册府元龟》等书。刘熙为汉末名士，博通五经，灵帝时曾任南安太守，建安初避乱至交趾。薛综、蜀人许慈都曾从熙问学，程秉曾与刘熙考论大义，遂博通五经。[①]《旧唐书》卷四六《经籍志》："谥法三卷"下注云"荀顗演，刘熙注"，《新唐书》卷五七《艺文志一》同。此处"谥法三卷"当指刘、荀二人《谥法》注的合帙。在苏洵《谥法》中征引了22条：

忠信接礼曰文。刘熙以为，本之以忠信继之，以礼乐斯为文矣。

威强叡德曰武。刘熙曰：叡，智也，威而强果，加之以谋，故曰武。

刑名克服曰成。刘熙以为，以法加民，而民服治德以成，故曰成。

向德内德曰献。《今文尚书》云：尔注家皆云向惠德元，其义不当通，以书为信。刘熙以为，献者，轩轩然在物上之称也，内亦向也。人能日向于德惠，则为众所推仰，轩轩然在上矣。

始建国都曰元。刘熙曰：此元首之元也。

明德有功曰昭。刘熙：为能明明德而任之，则有功而昭显圣。

刚德克就曰肃。刘熙曰：以刚御下人，畏而明令故肃。

布德执义曰穆。刘熙曰：穆，和也。德义，人道之贵能布行之，以此致雍和之化，故曰穆。

典礼不愆曰戴。刘熙以为，戴者，为民所瞻仰也。典礼不愆，此诗谓其容不改出言，有章者也。

辟土有德曰襄。刘熙曰：襄，除也。除殄四方夷狄，得其土地故

[①] （晋）陈寿撰，（南朝宋）裴松之注，中华书局编辑部点校：《三国志》卷五三《吴书八·程秉传》，中华书局1982年版，第1248页。

曰襄。

武而不遂曰壮。刘熙曰：志存节义，事有窘廹，功不得成者也。春秋原心故谥曰壮。

安民大虑曰定。刘熙曰：大虑其害，而为之防，以安之故曰定。

大虑慈民曰定。刘熙曰：不争小利，务在养全，以安定之故曰定。

平易不訾曰简。刘熙以为，君能平易，不信訾毁，使民易知，则治亦自简。

昭功宁民曰商。商，商度也。度有功者而赏之，以宁民也。刘熙以为，汉高帝诛丁公而赏雍齿，即其事理，或然欤。

慈惠爱亲曰孝。刘熙曰：以已所慈所惠之心，推以事亲孝之至也。

轻輶恭就曰齐。刘熙曰：輶，亦轻行，轻恭以就事速疾，使功齐等，故曰齐。

恐惧徙处曰悼。刘熙曰：遇灾不能修德，恐惧徙处以死，故曰悼。

违拂不成曰隐。刘熙曰：若鲁隐公让志未究，而为谗所拂违，使不得成其美，故曰隐。

疏远继位曰绍。刘熙曰：此无它德，以世族当继先祖之后者，如汉立萧何、后之类也。

妄爱曰剌。刘熙曰：不思贤人，妄爱奸佞也。

震动过惧曰顷。刘熙曰：顷，惑之顷也，若陈不占者也。

除此之外，皮锡瑞对帝尧考证时，引刘熙注《谥法》曰："以为其尊高尧尧然，物莫之先，故谓之尧也。"[①] 根据汪受宽先生的统计，在《经世大典·谥法解》中，还征引了刘熙注68条。[②]

[①] （清）皮锡瑞：《今文尚书考证》卷一《唐书·尧典第一》，中华书局1989年版，第5页。

[②] 汪受宽：《谥法研究》，第281—451页。

（二）何晏撰《魏谥议》

何晏"少以才秀知名，好老庄言，作道德论及诸文赋著述凡数十篇"①。《隋书》卷三三《经籍志二》载："《魏、晋谥议》十三卷何晏撰。"何晏死于魏晋禅代之际，此处晋谥议不知为何归入何晏所作？《魏晋谥议》，当为《魏谥议》②。《旧唐书·经籍志》中载："《晋谥议》八卷；《魏明帝谥议》二卷，何晏撰；《晋简文谥议》四卷。"③ 清代姚振宗指出："此十三卷之中，有三家之书，本志误合为一，唐志始分别著录。何晏死曹爽之难，安得有晋之谥议？此郑渔仲所谓见前不见后之类。微唐志几莫辨其致误之由矣。三书皆合诸家之议以成编，《世说·文学篇》云桓公见谢安石，作简文谥议。看竟，掷与坐上诸客曰：此是安石碎金。即此《简文谥议》四卷中之一事。三书据唐志共十四卷，此云十三卷者，隋时尚缺其一卷也。"④

（三）晋朝张靖撰注《谥法》两卷

张靖《晋书》无传，《唐六典》卷一四《太常寺》"太常博士"条注"旧有《周书谥法》《大戴礼·谥法》。又汉刘熙注《谥法》一卷，晋张靖《谥法》两卷"⑤。《通典》卷一〇四《凶礼门》第二六《单复谥议》："旧有《周书·谥法》、《大戴礼·谥法》，又汉刘熙《谥法》一卷。晋张靖撰《谥法》两卷，又有《广谥》一卷。梁沈约总集《谥法》，凡一百六十五称。"《旧唐书》卷四四《职官志三》"太常寺"条："古有《周书谥法》、《大戴礼谥法》，汉刘熙《谥法》一卷，晋张靖《谥法》两卷。"《晋书》

---

① 《三国志》卷九《魏书·何晏传》，第292页。
② 高华平先生认为《魏晋谥议》当为《魏谥议》之误，详见高华平《何晏著述考》，《文献》2003年第4期。
③ （后晋）刘昫等撰，中华书局编辑部点校：《旧唐书》卷四六《经籍志上》，中华书局1975年版，第2008页。
④ （清）姚振宗：《隋书经籍志考证》卷一八史部八，民国师石山房丛书本；另外在姚振宗《三国艺文志》卷二史部（民国适园丛书本）中也曾指出："何晏《魏明帝谥议》二卷，晏始末具经部易类。《唐书·经籍志》《魏明帝谥议》二卷，何晏撰。《艺文志》何晏《魏明帝谥议》二卷：按《隋志》有《魏晋谥议》十三卷，何晏撰。盖误合《晋谥议》四卷为一书，两唐志始分别著录。时曹爽为大将军，何晏为尚书，典选举专政。"
⑤ （唐）李林甫等撰，陈仲夫点校：《唐六典》卷一四《太常寺·太常博士》，中华书局1992年版，第396页。

卷二〇《礼志中》载泰始十年（274），武元杨皇后崩，"尚书祠部奏从博士张靖议，皇太子亦从制俱释服"，且载咸宁二年（276）靖为太常博士，述礼事与孙毓、宋昌意见相左。议谥正是太常博士的本职，撰注《谥法》二卷的张靖，极有可能是此泰始、咸宁之际的太常博士张靖。

（四）西晋杜预撰《春秋释例·谥法》，被后人称为《春秋谥法》

史载杜预"耽思经籍，为《春秋左氏经传集解》。又参考众家谱第，谓之《释例》。又作《盟会图》、《春秋长历》，备成一家之学，比老乃成。又撰《女记赞》"①。今清武英殿聚珍版丛书本《春秋释例》共十五卷，书谥例第二十七，已无《谥法篇》。此篇《永乐大典》全阙。《释例》曰：谥者，兴于周之始王，变质从文，于是有讳焉。《传》曰：周人以讳事神，名终将讳之，故易之以谥。末世滋蔓，降及匹夫，爰暨妇人。妇人无外行，于礼当系夫之谥，以明所属。《诗》称庄姜、宣姜，即其义也。（隐元年，正义引释例）《谥法》云：隐拂不成曰隐。② 《路史》卷三六《发挥五·论谥法》以为杜预此篇乃本乎《周书·谥法篇》"古之法行于今者，唯谥行。然二千余年而靡有定法，《大戴氏》曰：'昔周公旦、太公望相嗣王以制谥法'，周书之说亦然。故今《周书》有《谥法》一篇，颇为简要，至杜预取而纳之《释例》，而世遂重出之，谓《春秋谥法》，盖不知也"。杜预的《春秋谥法》到宋时尚存，吕祖谦曾引用此书，见《春秋集解》卷一《隐公》集解：名息，姑惠公之子。《谥法》："不尸其位曰隐。"杜预《释例·谥法》"隐拂不成曰隐。"《郡斋读书志》卷一上言其"与《周公谥法》相类，而小有异同"。

二 梁朝谥法文献

（一）梁朝沈约的《谥例》十卷

《梁书》卷一三《沈约传》载其"所著《晋书》百一十卷，《宋书》百卷，《齐纪》二十卷，《高祖纪》十四卷，《迩言》十卷，《谥例》十卷，

---

① （唐）房玄龄等撰，中华书局编辑部点校：《晋书》卷三四《杜预传》，中华书局1974年版，第1031—1032页。

② （西晋）杜预撰，徐渊整理：《春秋释例》（上），中国社会科学出版社2021年版，第198页。

《宋文章志》三十卷，《文集》一百卷，皆行于世"。此书南宋以后亡佚，其自序保存于《玉海》卷五四《艺文部》中。①

宋王应麟《玉海》卷五四《艺文·梁谥法、历代谥法》：

《书目》沈约《谥法》十卷。案约序：《大戴礼》及《世本》旧并有《谥法》，而二书传至约时，已亡。其篇唯取《周书》及刘熙《谥法广谥》旧文，仍采乘奥《帝王世纪·谥法》篇之异者，以为此书。首列《周书》二篇后，即以熙为本，叙次旧文、广谥及乘奥《谥法》各于其下，注本文所出，自周迄宋帝王、名臣凡有谥者，并列其人名号于左方。今本卷数存文多舛。

《玉海》五四《艺文部·嘉祐编定谥法》七家谥法条：②

沈约《谥例》有序云：《周书·谥法一第五十六》、《谥法二第五十七》。今《汲冢书》止一篇，第五十四。书目一卷（惟《崇文目》有之，学者就《汲冢书》采出）。③《春秋谥法》一卷（学者就杜预《释例·谥法》篇采出）。沈约案：《谥法》上篇卷前云《礼大戴记》，后云《周书·谥法第四十二》，又云凡有一百四十五谥。案《大戴礼》及《世本》旧并有《谥法》，今检十许本皆无。《周书·谥法一第五十六》、《谥法二第五十七》，上篇有十余谥，下篇惟有第目，无谥名，与前所云"第四十二"又不同矣。今《谥法》二篇有一百四十八名。卷后又云：靖按谥有一百九十四。又云：高、光、明、章、和、顺、冲七谥，《谥法》无也，而汉家用之。约又检二篇，唯无光耳，其余并有而又多不同。约又案：靖应是张靖，晋江左人也。刘熙注《谥法》，唯有七十六名，所阙甚多，或有异名殊号，近世所不用耶？又

---

① 楼劲对这一段文字进行了精细的解读和分析，参见《〈玉海〉五四〈艺文部〉所存沈约〈谥例序〉文笺解——汉末魏晋几种谥法文献的有关问题》，《文史》2005年第1辑，第33—55页。

② 本条引文内容及格式全部按照楼劲文中引文。引文据国家图书馆藏至元六年庆元路儒学刻本，此后的数种元明递修本、清乾隆三年本及《四库全书》本大抵略同。

③ 括号内为王应麟原注，以下引《玉海》文皆同，其字体在各本中皆小于正文。

有《广谥》一篇七十八谥，与旧文多同，时有异耳。约以为同是一谥而互出诸篇，不相比次，难为寻览。刘熙既有批注，时或有所发明，今以熙所撰为本。又旧文二篇，《广谥》一卷，悉少拔次第，令名相随，各以其下注本文所出。又自周氏以来，迄于宋末，帝王名凡有谥者，并列其人名号于所谥之左方。吴兴人乘奥撰《帝王世纪》，其一篇是《谥法》，今采其异者。

楼劲认为上引文首先可区分为王应麟《玉海》插注文和沈约《谥例序》文两类，其中的沈约《谥例序》文，又包括了两种不同的文字：一是沈约所见某本《谥法》上篇卷前、卷后的批语，二是沈约对这些批语的案释之语，及其交代《谥例》一书取材体例的有关文字。①

（二）梁朝贺琛的《新谥法》

《梁书》卷三八《贺琛传》载贺琛字国宝，山阴人，梁尚书左丞，"诏琛撰《新谥法》，至今施用"。《梁书》乃姚思廉（557—637）承其父陈朝吏部尚书姚察未完之书而成，此卷末有"陈吏部尚书姚察云"一语，可知此卷乃取其父所撰旧稿而成。姚察于隋大业二年（606）去世，则所谓"至今施用"，则梁、陈至隋仍施用。《玉海》卷五四《艺文部·梁谥法》载："梁贺琛《谥法》三卷，采旧谥法及《广谥》，又益以已所撰新谥，分君、臣、妇人三卷，卷各分美、平、恶三等（《梁书》琛精三礼，高祖诏撰《新谥法》，至今施用），其条比沈约谥例颇多，亦有约载而琛不取者。"

《资治通鉴》胡三省的注文中，还残留着贺琛《新谥法》的一些印迹。汉惠帝六年（前189）夏，"留文成侯张良薨"。胡三省注引周公《谥法》：安民立政曰成。贺琛臣谥：佐相克终曰成。② 在贺琛《谥法》中，"成"还有"惇庞淳固曰成"③ "民和臣福曰成"④ 二解。贞观十六年冬，十月，

---

① 楼劲：《〈玉海〉五四〈艺文部〉所存沈约〈谥例序〉文笺解——汉末魏晋几种谥法文献的有关问题》。
② 《资治通鉴》卷一二《汉纪四·孝惠皇帝·六年》，中华书局1956年版，第417页。
③ 《资治通鉴》卷四三《汉纪三五·世祖光武皇帝中之下》"建武十二年条"，第1378页。
④ 《资治通鉴》卷一九三《唐纪九·太宗文武大圣大广孝皇帝上之中》"贞观四年"，第6074页。

丙申，殿中监郢纵公宇文士及卒。胡三省注引贺琛《谥法》：败乱百度曰纵；怠德败礼曰纵。① 贞观二十二年癸酉，特进宋公萧瑀卒，太常议谥曰"德"，尚书议谥曰"肃"。胡三省注引《周公谥法》：刚德克就曰肃。上曰："谥者，行之迹，当得其实，可谥曰贞褊公。"贺琛《谥法》：直道不挠曰贞；俭啬无德曰褊；心隘政急曰褊。②

关于沈约和贺琛的谥法著作，后人一并提到。《文献通考》卷一八八《经籍考》下有"云《谥别》十卷"，《崇文总目》："宋沈约撰。上采周、秦，下至晋、宋君臣谥号，而以周公谥法为本云。"又有《谥法》四卷，《崇文总目》："梁贺琛撰。初，约本周公之谥法，至琛又分君臣、美恶、妇人之谥，各以其类标其目。曰'旧谥'者，周公之谥法；曰'广谥'者，约所撰也；曰'新谥'者，琛所增也。晁氏曰：约撰凡七百九十四条，琛又加'妇人谥'二百三十八条。"③《玉海》又曰：贺琛之法，有君谥、臣谥、妇人谥，离而为三。妇人有谥，自周景王之穆后始；匹夫有谥，自东汉之隐者始；宦者有谥，自东汉之孙程始；蛮夷有谥，自东汉之莎车始。④

（三）梁朝裴子野著《附益谥法》

《梁书》卷三〇《裴子野传》载："子野少时，集注《丧服》、续《裴氏家传》各二卷，抄合后汉事四十余卷，又敕撰众僧传二十卷，百官九品二卷，《附益谥法》一卷，《方国使图》一卷，《文集》二十卷，并行于世。"《隋书·经籍志》中记载了裴子野的《丧服传》、《宋略》《众僧传》，但没有记载《附益谥法》，其内容也不得而知了。《南史·裴子野传》中有《附益谥法》一卷。

北魏时期虽然没有谥法著述传世，但也有官员学者对谥法制度做过相

---

① 《资治通鉴》卷一九六《唐纪十二·太宗文武大圣大广孝皇帝中之中》"贞观十六年"，第6179页。
② 《资治通鉴》卷一九九《唐纪十五·太宗文武大圣大广孝皇帝下之下》"贞观二十二年"，第6258页。
③ 《文献通考》卷一八八《经籍考·经·谥法》，中华书局2011年版，第5500—5501页。
④ （宋）王应麟撰，武秀成、赵庶洋校证：《玉海艺文校证》卷二〇《总集文章·嘉祐编定谥法，七家谥法》，凤凰出版社2013年版，第977页。

关撰述。如孝文帝、宣武帝时期的礼学家刘芳，在孝文帝薨后，"高祖自袭敛暨于启祖、山陵、练除，始末丧事，皆芳撰定"；宣武帝"以朝仪多阙，其一切诸议，悉委芳修正。于是朝廷吉凶大事皆就咨访焉"①。时为太常卿的刘芳还曾议元勰之谥，谥其为"武宣王"。②

以上简要介绍了魏晋南北朝时期的谥法文献，这些著作多以谥法解和谥号分类汇编，着重于对《逸周书·谥法解》的谥号用字进行评注、考据，辑录帝王将相名臣的谥号，是我们了解魏晋南北朝谥法制度的重要资料。

魏晋南北朝时期的谥法文献对宋代谥法影响仍极大。宋朝最为著名的《编定六家谥法》二十卷，编纂于宋仁宗嘉祐年间。所谓六家谥法指《周公谥法》、杜预《春秋谥法》、佚名《广谥》、沈约《谥例》、贺琛《新谥法》及扈蒙《谥法》。而其中的《春秋谥法》《广谥》《谥例》《新谥法》四家谥法都是在魏晋南北朝时期编纂而成的。

三　魏晋南北朝谥法著作丰硕的原因

魏晋南北朝时期谥法著述的大量涌现，与这一时期经、史注、疏体式的发展以及礼学的繁荣相关。③

两汉时期，经学得到长足的发展。汉代经学注重解经注经。汉郑玄《仪礼注》云："言注者，注义于经下，若水之注物，亦名为注。"汉代注经著作具有代表性的有赵岐的《孟子注》、郑玄所注《毛诗》、《三礼》，以及何休所著《春秋公羊解诂》等。其中最为有名的，便是东汉末年的郑玄（127—200），他以毕生精力注释儒家经典，至今保存完整的，有《周礼注》《仪礼注》《礼记注》，合称《三礼注》，还有《毛诗传笺》。失传后，经后人辑佚而部分保存下来的，有《周易注》《古文尚书注》《孝经注》《论语注》。注《谥法》的刘熙与郑玄处于同一时代，而且治学方法也相似。魏晋及其之后以义理解经方法的运用，出现了注释方法的多样

---

① 《魏书》卷五五《刘芳传》，中华书局2018年（修订）版，第1336—1337页。
② 《魏书》卷二一下《献文六王列传第九下·彭城王》，第656页。
③ 关于这一时期的礼学繁荣，参见梁满仓《魏晋南北朝五礼制度考论》，社会科学文献出版社2009年版；陈戌国：《中国礼制史·魏晋南北朝卷》，湖南教育出版社2011年版。

化。不仅对经书有注解,还有阐释注解的文字,即"注疏"。其后,受佛教讲经方法的刺激,"义疏"又大为流行。①

史注家也吸收儒经注疏及佛经合本子注的经验,对前代及晚近史书进行注解和阐发,除注音、释义、评论及发凡起例外,还讲述其得失,补注其缺漏,有注体、解体、训体、考辨体、音义体、集解体、自注体等体式;内容丰富,涉及纪传体史书、历史地理、笔记杂志等类史书。② 如三国吴虞翻、唐固等的《国语》注,《三国志·虞翻传》云:虞翻"又为《老子》《论语》《国语》训注,皆传于世"③;《三国志·唐固传》载唐固"著《国语》《公羊》《谷梁》注"④;西晋有陈寿《季汉辅臣》注、挚虞《三辅决录》注;刘宋裴松之《三国志》注;西凉刘昞"注《周易》《韩非子》《人物志》《黄石公三略》并行于世"⑤;《梁书·文学传》载:刘昭"伯父彤集众家《晋书》注干宝《晋纪》为四十卷"⑥;东晋郭璞《山海经》注、北魏郦道元《水经注》、南朝刘孝标《世说新语》注等。在这样注、疏经典的潮流下,出现晋朝张靖等注《谥法》也是情理之中。

魏晋南北朝时期,儒家礼学受到统治者的极大重视,礼学也成为文化正统的衡量标志。萧梁司州刺史陈庆之重用北人,时人朱异奇怪,陈庆之回答道,"自晋宋以来,号洛阳为荒土,此中谓长江以北尽是夷狄。昨至洛阳,始知衣冠士族并在中原,礼仪富盛,人物殷阜,目所不识,口不能传。"⑦ 元象元年(538),高欢在和杜弼分析北方所处形势时,云"江东复有一吴儿老翁萧衍者,专事衣冠礼乐,中原士大夫望之以为正朔所在"⑧。因此,各个朝代的统治者为了标榜各自王朝的正统性,都重视礼

---

① 关于义疏学的研究,详见乔秀岩《义疏学衰亡史论》,生活·读书·新知三联书店 2017 年版。
② 刘治立:《魏晋南北朝时期的史注体式》,《固原师专学报(社会科学版)》2003 年第 1 期。
③ 《三国志》卷五七《吴书·虞翻传》,中华书局 1982 年版,第 1321—1322 页。
④ 《三国志》卷五三《吴书·唐固传》,第 1250 页。
⑤ 《魏书》卷五二《刘昞传》,第 1160 页。
⑥ 《梁书》卷四九《文学传上·刘昭》,第 692 页。
⑦ (魏)杨衒之撰,周祖谟校释:《洛阳伽蓝记校释》卷二《城东》,中华书局 2010 年版,第 93 页。
⑧ (唐)李百药撰,中华书局编辑部点校:《北齐书》卷二四《杜弼传》,中华书局 1972 年版,第 347 页。

学。赵翼《廿二史札记·齐梁之君多才学》中云:

> (梁)武帝少而笃学,洞达儒玄,虽万机多务,犹卷不辍手。造《制旨孝经义》,《周易讲疏》,及《六十四卦》、《二系》、《文言》、《序卦》等义,《乐社义》,《毛诗答问》,《春秋答问》,《尚书大义》,《中庸讲疏》,《孔子正言》,《老子讲疏》,共二百余卷。又令明山宾等述制旨,并撰吉、凶、军、宾、嘉五礼一千余卷。又造《通史》,亲制赞序,凡六百卷。天性睿敏,下笔成章,千赋百诗,直疏便就,诸文集又一百卷。并撰金策三十卷。兼长释义,制《涅盘》、《大品》、《净名》、《三慧》诸经义,又复数百卷。历观古帝王,艺能博学,罕或有焉。①

梁武帝本人十分博学并重视礼学著作的撰述,还下令撰吉、凶、军、宾、嘉五礼一千余卷。高二旺在探寻魏晋南北朝丧礼学兴盛的原因时,便认为这一时期之所以会出现五礼的不断修订和丧礼学的盛况,除了学术本身的原因外,也同丧礼的实践需要和现实的社会状况是分不开的。②《隋书》卷三二《经籍志》中记载这一时期有关丧礼的著作达到五十余种。《通典》载这一时期的礼学家有百余位:

> 但前古以来,凡执礼者,必以吉凶军宾嘉为次;今则以嘉宾次吉,军凶后宾,庶乎义类相从,终始无黩云尔。
>
> 按秦荡灭遗文,自汉兴以来,收而存之,朝有典制可酌而求者:汉有叔孙通、高堂生、徐生、贾谊、河间献王、董仲舒、萧奋、孟卿、后苍、闻人通汉、夏侯敬、刘向、戴德、戴圣、庆普、刘歆。后汉有曹充、曹褒、郑兴、郑众、贾逵、许慎、杜子春、马融、郑玄、卫宏、何休、卢植、蔡邕。魏有王粲、卫觊、高堂隆、蒋济、王肃、

---

① (清)赵翼著,王树民校证:《廿二史札记校证》卷一二《齐梁之君多才学》,中华书局2013年版,第246—247页。

② 高二旺:《魏晋南北朝丧礼与社会》,第38—39页。

秦静、刘表、刘绍、卢毓、陈群、鱼豢、王沈。蜀有谯周、蒋琬、孟光、许慈。吴则宋敏、丁孚。晋有郑冲、荀𫖮、陈寿、孙盛、羊祜、杜元凯、卫瓘、庾峻、袁准、贺循、任恺、陈铨、孔备、刘逵、挚虞、束晳、傅咸、邹湛、蔡谟、孔衍、庾亮、范宣、范汪、徐邈、范宁、刁协、荀崧、卞壶、葛洪、王彪之、司马彪、干宝、徐广、谢沈、王衰、何琦、虞喜、应贞。宋有徐羡之、傅亮、臧焘、徐广、裴松之、何承天、颜延之、雷次宗、徐爰、庾蔚之、崔凯、孔智。齐有王俭、何戢、田僧绍、刘献、王逡。梁有司马褧、陆琏、沈约、周舍、明山宾、裴子野、徐勉、顾协、朱异、严植之、贺玚、崔灵恩、皇侃、何佟之、陶弘景、司马宪、丘季彬。陈有谢峤、孔奂。后魏有高允、高闾、王肃。北齐有熊安生、阳休之、元循伯。后周有苏绰、卢辩、宇文弼。①

撰、注谥法著作的沈约、贺循、贺琛、裴子野便列位于这百余位礼学家之中。自先秦、汉以来，赠谥作为丧礼中的一环，已经受到朝廷和社会的极大的重视。在魏晋南北朝这一礼学繁荣的时期，礼学家对之前的礼学著作进行疏义、考证，并根据现实的礼制变化及需要，对原来的著作进行了增订和修改。《谥法》作为礼学著作中的重要的一部，备受学者和朝廷的重视，而且魏晋南北朝时期对经学史学著作的注释及佛经合本子注，对《谥法》著作的阐述撰述产生了影响，这一时期，《谥法》注疏及推演著作丰硕的原因也在此。

第二节　吐鲁番出土《谥法》残本

20世纪六七十年代，吐鲁番阿斯塔那316号墓中出土了《谥法》残本，编号为60TAM316：082、083和60TAM316：084文书残片。②据整理

---

① （唐）杜佑撰，王文锦、王永兴、刘俊文、徐庭云、谢方点校：《通典》卷四一《礼一沿革一·礼序》，中华书局1988年版，第1122—1123页。
② 中国文物研究所、新疆维吾尔自治区博物馆、武汉大学历史系编，唐长孺主编：《吐鲁番出土文书》（图文对照本）第一册，文物出版社1992年版，第471页。

小组介绍："本墓经盗扰，无墓志及随葬衣物疏，所出文书亦无纪年，但一买田契系蓝笔书写。蓝笔书写之文书常见于高昌时期，因将本墓所出文书置于高昌时期之末。"① 由此推测这份《谥法》残本可能出于高昌时期。整理小组并未解释将此文书定名为"《谥法》残本"的原因，但从60TAM316：082、083 的图版中便可知，在这份残卷的左面中间部分，有"谥法"二字，其中的内容与《逸周书·谥法》《史记正义·谥法解》《独断·谥法》中的"谥法"有相同或出入的地方，其句式也为"××××曰×（谥字）"。谥法制度是中国古代社会重要的礼制，有关谥法的传世文献极为丰富，② 但在此之前尚未见出土材料。因此这一《谥法》残本为研究中国古代谥法制度提供了宝贵资料。而对此《谥法》残本的研究，仅仅在释文方面，1998 年王素先生补释了编号为60TAM316：084 文书残片上"执义扬"后的"善"③，笔者曾在 2010 年发表《吐鲁番文书所见〈谥法〉残本略考》一文，首次对此《谥法》残本的释文及源流进行了考证。④

一 吐鲁番出土《谥法》图版与释文

以下是编号为60TAM316：082、083 的图版和整理小组的释文：

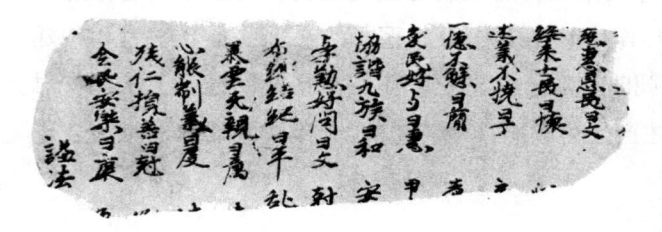

0 1 2 3 4 5 厘米

---

① 《吐鲁番出土文书》第一册，第 470 页。
② 参见汪受宽《谥法研究》第十章《历代谥法著述考略》，第 242—259 页。
③ 王素：《〈吐鲁番出土文书〉[壹] 附录残片考释》，中华书局 1998 年版，169 页。
④ 戴卫红：《吐鲁番文书所见〈谥法〉残本略考》，《吐鲁番学研究》2010 年第 1 期。本节在此文的基础上，有所增减修改。

释文：

1　□传□圣曰尧　　仁圣□□

2　□属　　德像天地曰帝　　靖民则□□

3　□皇　　执应八方曰侯　　从之成群曰□□

4　□圣　　扬善赋简曰圣　　通敏先识曰□□

5　天地曰文　　□□

6　曰□　　□□

7　慈惠恩民曰文　　□□

8　绥来士民曰怀　　□□

9　述义不挠曰丁　　□□

10　一德不懈曰简　　□□

11　爱民好与曰惠甲　　□□

12　协谐九族曰和安　　□□

13　学勤好问曰文克　　□□

14　布纲结纪曰平乱　　□□

15　暴罞无亲曰厉　　□□

16　心能制义曰度　　□□

17　残仁损善曰克　　□□

18　会（合）民安乐曰康　　□□

19　谥法

另外，在编号为 60TAM316∶084 的文书残片上有"执义扬善[1]□□"字样。

---

[1] "善"字为王素先生补足，见王素《〈吐鲁番出土文书〉[壹] 附录残片考释》，第 169 页。

0 1 2 3 4 5厘米

二　吐鲁番出土《谥法》残本释文考证

《谥法》残本第 1 行"☐传圣曰尧""仁圣☐"。"尧"字作为谥字，不见于《逸周书·谥法解》①。《白虎通义》卷一《谥》：

>帝者，天号也，以为尧犹谥，顾上世质直，死后以其名为号耳。所以谥之为尧何？为谥有七十二品。《礼记·谥法》曰："翼善传圣谥曰尧，仁圣盛明谥曰舜，慈惠爱民谥曰文，强理劲直谥曰武。"②

据此，《礼记·谥法》中有"尧"的谥号，汪受宽先生认为此处《礼记》为《大戴礼记》③。据《白虎通义》可补吐鲁番《谥法》残本中"☐传圣曰尧"为"翼善传圣曰尧"；"仁圣☐"为"仁圣盛明曰舜"。《艺文类聚》卷一四《帝王部·梁武帝》载萧绎为高祖武皇帝所做谥议中，有"臣闻翼善传圣曰尧，仁圣盛明曰舜，受禅成功曰禹，除虐去残曰汤"，可知在萧梁末，尧舜禹汤仍为谥字。《续通志》卷一一九《谥略》云：

---

① 以下所引《逸周书·谥法解》的资料，均出自黄怀信、张懋镕、田旭东《逸周书汇校集注（修订本）》，第618—707页。不再一一出注。
② （汉）班固：《白虎通义》，文渊阁《四库全书》，台湾商务印书馆1986年版，第850本，第10页。
③ 汪受宽：《谥法研究》第九章《谥法的经典性文献》，第224页。

> 谨案以黄、尧、舜、禹、汤等字为谥，出于汉初诸儒附会，后遂转相师述。马融注《尚书》，裴骃解《史记》皆祖之。张守节录《周书》全篇，犹窜入汤字一谥。苏洵编定六家，舍黄字而取尧舜禹汤桀纣，则相传既久，不以为非。惟郑氏力辨谥法之起于周，以尧舜禹汤桀纣为生名，非死谥，证以《尚书》"咨女舜格女禹"之文，诚为确见。今以其相沿已久，姑附录于此云。

以上记载解释了黄、尧、舜、禹、汤等字为谥的源流，同时可以说明吐鲁番《谥法》残本受到汉代谥法文献的影响，记录的并不是《逸周书·谥法解》的原文。

第 2 行"☐属　德像天地曰帝　靖民则☐"。"属"字残，所见为"☒"，字形极似"禹"，笔者疑为"禹"。① 且第 1 行中出现"尧"和"舜"，第 2 行出现"禹"字，与上引《续通志》说法正相合。《逸周书·谥法解》和唐代张守节《史记正义·谥法解》② 中无"禹"谥。《淮南子·泛论训》高诱注及《史记·夏本纪》裴骃集解引《谥法》云"受禅成功曰禹"，则可知在汉代时"禹"已在《谥法》中，到刘宋时期，"禹"字仍在社会所通用的《谥法》上。宋代苏洵所定《谥法》（又称《嘉祐谥法》）中记"渊源通流曰禹""受禅成功曰禹"。《续通志》卷一二〇《谥略下·宋苏洵嘉祐谥法增多谥》在"渊源通流曰禹、受禅成功曰禹"条云："于尧舜外增多禹谥，盖亦旧儒附会相传已久者。"

"德像天地曰帝"，《逸周书·谥法解》、《史记正义·谥法解》均作"德象天地曰帝"。《白虎通义》卷一《号》所云："帝王者何？号也。号者，功之表也，所以表功明德，号令臣下者也。德合天地者称帝，仁义合者称王，别优劣也。《礼记·谥法》曰：'德象天地称帝，仁义所在

---

① 笔者在与邬文玲女士讨论此字时，她认为此字疑似"厉"，可备一说。但比较此字和后文出现的"厉"字，二者在字形上还是有一些区别；而且根据其前后出现的谥字，笔者认为释为"禹"字更有道理。
② 《史记》第十册附录《史记正义·谥法解》，中华书局 1959 年版。本书所引《史记正义》，若无单独标注，均为此版本。

称王。'"

"靖民则▢"，《逸周书·谥法解》为"静民则法曰皇"。王充（27—95）《论衡》卷七《道虚篇》："实黄帝者何等也？号乎？谥也。如谥，臣子所诔列也。诔生时所行，为之谥。黄帝好道，遂以升天。臣子诔之，宜以仙升，不当以黄谥。谥法曰：'静民则法曰黄。'黄者，安民之谥，非得道之称也。"则知在东汉初年，"黄"已入为谥字。蔡邕《独断》卷下《帝谥》46字中第2字为"靖民则法曰黄"。《史记正义·谥法解》中作"靖民则法曰皇"。因此，在此残本中，"靖民则▢"可补足为"靖民则法曰黄（皇）"。

第3行"▢皇　执应八方曰侯　从之成群曰▢"。其中，"▢皇"，前文已述，《史记正义·谥法解》中作"靖民则法曰皇"，但第2行已出现"靖民则法曰黄（皇）"，因此不可能是此谥。关于"皇"谥，尚有《三国志·王朗传》裴松之注引孙盛曰："化合神者曰皇，德合天者曰帝。"晋代孙盛所引"皇"谥，可能是根据魏晋所流行的谥法书。北宋苏洵《谥法》删去"皇帝王公侯君帅长胥"等历代尊卑称号的9字，南宋郑樵《通志·谥略》中赞成苏洵删掉皇帝王公等谥字，因此可以看出，宋代"皇"字已被排除在主流的谥法外。而《资治通鉴》卷六九《魏纪一》："世祖文皇帝上"条，元代胡三省注云："讳丕，字子桓，武王操长子也。谥法：学勤好问曰文。世祖，庙号也。礼，祖有功而宗有德。《谥法》：景物四方曰世；靖民则法曰皇；明一德者曰皇；明一合道曰皇。德象天地曰帝；按道无为曰帝。"胡三省注所引《谥法》中的"明一德者曰皇、明一合道曰皇"，可能依据的是元代修订的谥法书。①但此二"皇"字谥解为晚出，因此第三行中的"▢皇"最有可能的是晋代孙盛注中的"化合神者曰皇"。

"执应八方曰侯"，"侯"在《逸周书·谥法解》中为第8条，《史记正义·谥法解》中为第6条，所解相同。

"从之成群曰▢"，《逸周书·谥法解》中无此谥解，《史记正义·谥

---

① 汪受宽从《永乐大典》残本寘字韵中发现元代《经世大典谥门》一卷，约2万字。详见《谥法研究》，第252页。

法解》解"君"为"赏庆刑威曰君、从之成群曰君",分别在第 7、8 条,由此也可补此残本为"从之成群曰 君"。《续通志》卷一一九《谥略上·史记正义增多谥》在"赏庆刑威曰君,从之成群曰君"条下云"君字亦尊号,不可为谥,疑后人窜入"。然从高昌所出《谥法》残本来看,也当有所本。

第 4 行"□□圣　　扬善赋简曰圣　　通敏先识曰□□□"。《逸周书·谥法解》中第 2、3 条分别为"称善□简曰圣""敬宾厚礼曰圣"。《史记正义·谥法解》第 9、10 条为"扬善赋简曰圣""敬宾厚礼曰圣"。那么此处"□□圣"或可补足为"敬宾厚礼曰圣"。《魏书》《北史》魏神元皇帝追谥考曰圣武皇帝,盖前史谥圣者,亦自北魏始。①

"通敏先识曰□",这一谥解不仅不见于《逸周书·谥法》,也不见于其他文献资料。

第 5 行"天地曰文"。《逸周书·谥法解》中第 11 条为"经纬天地曰文",《史记正义·谥法解》第 13 条为"经纬天地曰文"。《魏书》卷二一下《献文六王·彭城王元勰传》载元勰上高祖谥议:"谨案谥法,协时肇享曰孝,五宗安之曰孝,道德博闻曰文,经纬天地曰文,仰惟大行皇帝,义实该之,宜上尊号为孝文皇帝。"因此第 5 行中的"天地曰文"可补足为"经纬天地曰文"。

第 6 行因为前后文均缺,无法补足。

第 7 行"慈惠恩民曰文"。《逸周书·谥法解》《史记正义·谥法解》《续通志·谥略》中"文"均有 6 解,分别为"经纬天地曰文""道德博厚曰文""学勤好问曰文""慈惠爱民曰文""愍民惠礼曰文""锡(赐)民爵位曰文",关于此条,均为"慈惠爱民曰文"②。苏洵《谥法》中"文"有 8 解,却无此条。

---

① 《续通志》卷一一九《谥略上·周书谥法解》,浙江古籍出版社 2000 年版,第 3971 页。
② 《魏书》卷六八《甄琛传》载:"案甄司徒行状,至德与圣人齐踪,鸿名共大贤比迹,'文穆'之谥,何足加焉。但比来赠谥,于例普重,如甄琛之流,无不复谥。谓宜依谥法'慈惠爱民曰孝',宜谥曰孝穆公。"按:传世文献均记载"慈惠爱民曰文",据《逸周书·谥法解》"慈惠爱亲曰孝",或为史书传抄时的小误,将"亲"误为"民"。

第8行"绥来士民曰怀"。《逸周书·谥法解》中"怀"有2解"执义扬善曰怀""慈义短折曰怀",《史记正义·谥法解》也为2解"执义扬善曰怀""慈仁短折曰怀"。苏洵《谥法》卷三"怀"解为"慈仁短折曰怀""失位而死曰怀",而"失位而死曰怀"为新改。根据汪受宽先生辑录的《谥字集解》,在中国古代各代谥法中,"怀"共有11解,① 而此抄本中的"绥来士民曰怀"在诸本《谥法》中未见。

编号为60TAM316：084的文书残片上有"执义扬 善 ② ⎕"字样。蔡邕《独断》卷下《帝谥》为"执义扬善曰怀",直到唐章怀太子注《后汉书》时,仍以"执义扬善曰怀"③。由此可知,汉代至唐章怀太子时均以"执义扬善曰怀"。中华书局点校本《史记》所附《史记正义·谥法解》为"执义扬善曰怀"④,而单刻本《史记正义》作"执义扬善曰德"⑤,不知为何？《资治通鉴》卷五〇《汉纪四二·孝安皇帝中》建光元年三月"戊申,追尊清河孝王曰孝德皇,皇妣左氏曰孝德后"条,胡三省注"《谥法》执义行善曰德,绥柔士民曰德"。《续通志》卷一一九《谥略》"谋虑不威曰德"条注云：

> 《史记正义》增多"绥柔士民曰德"句,"谋虑不威"作"谏诤不威"。考孔晁注云：不以威相拒也,则作谏诤者为正。《史记》又增多"执义扬善曰德"句,"德"字系"怀"字之讹,见"怀"字条注。

笔者认为《续通志》中关于"《史记》(此处为《史记正义》,笔者按)又增多'执义扬善曰德'句,'德'字系'怀'字之讹"这一见解是有道理

---

① 汪受宽：《谥法研究》,第330页。
② "善"字为王素先生补足,见王素《〈吐鲁番出土文书〉[壹]附录残片考释》,《出土文献研究》第3辑,第169页。
③ 《后汉书》卷四《和帝纪》永元九年"冬十月乙酉,改葬恭怀梁皇后于西陵"条注,第184页。
④ 《史记》附录《史记正义·谥法解》,第十册第28页。
⑤ 张守节：《史记正义》,文渊阁《四库全书》,台湾商务印书馆1986年版,第247本,第23页。

的。在古代，繁体字"懷（怀）"与"德"字形相似，在传抄中容易混淆。之后宋、元、明诸儒又以"执义扬善曰德"入《谥法》，便是祖唐代张守节《史记正义·谥法解》。而这份《谥法》残本出于高昌时期，其中的"执义扬 善 □"应为"执义扬善曰怀"。

第9行"述义不挠曰丁"。《逸周书·谥法解》"丁"有2解："述善不克曰丁""述义不悌曰丁"。《史记正义·谥法解》惟有一解为："述义不克曰丁。"《文献通考》卷一二三《王礼考十八·谥谏》：丁有2解："述义不克曰丁""述事不弟曰丁"。苏洵《谥法》中无"丁"谥。《魏书》卷二七《穆崇传》载天赐三年穆崇卒，"及有司奏谥，太祖亲览《谥法》，至述义不克曰丁。太祖曰：'此当矣。'乃谥曰丁公。"此残本中"述义不挠曰丁"与诸本均不同。

第10行"一德不懈曰简"。《逸周书·谥法解》"简"有2解"壹德不解曰简，平易不疵曰简。"《史记正义·谥法解》中"简"也有2解，分别是"一德不懈曰简""平易不訾曰简"。

第11行"爱民好与曰惠 甲□"。惠，《逸周书·谥法解》惟有一解，为"柔质受课曰惠"。① 蔡邕《独断·帝谥》只一解，为"爱民好与曰惠"。《史记正义·谥法解》中有2解："柔质慈民曰惠""爱民好与曰惠"。《文献通考》卷一二三《王礼考十八·谥谏》"惠"有四解：分别是位于"怀""丁"字之间的"柔质慈民曰惠""爱民好与曰惠"，位于"憨""匡"字之间的"柔质受谏曰惠"，和位于"良""顺"字之间的"施勤无私曰惠"。《续通志》卷一一九"惠"也只一解，为"柔质受谏曰惠"，其下注云："《史记正义》作'柔质受谏曰慧'。增多'柔质慈民曰惠'、'爱民好与曰惠'二义。《独断》止'爱民好与曰惠'。"苏洵《谥法》"惠"也只一解，为"爱民好与曰惠"。

"甲□"。在现存的谥法书中，以"甲"字开头的谥字解，惟见"襄"字。《逸周书·谥法解》在"德"与"厘"字间有"辟地有德曰襄、甲胄有劳曰襄"。《史记正义·谥法解》在"定"与"僖"字间有"辟地

---

① 《史记正义·谥法解》中"柔质受谏曰慧"。有关"惠"和"慧"二谥字，参见黄怀信、张懋镕、田旭东《逸周书汇校集注》，第665页。

有德曰襄、甲胄有劳曰襄"。因此在这份残本《谥法》中，或可补足为"甲胄有劳曰襄"。

第 12 行"协谐九族曰和　　安□"。现存《逸周书·谥法解》、蔡邕《独断》、《史记正义·谥法解》中均无"和"字谥。直到《后汉书》卷四《和帝纪》"孝和皇帝讳肇"条，唐章怀太子注："谥法曰不刚不柔曰和。"苏洵《谥法》中"和"有 4 解："柔远能迩曰和、号令悦民曰和、不刚不柔曰和、推贤让能曰和。"而这份残本《谥法》中所出"协谐九族曰和"，为现存谥法文献所不载，能补文献典籍的遗缺。

"安□"。以"安"字开头的谥字解，《逸周书·谥法解》《史记正义·谥法解》中有"安民立政曰成""安乐抚民曰康""安心好静曰夷"，因此不能确定"安□"后所缺何文。

第 13 行"学勤好问曰文　　克□"。《逸周书·谥法解》《史记正义·谥法解》中"文"均有 6 解，"学勤好问曰文"为其中一解。

"克□"。以"克"字开头的谥字解，《逸周书·谥法解》有"克定祸乱曰武""克威捷行曰魏""克威惠礼曰魏""克杀秉正曰夷"；《史记正义·谥法解》有"克定祸乱曰武""克敬动民曰桓""克威捷行曰魏""克威惠礼曰魏""克杀秉政曰夷"，因此不能确定"克□"后所缺何文。

第 14 行"布纲结纪曰平　　乱□"。《独断》卷下《帝谥》载"布纲治纪曰平"。《逸周书·谥法解》中"平"有 3 解，分别为"治而清省曰平、执事有制曰平、布纲治纪曰平"。《史记正义·谥法解》对"平"字的解分别为"治而无眚曰平、执事有制曰平、布纲治纪曰平、惠无内德为平"。而《三国志》卷三六《蜀书·赵云传》：

"于是关羽、张飞、马超、庞统、黄忠及云乃追谥，时论以为荣。"注引《赵云别传》载后主诏曰："云昔从先帝……外议云宜谥。"大将军姜维等议……谨按谥法，柔贤慈惠曰顺，执事有班曰平，克定祸乱曰平，应谥云曰顺平侯。

《赵云别传》所引《谥法》中，"执事有班曰平"与《逸周书》《史记正义》中"执事有制曰平"，有一字之差。而所引"克定祸乱曰平"，在《逸周书》《史记正义》"谥法解"，以及《文献通考》《续通志》等书中均作"克定祸乱曰武"，不知《赵云别传》所引《谥法》何所据？

另外，"乱□"，《独断》卷下《帝谥》在"布纲治纪曰平"下紧接着记"乱而不损曰灵"。"乱"字开头的谥解，《逸周书·谥法解》《史记正义·谥法解》、苏洵《谥法》等均只有"乱而不损曰灵"。因此，"乱□"有可能补足为"乱而不损曰灵"。

第15行"暴亞无亲曰厉　　□"。《逸周书·谥法解》云"致戮无辜曰厉"，《独断》卷下《帝谥》载"暴虐无亲曰厉"，《史记正义·谥法解》"杀戮无辜曰厉"苏洵《谥法》中"厉"有2解，为"暴慢无礼曰厉、愎狠遂过曰厉"。而这份残本《谥法》中的"暴亞无亲曰厉"，"亞"字字形为 ，疑似"虐"的异写或俗写。① 而其解也与《独断》所载"暴虐无亲曰厉"相近。

第16行"心能制义曰度　　□"。《春秋左传注疏》昭公二十八年，"既受帝祉，施于孙子。心能制义曰度"，杜预注："帝度其心"，孔颖达疏："正义曰：心能制断时事，使合于义，是为善。揆，度也。言预度未来之事皆得中也。"《逸周书》云"心能制义曰庶"，《史记正义》"心能制义曰度"。《续通志》卷一一九《谥略上》："心能制义曰度"注云：

　　上三谥（商、誉、度）前史亦无用之者。宋有度宗，乃庙号，非谥也。考"心能制义曰度"及篇中所列照临四方曰明、勤施无私曰类、教诲不倦曰长、慈和徧服曰顺、择善而从曰比数条皆昭公二十八

---

① 蒙鄢文玲女士相告，查《敦煌俗字典》，"虐"字在敦煌文献中有三种字形："晉"，此字见敦研020（9—4）《大般涅盘经》："若临终时，或值荒乱，刀兵竞起，帝王暴晉。"（《甘肃省藏敦煌文献》，甘肃人民出版社1999年版）"虐"，此字见英藏敦煌文献 S.610《启颜录》："之才即嘲元明姓卢曰：'安亡为虐，在丘为虚，生男成虎，配马成驴。'"（《英藏敦煌文献》，四川人民出版社1990年版）"窖"，此字见英藏敦煌文献 S.799《隶古定尚书》："暴殄天物，害窖烝民。"（《英藏敦煌文献》，四川人民出版社1990年版）参见黄征《敦煌俗字典》，上海教育出版社2005年版，第295页。

年左传文。周公之书不宜反引左氏之说，当是后人所窜入者。《崇文总目》云学者录之托以名篇，盖亦因此类而致疑耳。

第17行"残仁损善曰克　　□"。《逸周书·谥法解》、《史记正义·谥法解》均为"爱民在刑曰克"。苏洵《谥法》2解："秉义行刚曰克""爱民作刑曰克"。《续通志》载"爱民在刑曰克。汉有隆虑克侯周灶，史表作哀侯。北魏慕容熙、刘社生并于熙平时谥克"。而此残本中的"残仁损善曰克"为现存的谥法文献所不载。

第18行"会（合）民安乐曰康　　□"。《史记正义·谥法解》中"康"有4解："渊源流通曰康、温柔好乐曰康、安乐抚民曰康、合民安乐曰康"；《逸周书》有3解："温年好乐曰康、安乐抚民曰康、令民安乐曰康"；苏洵《谥法》有2解"抚民安乐曰康、温良好乐曰康"。在这份残本中，"会"字字形为 ，整理小组的释文在"会"后注明"合"， 有可能是"合"的草写。而其解也与《史记正义》中"合民安乐曰康"相同。

第19行"谥法"，是这份残存文书的标题，表明其右均为《谥法》之具体内容。现存《逸周书·谥法解》谥解下均作注，为晋朝孔晁所作。在这个残本中，"谥法"二字右边残存的内容，只有谥字和谥解，没有注的内容。

在这份残存的《谥法》中，出现清楚的谥字17个，分别为尧、禹、帝、皇、侯、圣、文、怀、丁、简、惠、和、平、厉、度、克、康，另外还有"舜""黄（皇）""君""襄""灵"5字可根据现存的谥法文献得到补充。在这22个谥字中，"尧""舜""君""禹"字为现存《逸周书·谥法解》所无，根据《续通志·谥略上》所谓"谨案以黄、尧、舜、禹、汤等字为谥，出于汉初诸儒附会，后遂转相师述"，这份《谥法》残本深受汉代谥法文献的影响。

《谥法》残本中共有30条谥解，其中的15条清晰完整。分别是"德像天地曰帝""执应八方曰侯""扬善赋简曰圣""慈惠恩民曰文""绥来士民曰怀""述义不挠曰丁""一德不懈曰简""爱民好与曰惠""协谐九族曰和""学勤好问曰文""布纲结纪曰平""暴虐无亲曰厉""心能制义曰度""残仁损善曰克""会（合）民安乐曰康"。另外 11 条能根据《逸周书·谥法解》《独断·帝谥》《白虎通义·谥》《史记正义·谥法解》等谥法资料补充，分别为"翼善传圣曰尧""仁圣盛明曰舜""受禅成功曰禹""靖民则法曰黄（皇）""化合神者曰皇""从之成群曰君""敬宾厚礼曰圣""经纬天地曰文""执义扬善曰怀""甲胄有劳曰襄""乱而不损曰灵"。还有"通敏先识曰□""安□""克□""曰□"4 条尚不能补足。而"通敏先识曰□"这一谥字和谥解、"绥来士民曰怀""协谐九族曰和""残仁损善曰克" 3 条谥解在现存的谥法文献资料中均无。

笔者试着对这份高昌时期的《谥法》残本做一个还原：

1　□翼善传圣曰尧　　仁圣盛明曰舜□

2　□受禅成功曰禹　　德像天地曰帝　　靖民则法曰黄（皇）□

3　□化合神者曰皇　　执应八方曰侯　　从之成群曰君□

4　□敬宾厚礼曰圣　　扬善赋简曰圣　　通敏先识曰□

5　经纬天地曰文　　□

6　曰□

7　慈惠恩民曰文　　□

8　绥来士民曰怀　　□

9　述义不挠曰丁　　□

10　一德不懈曰简　　□

11　爱民好与曰惠　　甲胄有劳曰襄

12　协谐九族曰和　　安□

13　学勤好问曰文　　克□

14　布纲结纪曰平　　乱而不损曰灵□

15　暴耎无亲曰厉　　□

16　心能制义曰度　　□

17　残仁损善曰克　　□

18　合民安乐曰康　　□

19　谥法

残片4　执义扬善曰怀

三　吐鲁番出土《谥法》残本源流考

　　正是因为魏晋南北朝时期对谥法的研究，使得实际运用的《谥法》不断地在原有《逸周书·谥法解》上有所增损。楼劲曾根据《玉海》五四《艺文部》所存沈约《谥例序》追溯了汉末魏晋谥法的源流，使我们更清楚地了解魏晋南北朝时期的谥法文献及谥法依据，他认为"自先秦历魏晋而至南梁，《周书·谥法》篇不仅传本有异，其所含谥名亦在不断传抄和整理中陆续有所增益和出入"①，笔者同意这种见解。在第五章统计魏晋南北朝时期官员的谥号用字时，笔者发现有两种增益的情况。一是新增谥字，如"方""恺"等字；二是增加对原有谥字的谥解，如"贤而不伐曰恭""怀才不尽曰隐""不遵上命曰灵""恃才傲物曰骄""除伪宁真曰武"等。而在这份《谥法》残本中也出现了在传世文献中找不到的谥字，如"通敏先识曰□"；还有现存文献不载的谥解，如"残仁损善曰克""绥来士民曰怀""协谐九族曰和"等，这一点也正与魏晋南北朝时期对《谥法》进行增广、阐释这一特点相一致。

　　《谥法》残本深受汉代谥法文献的影响，也与魏晋南北朝时期对《谥法》进行增广、阐释这一特点相一致，那么这份出土于吐鲁番地区的高昌时期的《谥法》残本来源于何处呢？

　　魏晋南北朝时期的高昌地区，虽经历了由前凉、前秦、后凉、段氏北凉、西凉、沮渠氏北凉统治下的郡，到阚氏、张氏、马氏、麴氏统治下的王国这一长时段的变化，②但一直与中原王朝保持着联系和交流。尤其在

---

　　①　楼劲：《〈玉海〉五四〈艺文部〉所存沈约〈谥例序〉文笺解——汉末魏晋几种谥法文献的有关问题》，第40页。

　　②　详见王素《高昌史稿（统治篇）》，文物出版社1998年版。

北魏正光元年（520），"肃宗遣假员外将军赵义等使于嘉。嘉朝贡不绝。又遣使奉表，自以边遐，不习典诰，求借五经、诸史，并请国子助教刘燮以为博士，肃宗许之"①。《周书》卷五〇《高昌传》载其"文字亦同华夏，兼用胡书。有毛诗、论语、孝经，置学官弟子，以相教授"。而在吐鲁番阿斯塔那三座墓葬中，出土了古写本经卷，如阿斯塔那313号墓出土的《义熙元年辛卯抄本〈孝经解〉残卷》②，阿斯塔那524号墓出土的《义熙写本〈毛诗郑笺〉残卷》③，阿斯塔那169号墓出土的《古写本〈孝经〉》④和《〈论语〉习书》⑤。根据宋晓梅先生的研究，这四件古籍写本的时代大致集中在麴嘉至麴玄喜执政的几十年间，大约相当于内地政权北魏武帝至北齐初年。⑥而出土于阿斯塔那316号墓中的古抄本《谥法》，虽然不能确定其绝对纪年，但能肯定是高昌时期，它完全有可能是从北朝政权流传至高昌地区的。

从以上对高昌地区与中原王朝在儒学方面的交流，以及魏晋南北朝时期谥法文献资料的分析，我们可以看出这份出现于高昌时期的《谥法》残本，可能是从北朝政权流传至高昌地区的，它不仅受到汉代谥法文献的影响，也正是魏晋南北朝时期各家对《谥法》进行增广、阐释的产物。

第三节　魏晋南北朝墓志中的谥号实际样态

以上两节主要探讨了魏晋南北朝时期《谥法》文献及吐鲁番出土的《谥法》残本，这些传世文献和出土资料，是我们研究这一时期谥法制度和理论的宝贵材料。这一时期，墓志中也留下了很多关于当时谥号刻写的第一手材料。

我们可以将墓志中的谥号材料与正史中的传主谥号相对应，看到墓志

---

① 《魏书》卷一〇一《高昌传》，第2431页。
② 《吐鲁番出土文书》第一册，第290页。
③ 《吐鲁番出土文书》第一册，第137—142页。
④ 《吐鲁番出土文书》第一册，第230—232页。
⑤ 《吐鲁番出土文书》第一册，第236页。
⑥ 宋晓梅：《高昌国——公元五至七世纪丝绸之路上的一个移民小社会》，中国社会科学出版社2003年版，第277页。宋先生所言"北魏武帝"应为"北魏宣武帝"。

中的谥号与史书记载异同情况。

一　墓志谥号与史书记载的异同

（一）墓志主人的谥号与史书中记载相同

史书中与墓志中谥号记载相同的情况占绝大多数，我们列举目前出土较少的东晋墓志的例子。如《温峤墓志》：

> 使持节、侍中、大将军、始安忠武公、并州太原祁县都乡仁义里温峤，字泰真，年卅二。夫人高平李氏，夫人琅琊王氏，夫人庐江何氏。①

墓志中的"忠武"便是温峤的谥号。《晋书》卷六七《温峤传》记载：

> 帝下册书曰："朕以眇身，纂承洪绪，不能光阐大道，化洽时雍，至乃狂狡滔天，社稷危逼。惟公明鉴特达，识心经远，惧皇纲之不维，愍凶寇之纵暴，唱率群后，五州响应，首启戎行，元恶授馘。王室危而复安，三光幽而复明，功格宇宙，勋著八表。方赖大猷以拯区夏，天不憖遗，早世薨徂，朕用痛悼于厥心。夫褒德铭勋，先王之明典，今追赠公侍中、大将军、持节、都督、刺史，公如故，赐钱百万，布千匹，谥曰忠武，祠以太牢。"②

《晋书·温峤传》中详细记载了温峤死后皇帝所颁下的谥册，以华美的四六文铺陈了温峤生前的德行和匡复王室的行迹，拥戴晋元帝即位内容比墓志记载更为全面详细，如赠官多都督、刺史，墓志和本传中谥号一致。

在出土较多的北魏墓志中，这种情况也占多数，仅列举碑文残损较多

---

① 南京博物馆：《南京北郊东晋温峤墓》，《文物》2002年第7期。
② 《晋书》卷六七《温峤传》，第1795页。

的《刁遵墓志铭》：

> 魏故使持节都督洛兖州（下残）高祖协，玄亮，晋侍中尚书左仆（下残）夫人彭城曹氏，父义。晋梁国中（下残）曾祖彝，太伦，晋侍中徐州牧司空义阳（下残）祖畅，仲远，晋中书令金紫左光禄大夫建平（下残）父雍，淑和，皇魏使持节侍中都督扬豫兖徐四州（下残）徐豫冀三州刺史东安简公。夫人琅耶王氏，父（下残）公讳遵，字奉国，勃海饶安人也。姓氏之兴，录于帝图，中叶（下残）广渊，谟明有晋……熙平元年秋七月廿六日春秋七十有六薨于位。朝廷痛悼，百寮追惜，赠使持节都督兖州诸军事平东将军兖州刺史，侯如故，加谥曰惠，礼也。①

虽然刁遵的墓志残泐很多，但其结尾处明确记载了赠官、赠谥。《魏书·刁雍附子遵传》：

> 遵少不拘小节，长更修改。太和中，例降为侯。景明中，除相州魏郡太守。还为太尉谘议参军。年七十，志力不衰。尝经笃疾，几死，见神明救免，言是福门之子，当享长年。延昌三年，迁司农少卿。寻拜龙骧将军、洛州刺史。遵招诱有方，萧衍新化太守杜性、新化令杜龙振、平阳令杜台定等，率户三千据地内附。熙平元年七月卒，年七十六。赠平东将军、兖州刺史，谥曰惠侯。

《刁遵墓志》中赠官的记载多于本传，然谥号相同。

（二）墓志主人的谥号与史书中记载不同

还有一种情况是，史书与墓志中谥号的记载不同，这种情况在墓志中不多，仅列举四例如下。第一例，《魏故持节龙骧将军督营州诸军事营州刺史征虏将军太中大夫临青男崔公之墓志铭》：

---

① 赵超：《汉魏南北朝墓志汇编》，天津古籍出版社1992年版，第96页。

【铭文】魏故持节龙骧将军督营州诸军事营州刺史征虏将军太中大夫临青男崔公之墓志铭 祖秀才讳殊，字敬异，夫人从事中郎赵国李休女。父双护，中书侍郎冠军将军豫州刺史安平敬侯。夫人中书赵国李诜女。君讳敬邕，博陵安平人也……遂以熙平二年十一月廿一日卒于位。缙绅痛惜，姻旧咸酸，依君绩行，蒙赐左将军济州刺史，加谥曰贞，礼也。①

根据墓志，崔敬邕谥号为"贞"，而《魏书·崔辩附敬邕传》载：

敬邕，性长者，有干用。高祖时，自司徒主簿转尚书都官郎中，所在称职。迁太子步兵校尉。景明初，母忧去职。后中山王英南讨，引为都督府长史，加左中郎将，以功赐爵临淄男。迁龙骧将军、太府少卿，以本将军出除营州刺史。库莫奚国有马百匹因风入境，敬邕悉令送还，于是夷人感附。熙平二年，拜征虏将军、太中大夫。神龟中卒，年五十七。赠左将军、济州刺史，谥曰恭。②

崔敬邕本传中载其卒于神龟（518—520）中，墓志详载卒日为熙平二年（517）十一月二十一日，墓志记载更为翔实。关于其谥号，崔敬邕墓志中谥曰"贞"，而本传中谥为"恭"。《逸周书·谥法解》《史记正义·谥法解》均有9解。"贞"和"恭"虽均是美谥，为何墓志和本传所载谥号不同？由本传中卒年误，可推测本传谥号也误；另一种可能为之后朝廷对崔敬邕进行了改谥，史书中记载了其改谥结果。笔者认为第一种可能性更大。

第二例，《魏故使持节镇西将军雍州刺史华阴庄伯墓志铭》载：

君姓杨，讳播，字延庆，司州恒农郡华阴县潼乡习仙里人也……春秋六十有一，以延昌二年岁次癸巳十一月十六日寝疾薨于洛阳县之

---

① 赵超：《汉魏南北朝墓志汇编》，第98—99页。
② 《魏书》卷五七《崔敬邕传》，第1274页。校勘记一〇：疑《传》记授官及卒年皆误。

依仁里。嗣子号忠贞之见枉,冀追贤之有期。三年冬,权迁殡于华阴乡馆焉。仰遵顾命,丧事之礼,俭过贫庶。四年,高肇伏辜,怨屈斯理。以熙平元年,有诏申雪,追复爵位。册赠使持节镇西将军雍州刺史,华阴伯如故。考终定谥,是为庄(莊)。①

关于杨播的谥号,《魏书》卷五八《杨播传》载,"景明初,兼侍中,使恒州,赡恤寒乏。转左卫将军。出除安北将军、并州刺史,固辞,乃授安西将军、华州刺史。至州借民田,为御史王基所劾,削除官爵。延昌二年,卒于家。子侃等停柩不葬,披诉积年,至熙平中乃赠镇西将军、雍州刺史,并复其爵,谥曰壮。"② 本传中记载其谥号为"壮"。延昌二年(513),杨播病死家中,丧事简单,没有赠官和赠谥。直到熙平元年(516),权臣高肇死后,朝廷重新追复爵位册赠官职和谥号。杨播的墓志铭也应是在朝廷一系列追赠之后重新刻写的,其志题为"魏故使持节镇西将军雍州刺史华阴庄伯墓志铭","庄"即谥号,墓志结尾处"考终定谥,是为庄"。庄,《史记正义·谥法解》"庄"有6解,分别为"兵甲亟作曰庄""叡圉克服曰庄""胜敌志强曰庄""死于原野曰庄""屡征杀伐曰庄""武而不遂曰庄";《逸周书·谥法解》有5解,少"胜敌志强曰庄"。"壮",《逸周书·谥法解》和《史记正义·谥法解》中均无此谥字及其谥解,但在《经世大典·臣谥》中,征引了6条刘熙关于"壮"字谥解的注,分别是:

死于原野曰壮。刘熙曰:见危授命,野战而死,壮于勇义,故曰壮。
胜敌克乱曰壮。刘熙曰:胜敌故能克乱,壮健之功也,故曰壮。
好力致勇曰壮。刘熙曰:力行勇,故能有功,壮健于自励,故曰壮。
屡行征伐曰壮。刘熙曰:数征伐不畏强御,故曰壮。

---

① 赵超:《汉魏南北朝墓志汇编》,第86页。
② 《魏书》卷五八《杨播传》,第1400—1401页。

武而不遂曰壮。刘熙曰：志存节义，事有窘迫，功不得成而死者也。春秋原心，故曰壮。

武德刚毅曰壮。刘熙曰：兼有此四者，故曰壮。壮，健也。

而在《逸周书》《史记正义》的《谥法解》中有"死于原野曰庄""武而不遂曰庄"；在《经世大典》刘熙注中也有"死于原野曰壮""武而不遂曰壮"，"屡征杀伐曰庄""屡行征伐曰壮"也只有个别字的差异，整体含义相同。朱右曾《逸周书集训校释》在"武而不遂曰庄"条注云，"遂，成也。庄，壮同"。在实际的碑刻中，繁体的"壯""莊"二字，因为形近很容易错讹，而且在碑刻中"艹"字头也常被简省，因此，杨播的谥号，笔者倾向于取墓志中的"庄（莊）"。

第三例是独孤信的谥号。西魏北周权臣独孤信因与赵贵同谋反对宇文护专权，而被勒令自尽于家，《周书》卷一六《独孤信传》中并没有记载其死时有谥号。直到隋文帝即位，下诏云：

"褒德累行，往代通规；追远慎终，前王盛典。故使持节、柱国、河内郡开国公信，风宇高旷，独秀生人，睿哲居宗，清猷映世。宏谟长策，道着于弼谐；纬义经仁，事深于拯济。方当宣风廊庙，亮采台阶，而世属艰危，功高弗赏。眷言令范，事切于心。今景运初开，椒闱肃建。载怀涂山之义，无忘褒纪之典。可赠太师、上柱国、冀定相沧瀛赵恒洺贝十州诸军事、冀州刺史，〔封〕赵国公，邑一万户。谥曰景。"追赠信父库者使持节、太尉、上柱国、定恒沧瀛平燕六州诸军事、定州刺史，封赵国公，邑一万户。谥曰恭。①

而在其墓志中却载：

【铭文】周故柱国大将军雍州刺史河内戾公墓志 ……公姓独孤，讳信，字期弥头，河南洛阳人。以周之元年岁维星纪三月己酉薨于长

---

① 《周书》卷一六《独孤信传》，第267页。

安。时年五十四。谥曰戾。四月壬申葬于石安之北原。惧陵谷之贸迁，故刊石而志焉。①

《周书·独孤信传》中并没有记录独孤信死后北周所给谥号；本传中的谥号"景"，是隋文帝即位时的追谥，而其墓志上的谥号为"戾"。"戾"，《逸周书·谥法解》《史记正义·谥法解》均只有一解，"不悔前过曰戾"，这是一个极少被使用的恶谥。独孤信死于政治争斗，处于当时的政治情势，独孤信家人不能违拗，在墓志中，只能使用当时朝廷所赐给的谥号，而家人子孙无法为其避讳。因此，我们可以确定此处墓志的刻写就在独孤信安葬之前，"戾"字恶谥便是当时北周赐给独孤信的谥号，这也可以补正史之阙。

第四例是宇文俭的谥号。《大周使持节上柱国大冢宰故谯忠孝王之墓志》载：

> 王讳俭，字侯纽突。太祖文皇帝第八子也。初封谯国公，历位开府、使持节、大将军、宁州刺史、宁州总管，同州刺史、柱国，益州总管、益州刺史，进爵为王，拜大冢宰。建德七年岁次戊戌二月五日癸卯，寝疾薨于洛阳，春秋廿有八。诏赠使持节、上柱国、大冢宰、并晋朔燕幽青齐冀赵沧瀛恒潞洺贝十五州刺史、谯王，谥曰忠孝。其年三月戊辰朔十七日甲申，葬于雍州泾阳县西乡始义里。②

宇文俭，见于《周书》本传：

> 谯孝王俭，字侯幼突。武成初，封谯国公，邑万户。天和中，拜大将军，寻迁柱国，出为益州总管。建德三年，进爵为王。五年，东伐，以本官为左一军总管，攻永固城，拔之。进平并、邺，

---

① 赵超：《汉魏南北朝墓志汇编》，第480页。
② 罗新、叶炜：《新出魏晋南北朝墓志疏证》，中华书局2005年版，第285页。

拜大冢宰。是岁，稽胡反，诏俭为行军总管，与齐王宪讨之。有胡帅自号天柱者，据守河东，俭攻破之，斩首三千级。宣政元年二月，薨。①

宇文俭墓志中载其死于建德七年（578）二月五日，葬于三月甲申（十七）日。同年三月壬辰（二十五日），改元宣政。因此相比于墓志中精确的死日和葬日，《周书》本传载其薨于宣政元年二月有失严谨。而且，《周书》本传未载宇文俭的追赠官职，其谥号也只有"孝"单谥；墓志中详细记录了其追赠的官职、谥号为"忠孝"，墓志中谥字记载更令人信服。

以上墓志志主与史书传主谥字不同的四个例子，分别代表了四种不同的墓志谥字刻写的实际样态。崔敬邕本传和墓志中的谥字均为单谥字，《魏书》本传中卒年有误，有理由怀疑本传中谥字的错误，墓志中的谥字更让人信服；因为与外戚权臣高肇的争权，杨播死后无赐谥，直到死后三年朝廷重新赠官赐谥，墓志谥字"庄"（繁体为"莊"）与本传中的"壮"（繁体为"壯"）字形近易讹，从"庄"的谥解和朝廷的册赠，墓志中的谥字"庄"更贴合；独孤信因卷入与宇文护的政治斗争，死后被朝廷赐恶谥，而家人当时无能为力只能在墓志中刻写谥字"戾"，而在改朝换代后因家人的缘故，而被赐美谥，《周书》本传只载此美谥，墓志中的初谥可补本传所缺一环；宇文俭墓志谥为复谥"忠孝"，《周书》本传仅单谥为"孝"，而本传不载其赠官、卒年的记载也有误，因此墓志中的复谥更符合宇文俭谥号的实际情况。

（三）墓志中提及的父祖、夫谥号，与史书所载相照应或补充

墓志中提及的父祖谥号，与史书所载相照应的情况属绝大多数。仍以出土数量相对较少的南朝墓志为例。《王兴之墓志》载：

> 君讳兴之，字稚陋，琅琊临沂都乡南仁里，征西大将军行参军、

---

① 《周书》卷一三《文帝诸子传·宇文俭》，第203—204页。

第一章 魏晋南北朝时期谥法著述与史料

赣令……葬于丹阳建康之白石，于先考散骑常侍、尚书左仆射、特进、卫将军、都亭肃侯墓之左。①

墓志中，没有记载王兴之本人的谥号，记其父为都亭肃侯王彬。"都亭肃侯"同时出现在《王丹虎墓志》②中：

晋故散骑常侍、特进、卫将军、尚书左仆射、都亭肃侯、琅琊临沂王彬之长女，字丹虎。

王彬谥号为肃，见于《晋书》本传：

苏峻平后，改筑新宫，彬为大匠。以营创勋劳，赐爵关内侯，迁尚书右仆射。卒官，年五十九。赠特进、卫将军，加散骑常侍，谥曰肃。③

王彬的谥号，本传记载与其子王兴之、其女王丹虎墓志中的记载相符合。

刘宋永初二年《谢珫墓志》的第3块载谢玄谥号：

次叔讳玄，字幼度，散骑常侍、使持节、都督会稽五郡诸军事、车骑将军、会稽内史、康乐县开国公、谥曰献武。④

谢珫的墓志中记录下了谢玄的谥号。谢玄"献武"的谥号，与《晋书》本传中的记载相符合：

---

① 南京市文物保管委员会：《南京人台山东晋兴之夫妇墓发掘报告》，《文物》1965年第6期。
② 南京市文物保管委员会：《南京象山东晋王丹虎墓和二号、四号墓发掘简报》，《文物》1965年第6期。
③ 《晋书》卷七六《王廙附王彬传》，第2006页。
④ 南京市博物馆、雨花区文化局：《南京南郊六朝谢珫墓》，《文物》1998年第5期；叶炜、罗新：《新出魏晋南北朝墓志疏证》，"一八谢珫墓志"，第34页。

玄既舆疾之郡，十三年，卒于官，时年四十六。追赠车骑将军、开府仪同三司，谥曰献武。①

北朝墓志中所记父祖谥号绝大多数与史书所载相同。如前引《魏故使持节镇西将军雍州刺史华阴庄伯墓志铭》记载其"父懿，广平太守选曹给事中使持节安南将军洛州刺史恒农简公"，墓志中提到的杨播的父亲杨懿，见于《魏书》卷五八《杨播传附父懿传》：

父懿，延兴末为广平太守，有称绩。高祖南巡，吏人颂之，加宁远将军，赐帛三百匹。征为选部给事中，有公平之誉。除安南将军、洛州刺史，未之任而卒。赠以本官，加弘农公，谥曰简。②

墓志中杨懿谥"简"，与墓志中的谥号相同。
《魏故辅国将军徐州刺史昌国县开国侯王使君墓志》：

【铭文】魏故辅国将军徐州刺史昌国县开国侯王使君墓志序
祖奂，齐故尚书左仆射使持节镇北将军雍州刺史。夫人陈郡殷氏，父道矜，太中大夫。父肃，魏故侍中司空昌国宣简公。夫人陈郡谢氏，父庄，右光禄大夫宪侯。君讳绍，字安宗，徐州琅耶郡临沂县都乡南仁里人也。③

在王绍的墓志中，记录了其父王肃的谥号"宣简"，其外祖谢庄的谥号"宪"。王肃，见于《魏书》卷六三《王肃传》：

景明二年薨于寿春，年三十八。世宗为举哀，诏曰："肃奄至不救，痛惋兼怀，可遣中书侍郎贾思伯兼通直散骑常侍抚慰厥孤，给东

---

① 《晋书》卷七九《谢玄传》，第2085页。
② 《魏书》卷五八《杨播传》，第1399页。
③ 赵超：《汉魏南北朝墓志汇编》，第82页。

第一章　魏晋南北朝时期谥法著述与史料

园秘器、朝服一袭、钱三十万、帛一千匹、布五百匹、蜡三百斤,并问其卜迁远近,专遣侍御史一人监护丧事,务令优厚。"……赠侍中、司空公,本官如故。有司奏以肃忠心大度,宜谥匡公,诏谥宣简。①

王肃传中载,有司奏谥为"匡",《逸周书·谥法解》《史记正义·谥法解》中"匡"有一解,"贞心大度曰匡"。最后诏谥"宣简",《逸周书·谥法解》《史记正义·谥法解》"宣"均有2解,且2解相同,"圣善周闻曰宣""施而不成为宣";"简"《逸周书·谥法解》有2解,"壹德不解曰简""平易不疵曰简",《史记正义·谥法解》也有2解,"一德不懈曰简""平易不訾曰简",只是个别字的写法不同。王肃本传与王绍墓志中所载的谥号相同。

王绍墓志中还涉及其外祖父谢庄的谥号,《宋书》卷八五《谢庄传》载:"泰始二年,卒,时年四十六,追赠右光禄大夫,常侍如故,谥曰宪子。"②本传中谥号为"宪子"。然而,在墓志中"谥+爵"变为"宪侯",谢庄生前无爵,死后谥宪子符合刘宋官员给谥常规(详见第五章);而其外孙王奂为北魏官员,将其外祖谥号从"宪子"改为"宪侯",不排除后世子孙为先祖溢美之可能。

《齐故使持节都督北徐州诸军事北徐州刺史薛公墓志铭》:

公讳□,字怀儁,出于河东之汾阴县。昔黄轩廿五子,得姓十有二人,散惠叶以获疏,树灵根而不绝。造车赞夏,功济于生民;作诰辅商,业光于帝典。令尹名高楚国,丞相位重汉朝,贻训垂范,飞声腾实。曾祖俍,右光禄大夫、汾阴侯。祖弘敞,秦州刺史、安邑侯。并摅首奋翼,立功处事,既垂名竹素,亦图像丹青。父真度,东西二荆豫华阳五州刺史、金紫光禄大夫、阳平公,赠征西将军、并雍二州刺史,谥曰庄公……③

---

① 《魏书》卷六三《王肃传》,第1535—1536页。
② 《宋书》卷八五《谢庄传》,第2389页。
③ 罗新、叶炜:《新出魏晋南北朝墓志疏证》,第189页。

崔怀儁的墓志中载其父崔真度"谥曰庄公"。《魏书》卷六一《薛安都附真度传》载真度:"永平中卒,年七十四。赗帛四百匹、朝服一袭,赠左光禄大夫,常侍如故,谥曰庄。"① 本传中谥号"庄"与墓志中谥为"庄"相同,但本传中谥号后无爵,而墓志中谥号有爵号"公",另外,墓志中追赠官详于本传。

《故周殄寇将军益州阳安县令高君墓志铭》:

【志文】故周殄寇将军益州阳安县令高君墓志铭

君讳谭,字子澈,渤海条人,周太师之苗裔也。祖翼,魏使持节、太保、太尉、录尚书事、都督冀定瀛相沧殷幽七州诸军事、冀州刺史、乐城文宣公。父季式,齐使持节、都督冀沧二州诸军事、骠骑大将军、开府仪同三司、太常卿、冀州刺史,乘氏恭穆公……②

高谭祖父高翼,字次同,《魏书》卷五七、《北齐书》卷二一、《北史》卷三一有传。他是高祐的从父弟,《北齐书》本传记"孝昌末,葛荣作乱于燕、赵,朝廷以翼山东豪右,即家拜渤海太守。至郡未几,贼徒愈盛,翼部率合境,徙居河、济之间。魏因置东冀州,以翼为刺史,加镇东将军、乐城县侯。及尔朱兆弑庄帝,翼保境自守"。中兴(531—532)初年,"赠使持节、侍中、太保、录尚书事、冀定瀛相殷幽六州诸军事、冀州刺史,谥曰文宣"。高谭墓志中的关于祖父高翼的谥号与本传相同。

在高翼诸子中,高乾、高慎、高昂以及高季式在《北齐书》卷二一、《北史》卷三一都有传。墓志中出现的高季式,字子通,是高乾四弟,据本传,他死于北齐天保四年(553),年三十八岁,则其生年是北魏熙平元年(516)。本传记高季式天保初年封爵乘氏县子,死后"赠侍中、使持节、都督沧冀州诸军事、开府仪同三司、冀州刺史,谥曰恭穆",本传和墓志谥号相同。

墓志中提及的父祖谥号,也有与史书所载不相符合的;或正史中不

---

① 《魏书》卷六一《薛安都附真度传》,第1357页。
② 罗新、叶炜:《新出魏晋南北朝墓志疏证》,第318页。

载，可以给正史提供补充。如《魏故员外散骑常侍清河崔府君墓志铭》：

【铭文】魏故员外散骑常侍清河崔府君墓志铭并序君讳猷，字孝孙，东清河东俞人……夫人同郡房氏。父法寿，青冀二州刺史，庄武侯。①

房法寿的谥号在其女婿崔猷的墓志中，记为"庄武"。然其本传云："太和中卒。赠平东将军、青州刺史，谥敬侯。"② 本传中房法寿的谥号为"敬"，与"庄武"不同。

《魏故汝南太守寇府君墓志君讳演》：

【铭文】魏故汝南太守寇府君墓志君讳演，字真孙，上谷昌平人也……曾祖赞，绥远将军魏郡太守安南将军领护南蛮校尉雍州刺史河南宣穆公。太夫人天水杨氏。父寿，本州都别驾。祖元宝，本州别驾安南将军豫州刺史再假太尉河南简公。太夫人冯翊鱼氏。父遵符，太师公。父祖嘆，使持节安南将军徐州刺史三假太尉河南慎公。太夫人京兆韦氏。父尚，秦州刺史。③

寇演的墓志中，记录了他的曾祖寇赞谥为"宣穆"、祖父寇元宝谥为"简"，父亲祖嘆谥为"慎"。查《魏书》卷四二《寇赞传》：

（赞）真君九年卒，年八十六。遗令薄葬，敛以时服。世祖悼惜之。谥曰宣穆。长子元宝，袭爵，为豫州别驾。与安元年卒，赠安南将军、豫州刺史。子祖④，袭爵。高祖时，为安南将军、东徐州刺

---

① 赵超：《汉魏南北朝墓志汇编》，第66—67页。
② 《魏书》卷四三《房法寿传》，第970—971页。
③ 赵超：《汉魏南北朝墓志汇编》，第106—107页。祖嘆，《汇编》释为"祖嘆"，但从拓片上辨认，"嘆"应为"嘆"字。
④ 《魏书》卷四二校勘记，"子祖袭爵"：《墓志集释》寇演墓志（图版二二六）称"父祖嘆"，即此寇祖。"祖"字乃兄弟排行，下文有祖训，祖礼，均从兄弟。当时虽多双名单称，也不应取兄弟所同的"祖"字，知此传"祖"下脱"嘆"字。《墓志集释》载寇氏墓志多方，官、爵、谥和名、字和此传颇有不同，今不列举。

史,卒。

《魏书》本传中只记载了寇赞的谥号,其子寇元宝、孙祖暧的谥号均未记载,那么《寇演墓志》中的这二人的谥号、爵号和官职均可补充史载。

《大魏故城门校尉元腾墓志铭》载:

【铭文】大魏故城门校尉元腾墓志铭城门校尉元腾,字金龙,司州河南嘉平里人也。太宗明元皇帝之曾孙,使持节都督秦雍泾凉益五州诸军事开府仪同三司卫大将军雍州刺史乐安宣王范之孙,使持节都督秦雍泾凉益五州诸军事开府仪同三司卫大将军雍州刺史乐安简王良之第八子也。正始四年岁次丁亥四月十一日薨于第。夫人广平程氏,字法珠。神龟二年岁次己亥七月十四日薨。其年十一月丙子朔,九日甲申合窆于长陵之东北皇宗之兆。①

元腾墓志中记录了其祖父拓跋范的谥号为"宣",其父良的谥号为"简"。拓跋范"宣"的谥号,还见于《魏故镇远将军前军将军赠冠军将军正平太守元君(仙)之墓志铭》《魏故襄威将军汝南太守元君(敷)墓志》《魏故齐州平东府中兵参军元君(则)墓志铭》《魏故安西将军银青光禄大夫元公(朗)之墓志铭》《魏故征北将军相州刺史元君(宥)之墓志铭》;拓跋良"简"的谥号,除见于上面的元腾、元仙、元敷、元则、元宥墓志外,还见于《魏故平西将军瓜州刺史元君(均之)之墓铭》。而《魏书》卷一七《明元六王·乐安王》:"乐安王范……事发,因疾暴薨。长子良。薨,谥曰简王。"元范本传中没有谥号,墓志中"宣"的谥号可补史阙;元良的谥号与墓志中的相同为"简"。

在《魏故使持节都督齐州诸军事平南将军齐州刺史广川县开国侯元使君墓志铭》中,记载了元赞远的祖父济阴王元郁的谥号为"康":

---

① 赵超:《汉魏南北朝墓志汇编》,第109—110页。

【志盖】阙

【铭文】魏故使持节都督齐州诸军事平南将军齐州刺史广川县开国侯元使君墓志铭　君讳讚远，字永业，河南洛阳人。恭宗景穆皇帝之玄孙。祖济阴康王，神情俊拔，道冠今古。父文王，才藻富丽，一代文宗……降年不永，春秋卅有二，以永熙二年二月廿七日终于位……乃诏有司，追赠使持节都督济州诸军事平南将军齐州刺史，赙钱三万，祭以太牢，谥曰武侯，礼也。以其年龙集赤奋若十一月乙酉朔廿五日己酉陪葬长陵之东岗。①

《北史》卷一七《景穆十二王·济阴王小新成附子郁传》载"郁，字伏生，袭。位开府，为徐州刺史，以黩货赐死，国除"，相关信息还出现在《魏书》卷七《孝文帝纪下》、卷二一《咸阳王禧传》以及卷一〇五《天象志》中，在新披露的《维大魏故使持节侍中徐州诸军事开府徐州刺史济阴王墓志之铭》②中，也没有元郁的谥号。而在元讚远墓志中透露出来的"康"的谥号，有可能是建义元年，讚远兄晖业向朝廷诉复其父元弼王爵时，一起提出的诉求，后来追谥的。另外，《北史》同传记载永安三年，追赠（弼）尚书令、司徒公，谥曰文献；而墓志中载元弼谥为文王，也与本传记载不同。

《魏司徒参军事元诱命妇冯氏志铭》载：

【铭文】魏司徒参军事元诱命妇冯氏志铭　魏吏部尚书常山侯第三子诱之命妇冯氏，冀州长乐信都县人，太宰燕宣王之孙，太师武懿公之女。承芳诞体，淑丽前修，弱龄怀哲，长而弥邵。率礼从傅，准宋姬于往日；敬奉姑舅，则陈妇于今辰。降年弗永，瑶华霜坠，春秋十八，以景明三年岁在壬午十一月乙卯朔廿八日壬午卒谷水里。慈姑抚恸，亲里沾衿。粤八月甲申附葬北芒之茔。③

---

① 赵超：《汉魏南北朝墓志汇编》，第309—310页。
② 王连龙：《新见北魏〈济阴王元郁墓志〉考释》，《古代文明》2010年第4期。
③ 赵超：《汉魏南北朝墓志汇编》，第42—43页。

冯氏墓志铭中记其祖父冯朗，《魏书》卷八三《冯熙传》载："熙父朗内徙，官至秦雍二州刺史、辽西郡公，坐事诛。文明太后临朝，追赠假黄钺、太宰、燕宣王，立庙长安。"① 其谥号为"宣"，这与本传中相同。但关于其父冯熙的谥号"武懿"，《魏书》同卷载冯熙：

  十九年，薨于代……有司奏谥，诏曰："可以'威强恢远曰武'，奉谥于公。"柩至洛七里涧，高祖服衰往迎，叩灵悲恸而拜焉。葬日，送临墓所，亲作志铭。②

在《魏书》本传中，冯熙死后，朝廷优礼追赠，有司奏谥后，诏云"可以威强恢远曰武"，赐谥为"武"。关于"武"，前引《逸周书·谥法解》有5解，"刚强直理曰武""威强叡德曰武""克定祸乱曰武""刑民克服曰武""夸志多穷曰武"；《史记正义·谥法解》也有5解"刚强直理曰武""威强敌德曰武""克定祸乱曰武""刑民克服曰武""夸志多穷曰武"；苏洵《谥法》有"威强叡德曰武"。三书中都有"威强叡德曰武"，但没有孝文帝诏书所云"威强恢远曰武"，孝文帝诏书所举"武"的谥解所据何本，目前并不清楚。

另外，在新刊布的《太师京兆郡开国冯武公墓志铭》中，记其谥号亦为"武"："以太和十九年岁在乙亥，正月辛未朔，廿四日甲午，年五十有八，薨于代平城第，谥曰武公，其年十二月庚申，窆于河南洛阳之北芒。"③ 而从上引《魏司徒参军事元诱命妇冯氏志铭》来看，冯熙赠谥为"武懿"，好似是之后另有优赠。但在《魏故假节辅国将军东豫州赐谥元公墓志铭》中载终于正光六年二月七日的元显魏"夫人长乐冯氏，父熙，故征东大将军驸马都尉昌黎王，除侍中太傅；转使持节定州刺史，侍中将军如故；迁太师中书监；除使持节车骑大将军都督并雍怀洛秦肆北豫七州诸军事启府洛州刺史，侍中太师如故；改封京兆郡开国公，食邑三千户。

---

① 《魏书》卷八三《冯熙传》，第1964页。
② 《魏书》卷八三《冯熙传》，第1966页。
③ 李风暴：《北魏〈冯熙墓志〉考评》，《中国书法》2010年第6期。

薨，谥曰武"。在《魏故乐安王妃冯氏（季华）墓志铭》中载冯季华死于正光五年，其父熙"薨，赠假黄钺，谥曰武公"。那么，冯熙的谥号到正光五年、六年时仍是"武"，没有被朝廷多增谥字。那么《魏司徒参军事元诱命妇冯氏志铭》中载其父的谥号为"武懿公"，可能为错讹。那么，错讹来源于何处呢？查冯熙的长子、冯季华兄"思政，谥曰元懿公"；关于冯思正（政），即冯熙的长子冯诞，其墓志载"太和十九年岁次乙亥二月廿二日辛酉，侍中、都督中外诸军事、中军将军、车骑大将军、太子太师、驸马、长乐郡开国公冯君诞，字思正。春秋廿九……有诏追赠使持节、假黄钺、大司马、领司徒、都督、太师、驸马，公如故，典策备物，依晋齐王攸故事，谥曰懿，礼也"。有可能在《魏司徒参军事元诱命妇冯氏志铭》中将其父熙的谥号"武"与其兄诞的谥号"懿"错误地连接在一起，变成了"武懿"。

《轻车将军给事中封君夫人长孙氏墓志铭》载：

【志盖】长孙氏墓志
【志文】轻车将军给事中封君夫人长孙氏墓志铭
夫人河南洛阳人也，柱国大将军、太尉公、北平王嵩之曾孙，伏波将军苌生之女……夫人曾祖嵩，太武皇帝时柱国大将军、太尉公、平北王，薨，谥曰宣惠王。曾祖亲燕国段氏，父干，为燕使持节、征南大将军、青冀二州刺史。祖陵，献文皇帝时外都坐大官、左光禄大夫、征东大将军、东阳镇都大将、督青州诸军事、蜀郡公，薨，谥曰蜀郡庄王。①

长孙氏墓志铭中，记其曾祖父长孙嵩的谥号为"宣惠"，在《魏书》卷二五《长孙嵩传》中载，长孙嵩：

薨，年八十。谥曰宣王。后高祖追录先朝功臣，以嵩配飨庙庭。②

---

① 罗新、叶炜：《新出魏晋南北朝墓志疏证》，第112—113页。
② 《魏书》卷二五《长孙嵩传》，第721页。

本传中长孙嵩的谥为"宣"。比墓志中谥号"宣惠"少"惠"字,有可能在孝文帝以长孙嵩配飨庙庭时尊崇其谥号为复谥,墓志中长孙氏的祖父长孙陵,谥为"庄",然《长孙嵩传》载长孙嵩四子中,无"陵"者:

  子颓,善骑射,弯弓三百斤。袭爵,加侍中、征南大将军。有罪,黜为戍兵,后复爵。薨,谥曰安王。

  子敦,字孝友,位北镇都将。坐黩货,降为公。高宗时,自颂先世勋重,复其王爵。薨,谥简王。

  子道,字念僧,袭爵。久之,随例降为公,位右卫将军。卒,谥慎。

  子悦,袭爵。建义初,复本王爵,寻降为公。位光禄少卿。卒,赠司空。

而死后谥为"蜀郡庄王"名为长孙陵者,可见东魏元鸷(孔雀)妻公孙甑生墓志①,记其祖母家世曰:"河南长孙氏。父讳寿,字敕斤陵,散骑常侍、左光禄大夫、都督秦雍荆梁益五州诸军事、征西将军、东阳、仇池镇都大将、征东将军、都督青州诸军事、青州刺史、蜀郡公,谥曰庄王。"此记载更为详细,与长孙氏墓志中的长孙陵可互为补充。可见长孙陵即长孙寿,陵是其鲜卑本名敕斤陵之简写。那么长孙嵩的谥号"宣惠"与《魏书》本传可相互补充,而长孙寿(陵)的生平、任官及谥号,均可补史书之阙。

另有《尉岊墓志》载其"曾祖尉元,魏骠骑大将军、尚书令、司徒公、博陵郡开国公、淮阳王,薨谥曰景桓公。祖诩,侍中、骠骑大将军、殿中尚书、恒州刺史,薨谥曰恭"②。《魏书》《北史》中有尉元本传,其谥号与之相同为"景桓";尉岊祖父"诩",应即《魏书》本传中的"羽"、《北史》中的"翊",二史书应是避北魏肃宗元诩名讳,以其他字

---

① 赵万里:《汉魏南北朝墓志集释》,图版四三。对长孙陵即长孙寿的考证,可参见罗新、叶炜《新出魏晋南北朝墓志疏证》,第113页。
② 赵君平、赵文成编:《秦晋豫新出土墓志搜佚》,国家图书馆出版社2012年版,第72页。

代之。本传载尉诩谥号为"顺",而墓志中载为"恭"。

《使持节骠骑大将军开府仪同三司大都督宜敷丹三州诸军事宜州刺史洞城郡开国公是公偘之墓志铭》中载是偘之父是云宝:

> 累拜使持节、大将军、大都督、凉甘瓜三州诸军事、凉州刺史、洞城郡开国公,食邑三千户。薨,谥曰哀公。①

《魏书·官氏志》载"是云氏,后改为是氏"。是云宝,《北齐书》《北史》均有零星记载,《周书·宇文贵传》载:"是云宝、赵育既至,初并拜车骑大将军、仪同三司。宝后累迁至大将军、都督凉甘瓜州诸军、凉州刺史,赐爵洞城郡公。世宗时,吐谷浑侵逼凉州,宝与战不利,遂殁于阵。"② 传世文献中没有是云宝谥号的记载,而其子偘之墓志中载其"谥曰哀公"。

又《齐太尉中郎元府君墓志》:

> 【志文】齐太尉中郎元府君墓志梁尚书比部郎谯国桓柚制序
> 君讳洪敬,魏太祖道武皇帝五世孙也。高祖日连,广平王;曾祖吐谷浑,改封南平,谥康王;祖龙,袭封,谥安王;父长生,通直散骑常侍。大魏德被区宇,化周动植,琼枝玉叶,可得略言。君幼则聪颖,闻孝敬于其亲;长而敏识,著信让于三友。出身宣武帝挽郎,除冀州长史,行清河君……以大齐河清四年四月一日卒,春秋六十有八。其年八月廿二日,葬于邺郊野马岗之朝阳。

罗新、叶炜疏证云,墓志称元洪敬为北魏道武帝五世孙,"高祖日连",即《魏书》之广平王连,连当是日连之省写。③"曾祖吐谷浑,改封南平,谥康王",当即《魏书》之南平王浑,浑亦吐谷浑之省写。《魏书》

---

① 赵君平、赵文成编:《秦晋豫新出土墓志搜佚》,第64页。
② 《周书》卷一九《宇文贵传》,中华书局1971年版,第314页。
③ 罗新、叶炜:《新出魏晋南北朝墓志疏证》,第117页。

卷一六《道武七王传》中没有记载南平王浑的谥号，墓志中记其谥号为"康"。而关于墓志中的"龙"，即本传中的飞龙，墓志与史书中谥号均为"安"。①

《隋使持节仪同三司义兴县开国公杨公墓志铭》中载杨胐及其父祖：

> 公讳胐，字文朗，恒农华阴人也。赤泉建五侯之业，太尉肇四公之基，自兹斯降，世济其美。祖钧，使持节、侍内、车骑大将军、北道大行台、华州大平正、临贞县开国伯，赠雍华二州刺史、司空、文恭公。父俭，使持节、骠骑大将军、开府仪同三司，赠雍华二州刺史、庄公。②

杨胐不见于史传，其祖杨钧、父杨俭在《魏书》卷五八、《周书》卷二二、《北史》卷四一均有传。但《魏书》中没有记载杨钧的谥号，《周书》卷二二《杨宽传》载"父钧，博学强识，举秀才，拜大理平，转廷尉正。累迁，历洛阳令、左中郎将、华州大中正、河南尹、廷尉卿、安北将军、七兵尚书、北道大行台、恒州刺史、怀朔镇将，卒于镇。赠侍中、司空公，追封临贞县伯，谥曰恭"③。墓志中杨钧的谥号用字由本传的单字谥"恭"变成了双字谥"文恭"，而且其爵也由本传中"追封临贞县伯"，转变为"公"。《周书》载杨俭卒于大统八年，谥曰"静"，而墓志称杨俭"庄公"，则其谥号为"庄"。出现与《周书》记载不一样的谥号，原因可能是在隋代周之后，随着杨胐职位的升迁、权势的增大请求朝廷对其父祖的谥号进行恩赏；或者正是由于改朝换代，子孙为了溢美自己的父祖，对于前朝赏赐的谥号进行了窜改，而前一种可能性更大。"文恭公"的谥号又见于《大隋纳言上柱国光禄大夫司徒公尚书令太子太师太尉公楚景武公墓志铭》：

---

① 《魏书》卷一六《广平王连附嗣子南平王浑传》，第464页。
② 罗新、叶炜：《新出魏晋南北朝墓志疏证》，第412页。
③ 《周书》卷二二《杨宽传》，第364页；《北史》卷四一《杨敷传》，第1508页。

【志文】大隋纳言上柱国光禄大夫司徒公尚书令太子太师太尉公楚景武公墓志铭并序

朝请大夫内史侍郎虞□公讳素，字处道，弘农华阴人也。其先出自有周，盖唐叔虞之苗裔……十世祖瑶，晋侍中、仪同三司、尚书令。高祖恩，河间内史。曾祖钧，历侍中，七兵尚书，北道大行□□□刺史，司空，临贞文恭公。祖暄，度支尚书、华州刺史、临贞忠公。并以勋德弈世，位望优崇，冠冕式瞻，人伦准的。父旉，中书□□□卿，开府仪同三司，汾州刺史，大将军，淮鲁复三州刺史，临贞忠壮公……。①

杨暄，《周书》载其"以别将从魏广阳王深征葛荣，为荣所害。赠殿中尚书、华夏二州诸军事、镇西将军、华州刺史"②，没有记载其谥号；而志文载"临贞忠公"，可补史阙。其中，"殿中尚书"墓志作"度支尚书"。杨素之父杨敷，《周书》卷三四、《北史》卷四一有传，杨敷之后夫人萧妙瑜的墓志也已发现，《周故大将军淮鲁复三州刺史临贞忠壮公杨使君后夫人萧氏墓志》：

【志盖】周故大将军淮鲁复三州刺史临贞忠壮公后夫人萧氏之墓志

【志文】周故大将军淮鲁复三州刺史临贞忠壮公杨使君后夫人萧氏墓志　夫人讳妙瑜，南兰陵人，梁高祖武皇帝之孙，丞相武陵贞献王之女也。

罗新、叶炜探讨了萧妙瑜丈夫"淮鲁复三州刺史临贞忠壮公杨使君"是何人，检索史料，在北周爵号"临贞"、谥曰"忠壮"、且姓杨者，只有一人，为杨敷，他是隋朝杨素的父亲。③《周书·杨敷传》："高祖平齐，赠

---

① 罗新、叶炜：《新出魏晋南北朝墓志疏证》，第519页。
② 《周书》卷三四《杨敷传》，第599页。
③ 罗新、叶炜：《新出魏晋南北朝墓志疏证》，第526页。

使持节、大将军、淮广复三州诸军事、三州刺史，谥曰忠壮。"杨敷"忠壮"的谥号，墓志与史书相符合。

又《隋故上柱国卢国公夫人贺拔氏墓志》：

【志文】隋故上柱国卢国公夫人贺拔氏墓志　夫人讳毗沙，河南洛阳人也……祖度，肆州刺史、龙城伯。宇量渊深，天骨疎朗，凭风云而鼓动，骋龙骥以腾骧。父胜，太师、太宰、琅琊献公。

志文中"祖度，肆州刺史、龙城伯"即贺拔度，又名贺拔度拔，① 据《魏书》卷八〇《贺拔度传》，贺拔度曾袭父爵龙城男，死后追赠安远将军、肆州刺史。本传和墓志中均无贺拔度的谥号。志文中"父胜，太师、太宰、琅琊献公"即贺拔胜，见《周书》卷一四、《北史》卷四九本传，贺拔胜生前爵至琅邪郡公，大统十年死后"赠定冀等十州诸军事、定州刺史、太宰、录尚书事，谥曰贞献"，则本传中复谥"贞献"比墓志中"献"多"贞"字。

还有一种情况，即本人的墓志和本传中均无谥号的记载，而在其亲人的墓志中见其谥号。如高猛，《魏书·高猛传》载，"猛，字豹儿。尚长乐公主，即世宗同母妹也。拜驸马都尉，历位中书令。出为雍州刺史，有能名。入为殿中尚书。卒，赠司空、冀州刺史。出帝时，复赠太师、大丞相、录尚书事"，本传中没有谥号的记载。《魏故使持节侍中都督冀州诸军事车骑大将军司空公冀州刺史驸马都尉勃海郡开国公高公志铭》载：

公讳猛，字景略，勃海脩人也。左光禄大夫、勃海敬公之孙，使持节、都督冀瀛相幽平五州诸军事、镇东大将军、冀州刺史、勃海静公之元子，文昭皇太后之长侄……以元舅之子，赐封勃海郡开国公，食邑二千户，选尚长乐长公主，即世宗之同母妹也……春秋卌有一，正光四年夏四月丁巳朔十日丙寅，薨于位。二宫哀悼于上，百辟嗟痛于下。暨仲冬将葬，天子乃诏有司曰："故散骑常侍、征西将军、殿

---

① 罗新、叶炜：《新出魏晋南北朝墓志疏证》，第491页。

中尚书、驸马都尉、勃海郡开国公猛，姻娖令器，承晖爵胄，识具夷雅，理怀沉笃。内敷礼阁，声绩聿宣；外绥蕃政，美誉克播。方资良干，光赞治猷，徽业不永，寔用伤恻。卜远有期，宜申荣宠。可赠使持节、侍中、都督冀州诸军事、车骑大将军、司空公、冀州刺史，公如故。"十有一月癸未朔二日甲申，窆于茫山之阳。一息不还，万春斯在，勒鸿名与茂实，弊金石而无改。①

高猛本人墓志志题中没有谥号，在志文最后部分有其赠官的诏书记载，但无赐谥号的记录。而据其妻元瑛墓志，高猛谥"文"：

【志文】魏故司空勃海郡开国公高猛夫人长乐长公主墓志铭
主讳瑛，高祖孝文皇帝之季女，世宗宣武皇帝之母妹。神情恬畅，志识高远，六行允备，四德无违，孝友出于自然，柔恭表于天性……司空文公，衿怀万顷，墙宇千仞，清徽素誉，标映一时，乃以选尚焉……春秋年三十有七，孝昌元年十二月廿日，薨于洛阳之寿安里。二宫摧恸，遐迩同伤，诏曰："高氏姑长乐长公主，四德早徽，柔仪播誉，方享遐颐，式昭闺范，奄至薨背，哀恸抽悢，不能自任。可赗杂绿八十匹，绢八百匹，布八百匹，给东园秘器，腊三百斤，可遣鸿胪监护丧事。"以二年三月七日，将合葬于司空文公之穴。②

元瑛墓志中的志题中虽没有关于高猛的谥号，但在志文正文中间部分涉及高猛行迹时提到"司空文公"以及最后部分"将合葬于司空文公之穴"，"文"即为高猛的谥号。高猛葬于正光四年（523）十一月二日，但仍未等来朝廷诏赐谥号；到其妻孝昌二年（526）三月七日葬时，墓志铭中显示其谥号为文，在这两年多的时间内，其家属应该上书了朝廷请求追赐谥号。

---

① 罗新、叶炜：《新出魏晋南北朝墓志疏证》，第101—102页。
② 黄吉军、黄吉博：《北魏高猛及夫人元瑛墓志浅释》，《中原文物》1996年第1期。

(四) 墓主在史书中有谥，墓志中却无谥

还有一种情况，便是墓志主人在史书中有谥，墓志中却无谥。如《魏故持节督幽豫二州诸军事冠军将军豫州刺史乐陵王元君墓志铭》：

> 【铭文】君讳彦，字景略，河南洛阳都乡光穆里人也。恭宗景穆皇帝之曾孙，侍中乐陵之孙，镇北将军乐陵密王之世子，袭封乐陵王……于延昌之末，迁为持节督幽州诸军事冠军将军幽州刺史，王如故……以熙平元年岁次丙申九月乙丑朔廿四日戊子薨谢中畿伊洛之第。哲而不幸，唯王是焉。皇帝悼楚，朝野泫泪，追赠豫州将军本号，以十一月十日窆于金陵。①

元彦墓志志题中没有谥号，在志文最后部分有其赠官的记载。他死于熙平元年九月二十四日，十一月十日葬于金陵。从其下葬的日期和下葬的地点来推测赠官和赐谥均应在其下葬前传达到其家。而本传中记载了他死后的赠官赠谥，《魏书》卷一九《景穆十二王传·乐陵王》载：

> 子景略，字世彦。世宗时，袭封。拜骁骑将军，除持节、冠军将军、幽州刺史。熙平元年薨。赠本将军、豫州刺史，赐帛四百匹，谥曰惠王。②

本传和墓志中关于名和字稍有不同，但均指一人，本传中载其"谥曰惠王"，从赠官、赐帛、赠谥这样的记载来看，这三者应一起进行，而不是之后的追赠。不知出于何种原因，墓志中没有刻写其谥号。

《持节督泾州诸军事征虏将军泾州刺史齐郡王墓志铭》载：

> 【铭文】王姓元，讳祐，字伯援，河南洛阳都乡照乐里人也。高宗文成皇帝之孙，太保齐郡顺王之世子……永平五年，除持节督泾州

---

① 赵超：《汉魏南北朝墓志汇编》，第88页。
② 《魏书》卷一九《乐陵王传》，第588页。

诸军事征虏将军泾州刺史……春秋三十有二，以神龟二年岁在己亥正月辛巳朔六日丙戌寝疾薨于第。天子震悼，百辟悲恸，赗赠之厚，礼越常伦。追赠使持节平东将军冀州刺史，王如故。其年二月辛亥朔廿三日癸酉迁窆于河南洛阳北芒之旧茔。①

元祐的墓志志题中没有谥号，在志文最后部分虽载朝廷对其赗赠深厚，礼超常伦，有其赠官的记载，而无谥号的记录。但《魏书·文成五王传·齐郡王简附祐》载：

　　子祐，字伯授，袭。母常氏，高祖以纳不以礼，不许其为妃。世宗以母从子贵，诏特拜为齐国太妃。祐位泾州刺史。薨，谥曰敬。②

一种可能便是元祐下葬前，朝廷还未对其赐谥；之后或在其子孙上书后朝廷进行了追谥，《魏书》记载了下来。这一情况还见于北齐名臣封子绘墓志中：

　　【志盖】齐故尚书右仆射冀州使君封公墓志铭
　　【铭文】公讳子绘，字仲藻，勃海修人也……即署开府主簿。俄而相府崇建，仍为丞相主簿，加伏波将军，掌文墨……河清二年，除仪同三司。三年，暂行怀州事。寻转七兵尚书，仍换祠部。其年闰九月二十日遘疾终于京师，春秋五十二……诏赠使持节都督冀瀛二州诸军事本将军冀州刺史开府仪同三司尚书右仆射，开国如故。以大齐河清四年岁次乙酉二月甲寅朔七日庚申归窆于先公之旧茔。③

封子绘河清三年（564）闰月九月二十日卒于京师，葬于次年二月七日，这其中停灵四个多月，若按常理，卒葬时间和地点都不会对谥号的刻

---

① 赵超：《汉魏南北朝墓志汇编》，第107页。
② 《魏书》卷二〇《文成五王传·齐郡王简附祐》，第600页。
③ 赵超：《汉魏南北朝墓志汇编》，第423—424页。

写有影响。而他的墓志志盖、志题中未记谥号,在志文最后部分也只有赠官的记载,而无谥号的记录,这与其生前为北齐创立战功伟绩及武成帝高湛对其倚重的身份地位不符。但《北齐书》卷二一《封隆之附子绘传》载其死后"赠使持节、瀛冀二州军事、冀州刺史、开府仪同、尚书右仆射,谥曰简",谥号为"简"。然而在他的夫人王氏墓志中,他的谥号为"忠简"。《□故仆射冀州使君夫人王氏墓志之铭》:

【志盖】□故仆射冀州使君夫人王氏墓志之铭
【志阳】齐骠骑大将军开府仪同三司尚书右仆射冀州刺史安德郡开国公忠简封公妻太原王夫人墓志铭并序①

罗新、叶炜疏证云,墓志王楚英的丈夫封子绘,见《北齐书》卷二一《封隆之传》,子绘父即封隆之。封子绘墓志与王楚英墓志同时出土。封子绘的谥号,《北齐书》作"简",封子绘墓志未记,据王楚英墓志,知当作"忠简"。②

(五) 墓主在史书中无谥,墓志中有谥

与第四种情况相对的,便是墓主在史书中无谥,但在墓志中有谥。如晋《张镇墓碑志》正面记录有:"晋故散骑常侍、建威将军、苍梧吴二郡太守、奉车都尉、兴道县德侯、吴国吴张镇字义远,之郭夫人晋始安太守嘉兴徐庸之姐。"③ "兴道县德侯"中的"德"便是张镇的谥号。张镇,《晋书》中无传,《世说新语·排调第二十五》记载张镇孙张凭事时,注引《张苍梧碑》曰:"君讳镇,字义远,吴国吴人。忠恕宽明,简正贞粹。泰安中除苍梧太守。讨王含有功,封兴道县侯。"所引《张苍梧碑》的内容不是全部,因此《张镇墓碑志》所载可补史阙。

另外,如北魏《幽郢二州寇使君(臻)墓志》:

---

① 罗新、叶炜:《新出魏晋南北朝墓志疏证》,第335页。
② 罗新、叶炜:《新出魏晋南北朝墓志疏证》,第337页。
③ 邹厚本:《东晋张镇墓碑志考释》,南京博物院《文博通讯》1979年10月,总第27期;南京博物院:《江苏吴县张陵山张氏墓群发掘简报》,《南方文物》2005年第4期。

【志盖】 幽郢二州寇使君墓志盖

【铭文】 唯大魏正始二年岁次乙酉二月壬寅朔十七日戊午。故中川恒农二郡太守振武将军四征都将转振武将军沘阳镇将昌平子迁假节建威将军鉴安远府诸军事郢州刺史，皇京迁洛，畿方简重，又除建忠将军，重临恒农太守寇臻，字仙胜，春秋甫履从心，寝疾薨于路寝，礼也……及宣正文武，莫不以德革弊，方登槐棘，奄焉薨徂。朝野酸痛，　　主上垂悼。乃追勋考行，显赠龙骧将军幽州刺史，谥曰威。其公之所德，建功立事，皆备碑颂别传，非略志尽也。以正始三年三月廿六日合厝于洛城西十五里大墓所。①

寇臻墓志正文中记载诏赠寇臻为龙骧将军幽州刺史，并赠谥曰威。威，《逸周书·谥法解》有3解，"猛以刚果曰威，猛以强果曰威，强毅信正曰威"；《史记正义·谥法解》也有3解，前2解相同，第3解为"强义执正曰威"。墓志中对寇臻的历官过程、生前行迹并没有太多的着墨，但《魏书》本传中记载他在职时受纳而被御史弹纠，被孝文帝废卒于家，其死后并没有被赠官赠谥：

臻，字仙胜。年十二，遭父忧，居丧以孝称。轻财好士。显祖末，为中川太守。时冯熙为洛州刺史，政号贪虐。仙胜微能附之，甚得其意。转弘农太守。后以母老屡求解任，久乃从之。高祖初，母忧未阕，以恒农大盗张烦等贼害良善，征为都将，与荆州刺史公孙初头等追揃之。拜振武将军、比阳镇将，有威惠之称。迁建威将军、郢州刺史。及高祖南迁，郢州地为王畿，除弘农太守。坐受纳，为御史所弹，遂废卒于家。②

墓志中为祖先讳并没有记载孝文帝朝寇臻被御史弹纠的事情，在其死后，家人子孙应该向朝廷申诉复官爵、请谥之后，宣武帝朝再赠官赠谥

---

① 赵超：《汉魏南北朝墓志汇编》，第48—49页。
② 《魏书》卷四二《寇讚附臻传》，第947—948页。

的。但这一点并没有体现在墓志中,应是其子孙出于为长者、尊者讳的目的。

《魏东梁州刺史阎使君墓志铭》载:

【志文】公讳静,字安之,恒山灵寿人也。有周之苗裔,贻诸史册,可略而言,刊石铸金,抑有由矣。祖台,给事黄门侍郎。考导,泾州刺史。公使持节、都督东梁州诸军事、车骑大将军、散骑常侍、东梁州刺史,谥曰祯,礼也。①

罗新、叶炜疏证云,阎静,北魏孝庄帝永安二年(529)卒,终年六十二岁,则其生年为北魏献文帝皇兴二年(468)。阎静及其祖台、父导均不见于史传。② 阎静生前官职及死后赠官、谥为"祯"便可补史载之阙。

以上我们考察了墓志中谥号与史书记载的异同情况。这样的异同主要包括五种:(一)墓主人在正史、墓志中均留下谥号,墓志与史书中的谥号记载相同,这种情况占绝大多数;(二)墓主人在正史、墓志中均留下谥号,墓志与史书中的谥号记载不同,这种情况占少数;(三)墓志中提及的父祖谥号,与史书所载相照应或补充;(四)墓主在史书中有谥,墓志中却无谥;(五)墓主在史书中无谥,墓志中有谥。除这种异同外,还有一种情况为史书中并无记载的人,墓志留下了其生平、父祖和谥号的记载。

二 墓志主人谥号刻写的实际样态

(一)墓志题名或志盖中有谥号,墓志结尾处出现谥号

墓志谥号刻写最完备的一种情况,便是墓志主人题名中有谥号,正文载其生前历官、德行、在任行迹,墓志结尾处出现谥号,少部分将议谥的程序、赠谥的诏书刻写出来,以旌美谥号对于墓主和后世子孙的重要和珍贵。如《魏故使持节侍中都督中外诸军事司空公领雍州刺史文宪元公墓志

---

① 罗新、叶炜:《新出魏晋南北朝墓志疏证》,第579页。
② 罗新、叶炜:《新出魏晋南北朝墓志疏证》,第579—580页。

铭》：

【铭文】魏故使持节侍中都督中外诸军事司空公领雍州刺史文宪元公墓志铭　公讳晖，字景袭，河南洛阳人。昭成皇帝之六世孙……太和中始自国子生辟司徒参军事，转尚书郎太子洗马。世宗践阼，频迁散骑中书郎给事黄门侍郎加辅国将军河南尹……乃转吏部尚书加散骑常侍……俄转侍中卫大将军尚书左仆射……春秋五十五，以神龟二年九月庚午遘疾薨于位。天子震悼，群辟痛心，有诏追赠使持节都督中外诸军事司空公领雍州刺史，侍中如故。考德累行，谥曰文宪公。①

在元晖的墓志铭志题上，"文宪"标明其谥号，在铭之前、墓志正文最后一句，有赠官、赐谥，其记录的谥号与志题上的谥号相符合。关于元晖，《魏书》卷一五《昭成子孙·常山王遵附晖传》载："晖颇爱文学，招集儒士崔鸿等撰录《百家要事》，以类相从，名为科录，凡二百七十卷，上起伏羲，迄于晋、宋，凡十四代。晖疾笃，表上之。神龟元年卒，赐东园秘器，赠使持节、都督中外诸军事、司空公，谥曰文宪。将葬，给羽葆、班剑、鼓吹二十人，羽林百二十人。"本传和墓志中关于其谥号的记载相同，墓志中还记其赠官雍州刺史，多出本传。而且，在其孙元俊、元愔②的墓志中均记录了元晖的谥号为"文宪"。

《魏故假节龙骧将军豫州刺史李简子墓志铭》：

【铭文】魏故假节龙骧将军豫州刺史李简子墓志铭　君讳蕤，字延宾，陇西郡狄道县都乡和风里人也。弱冠侍御中散符玺郎中，转监御令，拜步兵校尉，出为东郡太守，迁大司农少卿。春秋卌二，以正始二年太岁在乙酉十一月戊辰朔九日丙子薨于洛阳之城东里。诏赠假

---

① 赵超：《汉魏南北朝墓志汇编》，第110—111页。
② 《魏故龙骧将军太常少卿元君（俊）墓志铭》载："曾祖讳于德，选部给事宁西将军冀州刺史河间公。曾祖亲南阳张氏。祖讳晖，字景袭，使持节侍中都督中外诸军事司空文宪公领雍州刺史。"《魏故辅国将军广州刺史元君（愔）墓志铭》载："曾祖讳于德，选部给事宁西将军冀州刺史河间公。曾祖亲南阳张氏。祖讳晖，字景袭，使持节侍中都督中外诸军事司空文宪公领州刺史。"

节龙骧将军，豫州刺史，谥曰简。①

在李蕤墓志中，志题"李简子"中的"简"便为其谥号，墓志正文最后部分有诏赠官和赠谥。本传赠谥中单写谥字，后面没加爵号，而在志题中谥号后加爵号。

《魏故使持节侍中太宰丞相柱国大将军假黄钺都督十州诸军事雍州刺史武昭王（元天穆）墓志》：

【志盖】黄钺柱国大将军丞相太宰武昭王墓志

【铭文】魏故使持节侍中太宰丞相柱国大将军假黄钺都督十州诸军事雍州刺史武昭王墓志　王讳天穆，字天穆，河南洛阳人也……起家除员外散骑侍郎。以王器量清懋，识裁通敏，除员外散骑常侍尝食典御……迁位太宰，加翼保鼓吹，增邑通前七万户。永安三年九月二十五日，运巨横流，奄离祸酷。春秋四十二，暴薨于明光殿。年及中兴造运，圣明在驭，追赠侍中丞相都督十州诸军事柱国大将军假黄钺雍州刺史，王如故，谥曰武昭，礼也。以普泰元年八月戊戌朔十一日戊申迁葬于京城西北二十里。②

《北史·元天穆传》载"庄帝内畏恶之，与荣同时见杀"，元天穆被孝庄帝元子攸诛杀之日为永安三年（530）九月二十五日，第二年，即普泰元年（531）二月，尔朱兆拥立元恭为帝后，"赠丞相、柱国大将军、雍州刺史、假黄钺，谥曰武昭"③；到普泰元年八月十一日迁葬期间的六个月时间内，元天穆家人可以从容地刊刻墓志，因此，关于其生平历官行迹赠谥十分完备，亦不乏溢美回护之辞。在元天穆墓志中，其志盖、志题上均题有谥号"武昭"，在志文最后部分有追赠官和赠谥的记载，"谥曰武昭，礼也"中"谥曰××，礼也"是墓志刻写谥号比较完整的形式。

---

① 赵超：《汉魏南北朝墓志汇编》，第48页。
② 赵超：《汉魏南北朝墓志汇编》，第276—278页。
③ 《北史》卷一五《魏诸宗室·上党王天穆》，第552页。

1998年出土于陕西省西安市长安县韦曲北原的《故使持节散骑常侍太常卿尚书都督雍州诸军事抚军将军豫雍二州刺史文烈公韦使君墓志铭》①，志题载其谥字、志尾详载其家请谥、太常博士议谥、奏谥的程序：

> 故使持节、散骑常侍、太常卿、尚书、都督雍州诸军事、抚军将军、豫、雍二州刺史、文烈公韦使军墓志铭　君讳彧，字遵庆，京兆杜人也，今分山北县洪固乡畴贵里……春秋五十一，孝昌元年八月廿六日，薨于长安城永贵里第。天子伤恸，朋僚涕塞，泪满行目，人思致百。赠使持节、都督诸军事、抚军将军、雍州刺史。丧礼所备，悉皆公给。长子彪与吏民谨上行状。太常博士朱惠兴议：公惠性冲远，才业清敏，幼敦诗书，长玩百氏。昔衣锦乡，寮庶缉穆，注毗二台，义光槐庭。入司琐闱，谟明帝道，出藩东南，流声二国。道德齐礼，伪服归仁，廉素之风既著，纳言之亮惟美。谨依谥法，博闻多见曰文，有功安民曰烈。太常卿、尚书仆射元慎奏可，礼也。二年岁次丙午十二月乙未朔十日丙午，谒者萧轨持节奉册，即柩祭以太牢，护雍州法驾诣墓，葬于旧兆杜陵。公义同削草，事等温树，今彷佛遗尘，无申万一。

在韦彧墓志后部分中详细记载了其长子彪与吏民上行状向朝廷请谥——太常博士朱惠兴议谥——太常卿、尚书仆射元慎奏谥——临葬前朝廷遣使持节奉册赐谥这一系列得谥程序，因此韦彧谥为"文烈"是可以确定，也可补《魏书》卷四五《韦阆附彧传》载其谥号为"文"之遗。

《周上柱国鄅襄公墓志》：

> 【铭文】大周使持节太傅上柱国雍州牧鄅襄公之墓志　公讳宽，字孝宽，本姓韦氏，京兆杜陵人。商丘盛玄帝之绪，相土隆彤弓之业，二相声高，腾芳汉简，三君德懋，流曜县图，衣缨之盛，羽仪当世矣。祖真憙，清规雅量，见重缙绅，历冯翊、扶风二郡守，赠泾州

---

① 周伟洲、贾麦明、穆小军：《新出土的四方北朝韦氏墓志考释》，《文博》2000年第2期。对此墓志的疏证，详参罗新、叶炜《新出魏晋南北朝墓志疏证》，第五四韦彧墓志，第54页。

刺史。父旭，道风素望，蔚为世翊，官至尚书右丞，幽州刺史，赠司空公，谥曰文惠……拜大司空。水上载平，棘木斯蔚，寻迁上柱国……春秋七十有二，以大象二年十一月廿七日死于京第。县官兴悬辙之感，上宰轸奔车之悼，诏赠使持节、太傅、上柱国、怀衡黎相赵洺贝沧瀛魏冀十一州诸军事、雍州牧，谥襄公，礼也。①

在韦孝宽墓志的志题中，"襄"为其谥字，墓志正文历载祖父官职及赠官、赐谥，孝宽本人任职及行迹，最后部分记载其诏赠之官及谥。这也是比较完整的谥号刻写模式。

《故使持节侍中太师大司□□□□录尚书事显蔚相冀定并恒瀛八州刺史广阿县开国公武贞窦公墓志铭》：

【铭文】公讳泰，字宁世，清河灌津人……起家为襄威将军帐内都将……以魏天平四年正月十七日薨于弘农阵所，春秋三十八……诏曰：……可赠使持节侍中太师大司马太尉公录尚书事都督冀定并恒瀛五州诸军事定州刺史，开国如故，谥曰武贞，礼也。以齐天保六年岁在乙亥二月壬子朔九日庚申改定于京城之西二十里。②

在窦泰墓志铭的志题中，载其谥号为"武贞"，在墓志正文部分，不仅记载了"谥曰武贞，礼也"的谥号，而且还将赠谥的诏书全部誊录下来。诏书评价了窦泰生前在官行迹及其文治武功、之后紧接着赠官内容，最后为赠谥内容，赠谥格式为"谥曰×，礼也"。《北齐书》卷一五《窦泰传》载其死后，赠大司马、太尉、录尚书事，谥曰武贞。③ 墓志和本传中其谥号的记载相同。

另外，还有在志盖中体现出了谥号，在志文题名中无谥号，但在其结尾有"谥曰×（礼也）"字样的情况。如《大周开府清渊元公郑君墓志》：

---

① 罗新、叶炜：《新出魏晋南北朝墓志疏证》，第313—314页。
② 赵超：《汉魏南北朝墓志汇编》，第394—397页。
③ 《北齐书》卷一五《窦泰传》，中华书局1972年版，第194页。

【志盖】大周开府清渊元公郑君墓志

【铭文】大周使持节骠骑大将军开府仪同三司大都督始州刺史清渊侯郑君墓志

君讳术，字博道，荥阳开封人……魏大统九年，封清渊县开国伯，邑五百户。大开土宇，奄有山川河岳；誓以永宁，茅社瑞其方色。仍授轻车将军、给事中兼太子洗马。十五年，迁员外散骑侍郎、持节大都督，又授使持节、车骑大将军、仪同三司……故天和三年复除始州诸军事、始州刺史。未遑述职，遘疾弥留。以其年四月一日薨于长安第。昔宣尼至圣，尚有摧木之歌；庄子通方，犹著归真之论。生而有终，斯言信矣。诏赠梁豫二州诸军事、二州刺史，谥曰元，礼也。①

郑术墓志的志盖上有其谥号"元"，但在志题中没有将谥号表现出来，在墓志正文的最后部分，记载诏赠官、赠谥。

西魏北周重要将领田弘的墓志铭中，详细记载了田弘一生戎马所取得的战功以及历官行迹，在志盖上刻写了其谥字"襄"：

【志盖】大周少师柱国大将军雁门襄公墓志铭

【铭文】大周使持节少师柱国大将军大都督襄州总管襄州刺史故雁门公墓志

公讳弘，字广略，原州长城郡长城县人也……永熙中，奉迎魏武帝迁都，封鹑阴县开国子。转帅都督，进爵为公……大统十四年，授持节、都督原州诸军事、原州刺史。虽为衣锦，实曰冶兵。乞留将军，非但南部将校；争迎州牧，岂直西河童子。又增封一千三百户。侍从太祖平窦军、复弘农、破沙苑、战河桥、经北芒，月晕星眉，看旗听鼓，是以决胜千里，无违节度。乃授使持节、车骑大将军、仪同三司……天和六年，授柱国大将军。建德二年，拜大司空……三年授都督襄、郢、昌、丰、唐、蔡六州诸军事，襄州刺史……四年正月三

---

① 罗新、叶炜：《新出魏晋南北朝墓志疏证》，第261—262页。

日薨于州镇，春秋六十有五。天子举哀，三日废务，诏葬之仪，并极功臣之礼。有诏赠少师、原交渭河兆岷鄯七州诸军事、原州刺史。谥曰襄公。其年四月廿五日，归葬于原州高平之北山。①

关于田弘，《周书》卷二七、《北史》卷六五均有其本传，《周书》载他早年经历各种战事，"复弘农，战沙苑，解洛阳围，破河桥阵，弘功居多，累蒙殊赏，赐姓纥干氏"。然《周书》《北史》均未载其谥号，墓志可补史载之阙。田弘墓志中谥号刻写的特点和郑术墓志中谥号刻写相同，在志盖中注明其谥号"襄"，然墓志志题中无谥字，墓志正文最后部分记录有诏赠官赠谥。

（二）墓志题名无谥，结尾写明谥号

墓志中谥号刻写的第二种情况，即在墓志志题没有刻写谥号，但在墓志的正文中刻写；因为一些墓志的志盖已无或阙，并不知道在志盖上谥号题写的情况。

北魏时的情况，兹举例说明。如《魏故持节督豫州诸军事征虏将军渔阳县开国子豫州刺史司马悦墓志》：

> 【铭文】君讳悦，字庆宗，司州河内温县都乡孝敬里人也。故侍中征南大将军开府仪同三司贞王之孙，故侍中开府仪同三司吏部尚书司空公康王之第三子……年十四，以道训之胄，入侍禁墀。太和中，司牧初开，纲诠望首。以君地极海华，器识明断，擢拜主簿，俄迁司空大将军二府司马……除宁朔将军司州别驾……春秋卅有七，永平元年十月七日薨于豫州。皇帝哀悼，朝野悲叹，死生有命，修短定期。斯贤而遇斯祸，以其新拔，众窨可知。遣中黄门缑荣显吊祭，赠帛一千匹，营护丧事。越四年二月丁卯朔十八日甲申卜窆于温县西乡岭山之阳。朝遣谒者，策赠平东将军青州刺史，谥曰庄，礼也。②

---

① 罗新、叶炜：《新出魏晋南北朝墓志疏证》，第274—275页。
② 赵超：《汉魏南北朝墓志汇编》，第57—58页。

此墓志的志盖阙，墓志志题没有关于其谥号的记载，只在墓志正文的最后有赠官和赠谥的记载，其中，刻写格式是完整的"谥曰×，礼也"。而从墓志可见，谥字"庄"为死后三年的永平四年才加谥的，而墓志刻写的时间也当在此时。

另外，还见《魏故侍中太保领司徒公广平王墓志铭》：

> 【铭文】魏故侍中太保领司徒公广平王墓志铭　姓元，讳怀，字宣义，河南洛阳乘轩里人……享年不永，春秋卅，熙平二年三月廿六日丁亥薨。追崇使持节假黄钺都督中外诸军事太师领太尉公侍中，王如故。显以殊礼，备物九锡，谥曰武穆，礼也。及葬，皇太后舆驾亲临，百官赴会。秋八月廿日窆于西郊之兆。①

元怀墓志题名中只记其官职和广平王封爵，并无谥号。在墓志结尾部分载赠官、赠谥及葬礼时皇太后亲临的殊荣。

《魏故右光禄大夫中护军饶阳男》：

> 【志盖】阙
> 【铭文】姓元名遥，字修远，河南洛阳孝弟里人。恭宗景穆皇帝之孙，京兆康王第二子……而享年不永，春秋五十一，熙平二年九月二日薨于第。天子举哀于东堂，百僚倍临，酸情所感，事越恒伦。乃伤公巨效之未酬，慨公往而不待，追赠使持节车骑大将军仪同三司雍州刺史，余如故。谥曰宣公。今将徙殡于洛阳西陵礼也。②

《北史》卷一七《景穆十二王上·京兆王子推附遥传》中对元遥的记载比较简略，③ 其卒后"谥曰宣公"，与墓志相同。不过墓志中对谥号的记载与一般墓志记载谥号"谥曰××，礼也"的格套不同，在"宣公"后

---

① 赵超：《汉魏南北朝墓志汇编》，第92页。
② 赵超：《汉魏南北朝墓志汇编》，第93—94页。
③ 刘军对元遥墓志中所载元遥的仕宦经历及其参与的北魏重要事件进行了详细的分析，详见刘军《试析北魏元遥墓志的史料价值》，《史学史研究》2012年第4期。

"礼也"前,添加了"今将徙殡于洛阳西陵",西陵,宿白先生认为是北魏洛阳帝陵的共名,① 因为元遥为景穆之子孙,到明帝时已服绝,朝廷欲除遥等属籍。元遥生前曾上表求请不要除掉自己这一支的宗室属籍,灵太后不从。因此,在他死后,可能朝廷对其进行了优待,同意他陪葬于帝陵,这才会有在墓志中将此句添加在谥号之后,在其后世看来,死后能葬于帝陵范围之内,这也属于"礼"的内容。

《高道悦墓志铭》:

【志盖】阙

【铭文】君讳道悦,字文欣,辽东新昌安乡北里人也。既而从县洛中,更新朝典,铨品九流,革易官第,妙简才英,弼谐东贰。乃除太子中庶子……以魏太和廿年秋八月十二日春秋卅五,暴丧于金墉宫。高祖闻而流涕,曰:非但东宫缺辅,乃丧朕社稷之臣。呜呼。枉歼良器,深可悼惜。乃诏曰:门下故太子中庶子高君,资生婥亮,禀业忠淳,作弼储侍,匡直贞发。遂为群小所忌,危身禁中。行路致叹,视听同悲。朕甚振悼于厥心。可赠散骑常侍营州刺史,谥曰贞侯,兼赐帛一千匹。并遣王人监护丧事。以其年秋九月迁葬冀州勃海郡条县之西南,以为定窀。但旧葬下湿,无可重厝,因此凶际,迁葬于王莽河东岸之平岗。神龟二年岁次己亥,春二月辛亥朔,廿日庚午窆于崇仁乡孝义里昔太和之世圹内,有记无铭。②

太和二十年(496)秋八月十二日,太子元恂打算逃还代郡,手刃太子中庶子高道悦于金墉宫,高道悦墓志刊刻于神龟二年(519),相隔23年。其原因是其夫人李氏于神龟元年(518)辞世,次年与高道悦合葬。因"昔太和之世,圹内有记无铭,今恐川垄翻移,美声湮灭,是以追述徽

---

① 宿白先生认为:"景、长、定三陵左右毗连,北魏皇室这样安排帝陵,大约还是承袭了盛乐、平城时期金陵的制度,即各代帝陵实际都在一处,洛阳北魏墓志常见的'西陵',(如延昌三年,514元飏墓志、熙平二年,517元遥墓志等)可能就是他们的共名。"详见宿白《北魏洛阳城和北邙陵墓》,《文物》1978年第7期。

② 秦公:《释北魏高道悦墓志》,《文物》1979年第9期。

献，讬晰壤阴"，高道悦原墓葬中并未勒石成铭，此次借与夫人合葬之机，其子高辉"因此动际，追立志序，即镌之于上，盖取父天母地之议，故不别造铭石耳"。高道悦墓志志盖阙，也无志题。对于其谥号的书写，出现在孝文帝的诏书内，其谥号与《魏书》本传所载相同。

《李挺墓志铭》：

【志盖】阙

【铭文】公讳挺，字神俊，陇西狄道人也……高祖凉武昭王，风云命世，开霸河右。曾祖酒泉公，精芒集庆，因岳峻基。祖侍中使持节征西大将军开府仪同三司沙州牧并州刺史炖煌宣公，拔茅以汇，委质来庭。父尚书昭侯，英图茂业，存诸王府……释褐奉朝请，转司徒祭酒，从事中郎……天平初，行并州事。寻以本官除肆州刺史。俄而征补侍中……以兴和三年六月十七日薨于位，春秋六十四。停沽罢饰，非唯邹郑，破琴息斯，岂独牙周。朝廷愍惜，追赠使持节侍中都督雍秦泾三州诸军事骠骑大将军雍州刺史司徒公尚书左仆射，谥曰文贞，礼也。粤以兴和三年岁次辛酉十二月廿三日葬于邺城之西南七里豹祠之东南二里半。①

李挺墓志志盖阙，无志题，志文中历载其高祖、祖父、父亲的职官及谥号，其谥号的书写在赠官之后。

《魏使持节骠骑将军冀州刺史尚书左仆射安乐王墓志铭》：

【铭文】王讳诠，字休贤，高宗文成皇帝之孙，大司马公安乐王之子。……又以安社稷之勋，除尚书左仆射，增封三百户。春秋卅有六，永平五年太岁壬辰三月廿八日戊午遘疾薨于第。诏赐东园秘器，朝服一具，绢布七百匹，礼也。追赠使持节骠骑将军冀州刺史仆射，王如故，谥曰武康。粤八月廿六日甲申窆于河阴县西芒山。②

---

① 赵超：《汉魏南北朝墓志汇编》，第350—351页。
② 赵超：《汉魏南北朝墓志汇编》，第64—65页。

元诠墓志的志盖阙，墓志志题没有关于其谥号的记载，只在墓志正文的最后有赠官和赠谥的记载，其中，与一般谥号刻写格式"谥曰×，礼也"不同，此处的"礼也"在赐东园秘器、朝服及绢布之后，在追赠官和赠谥之前，这可能是刻工在实际刻写时的跳行。

北齐时的情况，可见《齐故假黄钺右丞相东安娄王墓志之铭》：

【志盖】齐故假黄钺右丞相东安娄王墓志之铭

【铭文】王讳叡，字休□，太安狄那汗殊里，武明皇太后兄子也……皇建元年，并永宁、受得、九门三邑，封南青州东安郡王使持节丰州刺史，复为开府仪同三司，迁司空公，转司徒公，换太尉公，除豫州道大行台尚书令，迁大将军，封始平县开国公，复除太尉公判领军大将军府事，寻以本官兼并省尚书令，出为使持节肆州刺史，迁大司马，转太傅，增邑一千，通前二千户，使持节并州刺史，别封许昌郡开国公兼录尚书事，迁太师仍并州刺史……武平元年二月五日薨于位。天子举哀，百僚赴吊。赠帛百万匹，追赠假黄钺右丞相太宰太师太傅使持节都督冀定瀛沧赵幽青齐济朔十州诸军事朔州刺史开国王如故，谥恭武王，礼也。①

娄叡墓志的志盖上没有谥号的题写，在墓志正文中有赠官赠谥的记载，且赠官记载详细。

《齐故开府仪同三司尚书左仆射云州刺史暴公墓志铭》：

【志盖】齐故左仆射暴公墓铭

【铭文】齐故开府仪同三司尚书左仆射云州刺史暴公墓志铭

公讳诞，字安生，魏郡斥丘人……年五十有六，以魏孝昌元年七月十日卒于黄芘堆子。特进开府仪同三司定阳王显，勋业隆重，器望标

---

① 山西省考古研究所、太原市文物管理委员会：《太原市北齐娄叡墓发掘简报》，《文物》1983年第10期。

华，爵迈群龙，位逾朝右，枝茂本大，子贵父荣，光远褒终，盖惟旧典。以大齐武平元年闰月有诏，追赠开府仪同三司尚书左仆射使持节都督齐云二州诸军事云州刺史，谥曰恭懿公，礼也。以其年五月癸丑朔九日辛酉奉迎奠灵，迁葬于邺城西北卅里永吉冈之上。①

暴诞墓志志盖及志题上均无谥号标记，只在墓志正文中载赠官和赠谥，以"谥曰××，礼也"的格套书写。

北周时期的情况，可见《周故使持节柱国大将军晋原郡开国公独孤浑贞墓志铭》②《周故淮安公拓跋育墓志》③《大周开府南阳公墓志》④ 等。

以上所列举的这些墓志中，墓志志题没有刻写谥号，但在墓志的正文中刻写赠官和赐谥；因为一些墓志的志盖已无或阙，并不知道其志盖上谥号题写的情况。

（三）墓志志题列谥，文中不再提及谥号

墓志中谥号刻写的第三种情况，即在墓志志题出列谥，墓志正文中不再提及谥号。如《晋故尚书征虏将军幽州刺史城阳简侯乐陵厌次都乡清明里石处约》：

【志盖】无

【志阳】晋故尚书征虏将军幽州刺史城阳简侯乐陵厌次都乡清明里石尠，字处约，侍中太尉昌安元公第二子也……三王

【志阴】举义，惠皇帝反正，拜廷尉卿，除征虏将军幽州刺史。军事屡兴于是，罢武修文。城都王遣荥阳太守和演代□，召为河南尹。自表以疾，权驻乡里。永嘉元年，逆贼汲桑破邺都之后，遂肆其

---

① 赵超：《汉魏南北朝墓志汇编》，第 442—443 页。
② 李朝阳：《咸阳市郊北周独孤浑贞墓志考述》，《文物》1997 年第 5 期。其疏证见叶炜、罗新《新见魏晋南北朝墓志疏证》，九三"独孤浑贞墓志"，第 241 页。
③ 祥生：《长安发现北魏献文皇帝之孙墓志》，《碑林集刊》第四辑，陕西人民美术出版社 1996 年版。其疏证见叶炜、罗新《新见魏晋南北朝墓志疏证》，九二"拓跋育墓志"，第 239 页。
④ 罗新、叶炜：《新出魏晋南北朝墓志疏证》，第 269 页。

凶暴东北。其年九月五日，奄见攻围。□亲率邑族，临危守节，义旧不回，众寡不敌，七日，城陷，薨，年六十二。天子嗟悼，遣使者孔汰、邢霸护丧。二年七月十九日祔葬于皇考墓侧神道之右。大子定、小子迈，致命所在。①

在石处约墓志中，志题"城阳简侯乐陵厌次都乡清明里石抄"中，"简"即为谥号，但在墓志正文最后部分，记载"遣使者孔汰、邢霸护丧"，其后并没有追赠官和赠谥。

北魏《太尉领司州牧骠骑大将军顿丘郡开国公穆文献公亮墓志铭》：

【志盖】阙
【铭文】太尉领司州牧骠骑大将军顿丘郡开国公穆文献公亮墓志铭……公弱冠登朝，爰暨知命，内赞百揆，外抚方服，宣道扬化卅余载。以景明三年岁在壬午夏闰四月晦寝疾薨于第。天子震悼，群公哀动，赗襚之礼，有加恒典。②

在穆亮墓志中，志题中"文献"为其谥号，在墓志正文最后部分，有"赗襚之礼，有加恒典"，但并没有将赠谥单独列出。

《魏故益州刺史乐安哀王墓志铭》：

【志盖】阙
【铭文】魏故益州刺史乐安哀王墓志铭王讳悦，字庆安，河南洛阳人也。大宗明元皇帝之玄孙。资皇启蕃，崇明纂业，金璧相承，龟社世袭……年十三，辟员外郎，历尚书郎中，迁太尉。属冲明阁悟，厉于从政，排风霜而立节，兀刚概于当年，赞槐翼鼎，声高一时。及靖王薨，居丧喻礼，殷忧积心，遂成结恙。勉服袭王，方乃攻疗。天

---

① 赵超：《汉魏南北朝墓志汇编》，第15页。赵超疑"抄"为"抄"。
② 赵超：《汉魏南北朝墓志汇编》，第41页。

不吊善，历年无瘳。春秋卅六，岁在辛卯五月丙申朔，十一日丙午薨于位。天子悼焉，追赠益州刺史，以崇盛德。冬十一月十七日葬其考靖王陵之左。①

元悦墓志中，志题中"哀"为谥号，墓志正文最后部分有追赠官，但无赠谥的记载。

（四）谥号的空刻、补刻、漏刻

徐冲曾撰文指出，北魏后期墓志中存在的多种"异刻"现象，包括左方留白、志尾挤刻、志题挤刻、志题省刻、志题记历官而志文记赠官、志题记历官而其后补刻赠官、二次赠官、谥号空位、谥号补刻等。其中，墓志的谥号空位者有元绪、元鉴、元囧、元演、元珍、王绍、皮演、席盛、元寿安、元固、元顺、元略、公孙略、高雅、元鸷 15 人，其现象有见于志题者、见于志文部分以及非志主本人，而是有关其亲族的。徐冲还曾指出，墓志中出现谥号补刻的情况有两种：一种是一字谥号之后均有一字空格，可以推测它们最初刻写时预留了两字的谥号空位。但最终刻入的谥号只有一字。如志题"赵郡宣恭王墓志铭"，虽然"宣恭"两字之后并无空位，但其与前后字体差别较大，也应系预留空位后补刻的结果。事实上那些看上去谥号刻写正常的墓志，也未必不是先预留空位后再行补刻的结果，只不过刻工较好，难以分辨而已。另一种情形是补刻谥号于墓志的某些空白处。如"魏故充华嫔卢氏墓志铭"下方，刻有三字"谥曰昭"。显然这些墓志在刻写之初并未预留谥号空位，而下葬前又得到了谥号，故不得不在墓志的某些空白处寻找补刻空间了。②

现将徐冲文所引的《武昌王（元鉴）墓志铭》释文与图版移录于此：

【铭文】魏故武昌王通直散骑常侍散骑常侍冠军将军河南尹左卫将军持节督齐徐二州诸军事征虏将军齐徐二州刺史赠齐州刺史王如故

---

① 赵超：《汉魏南北朝墓志汇编》，第 63 页。
② 徐冲：《从"异刻"现象看北魏后期墓志的"生产过程"》，第 109—110 页。

谥　　王讳鉴，字绍达，司州洛阳人也。王即道武　皇帝之玄孙，河南王之曾孙，成王之孙，简王之子。以正始三年岁次丙戌夏五月壬午朔廿六日丁未，春秋卅有三，寝疾薨于第。越四年春三月廿六日附窆于长陵之东岗……维大代大魏正始四年岁次丁亥三月庚申朔廿六日乙酉。武昌王墓志铭。①

元鉴墓志的书写格式与其他墓志的格式不同，最显著的一点便是"武昌王墓志铭"刻写在碑的左面，而非右边。第二，志题上有赠官的详细介绍，之后在"王如故，谥"与"王"之间有四个字的空间，这是为刻写谥号而预留出来的。元鉴见于《魏书》卷一六《道武七王·河南王曜附提、平原、鉴传》："年四十二薨，赠卫大将军、齐州刺史，王如故，谥曰悼王。"从本传看，他的谥号为"悼"，显然不是美谥。因此，元鉴墓志铭中谥号的空刻可能有两种情况，其一为在下葬的时候，赐谥还未传达到家；

----
① 赵万里：《魏晋南北朝墓志集释》，图版70，第331页。

第二，有可能是家人为尊者讳，将谥号故意空刻。但其卒于正始三年五月二十六日，直到正始四年三月二十六日附葬于长陵东岗，其间整十个月，第一种情况可能性不大。

《维皇魏故卫尉少卿谥镇远将军梁州刺史元君墓志铭》：

【志盖】阙

【铭文】维皇魏故卫尉少卿谥镇远将军梁州刺史元君墓志铭。君讳演，字智兴，司州河南洛阳穆族里人也。道武皇帝之胤，文成皇帝之孙，太保冀州刺史齐郡谥顺王之长子……春秋卅有五，延昌二年岁次癸巳二月丙辰朔六日辛酉薨于位，赠梁州刺史　　。其年三月乙卯朔七日辛酉葬于西陵高祖孝文皇帝之兆域。①

此墓志有两个地方值得注意：一是墓志志题中的"谥"与"镇"字间无空格，似漏刻或是刻工已知下文无赐谥而选择了在志题上连续刻写；二是"赠梁州刺史"与"其"字间有三个字的空格，似是为了留下写赠谥的。

《魏故尚书左仆射骠骑大将军冀州刺史元公墓志铭》：

【志盖】阙

【铭文】魏故尚书左仆射骠骑大将军冀州刺史元公墓志铭　公讳珍，字金雀，河南洛阳人也……正始中，转卫尉卿领左卫将军。禁闱云仪，严震左右，维城之寄，实显文武。仍加散骑常侍光禄勋……春秋卅七，以延昌三年岁次甲午五月戊申朔廿二日己巳寝疾不豫，薨于笃恭里第。上屡遣问疾，闻公既终，动衷移日。朝省悲愍，行人痛泣。追赠侍中使持节骠骑大将军冀州刺史，谥曰　公。公以其年十一月丙午朔四日己酉窆于河南东垣之长陵。②

---

① 赵万里：《魏晋南北朝墓志集释》，《石刻史料新编》第三册，图版164，第469页。
② 赵万里：《魏晋南北朝墓志集释》，《石刻史料新编》第三册，图版44，第328页。

元珍墓志志文的最后部分，"追赠侍中使持节骠骑大将军冀州刺史，谥曰　公"，在赠官后再记赐谥，然而"曰"与"公"之间有一个字的空间，此为典型的谥号空刻。在《魏书》卷一四《神元平文诸帝子孙·高凉王孤传》："袭弟珍字金雀，袭爵艾陵男。世宗时，曲事高肇，遂为帝宠昵。彭城王勰之死，珍率壮士害之。后卒于尚书左仆射。"本传中也无赠谥的记载。因此元珍墓志中谥号的空刻可能是在下葬时赠谥还未下达或者没有赠谥所导致。

前引《魏故辅国将军徐州刺史昌国县开国侯王使君墓志》：

【志盖】阙

【铭文】魏故辅国将军徐州刺史昌国县开国侯王使君墓志序……君讳绍，字安宗，徐州琅耶郡临沂县都乡南仁里人也。姬文以大圣启源，子晋资储仙命氏……年甫涉冠，起家为太子洗马……春秋□有四，延昌四年八月二日遘疾薨于第。峰欲崇而亏匮，月将圆而坠采。

行旅伤魂,亲游断骨。有诏震悼,赠辅国将军徐州刺史,谥曰　,礼也。①

王绍墓志志文中,有赠官的记载,"赠辅国将军徐州刺史",之后,按照一般的惯例,便是刻写谥号,"谥曰×礼也",但在"谥曰"和"礼也"之间有一个字的空间,即为刻写谥号所留。《魏书》卷六三《王肃附绍传》:"绍,字三归。历官太子洗马、员外常侍、中书侍郎。卒,赠辅国将军、徐州刺史。"本传中也不见赠谥记载,因此王绍墓志中的空刻,有可能是在王绍下葬时朝廷并未颁赐谥号。

《魏故镇远将军凉州刺史皮使君墓志铭》:

> 君讳演,字荣祖,下邳郡下邳县都乡永吉里人也……景明中,假建武将军、征蛮统军。正始之初,除假节、建威将军、敦煌镇将。延昌三年,岁次甲午,三月己酉朔十七日乙丑,寝疾,薨于洛阳县之安武里宅,时年卅有九。追赠镇远将军、凉州刺史,谥曰　,以熙平元年十一月甲子朔廿二日乙酉,卜窆于首阳山之南。②

皮演墓志志文中,有赠官的记载"追赠镇远将军凉州刺史",之后,按照一般的惯例,便是刻写谥号,"谥曰",但在"谥曰"和埋葬时间"以"之间有一个字的空间,即为刻写谥号所留。

《魏故冠军将军河间席府君墓志铭》:

> 君讳盛,字石德,安定临泾人也……释褐殿中将军。高祖兴阪泉之俊,誓丹水之师,方欲清尘东国,澄氛南海,君应机效用,执弥戎行。以勋增级,迁强弩将军,寻为黄刚戍主……又加冠军将军,仍本号,出补河间内史。政理明惠,吏民安之,虽黄霸在颍川,龚遂居勃

---

① 赵万里:《魏晋南北朝墓志集释》,《石刻史料新编》第三册,图版218,第532页。
② 洛阳市第二文物工作队:《洛阳碑志选刊》,载《书法丛刊》1996年第2期。《洛阳新获墓志》收有拓片图版及录文,图版见第11页、录文及研究见第197—198页。对这方墓志的疏证,见罗新、叶炜《新出魏晋南北朝墓志疏证》,"三六皮演墓志"。

海，语迹论功，今古如一。宜其永锡难老，应此天佑，而三得靡征，一化云及。春秋六十一，薨于郡解。合境悲慕，远近酸伤。朝廷褒勤悼往，追加礼命，赠　　将军，　州刺史，谥曰　　。正光四年岁在癸卯二月戊午朔廿四日甲申，归窆于恒农胡城县胡城乡胡城里。①

罗新、叶炜疏证云，墓志第五至第七行记席盛子女姓名年龄，被凿去六人。而后文记席盛死后追赠将军号、州刺史及谥号，皆空而不书，似是撰铭者留待丧家填写的，可是丧家并未填写，而是直接让人写刻了。②"将军"前空两格、"州刺史"前空一格、"谥曰"后空两格的原因，笔者推测，在席盛下葬时，朝廷并未追赠官职和谥号。

除徐冲文中列举的 15 人外，还可见邢峦、封之秉、宇文善、张琼、张遵、元巙、辛术、是偘、窦奉高、高允、张宗宪、赫连子悦、陆延寿、徐显秀、韦子迁、拓跋番等 16 人的墓志中有谥号空刻的现象。

《邢峦墓志》中记载：

> 魏故车骑大将军瀛州刺史平舒　邢公墓志　公讳峦，字山宾，河闲鄭人也。公远缵前芳，生而俊楚，文武之量表乎弱龄，将相之姿成乎中齿。高祖聪圣知人，特所器眷；皇上睿明纪旧，绍加委遇。起自博士，终乎抚军，十历清官，再膺皇华，掌司御藻，参谟禁幄，品镜州部，董牧方夏，宣力内外，备勤军国……春秋五十一，延昌三年三月九日丁巳，薨于第。天子震悼，朋僚洒泪，春者有辍相之悲，京人齐亡塞之痛。赠襚之礼，率由加隆。追赠车骑大将军、瀛州刺史，伯如故，谥曰　　，礼也。粤以四年二月十一日迁窆附于先茔。③

在志题中"平舒"和"邢公"之间有两个空格，应为刻写谥号所预留；在志文最后部分的赠官后，"谥曰"与"礼也"之间也有两个空格，也是为

---

① 《新中国出土墓志》河南卷（贰），图版见上册第 321 页，录文见下册第 329—330 页。
② 罗新、叶炜：《新出魏晋南北朝墓志疏证》，第 97—99 页。
③ 石永士等著：《河北金石辑录》，河北人民出版社 1993 年版，第 211 页。

谥号刻写所保留的空间。从邢峦死之日延昌三年（514）三月九日到葬之时的四年（515）二月十一日，过去了十一个月，而墓志中谥号的空刻，说明朝廷还没有下达赐谥诏书。

《魏书》卷六五《邢峦传》载：

> 峦自宿豫大捷，及平悬瓠，志行修正，不复以财贿为怀，戎资军实丝毫无犯。迁殿中尚书，加抚军将军。延昌三年，暴疾卒，年五十一。峦才兼文武，朝野瞻望，上下悼惜之。诏赙帛四百匹，朝服一袭，赠车骑大将军、瀛州刺史。初，世宗欲赠冀州，黄门甄琛以峦前曾劾己，乃云："瀛州峦之本邦，人情所欲。"乃从之。及琛为诏，乃云"优赠车骑将军、瀛州刺史"，议者笑琛浅薄。谥曰文定。

邢峦本传中记载了朝廷对其死后赠官的讨论，参与此事的有黄门侍郎甄琛，他以私恨否定了世宗宣武帝赠邢峦冀州刺史的想法，建议赠瀛州刺史，宣武帝同意了这一建议，甄琛由此被人取笑。墓志中的赠官与本传中朝廷议定追赠的官职一致。而对其赠谥的过程，没有详细的记载，只记载了谥号为"文定"，而从《邢峦墓志》看，朝廷的赐谥有可能在其下葬时还未下达。

在邢峦妻元纯陀的墓志中，记载了邢峦的谥号：

> 魏故车骑大将军平舒文定邢公继夫人大觉寺比丘元尼墓志铭并序夫人讳纯陀，法字智首，恭宗景穆皇帝之孙，任城康王之第五女也……初笄之年，言归穆氏，懋事女功，备宣妇德。良人既逝，半体云倾，慨绝三从，将循一醮，思姜水之节，起黄鹄之歌。兄太傅文宣王，违义夺情，确焉不许。文定公高门盛德，才兼将相，运属文皇，契同鱼水，名冠遂古，勋烈当时。婉然作配，来嫔君子，好如琴瑟，和若埙篪，不言容宿，自同宾敬……夫人往彼，遘疾弥留，以冬十月己酉朔十三日辛酉薨于荥阳郡解别馆。子孙号慕，缁素兴嗟。临终醒寤，分明遗托，令别葬他所，以遂修道之心。儿女式遵，不敢违旨。粤以十一月戊寅朔七日甲申卜窆于洛阳城西北十五里芒山西南别名马鞍小山之朝阳……维永安二年岁次己酉十一月戊寅朔七日甲申造。①

元纯陀为任城康王拓跋云的第五女，先嫁给鲜卑贵族穆氏，生有一女，外孙为西河王魏庆；后兄长拓跋澄作主，嫁与邢峦。延昌三年邢峦死后她遁入空门；后往依外孙魏庆，永安二年（529）十月死于荥阳，十一月别葬于邙山西南。在她的墓志中有两处提及邢峦、一以"文定公"一以"车骑"代替，则有可能邢峦的谥号在他下葬后才下达。

《封之秉墓志》志文详细记录了封之秉的仕宦履历，从正七品员外散骑侍郎——正六品司徒中兵参军——正六品太尉记室参军——本职加从五品轻车将军——本职加正五品越骑校尉——正五品太尉从事中郎——从四品左军将军、尚书库部郎——假从三品征虏将军、东道别将，死后追赠正三品的持节、平北将军、幽州刺史。② 在赠官后紧接着书写"赐以牢馔，谥曰　礼

---

① 赵万里：《汉魏南北朝墓志集释》，图131。
② 释文和以下图版参见刘灿辉《新见北魏〈封之秉墓志〉研究》，《书法》2017 年第 6 期；关于封之秉墓志的研究，参见刘军《北魏门阀士族制度窥管——以新见封之秉墓志为中心》，《社会科学》2018 年第 9 期。

也",其中"谥曰"与"礼也"之间有三个空格,这说明墓志书写时,朝廷的赠官已经下达,却没有赐谥;墓主家属和书写者按照惯例,将赐谥套语留下,以待赐谥,但在下葬时,朝廷仍未赐谥,所以留下了空格。

《魏故使持节车骑将军都督冀州诸军事冀州刺史襄乐县开国男宇文公(善)墓志》:

> 君讳善,字庆孙,司州河南郡河阴县都乡静顺里人也……父车骑挺兹义正,播名中叶……年十八,解褐散骑,频转武骑,强弩威烈将军。俄迁司空公清河王府士曹参军,续传府功曹参军,仍迁府掾加宁远将军……拜襄乐县开国男,又以三门将通运漕之功,寻迁后将军、太中大夫……有诏褒庸赠使持节车骑将军、都督冀州诸军事、冀州刺史、开国男如故,谥曰 ,祭以太牢,礼也。粤孝昌二年十一月丙申朔廿五日庚申窆于洛阳县覆舟山之南,附旧茔之右,乃铭玄石。①

《魏书·宇文福附子善传》:"长子善,字庆孙,袭爵。自司空掾,稍迁平南将军、光禄大夫。孝昌末,北征战殁。赠车骑将军、冀州刺史。"②宇文善死前最后官职为后将军、太中大夫,均为从第三品。结合墓志的描述及本传的记载,宇文善死于孝昌末年的征战中。按照第四章所论北魏给谥百官的品级大概为从四品上阶及以上来看,宇文善在能得到赐谥的范围之内,因此墓志书写者按照墓志书写的惯例,将赐谥书写在赠官其后。然而在孝昌二年(526)十一月二十五日窆葬之前,朝廷并没有赐给谥号,因此墓志中"谥曰"后仍保留着两个空格。这可能与当时朝廷忙于应付各种征战,在官员的赐谥这一礼仪上并不周全有关。

《魏故使持节司徒公张君墓志铭》:

> 君讳琼,字德连,燉煌人也……祖酒泉太守,考征南将军、南蛮校尉。公幼自天成,少播令誉……公德一世,功高九合,宜享遐福,

---

① 吴志浩:《北魏〈宇文善墓志〉考述》,《洛阳师范学院学报(哲学社会科学版)》2015年第6期。

② 《魏书》卷四四《宇文福传》,第1002页。

论道圣日，报施无闻，奄从物化。粤以天平五年十一月，春秋六十五，薨于西夏州。逝影若驰，迅流不待。至武定六年十月廿二日，窆于邺城之西北五里近小岗。册赠并肆云恒四州刺史、司徒公，祭以太牢，谥曰礼也。①

东魏天平五年（538）张琼战死于夏州，直到十年后，即武定六年（548）才葬于邺城西北五里。墓志的书写以及赠官应该都在葬日前，"谥曰"和"礼也"中间没有空格，透露出虽然朝廷有赠官无赐谥，但是墓志书写、刻写者仍按照墓志中赐谥的格式，将"谥曰礼也"的套话一起保留了下来。《北齐书》卷二〇《张琼传》中也只有赠官的记载，不过比墓志中赠官多大将军、恒州刺史：

张琼，字连德，代人也。少壮健，有武用。魏世自荡寇将军，为朔州征虏府外兵参军。随葛荣为乱，荣败，尔朱荣以为都督。讨元颢有功，除汲郡太守。建明初，为东道慰劳大使，封行唐县子，邑三百户。转太尉长史，出为河内太守，除济州刺史。尔朱兆败，归高祖，迁汾州刺史。天平中，高祖袭克夏州，以为慰劳大使，仍留镇之。寻为周文帝所陷，卒。赠使持节燕恒云朔四州诸军事、大将军、司徒公、恒州刺史。②

其子张遵，《魏故使持节仪同三司张君墓志铭》载：

君讳遵，字遵业，燉煌人也……祖酒泉太守，父济青汾三州刺史、仪同三司，赠肆并云恒四州诸军事、恒州刺史、司徒公、大行台……随父征讨有帝功，封固县开国伯。时以皇居未宁，心腹尚阻，外戚入侍紫闱，除尝药典御。俄除本国云州大中正……乃除左将军，槃阳镇将、带清河太守……故以君平西将军、建州刺史……春秋卅有一，粤以武定六年春正月薨于涡阳城。天子册赠骠骑大将军、定殷幽安四州刺史、开府

---

① 叶炜、刘秀峰主编：《墨香阁藏北朝墓志》，第72页。
② 《北齐书》卷二〇《张琼传》，第265页。

仪同三司，余如故。大将军遣人营护丧事，赗赠一出天府，谥曰礼也。至其年十月廿二日，窆于邺城西北五里近小岗之麓。①

遵业为张琼次子，《北齐书》卷二〇《张琼附子遵传》载"遵业，讨元颢有功，封固安县开国子，除宁远将军、云州大中正。天平中，除清河太守，寻加安西将军、建州刺史。武定中，随仪同刘丰讨侯景，为景所擒。景败，杀遵业于涡阳。丧还，世宗亲自临吊，赠并肆幽安四州军事、开府仪同三司、并州刺史"。本传中记载张遵业被侯景杀害于涡阳，丧还，赠并肆幽安四州军事、开府仪同三司、并州刺史，没有赐谥。墓志记载张遵武定六年（548）春正月卒于涡阳，朝廷"赠骠骑大将军、定殷幽安四州刺史、开府仪同三司"，四州刺史中有两州与本传不同。另外，墓志中"谥曰""礼也"之间没有空格，和其他墓志将赐谥紧接于赠官后不同，赠官后紧跟"大将军遣人营护丧事，赗赠一出天府"，并居于"谥曰礼也"之前，这说明张遵的亲属和墓志书写者在明知朝廷没有赐谥的情况下，仍按墓志赠官+赠谥的固定格式，而且突出其丧葬礼仪中的天子和大将军给予的隆重待遇，而故意书写了"谥曰礼也"这样的套话，墓志刻写者也依样刻写。另外，还有一点值得注意，张琼和张遵父子的埋葬时间和地点相同，可以推测，张氏家族可能在张遵死后，同时为张琼和张遵上行状请赠官赐谥，这样才有张琼死后十年得到赠官、葬于邺城一事。

《东魏元嶷墓志》：

> 公讳嶷，字仲宗，河南洛阳人也。常山康王之曾孙，河间简公之孙，光州敬公之子……释褐侍御史，转直阁将军，又除征虏将军、燕州刺史……天平元年，除领军将军，转尚书令，摄吏部选……转侍中，号四邻而补衮实，居八舍以弼一人……除使持节、都督瀛州诸军事、瀛州刺史，仪同、开府如故。骋朱骖以即途，搴皁襜而从政。时雨随其所经，飞蝗为其出境。宣柔嘉于百姓，布恺悌于万民。以兴和年二年十月廿一日薨于位，春秋六十有二。诏赠使持节、都督青冀齐

---

① 叶炜、刘秀峰主编：《墨香阁藏北朝墓志》，第74页。

三州诸军事、骠骑大将军、青州刺史、录尚书、司徒公。唯公志尚贞峻，风采端华，逸持孝友为舟舆，以名教为羁绊。履霜藉露之感，盖在身而不穷；半体只翼之悲，气干实及老而弥笃……以兴和三年二月十八日，葬于邺城之西、漳水之北。谥曰　公，礼也。藏舟易远，沸川旦及，累行秘丘，传之不朽、其词曰：……①

墓志详细记载了元崇一生的官宦经历以及在官时的行迹，他卒于兴和二年（540）十月廿一日，葬于兴和三年（541）二月十八日，期间停柩近四个月。在墓志书写上，稍微和其他墓志不一样的地方在于，在赠官后，并没有紧接"谥曰××礼也"这样的赐谥套语，而是出现了一段赞颂他品格的词，之后再书写"谥曰××公礼也"。前后的书体紧凑连贯、大小形体一致，这样的谋篇布局在书写墓志时，也就是朝廷赠官下达后便已经安排好；而"谥曰"后有两个空格，说明朝廷赠官同时并没有一同赐谥，停柩时间长达四个月，直到下葬之时朝廷还没有赐谥。而在《北史》卷一五《昭成子孙·常山王遵附崇传》载：

崇，字子仲。孝武初，授兖州刺史……封濮阳县伯。孝静时，转尚书令，摄选部。崇虽居重任，随时而已。薨于瀛州刺史，赠司徒公，谥曰靖懿。②

元崇本传中虽然对其赠官记载明显略于墓志，但记载了其"谥号靖懿"。结合墓志元崇谥号空刻两字可以看出，在停柩的近四个月中，元崇的子孙向朝廷提交了请谥易名的请求，然而直到下葬之时朝廷的赐谥并没有下达；则"靖懿"谥号的获得在其下葬后。

谥号空刻的情况还可见于《辛术墓志》：

志盖：魏故东雍州辛使君志

---

① 退之：《元崇墓志铭》，《书法》2016年第4期。
② 《北史》卷一五《昭成子孙·常山王遵附崇传》，第570页。

第一章　魏晋南北朝时期谥法著述与史料

> 志文：魏故使持节都督东雍州诸军事卫将军东（雍）（州）（刺）（史）（辛）（君）墓志 君讳术，字延轨，陇西狄道人也……年廿，刺史元苌辟为中正。孝昌初，释褐奉朝请。俄为雍州镇军府中兵参军、大行台郎中、镇远将军、步兵校尉……召署雍州大都督抚军府长史，行北地郡事。寻除安东将军、银青光禄大夫，复转征东、金紫之号……迁卫将军、右光禄大夫、冯翊王开府谘议参军……还朝为留守大都督府长史……春秋六十四，以大统十年岁次甲子八月三日，薨于家。朝人君子，莫不兴珍悴叹。追赠使持节、都督东雍州诸军事、卫将军、东雍州刺史，谥曰　，礼也。以十二年正月甲辰朔卅日癸酉，葬于乐游厡南。①

学术界对辛术墓志多有研究，② 墓主与《北齐书》卷三八《辛术传》中的辛术（字怀哲）不是同一人。墓志记载辛术卒于大统十年（544）八月三日，十二年（546）正月葬于乐游厡南。西魏朝廷"追赠使持节、都督东雍州诸军事、卫将军、东雍州刺史"，在赠官后仍题"谥曰礼也"的赐谥套语，然"谥曰"后空两格，则赠官时并没有一起赐谥，因此导致谥号空刻。而与之一同出土的、卒于西魏废帝二年（553）的辛妻裴氏墓志志题为"故雍州刺史辛公夫人顿丘郡君裴氏墓志"中也没有记载辛术的谥号，那么可以肯定的是西魏朝廷只对他进行了赠官而无赐谥。

上引《使持节骠骑大将军开府仪同三司大都督宜敷丹三州诸军事宜州刺史洞城郡开国公是公偘之墓志铭》载：

> 公讳偘，字宝国，其先出自轩辕，受氏于有魏太武皇帝，折侯真是云尚书，即君之十二世祖也……起家持节、抚军将军、大都督、通直散骑常侍，寻除尝药监，依例封淮州道县开国子，邑三百户，气孤生，心游江海。龟人定公侯之兆，太守许鼎封仍加使持节、骑大将军、仪同三

---

① 赵力光编：《西安碑林博物馆新藏墓志续编》上册，陕西师范大学出版社2014年版，第1页。

② 王连龙：《新见北朝墓志集释》，第108—109页；段锐超：《西安西魏〈辛术墓志〉考释——兼论北朝陇西辛氏之一支的流移与发展》，《中国国家博物馆馆刊》2019年第2期。

司……俄拜冬官司玉大夫，出为洛州诸柱国、邓国公受脤观兵，曜威芒阜。公偏师却敌，别将屠城。勇起一骑，功高三郡。还拜淅州刺史……以天和二年十月二日遘疾薨于州，时年卅有六。鬼犹求食，托梦归魂。久客，遗言返葬。十月十一日，子还窆葬　里。主上伤惜，诏赠宜敷丹三州诸军事、宜州刺史，谥曰　。卜灵龟筮……①

是偘生前为淅州刺史，天和二年（567）十月二日卒于淅州。《北齐书·尉景传》载尉景子粲"卒于淅州刺史"，校勘记："杨守敬以为即《魏书》卷一〇六《地形志》的析州（隋书地理志考证卷三）。地在东、西魏边界，故双方都有此州。"②《隋书》卷三〇《地理志》淅阳郡条云："西魏置淅州。"由于是云偘鬼魂托梦求返葬，其子于十月十一日返葬。从墓志的书写来看，"子还窆葬"与"里"之间有两个空格，"谥曰"与"卜灵"之间有一个空格，这说明书写、刻写墓志时，窆葬的具体地点还没有定下来；在这九日中，朝廷已下达了赠官，但是并没有一同赠谥，而书写者仍保留了赠官赐谥的套语，在谥字处空格，等待谥号的颁赐。

《齐故使持节都督征西将军幽州诸军事仪同三司幽州刺史太府卿窦公之墓志铭》：

君讳奉高，字纯陁，清河灌津人也……祖司徒，韬奇韫略，见称众口。父太师，茂业洪勋……解巾员外侍郎，虽则濯缨之日，已光散骑之省。世宗专征伊始，纳麓在晨，策名霸府，莫非俊杰。引君为大将军府参军事，以民望也。仍为库真副都督、宣威将军、金乡县子……河清三年，除邯郸县伯，加骁骑将军，累迁征西将军，余官仍旧。以河清四年四月八日，遘疾于京师，春秋三十有二……诏赠使持节、都督幽州诸军事、仪同三司、幽州刺史、太府卿，将军、散伯如故。祭以大牢，谥　礼也。以大齐天统元年岁次乙酉十月庚戌朔二十四日癸酉，窆于邺京武城之西二里所。③

---

① 赵君平、赵文成编：《秦晋豫新出墓志蒐佚》，第64页。
② 《北齐书》卷一五《尉景传》，第204页。
③ 冯小红、关会芳：《东魏北齐时期邯郸县设治考——以〈窦奉高墓志〉为中心》，《中国历史地理论丛》2012年第2辑。

从墓志"祖司徒""父太师"可以确定,窦奉高为窦泰之子。不过,《北史》卷五四《窦泰传》中除记载"子孝敬嗣,位仪同三司"外,没有提及其他子嗣。窦奉高卒于河清四年(565)四月八日,这年(四月丙子日改元天统)十月二十四日葬于邺京。在墓志刻写时,朝廷已经下达了赠官,而且其丧葬礼仪规格颇高,"祭以太牢",紧随其后的赐谥套语中,"谥"与"礼也"空两格,这说明下葬时朝廷并没有赐谥,因此谥号空刻。

《高允墓志》:

> 讳允,字孝绪,渤海条人……十岁,袭爵扬州县开国公……以天统三年七月己亥朔十五日癸丑遘疾,薨于第。春秋三十五,一人流悼,百辟兴嗟。诏赐使持节都督兖州诸军事、卫大将军、兖州刺史、仪同三司、太常卿、修城王如故。谥曰　王,礼也。粤天统三年岁次丁亥十月戊辰朔十八日丁酉葬于祭陌河西北五里长岗东三百步。①

高允字孝绪,墓志记载其父为永乐,谥为武昭,《北齐书》《北史》有传。《北史·阳州公永乐传》载:"神武从祖兄子也……永乐卒于州,赠太师、太尉、录尚书事,谥曰武昭。无子,从兄思宗以第二子孝绪为后,袭爵。天保初,改封修城郡王。"② 本传中的"从兄思宗以第二子孝绪"便是墓主高允。高允卒于天统三年(567)七月十五日,葬于十月十八日,在这三个月停枢的时间中,朝廷已经下达赠官,按照前朝和当朝宗室王获谥的成规,高允应得到赐谥,因此,家人和墓主撰写者仍按照赠官赐谥的墓志套语,将"谥曰礼也"也刻写其上,但在墓志刻写时并未有赐谥,因此在"谥曰"后空两格,虚位待谥。

《齐故使持节都督巴州诸军事骠骑大将军巴州刺史张公墓志铭》:

> 君讳宗宪,字士则,敦煌敦煌人也……起家奉朝请,荆州城局参军。复为青州仓曹参军、司空府仓曹参军,出参蕃服,入赞槐庭,虽拔,因良治之业,承世德之基……皇建二年,敕除骠骑大将军、青州

---

① 赵君平、赵文成编:《秦晋豫新出墓志蒐佚》,第66页。
② 《北史》卷五一《阳州公永乐传》,第1851页。

高阳郡太守，东秦沃逸，俗承奢侈，分竹共治，剖符出守……从宦出入，一变朝市，清白当官，脂膏无润，虽身其清高，小民仰其恩厚。遗德兴于歌讼，故事传于风俗……武平元年闰二月廿八日春秋六十八终于邺都临路里舍。其年七月，诏赠使持节都督巴州诸军事、巴州刺史，谥曰 礼也。粤以武平二年岁次辛卯二月己卯朔十八日丙申窆于邺县西门君祠之西七里。①

张宗宪在正史中无传，从墓志中可见，其生前最后官职位"骠骑大将军、青州高阳郡太守"，《隋书·百官志》中北齐官制：骠骑加大者，在开国郡公下，为从一品；"三等上州刺史"为第三品，"三等中州刺史"为从三品，"三等下州刺史"为第四品下阶；"三等上郡太守"为从第三品，"三等中郡太守"为从第四品上阶，"三等下郡太守"为从第五品。张宗宪皇建二年（561）为青州高阳郡太守，根据施和金的考证，天保七年后青州只领齐郡、高阳、乐安三郡②，可能是中、下郡太守。张宗宪卒于武平元年闰二月廿八日，当年七月，朝廷赠官"使持节都督巴州诸军事、巴州刺史"，据施和金考证，巴州辖西阳郡、弋阳郡和边城郡三郡，其刺史可能也只是第四品下阶的三等下州刺史。从对南北朝给谥官员的品级（详第四章）来看，北齐对无爵官员赐谥的官品大概在正四品上阶。从张宗宪生前官职和死后赠官的品级看，都得不到朝廷的赐谥。而墓志中赠官后紧跟赐谥格套用语，从"谥曰"和"礼也"之间有两个空格可见，赠官的同时并没有赐谥。直到第二年二月十八日窆葬时，朝廷并没有赠谥，但是书写者和家属还是将墓志中常用的赠官和赐谥的格套用语保留了。

《赫连子悦墓志》：

【志盖】齐开府仆射赫连公铭

【铭文】齐故侍中车骑大将军开府仪同三司左仆射吏部尚书太常卿食贝丘县干赫连公墓志公讳子悦，字士忻……起家为征南府长史……加奉车都尉，寻除济州城局参军……除征虏将军西南道行台郎中，复徙东

---

① 赵君平、赵文成编：《秦晋豫新出墓志蒐佚续编》，国家图书馆出版社2015年版，第148页。
② 施和金：《北齐地理志》卷三《河南地区（上）·青州》，中华书局2008年版，第278页。

南道大行台右丞……其年转左丞。军还，徙安东将军定州长史……除开府长史，寻兼吏部郎中，仍转林虑太守，除京畿长史……世宗总行台之任，转公为右丞，寻徙征西将军临漳令……徙勃海太守，转阳州刺史，寻征为将作大匠，加车骑大将军，除廷尉卿……除南青州刺史。还京，除御史中丞……仍徙五兵尚书，食临邑县干，夏州大中正仪同三司；又除使持节都督郑州诸军事郑州刺史，又除都官尚书；寻加开府，乃行北豫州事；征还本司，改食贝丘县干。朝廷以卢毓山寿，誉流任举，毛玠陈矫，声着选曹，望古俦今，高论攸在，遂诏公兼吏部尚书……武平二年除太常卿。其年十月，周人请和，仍以本官除使持节侍中骋周使主……以武平四年八月二十四日薨于邺都里舍，春秋七十三。诏赠使持节都督晋建二州诸军事晋州刺史尚书左仆射开府仪同三司，将军如故。谥　公，礼也。即以其年岁次癸巳十一月癸亥朔二十三日乙酉迁措于邺城西南十五里所。金石不朽，丹青易灭，嗟矣后人，式瞻盛烈。①

赫连子悦墓志中详细介绍了他生前的官宦经历，比《北齐书》本传更为详细。《北齐书·赫连子悦传》载：

  赫连子悦，字士欣，勃勃之后也。魏永安初，以军功为济州别驾……除林虑守。……在郡满，更征为临漳令。后除郑州刺史，于时新经河清大水，民多逃散，子悦亲加恤隐，户口益增，治为天下之最。入为都官尚书，郑州民八百余请立碑颂德，有诏许焉。后以本官兼吏部。子悦在官，唯以清勤自守，既无学术，又阙风仪，人伦清鉴，去之弥远，一旦居铨衡之首，大招物议。由是除太常卿，卒。②

赫连子悦生前最后官职为太常卿，《隋书·百官志》北齐官制中"太常卿"为第三品，以北齐官员得谥品级为正四品上阶看，应可以得到赐谥。然而在墓志中有赠官记载，赠官记载后"谥"与"公礼也"有两个空格，也即从武平四年八月二十四日卒到十一月二十三日葬的这三个整月

---

① 赵万里：《汉魏南北朝墓志集释》，图344。
② 《北齐书》卷四〇《赫连子悦传》，第529—530页。

中，朝廷给予其赠官，但并没有赐谥，然而墓志书写者及家人从他生前官品推测朝廷应有赐谥，因此才有"谥××公，礼也"这样的赐谥套语以及两个谥字的空刻。

《齐故使持节都督幽怀二州诸军事骠骑大将军开府仪同三司幽州刺史太府卿永康县开国侯陆公墓志铭》：

  公讳延寿，字苌洛，代郡永固人也……祖北部尚书、岐州刺史、上党公。考内行尚书、泾阳公……释褐威烈将军，除冗从仆射。稍迁辅国将军、中散大夫……又除征西将军、银青光禄大夫……复除雁门太守……遂除崎城镇将、骠骑大将军、雍州刺史、假仪同三司、黄台六州英雄城六州大都督。又除东豫州刺史……仍除仪同三司，别封零寿县开国子，食邑三百户。又除金紫光禄大夫……以武平三年三月六日薨于邺城，时年九十五。诏赠开府仪同三司、使持节都督幽怀二州诸军事、幽州刺史、太府卿、本官如故。谥曰　礼也。粤以武平五年五月十三日窆于豹祠西南八里。①

陆延寿生前为零寿县开国子、金紫光禄大夫，在《隋书·百官志》北齐官制中，开国县子，为第四品；"金紫光禄大夫"为从二品。他卒于武平三年（572）三月六日，葬于五年（574）五月十三日，在停柩的两年多时间里，北齐朝廷给予了赠官，但一直没有赐谥，因此才会在"谥曰"和"礼也"之间有两个空格。

《齐故大尉公大保尚书令徐武安王墓志》：

  【志盖】齐故大尉公大保尚书令徐武安王墓志
  【志文】王讳颖，字显秀，忠义人也……祖安，怀戎镇将，温良简素，行在言先。考珍，司徒，蕴异韬奇，礼申运后……高祖定业，除抚军将军、银青光禄大夫、直阁将军、帐内正都督、凉州刺史、新城大都督，复除使持节、都督朔州诸军事、朔州刺史……除仪同三

---

① 叶炜、刘秀峰主编：《墨香阁藏北朝墓志》，第180页。

司、桑干县开国子。天保初,加开府,仍除骠骑大将军、汾州刺史,转肆州刺史,清惠为资,高明成用,两部均咏,二蕃同偃,赐食平原郡干,加特进,除成州刺史,封金门郡开国公。大宁初,别封武乡县开国伯,除宜州刺史……功大礼殊,业隆袟茂,乃封武安王,除徐州刺史、大行台尚书右仆射,阃民多术,宣威有庸。骖传不停,除南朔州刺史,食赵郡干,俄转食南兖州干,拜司空公。冬官崇邈,懿德是推,我膺逾往,下台增耀……奄以武平二年正月七日,遘疾薨于晋阳之里第,时年七十。诏赠使持节、都督冀瀛沧赵齐济汾七州诸军事、冀州刺史、太保、尚书令,祭以太牢。太常谥曰　　　礼也。以其年十一月乙巳朔十七日辛酉,葬于晋阳城东北卅余里。①

---

① 释文和图版参见山西省考古研究所、太原市文物考古研究所《太原北齐徐显秀墓发掘简报》,《文物》2003年第10期。

墓主徐显秀在《北齐书》《北史》《资治通鉴》中均只有只言片语提及，其生前因作战勇猛，屡建战功，曾拜司空公、太尉公，封武安王，按照北齐官员给谥的品级，亦在赐谥之列。然而墓志中有赠官的记载，也有葬礼的殊荣"祭以太牢"，但在赐谥套语"太常谥曰"后却空了四个空格，显然是为了双字谥号而留的位置。罗新、叶炜疏证云："墓志于徐显秀谥号之下空格，一个可能下葬之时尚未得谥，另一个可能，则是墓志撰作者不知谥号，空其地以待志主家人填补，而家人直接付工刻写，竟未填写。这种情况在中古墓志中比较常见。传世文献所见中古文人为人所撰墓志碑铭，多于年月名讳处脱略不书，应当都是故意空阙以待志主家人完成的。亦可见墓志的撰写者，未必了解志主的生平事迹。"① 从徐显秀武平二年正月七日卒到十一月十七日葬，这中间整整十个月，朝廷赠官的同时，并没有赐予其谥号。而以墓志中所载徐显秀的文治武功以及生前曾拜司空公、太尉公的官品第一品，其后世子孙有理由、也有足够的时间向朝廷请谥，然而直到下葬时并未填写谥号。综合以上卒于武平年间、生前官品为正四品以上的赫连子悦、陆延寿等官员谥号空刻的现象，我们推测在后主高纬统治的武平年间，朝廷赐谥的正常程序好像受到了干扰，没有正常进行。

北周时期也存在墓志空刻的情况。《周仪同洛州刺史安定乡男宇文子迁墓志铭》载：

> 君讳子迁，字季举，京兆杜陵人……初解巾特补都督，以永熙之年，寻授泾州安定县开国乡男，一百户。属中原丧乱，海水群飞。俱沦燕赵，方冀混一车书，共清伊洛。君及嫂侄，三荆还意，四鸟无悲。岂谓昊天不吊，春秋三十九，早摧异域。周齐和睦，礼送归乡，不似智罃之还，欲同襄老之反。蒙赠仪同三司、洛州刺史。谥曰　　，礼也。以大周建德元年十一月十一日迁窆城南旧墓。②

宇文子迁，原姓韦，为韦孝宽之弟。《周书》卷三一《韦孝宽传》载：

---

① 罗新、叶炜：《新出魏晋南北朝墓志疏证》，第211页。
② 戴应新：《三方唐墓志札记》，台湾《故宫学术季刊》，第11卷第4期，1994年。

第一章　魏晋南北朝时期谥法著述与史料

"孝宽弟子迁，先在山东，又锁至城下，临以白刃，云若不早降，便行大戮。孝宽慷慨激扬，略无顾意。士卒莫不感励，人有死难之心。"① 从墓志记载来看，韦子迁便是被高欢杀害于546年这场玉璧之战。十一年后北周和北齐交好，北齐礼送子迁棺柩还乡，周建德元年（557）迁葬于长安城南。在下葬前墓志刻写时，北周朝廷赠官"仪同三司、洛州刺史"，但并没有赐谥，而墓志书写者还是按照赠官赐谥的套语，在赠官后写上"谥曰礼也"的套语，在"曰"字后预留了二个空格，以待赠谥。

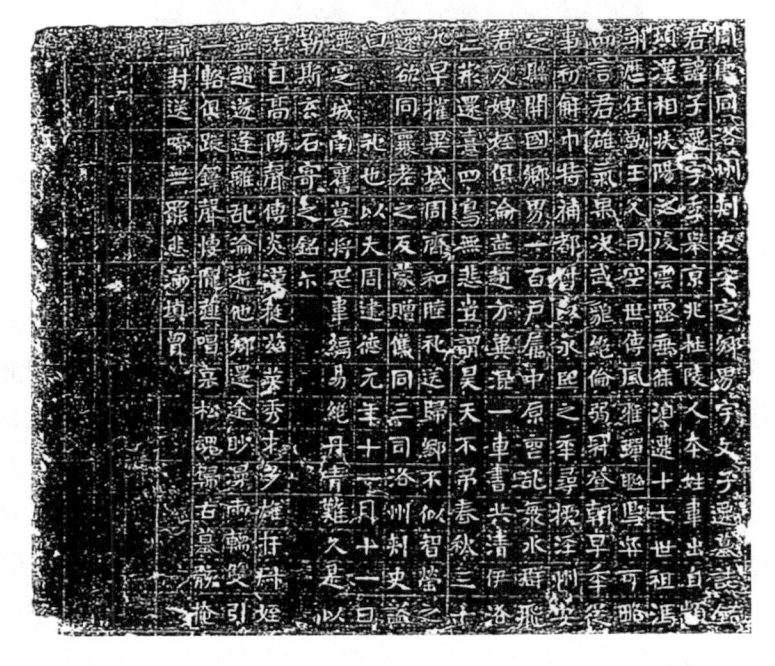

另有《拓跋番墓志》载：

> 拓跋番，河南洛阳人也。魏景穆皇帝之玄孙，澄城懿王第五息。使持节、车骑大将军、仪同三司、大都督、开州诸军事、开国伯。建德二年岁次癸巳二月丁酉朔二日戊戌薨于位，诏赠罗州刺史，谥曰　　。②

---

① 《周书》卷三一《韦孝宽传》，第537页。
② 齐运通、杨建锋：《新获洛阳墓志二〇一五》，中华书局2017年版，第43页。

拓跋番墓志与其他墓志稍有不同，没有志题、志文直接以名讳开始，简略记载父祖、生前所历之官名，接着记赠官，"谥曰"位于正文最后，接着提行再记子息。

谥号空刻的原因，大多是因为刻写墓志时未得到朝廷赐谥，因此与不能得到谥号的原因息息相关。高二旺在谈及丧礼规格时，认为"在社会动荡的时期，即使生前地位再高，恐怕也不能享受正常的丧礼规格。并非所有的三公都能享受到正常的丧礼，如高光在怀帝即位后，与傅祗并见推崇。不久'为尚书令，以疾卒，赠司空、侍中。属京洛倾覆，竟未加谥'"①。这一点在谥号的取得与否上也是十分重要的。除了他列举的西晋末年京洛倾覆，生前为尚书令的高光有赠官而无赐谥外，在每个朝代的末期，尤其是碰上战乱时，可能都存在这个问题。如梁朝太清二年（548）到溉卒，但"时朝廷多事，遂无赠谥"②；鄱阳王伯山是陈世祖第三子，祯明三年（589）卒，"寻值陈亡，遂无赠谥"③。庾信撰写的《大周使持节骠骑大将军开府仪同三司大都督少司空长广良公宇文使君之墓志》中载，宇文显生前"授使持节、车骑大将军、仪同三司，加散骑常侍。以魏后元

---

① 高二旺：《魏晋南北朝丧礼与社会》，第98页。
② 《南史》卷二五《到彦之附溉传》，第680页。
③ 《南史》卷二八《世祖九王·鄱阳王传》，第361页。

年薨于同州，春秋五十有八，群公会丧。大祖亲临吊祭，哀动左右。于时，兵革交侵，普断赠谥，即以本官印绶，权葬于同州之北山。以今建德二年二月廿五日迁葬于咸阳石安县之洪渎原。时逢礼乐之迁，世属讴哥之变，国虽异政，人足追荣，乃赠使持节、骠骑大将军、开府仪同三司、少司空、延丹绥州诸军事、延州刺史，谥良公，礼也"①。在西魏末年，"兵革交侵，普断赠谥"是一种普通现象。宇文显的谥号是在近二十年后迁葬时，向北周朝廷请求才得到的。即便是当时已得谥，但在本传中仍只记赠官而未记赠谥，《周书》卷四〇《宇文神举附父显和传》中载显和在"魏恭帝元年（554）卒，时年五十七。太祖亲临之，哀动左右。建德二年（573），追赠使持节、骠骑大将军、开府仪同三司、延丹绥三州诸军事、延州刺史"。足见谥号的取得、墓志上谥号的刻写与当时社会、现实政治紧密联系。

谥号空刻可能还有一种原因。墓志主人死后，家人或下属向朝廷请谥，朝廷议谥毕后，将谥号赐给丧家，在丧礼中使用。墓主家到京城的距离有远有近，若路程遥远，来不及在下葬的时候将谥号刻在墓志铭之上。西晋荀顗上《谥法》云："若赐谥而道远不及葬者，皆封策下属，遣所承长吏奉策即家祭赐谥。"② 因路途遥将远来不及在葬礼上颁赐谥号时，一般做法是将谥号封策赐予下属，并在其祭祀礼仪上赐谥。而墓志的刻写在埋葬之前，因此，这便直接导致了丧主墓志铭上谥号的空刻。

谥号的补刻，可见《魏故充华嫔卢氏墓志铭》，第三章将涉及。还可见《魏故使持节仪同三司都督相州诸军事车骑大将军相州刺史元公墓志铭》：

> 君讳端，字宣雅，河南洛阳人也。其先道武皇帝之胤，献文皇帝之孙，丞相高阳王之长子……至孝昌五年，鲁地寇乱，民情勃逆，以君威名远震，除为抚军将军、都督兖州诸军事、兖州刺史、当州都督……徽遂集更，迁散骑常侍、镇军将军、金紫光禄大夫、安德郡开

---

① 王其祎、李举纲：《新出土北周建德二年庾信撰〈宇文显墓志铭〉勘证》，《出土文献研究》第八辑，第251—259页。

② 《晋书》卷二〇《礼志中》，第645页。

国公。而昊天不吊，景命云徂，折玉岭之芳枝，落中天之静月。春秋三十六，大魏武泰元年四月戊子朔十三日戊子①，卒于邙山。化治绩于平辰，震荣名于身后，故赠使持节、仪同三司、都督相州诸军事、车骑大将军、相州刺史，开国如故。以七月十七日壬申，迁窆于邙山之阳……其词曰：……

又追赠司空公，谥曰文。维大魏建义元年，岁次戊申，七月丙辰朔，十七日壬申。

元端，高阳王元雍庶长子，容貌俊美，颇涉书史。起家员外郎，累迁散骑常侍。出为青州刺史、东南道大使，处分军机，迁兖州刺史，抵抗梁军进攻，封安德县开国公，入为都官尚书。武泰元年（528）四月戊戌十一日，尔朱荣立元子攸为皇帝，即孝庄帝。四月十三日（庚子），尔朱荣发动了河阴之变，元端遇害于河阴，时年三十六。河阴之变第二日即卒丑日改元为建义元年。元端墓志中记载"追赠使持节、仪同三司、都督相州诸军事、车骑大将军、相州刺史，开国如故"之后，紧接着记"以七月十七日壬申，迁窆于邙山之阳"，其后刊铭词；铭词后才刻"又追赠司空公，谥曰文。维大魏建义元年，岁次戊申，七月丙辰朔，十七日壬申"。赠谥及涉及改元后的时间放在铭词之后，这样的排版顺序意味着这是一种别有意义的补刻或加刻。其产生的原因可能是朝廷对元端的追赠有两次，第一次追赠应是《魏书·孝庄帝纪》所载的"普赠"："四月壬寅（十六日），太原王尔朱荣上表，请追谥无上王为皇帝。余死于河阴者，诸王、刺史赠三司，三品者令仆，五品者刺史，七品以下及民郡、镇。"这次普赠是对死于河阴之变的官员及民的赠官，并未涉及其赐谥。第二次追赠司空公赐谥文在原定墓志刻写之后，是对元端的"特赠"。而且在赐谥之后，特意将时间强调为"大魏建义元年，岁次戊申"，而不顾铭词前已有"七月十七日壬申"带来的时间重复。这表明的是新皇帝改元之后的赠赐，也代表丧家即墓志刊刻者对新帝和朝廷的认同和支持。

---

① 此处干支有误，四月戊子朔，则十三日为庚子。

第一章　魏晋南北朝时期谥法著述与史料

（五）谥号刻写的特例

除了以上列举的谥号的空刻、补刻和漏刻外，我们还可以看到少量谥号刻写的特例。如《元偃墓志铭》：

【志盖】无

【铭文】大魏太和廿二年岁次戊寅，十二月戊申朔，二日己酉。太和十五年十二月廿七日制诏使持节安北将军贺侯延镇都大将始平公元偃今加安西将军。太和十九年十二月廿九日乙未朔，癸亥除制诏光爵元偃今除城门校尉。太和廿二年六月辛亥朔，七日丁巳除制诏城门校尉元偃今除大中大夫。案谥法敏以敬谨曰顺侯。①

关于元偃的记载，《魏书》本传简略，"郁弟偃，字仲琁，位太中大夫。卒。"②《魏书》本传不载其生平历官、谥号。而《元偃墓志铭》的撰写和刻写也都和其他墓志不同，其上不载其名讳、籍贯、父祖，顶格第一句即记其卒日，接下来只是简单记录了他在太和十五年、十九年、二十二年这三年的历官行迹，格式为"时间+（除+）制诏+原官职元偃+今加（除）现官职"，文字简洁，而且以"制诏"启题，透露出这三条除官内容可能直接摘自迁除诏书或文书。另外，谥号的刻写也与其他墓志"谥曰×（礼也）"不同，直接引用了《谥法》中的谥解"案谥法敏以敬谨曰顺侯"，这一点与史书中诏书赐谥的写法相类，如冯诞死后：

---

① 释文见于赵超《汉魏南北朝墓志汇编》；图版见于赵万里《魏晋南北朝墓志集释》，第412页，图版115。
② 《魏书》卷一九上《景穆十二王·济阴王小新成附偃传》，第448页。

有司奏谥，诏曰："案谥法，善行仁德曰'元'，柔克有光曰'懿'。昔贞惠兼美，受三谥之荣；忠武双徽，锡两号之茂。式准前迹，宜契具瞻。既自少绸缪，知之惟朕。案行定名，谥曰元懿。"①

冯诞死后，相关部门奏谥，赐谥诏书中便是以"案谥法×××曰×"这样的格式来诏赐谥号。因此笔者推测元偃墓志中"案谥法敏以敬谨曰顺侯"是由赐谥诏书中的文字简化而来。

《大魏故假节镇远将军恒州刺史谥曰宣公元使君墓志铭》：

【志盖】阙

【铭文】大魏故假节镇远将军恒州刺史谥曰宣公元使君墓志铭君讳谭，字安国，河南洛阳人也。显祖献文皇帝之孙，使持节车骑大将军都督中外诸军事特进司州牧赵郡王之第五子。历官羽林监，直阁将军。春秋卅有一，以神龟三年三月十四日薨于洛阳。帝用悼怀，追赠假节镇远将军恒州刺史。十一月十四日卜窆于洛阳之西山，瀍涧之东……

在元谭墓志中，志题将其谥号直接以"谥曰宣公"的形式体现出来，

---

① 《魏书》卷八三上《外戚·冯诞传》，第1822页。

与一般只刻写谥字不同。墓志最后部分有追赠官，但并没有单独再刻写赠谥。而且，从图版可见，"谥曰宣公"四字与前后的间距相同，字体大小相同，为一气呵成刻写，不是后来补刻上去的。

这样的刻写样式还见于《魏故侍中太保特进使持节都督雍华岐三州诸军事大将军雍州刺史安丰王谥曰文宣元王墓志铭（太昌元年七月廿八日）》：

【志盖】阙

【铭文】魏故侍中太保特进使持节都督雍华岐三州诸军事大将军雍州刺史安丰王谥曰文宣元王墓志铭公讳延明，字延明，高宗文成皇帝之孙，显祖献文皇帝季弟，安丰王之长子，高祖孝文皇帝从父昆弟，河南洛阳熙宁里……除使持节都督豫州诸军事征虏将军豫州刺史。风宣入境，德被下车，豪强所息，奸酷自引……仍除侍中骠骑大将军开府仪同三司领国子祭酒兼尚书令。位邻三事，任首六官，仪表都野，隆替是属。除大司马……江南卑湿，地非养贤，随贾未归，忽焉反葬。以梁中大通二年三月十日薨于建康，春秋卌七……今上天临，深追盛美，赠使持节侍中太保特进都督雍华岐三州诸军事大将军雍州刺史，王如故……太昌元年七月癸巳朔廿八日庚申葬于洛城西廿里奇坑南源，岁次壬子。①

元延明墓志中，志题"谥曰文宣"直接接续在"安丰王"之后、姓氏之前。在墓志正文的最后，有赠官而无赠谥。因墓志图版今已漫漶不清，因此，不知"谥曰文宣"的刻写状态，但此方墓志整体刻写应在太昌元年下葬时，其赠官和赐谥已颁布，不属于后来补刻。元延明见于《魏书》卷二〇《文成五王传》：

庄帝时，兼尚书令、大司马。及元颢入洛，延明受颢委寄，率众

---

① 赵超：《汉魏南北朝墓志汇编》，第286—290页。

守河桥。颢败,遂将妻子奔萧衍,死于江南。庄帝末,丧还。出帝初,赠太保,王如故,谥曰文宣。①

元延明墓志中的生平经历与本传大多数相符合,尤其是出帝初的赠官和赠谥与墓志相符。

《大魏故左军领御仗左右西川子赠龙骧将军洛州刺史长孙史君之墓志》:

【志盖】阙
【铭文】大魏故左军领御仗左右西川子赠龙骧将军
洛州刺史长孙史君之墓志
谥曰敬。君讳瑱,字珍奇,司州河南洛阳永乐里
人也。镇远将军益州刺史之孙,宁远将军白水府君之子……春秋五十有六,延昌元年八月十三日寝疾薨于家。以延昌三年十月廿一日葬于北芒。②

长孙瑱墓志中谥号的书写和常见的墓志谥号书写不同,长孙瑱的谥号是刻写在志题之后,再空行顶格,书写在"君讳瑱"之前。其赠官直接刻写在志题中。从版面的布局来看,"谥曰敬"三个字是排好版后书写的,而不是之后补刻的。不过从图版上看,"墓志"后原来应还有五个字的字迹。

《元淑墓志》:

【志额】魏元公之墓志
【志阳】大魏故使持节、平北将军、肆朔燕三州刺史、都督□□□□□□二道诸军事、平城镇将,复赠使持节、镇东将军、

---

① 《魏书》卷二〇《文成五王·元延明传》,第530页。
② 赵万里:《魏晋南北朝墓志集释》,图版213,第526页。

都督相州诸军事、相州刺史,嘉谥曰靖,元讳淑,字买仁,司州河南洛阳人也。昭成皇帝曾孙常山康王第廿五之宠子。公承□皇极,分琼帝绪,孝友轸于龆年,忠顺发于未弁,靖与停渊争其凝,动与流波竞其骇。至于始立而栽黄霸之风,暨于不惑而树勿揃之化,标九功于千祀,显六德于万叶,故文焕于魏史,可得而略之。以正始四年岁次丁亥十月戊辰朔　廿三日庚寅,春秋六十一……越自来岁,永平元年十有一月庚辰朔十五日甲午,葬于白登之阳。[①]

元淑墓志实际上是元淑及其夫人二人墓志的综合体,墓志的撰写者应是考虑了这一因素,才将元淑的赠官、谥号均内含在志题中,而墓志刻写者遵照撰者的原文进行的。其中"嘉谥曰靖"这样的书写方式与"谥曰×

---

① 图版见大同市博物馆《大同东郊北魏元淑墓》,《文物》1989年第8期。疏证见罗新、叶炜《新出魏晋南北朝墓志疏证》,"二八元淑墓志",第61页。

礼也"稍有不同。

　　本节考察了魏晋南北朝墓志中的谥号及其刻写，墓志谥号与史书的记载存在异同，具体表现在史书与墓志中谥号的记载有相同和不同；墓志中提及父祖丈夫的谥号，与史书所载或相照应或补充；墓主在史书中有谥，墓志中却无谥；墓主在史书中无谥，墓志中有谥。魏晋南北朝时期，墓志谥号刻写的实际样态也呈现出多种：一种是最完备的形态，即墓志主人题名或志盖中有谥号，墓志结尾处出现谥号，有的将议谥程序中的话语都刻写出来；二是虽墓志题名无谥，结尾写明谥号；三是墓志开头列谥，文中不再提及谥号；四是谥号的空刻、补刻；另外还有与上述情况均不同的谥号刻写特例。

　　造成这些情况，尤其是补刻、空刻的情况的因素很多，谥号的取得直接决定墓志上谥号的刻写，与当时社会、现实政治的联系紧密，朝代更替、兵革交侵、朝堂内部政治斗争激烈都可能影响到墓主谥号的取得和墓志上谥号的刻写。另外，前引西晋荀颛上《谥法》云："若赐谥而道远不及葬者，皆封策下属，遣所承长吏奉策即家祭赐谥。"[①] 墓主家到京城的距离有远有近，若路程遥远，来不及在下葬的时候将谥号刻在墓志铭之上。因此，这便直接导致了丧主墓志铭上谥号的空刻。另外，在现实的刻写条件下，刻石的版面、丧主墓志的长短、刻工的排版以及墓主家人为尊者讳以及朝廷重新追赠美谥、复谥等因素，尤其是墓主家人为尊者讳以及朝廷重新追赠美谥、复谥，可能会导致墓志中的谥号与史书中的记载不同。

第四节　魏晋南北朝诔、哀策、行状和谥法的关系

　　与谥法相关的文章有诔文、哀策和行状等。在诔文与谥法的关系上，大部分学者都认为早期的诔文与谥法有着密切的关系，而到魏晋尤其是两晋后，诔文与定谥的关系不如以前密切。那么魏晋南北朝时期，谥法与诔文之间的关系到底如何？

　　《说文解字·言部》曰："诔，谥也。"段玉裁于"诔"条下注曰：

---

①　《晋书》卷二〇《礼志中》，第645页。

"当云所以为谥也。《曾子问》注曰：'诔，絫也。絫列生时行迹，读之以作谥。'"① 刘熙《释名·释典艺》"诔，累也，累列其事而称之也"。《礼记·曾子问》："贱不诔贵，幼不诔长，礼也。唯天子称天以诔之。诸侯相诔，非礼也。"郑玄注曰："诔，累也，累列生时行迹诔之以作谥。谥当由尊者成。"②《列女传·柳下惠妻》："柳下既死，门人将诔之。妻曰：'将诔夫子之德邪？则二三子不如妾知之也。'乃诔曰：'夫子之不伐兮，夫子之不竭兮，夫子之信诚而与人无害兮。屈柔从俗，不强察兮。蒙耻救民，德弥大兮。虽遇三黜，终不蔽兮。恺悌君子，永能厉兮。嗟乎惜哉，乃下世兮。庶几遐年，今遂逝兮。呜呼哀哉，魂神泄兮。夫子之谥，宜为惠兮。'"③ 虽然柳下惠的谥号为其妻所定私谥，但从其妻诔辞后定谥来看，诔和谥是紧密联系在一起的，还存在"读诔以作谥"的仪式。

刘勰《文心雕龙》卷三《诔碑》云："至柳妻之诔惠子，则辞哀而韵长矣。暨乎汉世，承流而作。"④ 刘勰认为柳妻诔惠子的诔辞辞哀而韵长。汉以后，诔文又发生了变化。刘师培云："汉代之诔，皆四言有韵，魏晋以后调类《楚词》，与辞赋哀文为近，盖变体也。"⑤ 据清人严可均《全后汉文》统计，东汉诔文传世者有 16 篇，这些诔文先叙亡者之功德，后述生者之哀思，以述德为主，写哀也往往是为了突出诔主之德。据《全上古三代秦汉三国六朝文》初步统计，今存魏晋南北朝时期的诔文 70 余篇，其中三国曹魏 16 篇，两晋 40 余篇，宋 12 篇，齐梁仅有 5 篇，北朝 3 篇，主要集中在两晋时期。其中，僧肇《鸠摩罗什法师诔》虽被严可均收入《全晋文》，但该文作于十六国时期；另有杨素《柳弘诔》、卢思道《卢记室诔》，虽被收入《全隋文》，但创作时间应该为北周时期。

现存曹魏诔文 16 篇中，出于曹植之手的就有 9 篇，从他的《王仲宣

---

① 《说文解字注》，第 101 页。
② （清）郝懿行：《郑氏礼记笺·郑氏礼记笺·曾子问第七》，齐鲁书社 2010 年版，第 1216 页。
③ （清）王照圆撰，虞思征点校：《列女传补注》卷二《贤明传·柳下惠妻》，华东师范大学出版社 2012 年版，第 74—75 页。
④ 《增订文心雕龙校注》卷三《诔碑第十二》，第 159 页。
⑤ 刘师培：《〈文心雕龙〉讲录二种》，《刘师培中古文学论集》，中国社会科学出版社 1997 年版，第 157 页。

诔》《武帝诔》《任城王诔》《文帝诔》《大司马曹休诔》《卞太后诔》《平原公主诔》等看，重在抒发哀思，正如其在《上卞太后诔表》所云："铭以述德，诔尚及哀。"两晋南朝时，诔文抒发哀思的这一基调仍被传承下来，陆机在《文赋》中云："诔缠绵而凄怆"，《文选》所说"诔以陈哀，故缠绵凄惨"，都是强调诔文注重抒发个体的哀伤。西晋40余篇诔文中，诔的对象不仅有处士，也有女性，《世说新语·文学》载陆退答谢太傅之语便能解释为女性做诔的原因，"谢太傅问主簿陆退：'张凭何以作母诔，而不作父诔？'退答之曰：'故当是丈夫之德，表于行事；妇人之美，非诔不显。'"嫔妃妇人的诔文中，华彩艳丽的文辞隐含着死者的德行美貌；皇帝的诔文中，繁复优美的辞藻渲染了皇帝生前的丰功伟绩；高士的诔文中，铺陈的或是高迈胸怀或是潇洒真性情，正如江藩《炳烛室杂文·行状说》所总结的："盖三代时诔而谥，于遣之日读之。后世诔文，伤寒暑之迭袭，悲霜露之飘零，巧于序悲，易入新切而已。交游之诔，实同哀辞，后妃之诔，无异哀策，诔之本意尽失，而读诔赐谥之典亦废矣。"① 到了魏晋南北朝时期，诔与谥的关系日渐疏离，与哀策的内容日渐相近。

哀策，又作哀册，晋代挚虞的《文章流别论》云："今所谓哀策者，古诔之流也。"② 又云："哀辞者，诔之流也。崔瑗、苏顺、马融等为之，率以施之于童殇夭折，不以寿终者也。哀辞之体，以哀痛为主，而缘以叹息之辞。"③ 在挚虞看来，哀策与诔属于同流。刘勰《文心雕龙·祝盟》篇指出，哀册"是以义同于诔，而文实告神，诔首而哀末，颂体而祝仪。太史所做之赞，因周之祝文也"④，刘勰从义、文、首末程式、体例仪礼四个方面，指出哀册文文体形式的形成实是诔文、哀辞、颂文、祝文四种文体的融合。任昉（460—508）《文章缘起》亦认为："哀策，汉乐安相李尤作《和帝哀策》，简其功德而哀之也。"⑤ 梁萧统《文选》分文体为三十九类，有"诔"有"哀"。"哀"类又分上下，"哀上"收潘岳《哀永逝文》一

---

① 江藩：《江藩集》，上海古籍出版社2006年版，第102—103页。
② 《太平御览》卷五九六引。
③ 《北堂书钞》卷一〇二引。
④ （梁）刘勰著，范文澜注：《文心雕龙注》，人民文学出版社1962年版，第177页。
⑤ （梁）任昉撰，陈懋仁注：《文章缘起注》，中华书局1985年版，第15页。

篇,"哀下"收颜延之《宋文皇帝元皇后哀策文》、谢朓《齐敬皇后哀策文》两篇。萧统以为哀辞有别于诔辞,而哀策文则为哀辞之一种。①

关于哀策的起源时间、哀策与诔的关系、古代有名的哀策文,清赵翼《廿二史札记》卷一二《哀策文》云:

"周制:饰终之典以谥诔为重。汉景帝始增哀策。《汉书》本纪,中二年,令诸侯王薨,大鸿胪奏谥诔策。列侯薨,大行奏谥诔策。应劭注,谓赐谥及诔文哀策也。沿及晋、宋,犹以谥诔为重。《魏志·郭后传》裴松之注,后崩,有哀策文。《晋书·文明王皇后传》,武帝时,后为皇太后,既崩,帝手疏后德行,命史官为哀策文。及帝杨后崩,亦命史官作哀策。其文俱载本传。愍怀太子为贾后所害,后追复皇太子,特为哀策文,又江统、陆机并作诔颂焉。李胤卒,皇太子命王赞诔之,其文甚美。《王珣传》:'孝武帝崩,哀策、谥议皆珣所草。'宋文帝袁皇后薨,诏颜延之为哀策文,甚丽,帝自增'抚存悼亡,感今怀昔'八字。孝武殷贵嫔薨,命谢庄为诔文,都下传写,纸为之贵。至齐则专重哀策文,齐武裴后薨,群臣议立石志,王俭曰:'石志不出《礼经》,今既有哀策,不烦石志。'乃止。可见齐以后专以哀策为重也。今见于《齐》、《梁书》各列传者,梁武丁贵嫔薨,张缵为哀策文;昭明太子薨,王筠为哀策文;简文为侯景所制,其后薨,萧子范为哀策文,简文读之曰'今葬礼虽缺,此文犹不减于旧'是也。唐代宗独孤后薨,命宰相常衮为哀策文,犹沿此制。"②

从以上赵翼所举哀策文看,哀策的适用范围仅限于皇帝、太子、皇后嫔妃等具有相当级别、一定政治地位的皇室贵族,体现了严格的封建等级观念。

从《全三国六朝文》所见的魏晋南北朝时期的 29 篇哀策文看,对象

---

① 《廿二史札记校证》卷一二《哀策文》,第 258 页。
② 《廿二史札记校证》,第 258 页。

为皇帝的有14篇，皇后的6篇，太后的1篇，太子的4篇，太子妃的2篇，贵嫔的2篇，哀策的使用范围是有限的。《春秋左传正义》中孔颖达（574—648）正义曰："魏晋以来，唯天子崩乃有哀策，将葬，于是遣奠读之，陈大行功德，叙臣子哀情，非此类也。"① 由于哀策文所存篇目有限，我们看到的可能并不是全文，并不清楚其严格定式。魏明帝（205—239）《甄皇后哀策文》："哀子皇帝叡亲奉册祖载，遂亲遣奠，叩心擗踊，号咷仰诉，痛灵魂之迁幸⋯⋯魂虽永逝，定省曷望？呜呼哀哉！"② 王俭（452—489）《皇太子妃哀策文》："肇惟初识，芳猷夙就。翩翩礼园，徘徊乐囿⋯⋯扬清笳于汉表，动嘶挽于云基。"③ 到唐代，哀策文的内容、形式固化为序文和正文两部分，序文部分记叙死者身份以及其死亡和下葬的时间、地点，正文部分以有韵的四六骈文歌颂与哀悼死者，这是哀策的主要内容即哀辞。④

哀策中是否会提到册谥？在目前《全上古三代秦汉三国六朝文》中存留的哀策文中，看不到中间有册谥的记载，但并不能据此认为魏晋南北朝时的哀策文中不涉及谥号。在《全唐文》中记载了张九龄撰写的《惠庄太子（李撝）哀册文》中："维开元十二年岁次甲子十二月丁巳朔二十四日庚辰，司徒申王薨于行在所，册谥惠庄太子。旋殡于寝。粤闰十二月二十七日壬午，将陪葬于桥陵之柏城。黼暮宵布，羽纛宿设。西序启攒，南首成列。"⑤ 在这个哀册文中，明确点明册谥和谥号。

唐前哀策的书写材料为竹，故其名为"哀策文"。《通典》载北齐时期策拜诸王侯："诸王、三公、仪同、尚书令、五等开国、太妃、妃、公主恭拜册，轴一枚，长二尺，以白练衣之。用竹简十二枚，六枚与轴等，六枚长尺二寸。文出集书，书皆篆字。哀册、赠册亦同。"⑥ 封拜诸王等臣下

---

① （春秋）左丘明传，（晋）杜预注，（唐）孔颖达正义《春秋左传正义》，（清）阮元校刻：《十三经注疏》，中华书局2009年版，第3825页。
② 《全上古三代秦汉三国六朝文·全三国文》，第105页。
③ 《全上古三代秦汉三国六朝文·全齐文》，第108页。
④ 关于唐代哀册的研究，参见王育龙、程蕊萍《唐代哀册发现述要》，《文博》1996年第6期。
⑤ 《全唐文》卷二九三《张九龄·惠庄太子哀册文》，中华书局1983年版，第2971页。
⑥ 《通典》卷七一《礼·沿革·嘉礼》，第1960页。

以及嫔妃、公主等用十二枚竹简载册书内容，而哀册和赠册亦是如此。自唐以来，哀册文的书写材料由易朽的竹简变为不朽的玉石，原来代表竹简的"策"已不符实际，因此多写成"哀册"。①

谥策，将死者生前功德业绩略传铭记于某种特定材质的版上，形成策（册）文，为谥策，亦作"谥册"。皇帝、皇后谥号铭记于玉、木、质的印玺上，为谥宝。目前所见的谥策文，多是帝王和嫔妃的，如《艺文类聚·帝王部》保留了"齐谢朓明皇帝谥策文"；《全上古三代秦汉三国六朝文》中保留《羊夫人谥策文》（残存"光启洪祚，庆流万国"两句）、谢庄《殷贵妃谥策文》两篇。而《初学记》所载《殷贵妃谥策文》中有"今遣某官某册告谥曰宣"，可以肯定的是谥策文中有"册告谥曰"这一句式。

另一与谥法关系密切的是行状，《文心雕龙》将其列于"书记"大类下，云："夫书记广大，衣被事体，笔札杂名，古今多品……万民达志，则有状……状者，貌也，体貌本原，取其事实。先贤表谥，并有行状，状之大者也。"②《文选》"行状"类唯收任昉《齐竟陵文宣王行状》一文。吴讷《文章辨体·序说》"行状"条云：按行状者，门生故旧状死者行业上于史官，或求铭志于作者之辞也。

徐师曾《文体明辨》论文体，多仍吴讷《文章辨体》之说，其《序说》"行状"条云：按刘勰云："状者，貌也，体貌本原，取其事实。先贤表谥，并有行状，状之大者也。汉丞相仓曹傅胡干始作《杨元伯行状》，后世因之。盖具死者世系、名字、爵里、行治、寿年之详，或牒考功太常使议谥，或牒史馆请编录，或上作者乞墓志碑表之类皆用之。而其文多出于门生故吏亲旧之手，以谓非此辈不能知也。其逸事状，则但录其逸者，其所已载不必详焉，乃状之变体也。"③ 据此可知，成熟阶段的行状主要记载死者事迹，内容包括死者世系、名字、爵里、任官经历及治绩、寿年等

---

① 目前可见唐代出土的哀册均为玉石材质，考古发现的唐代哀册主要有：懿德太子李重润、惠昭太子李宁、节愍太子李重俊、惠庄太子李撝、唐僖宗李儇、史思明、唐哀帝李柷、让皇帝李宪及其恭皇后。

② （梁）刘勰著，黄叔琳注，杨明照校注拾遗：《增订文心雕龙校注》卷五《书记·状》，中华书局 2012 年版，第 345 页。

③ 徐师曾：《文体明辨序说》，第 174 页。

方面；它的功能主要表现在三个方面：牒考功议谥，牒史馆请编录，上作者乞碑志。魏晋南北朝时，谥号的评议与行状的关系十分密切，尤其是宗室、百官谥号评议上，与其行状的关系紧密，将在第五章中详细论述。

谥议源于谥议之法施行时，一般先由大臣上表提议，最后由皇上定夺，谥议之文源于此。在春秋时，谥号已由众人商决，但这时未有正式的谥议文字流传下来。西汉宣帝时下"议戾太子庙谥诏"，其形式为诏书，内容为谥议。东汉则出现了正式以谥议为题的崔骃之《章帝谥议》，蔡邕作有《和熹邓后谥议》《朱公叔谥议》。《世说新语·文学篇》曾载桓温见谢安作简文谥议。第一章第一节考证魏晋南北朝谥法著述时，曾引《旧唐书·经籍志》载"《晋谥议》八卷；《魏明帝谥议》二卷，何晏撰；《晋简文谥议》四卷"。北魏孝文帝死后，彭成王元勰曾上谥议，为宣武帝所从。齐梁之际的《文心雕龙》并没有将谥议单列为一种文体而是将其纳入"议"类；《文选》的分类中也没有谥议一体，唐代所编纂的《艺文类聚》文部无谥议类。而成书于太平兴国八年（983）《太平御览》仍将谥议纳入"议"类；成书于雍熙三年（986）的《文苑英华》，则将谥议单列一类。正如前文所引朱玲玲文章所认为的那样："谥议之体虽早已有之，但在作品集中单列为一体，则起于宋代。"[①] 在魏晋南北朝时期，在议定皇帝、大臣的谥号时，多有讨论谥号之奏文或议论之文，但此时并未成为一种单独的文体。

---

① 朱玲玲：《诔文与谥议起源考》，《滨州学院学报》2005 年第 4 期，第 88—90 页。

第二章　魏晋南北朝时期帝王谥法

《通典》卷一〇四《凶礼二十六》"帝王谥号议"中，杜佑追叙了黄帝、颛顼、尧、舜等谥号的由来；以问答的形式，征引了《大戴礼记》《礼记·乐记》《白虎通》《五经通义》等周、汉、唐时期关于帝王谥号的各种著述，说明谥法与行迹直接相关、谥法的取得必须以爵位为前提、追谥父祖可改谥爵、天子崩南郊称天而谥等，这些基本原则和理论大都为春秋、战国、汉代及后代所遵循，也是魏晋南北朝时期建构帝王谥法的理论基石，也可以看作是对唐之前帝王谥号理论最全面的概括。蔡邕《独断·帝谥》是现存最早的关于帝王谥字的单篇文献，之后南朝的贺琛又将谥字分为君谥、臣谥和妇人谥，直接影响到后世的谥法。

魏晋南北朝时期，帝王谥法的礼仪范式日渐繁缛、亦愈加制度化，但是群臣谥议、南郊告谥、题谥于神主之背等主要仪式并没有改变。

秦汉魏晋南北朝时期，皇帝谥号的结构为一字或两字，具有很强的独立区别标识意义。在前四史、八书二史的本纪记载中，除《史记》卷八《高祖本纪》中的"高祖"为糅合尊号（谥号）"高皇帝"和庙号"汉太祖"，《魏书》和《晋书》用"庙号+谥号"，《陈书》用庙号外，其余均是以皇帝的谥号作为本纪传主的称谓。从出土墓志和文献来看，魏晋南北朝时期使用皇帝谥号的情况远远多于庙号。

现代学者汪受宽先生《谥法研究》第三章"帝王谥法"从古代帝王的诸种称号、帝王谥号的颁给、帝王谥号的美恶高下、字数和简称、皇帝谥号的追尊这五个方面，对古代帝王谥号进行了研究。① 杨青华文注意到魏晋南北朝时期开国皇帝的谥号多为"武"字，这是因为长期分裂的局面，频繁的战争，造成这一时期的人们对于武力的推崇；同时是对开国皇帝的一种客观评价；也是受儒家正统观的影响，其统治者希望通过谥号来表现其政权的合法性。② 本章将从魏晋南北朝时期帝王谥法的理论建构、帝王谥法的礼仪范式、皇帝谥号用字、字数以及具体的谥法操作四个方面，具体探讨这一时期帝王的谥法制度。

第一节　帝王谥法的理论建构

对唐之前帝王谥法理论，汉代《白虎通》中《论帝王制谥之义》《论天子谥南郊》等篇章进行了讨论和总结。而最提纲挈领的概括，当属《通典》卷一〇四《礼六十四·沿革六十四·凶礼二十六》中的"帝王谥号议"。

一　帝王谥法理论的建构

汉代对帝王谥法制度的讨论，见于《白虎通·论帝王制谥之义》：

> 黄帝先黄后帝者何？古者质，生死同称，各持行合而言之。美者在上，黄帝始制法度，得道之中，万世不易，后世虽圣，莫能与同也。后世德与天同，亦得称帝，不能制作，故不得复称黄也。谥或一言，或两言何？文者以一言为谥，质者以两言为谥。故汤死后称成汤，以两言为谥也。号无质文，谥有质文何？号者，始也，为本，故不可变也。周已后，用意尤文，以为本生时号令善，故有善谥。故合言文王武王也。合言之则上其谥，明别善恶，所以劝人为善，戒人为恶也。帝者，天号也。以为尧犹谥，顾上世质直，死后以其

---

① 汪受宽：《谥法研究》，第40—70页。
② 杨青华：《魏晋南北朝开国君主多用"武"谥原因探析》，《华中师范大学研究生学报》2014年第3期。

名为号耳。所以谥之为尧何？为谥有七十二品。《礼谥法记》曰："翼善传圣谥曰尧，仁圣盛明谥曰舜。慈惠爱民谥曰文。刚强理直谥曰武。"①

《白虎通》的此条对黄帝之号的由来、帝王谥字的单复，谥、号之区别，尧舜为谥等做了辨析，当是汉代儒学家们对帝王谥法理论的总结。

《白虎通·论天子谥南郊》：

天子崩，大臣至南郊谥之者何？以为人臣之义，莫不欲褒称其君，掩恶扬善者也。故之南郊，明不得欺天也。故《曾子》问："孔子曰：'天子崩，臣下之南郊告谥之。'"［《谷梁》桓十八年注云："昔武王崩，周公制《谥法》，大行受大名，小行受小名，莫不欲劝善而惩恶。礼，天子崩，大臣称天命以谥之。"疏引《公羊》说："天子谥于南郊。"《通典》引《五经通义》云："大臣吉服之南郊告天，还，素服称天命以谥之。"《释名·释典艺》云："王者无上，故于南郊称天以谥之。"《礼曾子问》注亦云："春秋公羊说，以为读诔制谥之南郊，若云受之于天。"然则此今文说也。《礼曾子问》又云："天子至尊，故称天以诔之。"有诔必有谥，故知天子谥于南郊也。]②

《白虎通》这条主要对"天子谥南郊"及其原因进行了论证。陈立的疏证中，引述了《公羊传》等材料进行了补充说明。

而在唐代杜佑《通典》"帝王谥号议"中，杜佑追叙了黄帝、颛顼、帝尧、帝舜、文王、武王等谥与号的关系：

黄帝之号。按《白虎通》云："先黄后帝者，古者质，生死之称各特行，合而言之，美者在上。黄帝始制法度，得道之中，万代不易，后代虽盛，莫能与同。后代德与天同，亦得称帝；不能制作，故

---

① 《白虎通疏证》卷二《谥·论帝王制谥之义》，中华书局1994年版，第69页。
② 《白虎通疏证》卷二《谥·论天子谥南郊》，第72页。

不得复称黄也。"（黄者中和美色，黄承天德，最盛淳美，故以尊色为谥也。）

颛顼。按《五经通义》曰："颛顼者，颛犹专，顼犹愉。幼少而王，以致太平，常自愉俭，嗛约自小之意，故两字为谥。"

帝尧、帝舜，先号后谥也。帝者德盛，与天同，号谥虽美，终不过天也，故如其次道之。

周制，春官太师掌大丧，帅瞽而廞作柩谥。（廞，兴也，兴言王之行，谓瞽讽诵其治功之诗也。）文王、武王，先谥后号。（王者德薄，传位与子，贤不肖同称王，号者所共，谥者所专，故上谥下号，上其美者。）

在以上四则材料中，杜佑区别了号和谥的关系。在杜佑看来，"黄帝"为号，他征引《白虎通义》佐证了自己的观点。而在其后，他认为"黄"为"谥"，是以其"尊色"为谥。而关于"黄帝"为谥或为号，东汉的王充已有怀疑，《论衡》卷七《道虚篇》曰："实'黄帝'者何等也？号乎，谥也？如谥，臣子所谏列也。谏生时所行为之谥。黄帝好道，遂以升天，臣子谏之，宜以'仙''升'，不当以'黄'谥。《谥法》曰：'静民则法曰黄，（德象天地曰帝）。'黄者，安民之谥，非得道之称也。百王之谥，文则曰文，武则曰武。文武不失实，所以劝操行也。如黄帝之时质，未有谥乎，名之为'黄帝'，何世之人也？使黄帝之臣子知君，使后世之人迹其行。'黄帝'之世，号谥有无，虽疑未定，'黄'非升仙之称，明矣。"[①]

清代皮锡瑞在对"帝尧"考证时，引刘熙《谥法》曰："以为其尊高尧尧然，物莫之先，故谓之尧也。"又引《白虎通·谥篇》曰："帝者，天号也。以为尧，犹谥。顾上世质直，死后以其名为号耳。所以谥之为尧何？为谥有七十二品。《礼·谥法》记曰：'翼善传圣曰尧，仁圣盛明曰舜。'"锡瑞谨案："此今文家以尧为名，死后即以名为谥也。《檀弓》曰：'死谥，周道也。'自殷以上，未有谥法，但以生前之号即为死后之称，如

---

① 《论衡校释》卷七《道虚篇》，第315页。

黄帝、颛顼、帝喾、尧、舜皆是也。"①

而"周制,春官太师掌大丧,帅瞽而廞作柩谥"一语,出自《周礼·春官》"大师"郑玄注,太师掌天子大丧,帅瞽史称天以诔,即据"王之行"而"兴言",是一种即兴口诵。故《诗经·庸卜风·定之方中》毛传云,"丧纪能诔,可以为大夫"。孔颖达疏:"丧纪能诔者,谓于丧纪之事,能累列其行为文辞,以作谥。"②

之后,杜佑追述了周、汉、唐时期关于帝王谥法的沿革以及各种著述:

> 说曰:按《大戴礼》云:"谥者行之迹也,号者功之表也。"《乐记》曰:"闻其谥,知其行。"《白虎通》曰:"号,法天也,法日也,日未出而明。谥,法地也,法月也,月已入有余光。是以大行受大名,细行受小名。行生于己,名生于人。"《五经通义》曰:"号者亦所以表功德号令天下也。谥之言列,陈列所行。善行有善谥,恶行有恶谥,以为劝戒也。"问曰:"天子有天下大号,诸侯宁有国大号乎?"答曰:"天子居无上之位,下无所屈,故立大号以劝勉子孙。诸侯有爵禄之赏,削绌之义,铁钺之诛,故无所有国之号也。"赵商问《郑志》曰:"《曲礼》云'已孤暴贵,不为父作谥',而武王即位,追王太王、王季、文王,改谥爵,何也?"答曰:"周道之业,兴于二王,功德由之,王迹初焉。凡为人父,岂能尽贤乎?若夏禹、殷汤则不追谥矣。"《郊特牲》云:"死而谥之今也,古者生无爵,死无谥。"(古谓殷以前也。大夫以上乃谓之爵,死有谥。周制爵及命士,虽及之犹不谥也。当记时死则谥之,非礼也。)质家两言为谥,成汤是也。文者一言为谥,文、武是也。号无质文,谥有质文。(号者,始也。为本,故不可变。周以后尤文,以为本生习事善故有善谥,故合言文王、武王。)或以名配者,德薄因名配谥,祖甲是也。质家不连号谥,

---

① (清)皮锡瑞:《今文尚书考证》卷一《唐书·尧典第一》,中华书局1989年版,第5页。
② 《毛诗正义》卷三《定之方中》,(清)阮元校刻:《十三经注疏》,中华书局2009年版,第667页。

(生则为号，死则言谥，故不连号谥，成汤是。）文家连号。（欲但言谥，不忍死之；欲但言号，又是实死，故以号谥，文王、武王是。）桀、纣先号后谥者，别诛绝不嫌也。《礼记》曰："唯天子称天以诔之。"（以其无尊者也。《曾子问》曰："贱不诔贵，幼不诔长。"天子至尊，故称天以诔之。）又《白虎通》云："天子崩，大臣至南郊谥之。（《五经通义》曰：'大臣吉服之南郊告天，还素服，称天而谥之。'）以为臣子莫不欲褒称其君，掩恶扬美者，故于郊，明不得欺天也。"①

杜佑以问答的形式，征引了《大戴礼记》《礼记·乐记》《白虎通》《五经通义》等文献，来说明死后谥法与生前行迹、谥与号的关系，追谥、谥与爵、谥与诔、谥字、南郊告谥等。其中"质家两言为谥……别诛绝不嫌也"这一段，卢文弨疑似《白虎通》文字。所谓"质家"此处狭义特指殷，而"文家"则特指为周。

在以上追述的帝王谥法的理论中，谥法与行迹直接相关、谥法的取得必须以有爵位为前提、追谥父祖可改谥爵、天子崩南郊称天而谥等基本原则和理论，大都为春秋、战国、汉代及后代所遵循，是魏晋南北朝时期帝王谥法程序中所引据的理论经典，也是构建这一时期帝王谥法理论的基石。

二 帝王谥字

除了以上在谥法制度中的理论外，帝王谥号另一个主要方面便是谥字的拟定。其谥字的拟定，与生前行迹密切相关，所谓"显号谥何法？号法天也，法日也，日未出而明。谥法地也，法月也，月已入有余光也。是以大行受大名，细行受小名。行生于己，名生于人"②。随着谥法运用的日益广泛，需要对帝王、诸侯等的行迹进行简单高度概括和提炼，形成谥字，以相匹配。《逸周书·谥法解》便是由此孕育而生的最早、最有影响的一部制谥制度的经典文献，它以"××××曰×"的格式，罗列百余谥字及

---

① 《通典》卷第一〇四《凶礼·帝王谥号议》，第2711页。
② 《白虎通疏证》卷二《谥·论号谥取法》，第76页。

其解释，高度概括谥主生前的主要行迹而拟成谥字，为议谥定谥提供了依据，从此也成为历代编撰、续修谥法之基础。① 第一章已论述了汉末至魏晋南北朝时期，学者们对《谥法》进行了不同程度的注释、推演，从而丰富了谥法的内容和范围，对后世的谥法产生了巨大的影响。这些文献很多在唐之前便已散佚，北宋苏洵取《周公谥法》、杜预《春秋释例》、佚名《广谥》、沈约、贺琛、扈蒙六家编订《谥法》后，魏晋南北朝时期的谥法著作更是无闻，因此我们对这一时期谥法著作的情况，在很长一段时期内只能靠传世文献中引用的注疏来梳理。20世纪在吐鲁番阿斯塔那316号墓中出土了高昌时期的《谥法》残本，编号为60TAM316：082、083和60TAM316：084文书残片，共出现22个谥字，30条谥解，为研究魏晋南北朝时期的谥法著述及中国古代谥法制度提供了宝贵的实物资料。

关于帝王谥字，东汉末年，蔡邕撰《独断》卷下有"帝谥"，共46个谥字，每字一解。这是现存最早的关于帝王谥字的单篇文献。比蔡邕稍晚的刘熙，注《谥法》，原文佚，在现今流传的苏洵《谥法》和《经世大典》中留有刘熙注《谥法》的痕迹。萧梁时期又有贺琛的《谥法》，《玉海》卷五四《艺文部·梁谥法》载"梁贺琛《谥法》三卷，采旧《谥法》及《广谥》，又益以已所撰新谥，分君、臣、妇人三卷，卷各分美、平、恶三等，其条比沈约《谥例》颇多，亦有约载而琛不取者"。贺琛在撰《谥法》时，已将君谥与臣谥、妇人谥分开，从而影响到后世谥法。

以下我们以《独断·帝谥》的谥字为纲，参照从苏洵《谥法》、《经世大典》中所辑出的刘熙《谥法注》及吐鲁番出土的《谥法》残本，对汉末魏晋南北朝时期帝王的谥字进行分析。

"违拂不成曰隐"，《独断·帝谥》将"隐"字条放置在全篇之首，与《谥法》各本不同，不知是蔡邕有意为之，还是传抄时已经将顺序打乱。从现存《逸周书·谥法解》和《史记正义·谥法》以及吐鲁番残本《谥法》，后一种可能性更大。杜预《春秋释例》"隐拂不成曰隐"。张守节

---

① 关于《逸周书·谥法解》的研究，参见汪受宽《谥法研究》，第九章《谥法的经典性文献——〈逸周书·谥法解〉》，第220—241页。

《史记正义·谥法解》中"隐"有3解，分别是"隐拂不成曰隐（不以隐括改其性）"；"不显尸国曰隐（以闲主国）"；"见美坚长曰隐（美过其令）"。《经世大典》将"违拂不成曰隐"归于后妃谥，引刘熙注曰："若鲁隐公让志未究，而为逸所拂，使不得其美，故曰隐"；君谥下有"不显尸国曰隐"，刘熙曰："尸，主也。若鲁隐公不显，然为国主，隐其志也，故曰隐"①。此谥在吐鲁番《谥法》残本中未见。

"靖民则法曰黄"，此条亦见于《史记正义·谥法解》，《逸周书·谥法解》为"静民则法曰皇"；《春秋释例》"靖民则法曰皇"。吐鲁番《谥法》残本第2列有"靖民则□□"，可补足为"靖民则法曰黄"。前引王充《论衡》卷七《道虚篇》中引谥法曰："静民则法曰黄"，认为"黄者，安民之谥"，则知在东汉初年，"黄"已入为谥字。

"翼善传圣曰尧"，《逸周书·谥法解》及《史记正义·谥法解》中无"尧"；皮锡瑞对帝尧做考证时，引刘熙《谥法》曰："以为其尊高。尧，尧然，物莫之先，故谓之尧也。"②

"仁圣盛明曰舜"，《礼记·谥法》曰："翼善传圣谥曰尧，仁圣盛明谥曰舜。"③《谥法》残本第1行有"□传圣曰尧""仁圣□□"，据《白虎通义》可补为"翼善传圣曰尧""仁圣盛明曰舜"。

"残人多垒曰桀"，"残义损善曰纣"，《逸周书·谥法解》及《史记正义·谥法解》中无"桀""纣"二谥。关于黄、尧、舜、禹、汤、桀、纣等何时为谥，前引《续通志》卷一一九《谥略》云：

> 谨案以黄、尧、舜、禹、汤等字为谥，出于汉初诸儒附会，后遂转相师述。马融注《尚书》，裴骃解《史记》皆祖之。张守节录《周书》全篇，犹窜入汤字一谥。

---

① 《永乐大典》卷一三三四五《谥》，杨家骆主编，中国学术名著第四辑，类书丛编第一集七十二册，世界书局1977年版。以下所引《经世大典》均出自此书，不再一一做注。
② （清）皮锡瑞：《今文尚书考证》卷一《唐书·尧典第一》，第5页。
③ （汉）班固：《白虎通义》，文渊阁《四库全书》，台湾商务印书馆1986年版，第850本，第10页。

《独断·帝谥》中有"黄""尧""舜""桀""纣"字，而舍"禹""汤"；吐鲁番《谥法》残本中有"黄""尧""舜""禹"，未发现"汤""桀""纣"，但因为它本为残断之篇，并不能确定原文中是否存在这三个字。

　　"慈惠爱亲曰孝"，《逸周书·谥法解》无此解，但有另外4解："五宗安之曰孝""协时肇享曰孝""秉德不回曰孝""大虑行节曰孝"；而《史记正义·谥法解》中有4解："五宗安之曰孝""慈惠爱亲曰孝""秉德不回曰孝""协时肇享曰孝"。《春秋释例》中有"秉德不回曰孝"。《经世大典》将"慈惠爱亲"归于后妃谥下，注引刘熙曰："以己所爱所慈之心，推以事亲，孝之至也，故曰孝"；君谥下有"协时肇享曰孝"，刘熙曰："供养合四时之宜，肇始也，物始出以献其亲，孝养之礼也；"臣谥下有"秉德不回曰孝"，刘熙曰："回，违也。事生养死，葬之以礼。樊迟问孝，子曰：'无违，故曰孝。'"①

　　"爱民好与曰惠"，《逸周书·谥法解》唯有一解与此不同，为"柔质受课曰惠"。② 吐鲁番《谥法》残本第11行"爱民好与曰惠"与《独断》同。《经世大典》君谥下有"慈仁好与曰惠"，注引《六家谥法解》《周书》曰："慈民好与"，刘熙曰："爱民好柔，其义一也"；臣谥下有"柔质慈民曰惠"，刘熙注："体质既柔，而又爱民，惠下之政也，故曰惠。"③

　　"圣善同文曰宣"，《逸周书·谥法解》《史记正义·谥法解》均有"圣善周闻曰宣"，《经世大典》"宣"字君谥下有"施而无私曰宣"，注引刘熙曰："云行雨施，日月无私，照天道宣著之大德，故曰宣。"后妃谥下有"圣善周闻"。刘熙曰："通于善道，声教宣闻曰宣。"④

　　"声闻宣远曰昭"，《春秋释例》中有"容仪恭美曰昭"，《逸周书·谥法解》有"昭德有劳曰昭""圣闻周达曰昭"，《史记正义·谥法解》昭有3解，比《逸周书·谥法解》多"容仪恭美曰昭"。《经世大典》"昭"字

---

① 《永乐大典》卷一三三四五《谥》，10b—11a。
② 《史记正义·谥法解》中还有"柔质受谏曰慧"。有关"惠"和"慧"二谥字，参见黄怀信、张懋镕、田旭东《逸周书汇校集注》，第665页。
③ 《永乐大典》卷一三三四五《谥》，13a。
④ 《永乐大典》卷一三三四五《谥》，11b。

臣谥下有"明德有功曰昭",刘熙曰:"大学之道,在明明德而能任之,是以有功而昭显,故曰昭。"①

"克定祸乱曰武",《逸周书·谥法》《史记正义·谥法解》"武"字有5解,均有此解;苏洵《谥法》中有"威强叡德曰武",注引刘熙曰:"叡,智也,威而强果,加之以谋,故曰武。"《经世大典》"武"字君谥下有"克定祸乱曰武",注引刘熙曰:"能定祸乱,使就清夷,故曰武。"②

"聪明睿智曰献",《经世大典》"献"字"君谥"下有3解,分别为"聪明睿智曰献",刘熙曰:"献,犹轩,轩在物之上之称,取四德可谓高,在物上曰献";一云"向惠德元",刘熙曰:"向,犹上也,元也,施恩惠而有大德。轩然高显,故曰献";一云"智质有圣"。刘熙曰:"以智质有圣为献,盖本诸尔雅。"③

"温柔圣善曰懿",《逸周书·谥法解》谥解与此同;④《史记正义·谥法解》"温柔贤善曰懿","圣善"与"贤善"不同。《经世大典·谥法》将此谥解归于后妃谥下,另君谥下有"爱民质渊曰懿",刘熙曰:"爱养下民,其质如渊之受物也,故曰懿。"⑤

"布德执义曰穆",《逸周书·谥法解》《史记正义·谥法解》均有2解,为"布德执义曰穆""中情见貌曰穆"。《经世大典》"懿"字下君谥有"布德执义曰穆"与此解同,刘熙曰:"穆,和也。德义,人道之贵,能布行之,以此致穆和之化,故曰穆。"⑥

"仁义说民曰元",《逸周书·谥法解》《史记正义·谥法解》"元"均有4解,"仁义说民"为其一解。苏洵《谥法》有"始建国都曰元",注引刘熙曰:"此元首之元也。"《经世大典》君谥有"行义悦民曰元",刘熙曰:"所行合宜,是以民悦,亦善之长也,故曰元。"⑦

"安仁立政曰神",《逸周书·谥法解》第1个谥字即"一人无名曰

---

① 《永乐大典》卷一三三四五《谥》,10a。
② 《永乐大典》卷一三三四五《谥》,7a—7b。
③ 《永乐大典》卷一三三四五《谥》,8a—8b。
④ 黄怀信、张懋镕、田旭东:《逸周书汇校集注》,第650页。
⑤ 《永乐大典》卷一三三四五《谥》,8b。
⑥ 《永乐大典》卷一三三四五《谥》,9a。
⑦ 《永乐大典》卷一三三四五《谥》,9b—10a。

神";《史记正义·谥法解》"民无能名曰神。不名一善"。《经世大典》"神"字君谥下有"一民无为曰神",注引刘熙曰:"一民使有常,不二其业,是以刑措,以至无为神道设教之化,故曰神,神农以为号也。"① 吐鲁番《谥法》残本中未见。

"布纲治纪曰平",《逸周书·谥法解》中"平"有3解,分别为"治而清省曰平、执事有制曰平、布纲治纪曰平";《史记正义·谥法解》有4解,"治而无眚曰平、执事有制曰平、布纲治纪曰平、惠无内德为平"。吐鲁番《谥法》残本第14行有"布纲结纪曰平"。

"乱而不损曰灵",《逸周书·谥法解》《史记正义·谥法解》苏洵《谥法》等均有"乱而不损曰灵"。吐鲁番出土《谥法》残本中"乱囗囗"可补足为"乱而不损曰灵"。《经世大典》"灵"字君谥下有"乱而不损曰灵",注引刘熙曰:"灵,神灵也。贪乱宜亡,得神灵妖气之助,不损其君之尊,故曰灵";"极知神事曰灵",注引刘熙曰:"能与鬼神交通,先知来事,如今巫也,故曰灵。"②

"保民耆艾曰明",《逸周书·谥法解》《史记正义·谥法解》皆云"保民耆艾曰胡",此处"明"当为"胡"之讹。

"辟土有德曰襄",《逸周书·谥法解》《史记正义·谥法解》"襄"有2解,"辟地有德曰襄""甲胄有劳曰襄"。《经世大典》"襄"字君谥下有"辟土有德曰襄"与《独断》同,注引刘熙曰:"襄,除也。除殄四方夷狄,得其土地,故曰襄。"③

"贞心大度曰匡",《逸周书·谥法解》《史记正义·谥法解》谥解与之同。

"大虑慈民曰定",《逸周书·谥法解》定有4解,"大虑静民曰定""安民大虑曰定""安民法古曰定""纯行不伤曰定";《史记正义·谥法解》亦4解,仅"纯行不爽曰定"中"伤""爽"只字之差,但二者中均没有"大虑慈民曰定"。《经世大典》"定"字下君谥有"安民法故曰定",

---

① 《永乐大典》卷一三三四五《谥》,6a。
② 《永乐大典》卷一三三四五《谥》,17a。
③ 《永乐大典》卷一三三四五《谥》,15a。

注引刘熙曰:"务要安民仍旧法,故曰定";另有"安民大虑曰定",注引刘熙曰:"安全其民人,虑其害而为之,使得定,故曰定。"①

"知过能改曰恭",《逸周书·谥法解》有10解,《史记正义·谥法解》9解,其中"既过能改曰恭"与此只有个别字不同。

"不生其国曰声",《逸周书·谥法解》《史记正义·谥法解》中谥解与此同。

"一德不懈曰简",《逸周书·谥法解》"简"有2解"壹德不解曰简,平易不疵曰简"。吐鲁番残本第10行"一德不懈曰简"。《史记正义·谥法解》中"简"也有2解,分别是"一德不懈曰简""平易不訾曰简"。《经世大典》"襄"字后妃谥下有"一德不懈曰简",刘熙曰:"简,易简也。一心于德,不懈于上,则上下有常而不错缪,易简之理也。"②

"夙兴夜寐曰敬",《逸周书·谥法》有3解,"合善典法曰敬""夙夜警戒曰敬""象方益年曰敬"。《春秋释例》中有"夙兴恭事曰敬",《史记正义·谥法解》有2解"夙夜警戒曰敬""合善典法曰敬"。《经世大典》"敬"字后妃谥下有"夙夜警戒曰敬",注引刘熙曰:"早夜警戒于君,敬之至也,故曰敬。"另在臣谥下有3解,一云"夙夜就事曰敬",注引刘熙曰:"不敢怠慢,故曰敬";一云"难而不君曰敬",注引沈约谥例:"刘熙撰:'受命不迁'";一云"众方克就曰敬",注引刘熙曰:"多方策而能使成功,皆敬其事功者也,故曰敬。"③

"清白自守曰贞",《逸周书·谥法解》"贞"有3解,分别为"清白守节曰贞""大虑克就曰贞""不隐无克曰贞";《史记正义·谥法解》亦3解,仅"不隐无屈曰贞"只字之差。《经世大典》将"清白守节曰贞"归于臣谥,注引刘熙曰:"居体以清,立行明白,所守得节,是履正者也,故曰贞";另有4解引刘熙注,分别为"大虑可就曰贞",注引刘熙曰:"干事能正曰贞,大规虑断图之事,能正曰贞";"直道不挠曰贞",沈约谥例刘熙撰;"内外用情曰贞",沈约谥例刘熙撰;"名实不爽曰贞",沈约谥

---

① 《永乐大典》卷一三三四五《谥》,14a—14b。
② 《永乐大典》卷一三三四五《谥》,14b。
③ 《永乐大典》卷一三三四五《谥》,9b。

例刘熙撰。①

"柔德好众曰靖",《逸周书·谥法》有2解,"宽乐令终曰靖""柔德安众曰靖";《春秋释例》中有"恭己鲜言曰靖";《史记正义·谥法解》有3解,"柔德安众曰靖""恭己鲜言曰靖""宽乐令终曰靖";《经世大典》中引刘熙注的"靖"字解,在臣谥下有"仁敬鲜言曰靖",刘熙曰:"性敬而仁,少言敏行,安而宽大,故曰靖";在后妃谥下有"柔德教众曰靖",刘熙曰:"以柔顺之化成,其众治而安,故曰靖";"宽乐令终曰靖",刘熙注曰:"性宽好乐,民善终其事治安者也,故曰靖。"②

"安乐治民曰康",《逸周书·谥法》有"安乐抚民曰康、令民安乐曰康";《史记正义·谥法解》有"安乐抚民曰康、合民安乐曰康";苏洵《谥法》有2解"抚民安乐曰康、温良好乐曰康"。吐鲁番《谥法》残本第18行"会(合)民安乐曰康▢"其解也与《史记正义》中"合民安乐曰康"相同。

"小心畏忌曰僖",《逸周书·谥法解》中无此谥字,《史记正义·谥法解》谥解与此同,《经世大典》引刘熙注的"僖"字解,在后妃谥下有"小心畏志曰僖",刘熙曰:"小心翼翼也。畏惧大人之格言,至于炽大,故曰僖。"③

"中身早折曰悼",《史记正义·谥法解》中"悼"有3解,"肆行劳祀曰悼""年中早夭曰悼""恐惧从处曰悼";苏洵《谥法》卷四中"悼"有3解,但与此条不同,分别为"未中身夭曰悼""肆行劳祀曰悼""恐惧徙处曰悼",对"恐惧徙处曰悼"刘熙注曰:"遇灾不能修德,恐惧徙处以死,故曰悼。"

"慈仁和民曰顺",此条与《史记正义·谥法解》"慈和遍服曰顺"不同。

"好勇致力曰庄",《史记正义·谥法解》有6解,均与此不同,分别为"兵甲亟作曰庄""叡圉克服曰庄""胜敌志强曰庄""死于原野曰庄"

---

① 《永乐大典》卷一三三四五《谥》,16b。
② 《永乐大典》卷一三三四五《谥》,19a。
③ 《永乐大典》卷一三三四五《谥》,12b。

"屡征杀伐曰庄""武而不遂曰庄";《逸周书·谥法解》有5解,少"胜敌志强曰庄"。

"恭仁短折曰哀",《史记正义·谥法解》有2解,"蚤孤短折曰哀""恭仁短折曰哀",其中一条相同。

"在国逢难曰愍",《逸周书·谥法解》有4解,"在国逢难曰愍,使民折伤曰愍,在国连忧曰愍,祸乱方作曰愍";《史记正义·谥法解》有4解,"在国遭忧曰愍""在国逢难曰愍""祸乱方作曰愍""使民悲伤曰愍";《经世大典》"愍"字"君谥"下有"佐国逢难曰愍",刘熙曰:"志义未究,遇难而死,可闵惜者也,故曰愍。"

"名实过爽曰缪",《史记正义·谥法解》"缪"字一解,为"名与实爽曰缪"意思相同但个别字词不同。

"雍遏不通曰幽",《史记正义·谥法解》"幽"字3解,一为"壅遏不通曰幽",一为"蚤孤铺位曰幽",一为"动祭乱常曰幽";《经世大典》"幽"字"君谥"下有"雍遏不达曰幽",刘熙曰:"权臣擅命,故令不达扵国,遂至幽,故曰幽。""通""达"一字之差,但意思相同。

"暴虐无亲曰厉",《逸周书·谥法解》《史记正义·谥法解》、苏洵《谥法》"厉"的谥解均与此不同。吐鲁番《谥法》残本中第15行有"暴㘴无亲曰厉","㘴"字字形为,疑似"虐"的异写或俗写;而其解也与《独断》所载"暴虐无亲曰厉"相近。

"致志大图曰景",《史记正义·谥法解》"景"字3解,"由义而济曰景""耆意大虑曰景""布义行刚曰景",均与此不同。《经世大典·谥法》"景"字"君谥"下有3解,一为"耆意大图曰景",刘熙注曰:"耆,老也。少而老成之谋,能大其功,故曰景";一为"繇义而成曰景",六家谥法解:"以义断恩,则事无不成,故其所谓者,必假扵义也",刘熙曰"取由义而成德";一为"德行可仰",诗曰:"高山仰止,景行行止。"①

"辟土兼国曰桓",《史记正义·谥法解》"桓"字3解,"辟土服远曰桓""克敬动民曰桓""辟土兼国曰桓";《经世大典》"桓"字"君谥"下有"辟土服远曰桓",刘熙曰:"桓,武也。以武力出征,四夷畏服而远

---

① 《永乐大典》卷一三三四五《谥》,10b。

遘，故曰桓。"

"经纬天地曰文"，《逸周书·谥法解》《史记正义·谥法解》"文"字均6解，均有"经纬天地曰文"；《春秋释例》"道德博闻曰文"。吐鲁番《谥法》残本第5行"天地曰文"，根据《逸周书》《史记正义·谥法解》《帝谥》可补足为"经纬天地曰文"。《经世大典》"文"字君谥有8解，其中第1解便为"经纬天地曰文"；后妃谥有3解，臣谥有5解，其中引刘熙注的为后妃谥"慈惠爱民曰文"，刘熙注曰："文德之治，以慈惠养民者也，故曰文。"

"执义（扬）善曰怀"，《逸周书·谥法解》中"怀"有2解"执义扬善曰怀""慈义短折曰怀"，《史记正义·谥法解》也为2解"执义扬善曰怀""慈仁短折曰怀"，苏洵《谥法》卷三"怀"解为"慈仁短折曰怀""失位而死曰怀"，而"失位而死曰怀"为新改。根据汪受宽先生辑录的《谥字集解》，在中国古代各代谥法中，"怀"共有11解，① 而《谥法》残本中第8行的"绥来士民曰怀"在诸本《谥法》中未见。另外，吐鲁番文书60TAM316：084残片上有"执义扬 善 ② "字样，应为"执义扬善曰怀"。《经世大典》"怀"字君谥有2解，臣谥有3解，均与此条不同，其中引刘熙注的为臣谥下的"执义去位曰怀"，刘熙注曰："此怀来之怀也，所执者义，善事曰彰，人来归之，故曰怀。"

"短折不成曰殇"，《逸周书·谥法解》《史记正义·谥法篇》"殇"有2解，"短折不成曰殇"与此相同，另有"未家短折曰伤"。

"去礼远众曰炀"，《逸周书·谥法解》"逆天虐民曰炀"，《史记正义·谥法篇》"炀"有2解，一为"好内远礼曰炀"，一为"去礼远众曰炀"，另有"逆天虐民曰抗"。赵翼曾评论："谥之最丑者莫如炀。《左传》、《史记》所载不具论。汉惟东平王云、长沙王旦、元魏初有纥那追谥曰炀帝。陈后主死于隋，赠长城公，谥曰炀。此外则隋炀帝、金海陵炀

---

① 汪受宽：《谥法研究》，第330页。
② "善"字为王素先生补足，见王素《〈吐鲁番出土文书〉[壹] 附录残片考释》，《出土文献研究》第3辑，中华书局1998年版，第169页。

王，皆名实相称。"①

"怠政外交曰推"，《逸周书·谥法解》做"息政外交曰推"，《史记正义·谥法解》脱此条；后为苏洵《谥法》所承袭，又见于马端临《文献通考》卷一二三《王礼考十八·谥谏》。

"治典不敷曰祈一曰震"，王圻《续文献通考》卷一三四《谥法考》中，只引"治典不敷曰祈"而省略了"一曰震"三字。现存《史记正义·谥法解》有"治典不杀曰祁"，《春秋左传正义》庄公六年，"楚文王伐申，过邓。邓祁侯曰：吾甥也"，祁即为谥，唐孔颖达疏中，引《正义》曰：谥法"经典不易曰祁"。

综上所述，《独断·帝谥》中有"尧""舜""桀""纣"等谥字，《逸周书·谥法解》《史记正义·谥法解》中无，"尧""舜"存于《大戴礼记·谥法》及吐鲁番出土的《谥法》残本中，"尧"字也见于刘熙所注《谥法》，这说明刘熙注《谥法》、吐鲁番出土的《谥法》残本与《独断·帝谥》为一脉相承，受到汉儒的影响。而"柔德好众曰靖""不生其国曰声""贞心大度曰匡""乱而不损曰灵""布纲治纪曰平""克定祸乱曰武"等谥字、谥解与《逸周书·谥法解》相同。另外，也有谥解为《帝谥》所独有，如"安仁立政曰神"等。《逸周书·谥法解》百余谥字，《白虎通义》云谥"七十二品"，《帝谥》谥字46个，从谥解内容和谥字个数看，《独断·帝谥》来源于《逸周书·谥法解》，同时受到汉代经学的影响，按照作者的主观标准做了删减和增添。《独断·帝谥》是现存最早的关于帝王谥字的单篇文献，之后南朝的贺琛又将谥字分为君谥、臣谥和妇人谥，直接影响到后世的谥法。

第二节 帝王谥法的礼仪范式

谥法是丧礼中的一部分，尤其是帝王谥法的礼仪范式，在皇帝丧礼仪注中应有明确记载。但清朝人徐乾学曾说"国恤仪注，隋以前皆有之，而

---

① （清）赵翼：《陔余丛考》卷一六《两汉六朝谥法》，中华书局1963年版，第308页。

书轶不传,唯《后汉书》颇载其说。"① 所谓"唯《后汉书》颇载其说",指的是《续汉书·礼仪志》所载东汉大丧的一系列礼仪范式。在唐初魏徵等作《隋书·礼仪志》时,载陈永定三年七月,武帝崩。新除尚书左丞庾持称:"晋、宋以来,皇帝大行仪注……",可见两晋南朝时期皇帝的丧仪是有记载的,但并没有完整保留下来。关于北朝的丧仪,《魏书·刘芳传》"高祖自袭敛暨于启祖、山陵、练除,始末丧事,皆芳撰定"②;孝明帝神龟元年(518)九月有司奏崇宪太后丧事,称"案旧事,皇太后崩仪,自复魄敛葬,百官哭临,其礼甚多"③。北齐定令"亲王、公主、太妃、妃及从三品已上丧者"④;隋朝"丧纪,上自王公,下逮庶人,著令皆为定制,无相差越"⑤。对魏晋南北朝时期丧仪,尤其是皇帝的丧礼仪注并没有明确而完整的记载。陈戌国先生已经注意到这一点。⑥ 吴丽娱先生也从《魏书·礼志》"魏自太祖至于武泰帝,及太皇太后、皇太后、皇后崩,悉依汉魏既葬公除"⑦,及北齐孝昭皇帝高演的遗诏"其丧纪之礼一同汉文,三十六日悉从公除,山陵施用,务从俭约"⑧,推断"将以日易月的汉魏制度

---

① (清)徐乾学:《读礼通考·凡例》,文渊阁《四库全书》,第112册,第5页。
② 《魏书》卷五五《刘芳传》,第1221页。
③ 《魏书》卷一〇八之四《礼志四》,第2808页。
④ 《隋书》卷八《礼仪志三》:"后齐定令,亲王、公主、太妃、妃及从三品已上丧者,借白鼓一面,丧毕进输。王、郡公主、太妃、仪同三司已上及令仆,皆听立凶门柏历。三品已上及五等开国,通用方相。四品已下,达于庶人,以魌头。"详见《隋书》卷八《礼仪志三》,中华书局1973年版,第155页。
⑤ 《隋书》卷八《礼仪志三》:"正一品薨,则鸿胪卿监护丧事,司仪令示礼制。二品已上,则鸿胪丞监护,司仪丞示礼制。五品已上薨、卒,及三品已上有朞亲已上丧,并掌仪一人示礼制。官人在职丧,听敛以朝服,有封者,敛以冕服,未有官者,白帢单衣。妇人有官品者,亦以其服敛。棺内不得置金银珠玉。诸重,一品悬鬲六,五品已上四,六品已下二。辒车,三品已上油幰,朱丝络网,施襈,两箱画龙,幰竿诸末垂六旒苏。七品已上油幰,施襈,两箱画云气,垂四旒苏。八品已下,达于庶人,鳖甲车,无幰襈疏苏画饰。执绋,一品五十人,三品已上四十人,四品三十人,并布帻布深衣。三品已上四引、四披、六铎、六翣。五品已上二引、二披、四铎、四翣。九品已上二铎、二翣。四品已上用方相,七品已上用魌头。在京师葬者,去城七里外。三品已上立碑,螭首龟趺。趺上高不得过九尺。七品已上立碣,高四尺。圭首方趺。若隐沦道素,孝义著闻者,虽无爵,奏,听立碣。"详见《隋书》卷八《礼仪志三》,第156页。
⑥ 陈戌国:《中国礼制史·魏晋南北朝卷》第四章第四节《北朝丧葬礼仪》,湖南教育出版社1995年版,第413—421页。
⑦ 《魏书》卷一〇八之四《礼志四》,第2777页。
⑧ (唐)李百药:《北齐书》卷六《孝昭帝纪》,中华书局1972年版,第84页。

作为皇帝丧礼的基本原则北朝已经奠定"。①那么，魏晋南北朝时期皇帝的谥法仪礼也以汉魏制度为基础。

《周礼·春官》载大师"大丧，帅瞽而廞作柩谥"，天子死后，由大师率瞽于南郊祭天之所告谥。汪受宽先生在其著作的"帝王谥号的颁给"中，以宋代为例，叙述了百官议谥、南郊请谥、奉谥册于灵柩（灵座）等典礼的过程。②从《史记·高祖本纪》中群臣议论刘邦谥号的情景、《续汉书·礼仪志下》记载的帝王丧葬礼仪中，可以看到，帝王谥法日渐繁缛，但是其中主要仪式并没有改变。

一 群臣议谥

秦灭六国统一天下之后，秦王政有感于之前君主死后臣下议谥的程序，颁布了废止谥法的诏书，制曰："朕闻太古有号毋谥，中古有号，死而以行为谥。如此，则子议父，臣议君也，甚无谓，朕弗取焉。自今已来，除谥法。朕为始皇帝。后世以计数，二世三世至于万世，传之无穷。"③从秦始皇这一制诏中，我们可以清楚地看到先秦时君主死后大臣议谥的环节。

秦灭亡后，被秦始皇废除的谥法制度重新启用。公元前195年四月甲辰，刘邦崩于长乐宫。丙寅，葬于长陵。己巳，立太子，至太上皇庙，群臣议谥。《史记·高祖本纪》载群臣皆曰："高祖起微细，拨乱世反之正，平定天下，为汉太祖，功最高。"上尊号为高皇帝。④张晏曰："礼谥法无'高'，以为功最高而为汉帝之太祖，故特起名焉。"《汉书》记载基本相同，颜师古注云"尊号，谥也"。从《史记》《汉书》的记载来看，在刘邦的丧礼上，没有执行周礼中"大丧，帅瞽而廞作柩谥"的谥法礼仪，群臣议谥是在葬礼之后，地点在太上皇庙。

《汉书》卷二二《礼乐志二》载汉成帝崩，群臣引以定谥。颜师古注

---

① 吴丽娱：《终极之典：中古丧葬制度研究》上册，中华书局2012年版，第9页。
② 汪受宽：《谥法研究》，第44—46页。
③ 《史记》卷六《秦始皇本纪》，第236页。
④ 《史记》卷八《高祖本纪》，第392页。

引孟康曰:"谥法曰'安民立政曰成'。帝欲立辟廱,未就而崩,群臣议谥,引为美,谓之成。"①

《太平御览》载东汉前期崔骃《章帝谥议》:

> 臣闻号者,功之表;谥者,行之迹。据德录功,各当其实。《孝经》曰:"天地明察,神明章矣。"《唐书》数尧之德曰:平章百姓,言天之常德也。《诗》曰:"追琢其章,金玉其相。亹亹文王,纲纪四方。"又曰:"倬彼云汉,为章于天。"喻文王圣德,有金玉之质,犹云汉之在天也。举表折义,四方德附矣。《易》曰:"先天而天弗违,后天而奉天时。"臣愚以宜上尊号曰章。②

崔骃在谥议中,引据《孝经》《唐书》《诗经》《易经》,并没有直接引述《谥法》。"章"作为谥字,也不见于现存《逸周书·谥法解》《史记正义·谥法解》。《后汉书》卷三《孝章帝纪》李贤注引《谥法》曰:"温克令仪曰章",李贤所见《谥法》或另有所本。《经世大典》将"温克令仪曰章"归于"臣谥",并注引《诗》曰:"人之齐圣,饮酒温克",又曰:"丰弟君子,莫不令仪。"③ 明郭良翰《明谥纪汇编》卷二《谥法》中引苏洵《谥法》"法度大明曰章""敬慎高明曰章""出言有文曰章"。

《旧唐书·经籍志》载《晋谥议》八卷;《魏明帝谥议》二卷,何晏撰;《晋简文谥议》四卷。④ 《世说新语》中存谢安石曾为简文帝作谥议片段:

> 桓公见谢安石作简文谥议,看竟,掷与坐上诸客曰:"此是安石碎金。"(刘孝标注:刘谦之《晋纪》载安议曰:"谨按谥法:'一德不懈曰简,道德博闻曰文。'易简而天下之理得,观乎人文,化成天

---

① 《汉书》卷二二《礼乐志》,第1035页。
② 《太平御览》卷五六二《礼仪部·谥》,第2541页。
③ 《永乐大典》卷一三三四五《谥》,9a。
④ (后晋)刘昫等:《旧唐书》卷四六《经籍志上》,中华书局1975年版,第2008页。

下，仪之景行，犹有仿佛。宜尊号曰太宗，谥曰简文。")①

刘孝标注引刘谦之《晋纪》所载谢安石的谥议中，引述了《谥法》中"简""文"的谥解，并对照了大行皇帝生前行迹，于是议谥"简文"。
《魏书》卷二一下《献文六王·彭城王元勰传》载元勰上高祖谥议：

  谨案谥法，协时肇享曰孝，五宗安之曰孝，道德博闻曰文，经纬天地曰文，仰惟大行皇帝，义实该之，宜上尊号为孝文皇帝，庙曰高祖，陵曰长陵。

元勰谥议中也是直接引用《谥法》中对"孝""文"的解释，建议谥号为"孝文"。现存的谢安石和元勰的谥议，应该均为节录，现存部分都直接征引《谥法》中的某些谥字解，即议谥，之后群臣为大行皇帝上尊号。
  而在《艺文类聚》中保存下来的皇帝谥议中，并没有孟康汉成帝谥议、崔骃汉章帝谥议、谢安石简文帝谥议、元勰孝文帝谥议中直接征引谥法谥解这一步骤和记录。仅列举《艺文类聚》一三《帝王部·宋武帝》刘宋时颜延之"武帝谥议"：

  圣哲同风，功美殊称。盖出乎道者无方，故形于物者不一。伏惟道塞人神，信通期运，爱敬所禀，因心则远，英粹之照，正性自天。体苞潜跃，虑周卷舒。龙德在阴，虽艰贞而不闷。因时而惕，故有来其必亨。在晋之季，皇途荐阻，挣抢干纪，璇玑失驭。天鉴灵武，民属圣明，不假十室之资，不藉百乘之赋，首义驰风，一鼓静乱，涤除泰阶，消殄薄蚀。斯亮登庸之基，经纶之始者也。内难虽弭，外图未辑，河华海岱，负固相望。荆濮燕亳，侯服交侵。眷言帝畿，思康王路。戎不再驾，遗氓即叙。斥堠之所未羁，亭徼之所不译。莫不饰诚

---

① （南朝宋）刘义庆编，（南朝梁）刘孝标注，余嘉锡笺疏：《世说新语笺疏·卷上之下·文学第四》，中华书局2007年版，第316页。

请罪，款塞来宾，故能洒埽中岳，致庙九山，神道会昌，宝命既集，损之而益，后身愈先。既而仪形帝载，揖让天历，改玉乎文祖，班瑞於神宗。贯革寝机，文武揎笏。故宸居两楹，坐一八表，国训成均之学，家沾抚辜之仁。大美配天，必终之以俭德。道固万叶，犹申之以话言。允所谓教思无穷，树之长世，取高上代，顾邈前王矣。

在刘宋颜延之（宋）武帝谥议、梁沈约齐武帝、齐明帝谥议，梁任昉齐明帝谥议，北齐邢子才齐文宣帝谥议这五个来自南北朝四帝的谥议中，并不载征引《谥法》，也没有拟定谥号，只是以辞藻繁复的四六骈文赞颂皇帝的丰功功绩。这应与《艺文类聚》一书的章节性质有关，这些文字有可能是从原谥议中节选出来的。

另外，《艺文类聚》卷一四《帝王部·梁武帝》载萧绎为高祖武皇帝所作谥议：

> 臣闻翼善传圣曰尧，仁圣盛明曰舜，受禅成功曰禹，除虐去残曰汤。谥者行之迹，号者功之表，虽贱不诔贵，卑不诔尊，而彰乎名者，盛德之嘉号也，被于物者，治定之实录也，斯所以声明焕乎锺石，昭晰备于弦管者焉，伏惟天纵钦明，惟睿作圣，功超三五，声逾七十，仰之弥高，就之弥远，载潜载跃，乃武乃文，先是木运告终，群后改属，乾维冈构，地纽如崩，祧祀阽危，公卿旰食，九牧有沦胥之悲，八表兴横流之叹，乃凝威黑水，表瑞丹陵，云合景从，表里禔福，受终文祖，允恭克让，知黔首不可以无归，苍生不可以无主，降汾阳之远志……广辟四门，弘招贤之德，青衿知击壤之性，黄发恣鼓腹之欢，加以钻味微言，研精至道，文终所牧之典……陟岵何期，思所以钦若九功，仰稽七德。

在这个谥议中，萧绎先引用《谥法》中尧舜禹汤四个谥字及解、谥法的原则，而后用以华丽的四六骈文追述了梁高祖生前的功绩，在这之后，并没有明确地提出其谥号，但这并不表明原谥议没有拟定谥字。综合正史、类书所节录谥议内容看，谥议不仅包含对皇帝丰功伟绩的铺陈渲染，而且更重要的是根据其行迹和《谥法》著作，拟定出谥字，以供大臣商议讨论。

二 南郊告谥于天

司马彪《续汉书》卷六《礼仪志下》详细地记载了东汉皇帝大丧的一系列礼仪范式，从"不豫"送药、初终、招魂、沐浴、饭含、小敛、大敛一直到成服之礼。虽然在现存的魏晋南北朝时期史料中没有全面详细的记载，皇帝大丧礼仪程序中与谥法有关的礼仪，我们仍能从东汉到隋唐史料中找到一些与这一时期皇帝谥法有关的礼仪。

（一）大行

早在秦汉时期，已用"大行"来表示皇帝之死。秦始皇死后，胡亥喟然叹曰："今大行未发，丧礼未终，岂宜以此事干丞相哉！"[①] 汉初，"灌夫罪至族，事日急，诸公莫敢复明言于上。魏其乃使昆弟子上书言之，幸得复召见。书奏上，而案尚书大行无遗诏"[②]。《史记正义》云"天子崩曰大行也"。

杜佑《通典》卷七九《凶礼一·大丧初崩及山陵制》：

> 帝初登遐，朝臣称曰"大行皇帝"。《风俗通》云："俗说《易》称四海为家，虽都二京，巡有方岳，文曰行在，所由以行为辞。天命有终，往而不返，故曰大行。天子新崩，梓宫在殡，太子已即位，存亡有别，不可但称皇帝。未及定谥，故曰大行皇帝。宫车晏驾，周康王一朝晏起，诗人深刺；如今崩殡，则为晏驾。"其丧葬仪，无闻。[③]

应劭的《风俗通义》曰："天子新崩，未有谥，故且称大行皇帝"，即逝去的皇帝在谥号未定之前，均称为"大行皇帝"，在谥策文中也称"大行皇帝"。《后汉书》卷五《安帝纪》载延平元年（106）八月，殇帝崩，太后与兄车骑将军邓骘定策禁中。皇太后诏曰："孝和皇帝懿德巍巍，光

---

① 《史记》卷八七《李斯传》，第2549页。
② 《史记》卷一〇七《魏其武安侯列传》，第2853页。
③ 《通典》卷七九《凶礼一·大丧初崩及山陵制》，第2133页。

于四海；大行皇帝不永天年。"韦昭云："大行者，不反之辞也。天子崩，未有谥，故称大行也。"《通典》附注引魏孙毓曰："《礼记》告丧曰'登遐'，告讣之辞也。或曰大行之称，起于汉氏。《汉书》曰'大行在前殿'，又曰'大行无遗诏'，此即非告讣之辞。谥法者，大行受大名，小行受小名。初崩未谥，而嗣帝已立，臣下所称辞宜有异，故谓之大行，言其有大德行，必受大名若称谥也。"①

到陈武帝崩时，对于哀策文中逝去皇帝的称谓有一次改变。《隋书·礼仪志》：

> 陈永定三年七月，武帝崩。新除尚书左丞庾持称："晋、宋以来，皇帝大行仪注，未祖一日，告南郊太庙，奏策奉谥。梓官将登辒辌，侍中版奏，已称某谥皇帝。遣奠，出于陛阶下，方以此时，乃读哀策。而前代策文，犹云大行皇帝，请明加详正。"国子博士、领步兵校尉、知仪礼沈文阿等谓："应劭《风俗通》，前帝谥未定，臣子称大行，以别嗣王。近检梁仪，自梓官将登辒辌，版奏皆称某谥皇帝登辒辌。伏寻今祖祭已奉策谥，哀策即在庭遣祭，不应犹称大行。且哀策篆书，藏于玄宫。"谓"依梁仪称谥，以传无穷"。诏可之。②

根据庾持的上奏可知，晋、宋以来，在南郊告谥、奏策奉谥、侍中版奏时已称某谥皇帝，而不是大行皇帝；遣奠读哀策时，因为晋宋之前的策文中仍称大行皇帝。因此实际的礼仪程序称呼已和前代产生矛盾，新嗣的陈帝批准按照梁制，在南郊告谥祖祭奉策谥后所读哀策中即可称为"某谥皇帝"。从尚书左丞庾持和国子博士、领步兵校尉、知仪礼沈文阿所奏，我们还可知，晋宋以来，皇帝大行仪注是非常完备的，这一点在《隋书》和新旧唐书的《经籍志》中所记录的各代凶礼天子丧礼及大行皇帝崩仪注中得以体现，唐朝时，还有《梁陈大行皇帝崩仪注八卷》③存留，但现已

---

① 《通典》卷七九《凶礼一·大丧初崩及山陵制》，第2133页。
② 《隋书》卷八《礼仪志》，第151页。
③ 《旧唐书》卷四六《经籍志上》，第2008页。

亡佚。

（二）南郊告谥之礼

《续汉书·礼仪志》中所记载的东汉大丧仪式中，有一部分与皇帝谥法相关：

> 太常上启奠。夜漏二十刻，太尉冠长冠，衣斋衣，乘高车，诣殿止车门外。使者到，南向立，太尉进伏拜受诏。
>
> 太尉诣南郊。未尽九刻，大鸿胪设九宾随立，群臣入位，太尉行礼。执事皆冠长冠，衣斋衣。太祝令跪读谥策，太尉再拜稽首。治礼告事毕。
>
> 太尉奉谥策，还诣殿端门。太常上祖奠，中黄门尚衣奉衣登容根车。东园武士载大行，司徒却行道立车前。治礼引太尉入就位，大行车西少南，东面奉〔谥〕策，太史令奉哀策立后。太常跪曰"进"，皇帝进。太尉读谥策，藏金匮。皇帝次科藏于庙。太史奉哀策苇箧诣陵。太尉旋复公位，再拜立（哭）。太常跪曰"哭"，大鸿胪传哭，十五举音，止哭。太常行遣奠皆如礼。请哭止哭如仪。
>
> 昼漏上水，请发。司徒、河南尹先引车转，太常跪曰"请拜送"。载车著白系参缪绋，长三十丈，大七寸为輓，六行，行五十人……皇帝白布幕素里，夹羡道东，西向如礼。容车幄坐羡道西，南向，车当坐，南向，中黄门尚衣奉衣就幄坐。
>
> 车少前，太祝进醴献如礼。司徒跪曰"大驾请舍"，太史令自车南，北面读哀策，掌故在后，已哀哭。太常跪曰"哭"，大鸿胪传哭如仪。司徒跪曰"请就下位"，东园武士奉下车。司徒跪曰"请就下房"，都导东园武士奉车入房。司徒、太史令奉谥、哀策。
>
> 东园武士执事下明器。①

以上是东汉大丧仪式中灵柩将行的"启奠""祖奠""遣奠"等祭奠

---

① 《续汉书》志第六《礼仪下》，《后汉书》，第3145页。

仪式与宫门送行之仪。在棺木启动的启奠仪式后，重要的一环是太尉诣南郊告谥，太祝令跪读谥策。为何太尉要在启奠后行南郊告谥之礼呢？《白虎通》"论天子谥南郊"云"天子崩，臣下至南郊谥之者何？以为人臣之义，莫不欲褒大其君，掩恶扬善者也。故之南郊，明不得欺天也。故《曾子问》：'孔子曰：天子崩，臣下之南郊，告谥之。'"《白虎通》认为群臣按人伦常理，容易出现褒美君主、掩恶扬善的情况；前往南郊告谥，以天为证，是对大行皇帝谥号的议定不得欺天的缘故。应劭《风俗通义》曰："礼，臣子无爵谥君父之义也，故群臣累其功美，葬日，遣太尉于南郊告天而谥之。"应劭则认为，南郊告谥是因为臣子不能按照谥法"无爵者无谥"这一般的规则来给逝去天子来议谥、定谥，因此前往南郊，告天为谥。虽然《白虎通》和《风俗通义》指出南郊告谥的理由不完全相同，但其行文中，即《白虎通》中的"褒大其君，掩恶扬善"和《风俗通义》中的"累其功美"却道出了帝王谥议、谥策的本质特点，即对帝王生前事业的美颂。

前述《通典》引《五经通义》称"臣吉服之南郊告天，还素服，称天而谥之"。南郊告谥礼仪，为魏晋南北朝时期多数王朝所沿用，《晋书》卷一九《礼志》：

> 礼，有事告祖祢宜社之文，未有告郊之典也。汉仪，天子之丧，使太尉告谥于南郊，他无闻焉……及文帝崩，太尉钟繇告谥南郊，皆是有事于郊也。江左则废。

曹丕死后，太尉钟繇告谥南郊，那么东晋的情况如何，是否确如上引《晋书·礼志》中所说"江左则废"呢？《通典》卷五五《吉礼·告礼》：

> 贺循议："告谥南郊，不当用牲。然先告代祖谥于太庙，复有用牲，于礼不正，理不应有牲。告郊庙皆不用牲，牲惟施于祭及祷耳。"徐邈又议云："按武帝永熙元年，告谥南郊，用牲。自江左以来，哀帝兴宁中、简文帝咸安中告谥，并苍璧制币，告立太子、太孙。"邈与范宁书，问："告定用牲否？礼，郊牲在涤三月，此谓常祀耳。宗

庙告牲，亦不展乌桼，日既逼，不容得备。又礼，郊特牲在涤宫，而稷牛唯具。传曰'帝牛不吉，则卜特牲而用之'，如无复九旬之别也。谓今牲至则用，当无疑否？"范宁答云："礼，郊牲必在涤三月。公羊传'养二卜'。二卜者，谓本卜养二牲也。帝牲不吉则卜稷牲，稷牲不吉则不郊。盖所以敬天神而后人鬼也。无本郊不涤牲之礼。牲唯具用，非吾所闻也。凡告用制币，先儒有明义也。"

虽然这则资料是关于告谥南郊时是否用牲的讨论，但是，其中谈及西晋永熙元年（290）葬晋武帝时曾告谥南郊；另外，在东晋哀帝兴宁中、简文帝咸安中也曾南郊告谥，可证《晋书·礼志》中江左废有事于郊的说法不确。

（三）谥策

前引《续汉书·礼仪志》载南郊告谥后，太尉奉谥策，还诣殿端门；到祖奠程序，大行车西少南，太尉东面奉谥策，太史令奉哀策立后。嗣皇帝进入后，太尉读谥策，藏金匮。直到灵柩入房后，司徒、太史令奉谥、哀策。上引《隋书·礼仪志》中尚书左丞庾持和国子博士、领步兵校尉、知仪礼沈文阿所奏内容中，也透露了大丧时涉及谥号的礼仪程序：告南郊太庙，奏策奉谥。梓宫将登辒辌时，侍中版奏称某谥皇帝登辒辌；遣奠，出于陛阶下，读哀策。这一记载稍比《续汉书》简单，南郊告谥、奉谥策和哀策都是必不可少的礼仪程式。

关于谥策，《晋书·束晳传》载：

> 时有人于嵩高山下得竹简一枚，上两行科斗书，传以相示，莫有知者。司空张华以问（博士束）晳。晳曰："此汉明帝显节陵中策文也。"检校果然。

束晳所说"此汉明帝显节陵中策"，即东汉明帝显节陵中的谥策，也可知明帝时谥策材质为竹简而非玉版。所谓"科斗书"应指篆书。直到北魏时期，谥策（册）可能仍以篆体书之。《魏书》载北魏江式"少专家学。数年之中，常梦两人时相教授，乃寤，每有记识。初拜司徒长兼行参军、检校御史，寻除殄寇将军、符节令。以书文昭太后尊号谥册，特除奉朝请，仍符节令。式篆体尤工，洛京宫殿诸门板题，皆式书也。"①

《艺文类聚·帝王部》保留了"齐谢朓明皇帝谥策文"曰：

> 仰惟早弃万邦，圣列方远，式遵帝世，俾凼鸿猷，咸以为无名以化，则言系莫宣其道，有来斯应，则影响庶图其功，所以永言配命，寄心宗极，光昭令德，允树风声，伏惟合信四时，齐光日月，创保大于登庸，通机神于受命，因时以惕，藉九万而轻举，天保既定，运四海而高临，及开物成务，重维国纽，风行草偃，化往如神，左贤右戚，内乐外礼，辑五材以教民，申三驱而在宥，用能盛德殷荐，美善斯毕，皇矣之业既孚，蒸哉之道咸备，景化方远，厌世在天，龟筮告期，远日无改，仰则前王，俯询百辟，累德称睿，允极鸿名。

在这篇谥策文中，谢朓追述了齐明帝生前的功绩。但此篇没有齐明帝的谥字，也有可能与前文所引《艺文类聚》的五篇谥议一样，均为节选。

三 题谥于神主之背

《续汉书·礼仪志》中还载先皇入葬复土后，新嗣皇帝、皇后"以下皆去麤服，服大红，还宫反庐，立主如礼。桑木主尺二寸，不书谥。虞礼毕，祔于庙，如礼"②。桑木主也被称为虞主，在虞礼后便祔于庙，此时桑木主不书谥。而到了祔庙日，则要用栗木做的新神主代替旧神主，放在庙室中供奉。《通典》卷四八《天子皇后及诸侯神主》载："主之制，四方，穿中央达四方。天子长尺二寸，诸侯一尺，皆刻谥于背。汉仪云：帝之主九寸，前方后圆，围一尺。后主七寸，围九寸。木用栗。晋武帝太康中制，太庙神主尺二寸，后主一尺与尺二寸中间。木以栗。"③ 唐朝时，神主的尺

---

① 《魏书》卷九一《术艺·江式传》，第1960—1961页。
② 《续汉书》卷六《礼仪志下》，《后汉书》，第3148页。
③ 《通典》卷四八《礼·沿革·吉礼·天子皇后及诸侯神主》，第1345页。

寸、材质、盛放的漆匣更为讲究，且"以光漆题谥号于其背"，汉晋时期谥号的题写可能也如此。史籍中曾记载陈武帝永定元年十月戊子，迁景皇帝神主祔于太庙；北魏天兴二年冬十月，太庙成，迁神元、平文、昭成、献明皇帝神主于太庙；天安元年三月辛丑，高宗文成皇帝神主祔于太庙。

以上对魏晋南北朝时期帝王谥法的理论构建和礼仪范式做了探讨，可以看到《通典》卷一〇四《凶礼二十六》"帝王谥号议"是对唐之前帝王谥法理论最全面的概括。杜佑追叙了黄帝、颛顼、尧、舜等谥号的由来；以问答的形式，征引了《大戴礼记》《礼记·乐记》《白虎通》《五经通义》等文献，来说明谥法与行迹直接相关、谥法的取得必须以有爵位为前提、追谥父祖可改谥爵、天子崩南郊称天而谥等，这些基本原则和理论大都为春秋、战国、汉代及后代所遵循，也是构建这一时期帝王谥法的理论基石。

除了以上在谥法制度中的基本理论外，帝王谥法还有另一个主要方面，便是谥字的拟定。汉末至魏晋南北朝时期，学者们对《谥法》进行了不同程度的注释、推演。关于帝王谥字，东汉末年，蔡邕撰《独断》卷下有"帝谥"，共46个谥字，每字一解，从谥解内容和谥字个数看，《独断·帝谥》来源于《逸周书·谥法解》，同时受到汉儒的影响，又按照作者的主观标准做了删减和增添。《独断·帝谥》是现存最早的关于帝王谥字的单篇文献，之后南朝的贺琛又将谥字分为君谥、臣谥和妇人谥，直接影响到后世的谥法。东汉魏晋南北朝时期，帝王谥法的礼仪范式日渐繁缛、亦愈加制度化，但是群臣议谥、南郊告谥于天、题谥于神主之背等主要仪式并没有改变。

第三节　魏晋南北朝皇帝谥号用字、字数

西周谥法，初以文、武、成、康等美谥居多，其后昭、穆二王或为平谥，晚期厉、宣、幽等谥号善恶褒贬已寓于其中。童书业先生论及西周、春秋时谥以"幽""厉"的周天子、诸侯，认为："谥为'幽'者，盖非令主，且不得其死。周幽王见杀于犬戎而亡其国，鲁幽公被杀，郑幽公为韩人所杀，晋幽公淫妇人为盗所杀，楚幽王时楚大乱，曹幽伯被杀，赵幽缪王亡国。谥为'厉'者，皆有昏德或不终者，周厉王放于彘，齐厉公暴

虐见杀，宋厉公杀君自立，晋厉公被杀，秦厉公时国亦不宁，郑厉公见逐，陈厉公淫乱见杀。"① 在现实政治中，谥号被寓以善恶褒贬之意，与"谥者，行之迹也""死者以行为谥"两相契合，即使生前贵为天子或诸侯，死后议谥时仍与生前行状紧密联系，后嗣子孙不能改，"名之曰幽、厉，虽孝子慈孙，百世不能改也"②，从而赋予了谥法规范统治者行为的政治意义，谥号也成为已逝统治者的独特标识，足以垂范和警醒后世来者。

虽然秦始皇一朝去谥法制度，但谥法的功用和影响一直存留在当时君臣的思想观念中。到二世时，李斯曾上书："且夫俭节仁义之人立于朝，则荒肆之乐辍矣；谏说论理之臣闲于侧，则流漫之志诎矣；烈士死节之行显于世，则淫康之虞废矣。故明主能外此三者，而独操主术以制听从之臣，而修其明法，故身尊而势重也。凡贤主者，必将能拂世磨俗，而废其所恶，立其所欲，故生则有尊重之势，死则有贤明之谥也。"③ 即使秦始皇废除谥法制度，李斯却在上书中仍劝二世做明断之贤君，这样死亡后会得到贤明的谥号。

汉朝除开国皇帝刘邦尊号为高皇帝、短暂称帝二十七天的海昏侯无谥外，从孝惠帝始西汉皇帝的谥号皆加"孝"；东汉除开国皇帝"光武帝"刘秀外，其他皇帝的谥号亦皆加"孝"，使用了"孝+另一谥字"这样稳定的结构。"夫孝，天之经，地之义，民之行也"，对此，时人的解释是：

> 永康元年五月壬子晦，日有蚀之。六月甲寅，诏公、卿、校尉举贤良方正各一人。颍川荀爽对策曰："臣闻火生于木，故其德孝，汉之谥帝称孝者，其义取此也。故汉制使天下皆讲《孝经》，选吏能举孝廉，盖以孝为务也。夫丧亲，自尽孝之终也。今二千石不得终三年丧，恐非所以为孝道而称火德也。"④

---

① 童书业：《春秋左传研究》附录《周代谥法》，第384页。
② 《孟子·离娄章句上》，《孟子注疏》，十三经注疏本，北京大学出版社1999年版，第190页。
③ 《史记》卷八七《李斯传》，第2557页。
④ （晋）袁宏：《后汉纪》卷二二《孝桓皇帝纪下》，中华书局2002年版，第435页。

当时人荀爽从阴阳五行方面解释汉帝谥孝的原因，"臣闻火生于木，故其德孝，汉之谥帝称孝者，其义取此也"。《汉书》卷二《惠帝纪》载："孝惠皇帝，高祖太子也，母曰吕皇后。"颜师古注引：

>　　应劭曰："礼谥法'柔质慈民曰惠'。"师古曰："孝子善述父之志，故汉家之谥，自惠帝已下皆称孝也。"①

汪受宽先生认为，荀爽、颜师古"二人所论都没有抓住问题的实质，汉帝谥号尚孝，应该从时人的道德观念中追寻"，并引用《吕氏春秋》卷一四《孝行》来证明，"为天下，治国家，必务本而后末。所谓本者，非耕耘种植之谓，务其人也。务其人，非贫而富之，寡而众之，务其本也。务本莫贵于孝。人主孝，则名章荣，下服听，天下誉。人臣孝，则事君忠，处官廉，临难死。士民孝，则耕芸疾，守战固，不罢北。夫孝，三皇五帝之本务，而万事之纪也"②。

西汉一朝，《孝经》被统治者和全社会所推崇：

>　　《孝经》者，孔子为曾子陈孝道也。夫孝，天之经，地之义，民之行也，举大者言，故曰孝经。汉兴，长孙氏、博士江翁、少府后仓、谏大夫翼奉、安昌侯张禹传之，各自名家。③

昌邑王在昭帝死后即位，二十七日退位。在丞相杨敞等弹劾昌邑王的奏章中，列举了昌邑王在奔丧和居丧期间"服斩衰，亡悲哀之心，居道上不素食，使从官略女子载衣车，内所居传舍……常与昌邑从官居禁闼内敖戏……"等大量罪状，并说："今陛下嗣孝昭皇帝后，行淫辟不轨……五辟之属，莫大不孝……陛下不可以承天序，奉祖宗庙，子万姓，当废。"奏章中的"五辟之属，莫大不孝"，直接源自《孝经》

---

① 《汉书》卷二《惠帝纪》，第86页。
② 汪受宽：《谥法研究》，第56页。
③ 《汉书》卷三〇《艺文志》，第1719页。

"五刑之属三千，而罪莫大于不孝"的说法，将昌邑王上述行为直接归结为"不孝"。① 霍光"忧懑，独以问所亲故吏大司农田延年……田延年前，离席按剑，曰：'先帝属将军以幼孤，寄将军以天下，以将军忠贤能安刘氏也。今群下鼎沸，社稷将倾，且汉之传谥常为孝者，以长有天下，令宗庙血食也。'"② 那么在当时君臣的思想观念中，汉朝皇帝以"孝"为谥号第一字，目的和影响是非常鲜明和深远的。

作为谥字，"孝"的意义、用词是固定的，那么其后的谥字具有真正的标识意义，后世习惯将此字作为汉帝谥号的简称，因此出现了惠帝、文帝、景帝、武帝这样统一的称谓系统，《汉书》本纪也均以安帝、哀帝等来称呼本纪皇帝。两汉皇帝的谥号分别是：

名讳	庙号	谥号	谥解	出处
刘邦	太祖	高	礼谥法无"高"	《汉书》卷一《高祖纪》注
刘盈		孝惠	应劭曰："礼谥法'柔质慈民曰惠'。"师古曰："孝子善述父之志，故汉家之谥，自惠帝已下皆称孝也。"	《汉书》卷二《惠帝纪》注
刘恒	太宗	孝文	应劭曰："谥法'慈惠爱民曰文'。"	《汉书》卷四《文帝纪》注
刘启		孝景	应劭曰："礼谥法'布义行刚曰景'。"	《汉书》卷五《景帝纪》注
刘彻	世宗	孝武	应劭曰："礼谥法'威强叡德曰武'。"	《汉书》卷六《武帝纪》注
刘弗陵		孝昭	应劭曰："礼谥法'圣闻周达曰昭'。"	《汉书》卷七《昭帝纪》注
刘询	中宗	孝宣	应劭曰："谥法'圣善周闻曰宣'。"	《汉书》卷八《宣帝纪》注
刘奭	高宗	孝元	应劭曰："谥法'行义悦民曰元'。"	《汉书》卷九《元帝纪》注
刘骜	统宗	孝成	应劭曰："谥法'安民立政曰成'。"	《汉书》卷一〇《成帝纪》注
刘欣		孝哀	应劭曰："恭仁短折曰哀。"	《汉书》卷一一《哀帝纪》注
刘衎	元宗	孝平	应劭曰："布纲治纪曰平。"	《汉书》卷一二《平帝纪》注

---

① 《汉书》卷六八《霍光传》，第2946页。
② 《汉书》卷六八《霍光传》，第2938页。

续表

名讳	庙号	谥号	谥解	出处
刘秀	世祖	光武	谥法："能绍前业曰光，克定祸乱曰武。"	《后汉书》卷一上《光武帝纪》注
刘庄	显宗	孝明	谥法曰："照临四方曰明。"	《后汉书》卷二《显宗孝明帝纪》注
刘炟	肃宗	孝章	谥法曰："温克令仪曰章。"	《后汉书》卷三《肃宗孝章帝纪》注
刘肇	穆宗	孝和	谥法曰："不刚不柔曰和。"	《后汉书》卷四《孝和帝纪》注
刘隆		孝殇	谥法曰："短折不成曰殇。"	《后汉书》卷四《孝殇帝纪》注
刘祜	恭宗	孝安	谥法曰："宽容和平曰安。"	《后汉书》卷五《孝安帝纪》注
刘保	敬宗	孝顺	谥法曰："慈和遍服曰顺。"	《后汉书》卷六《孝顺帝纪》注
刘炳		孝冲	谥法曰："幼少在位曰冲。"司马彪曰："冲幼早夭，故谥曰冲。"	《后汉书》卷六《孝冲帝纪》注
刘缵		孝质	谥法："忠正无邪曰质。"	《后汉书》卷六《孝质帝纪》注
刘志	威宗	孝桓	谥法曰："克敌服远曰桓。"	《后汉书》卷七《孝桓帝纪》注
刘宏		孝灵	谥法曰："乱而不损曰灵。"	《后汉书》卷八《孝灵帝纪》注
刘协		孝献	谥法曰："聪明睿智曰献。"	《后汉书》卷九《孝献帝纪》注

两汉皇帝的谥字分别是：

西汉：高、孝惠、孝文、孝景、孝武、孝昭、孝宣、孝元、孝成、孝哀、孝平

东汉：光武、孝明、孝章、孝和、孝殇、孝安、孝顺、孝冲、孝质、孝桓、孝灵、孝献

谥法出现时，谥字没有明显的分类，所谓"成周之法，初无恶谥，谥之有恶者，后人之所立也，由有美刺之说行，然后人立恶谥"[①]。随着谥法逐渐制度化，开始有了美谥、平谥与恶谥的区别。按照郑樵《通考·谥法》将谥号分为上、中、下三等的标准，"殇"为下谥，"哀""冲"为中谥，其余皆为上谥。

在用字上，现存《逸周书·谥法解》、蔡邕《独断·帝谥》、《史记正

---

① 《通志》卷四六《谥略·序论一》，第788页。

义·谥法解》中均无"高""和""冲"字谥。刘邦死后，群臣议谥"高祖起微细，拨乱世反之正，平定天下，为汉太祖，功最高。上尊号为高皇帝"，张宴注云："礼，谥法无'高'，以为功最高而为汉帝之太祖，故特起名焉。"[①]《后汉书》卷四《和帝纪》"孝和皇帝讳肇"条，唐章怀太子李贤注引《谥法》曰："不刚不柔曰和。"吐鲁番《谥法》残本第12行"协谐九族曰和"，为现存谥法文献所不载，能补文献典籍的遗缺。宋苏洵《谥法》中"和"有4解："柔远能迩曰和、号令悦民曰和、不刚不柔曰和、推贤让能曰和。"《后汉书·冲帝纪》李贤注引《谥法》曰："幼少在位曰冲"，司马彪曰："冲幼早夭，故谥曰冲。"宋代苏洵《谥法》卷四"幼少短折曰冲"。《后汉书·质帝纪》李贤注引《谥法》曰："忠正无邪曰质。"

一 魏晋南北朝皇帝谥号用字

魏晋南北朝时期，各个政权皇帝谥号的用字并没有特殊的规律，谥字绝大多数为美谥，以下是各朝皇帝的谥号：

曹魏：文（曹丕）、明（曹叡）、元（曹奂）

蜀汉：昭烈（刘备）

孙吴：大（孙权）、景（孙休）、文（孙和，皓即位，尊和为昭献皇帝，后改为文）

西晋：武（司马炎）、孝惠（司马衷）、孝怀（司马炽）、孝愍（司马邺）

东晋：元（司马睿）、明（司马绍）、成（司马衍）、康（司马岳）、穆（司马聃）、哀（司马丕）、简文（司马昱）、孝武（司马曜）、安（司马德宗）、恭（司马德文）

宋：武（刘裕）、文（刘义隆）、孝武（刘骏）、明（刘彧）、顺（刘准）

齐：高（萧道成）、武（萧赜）、明（萧鸾）、和（萧宝融）

梁：武（萧衍）、简文（萧纲）、孝元（萧绎）、敬（萧方智）

陈：武（陈霸先）、文（陈蒨）、孝宣（陈顼）

[①] 《史记》卷八《高祖本纪》，第341页。

前凉：明（昭，张寔）、成（张茂）、文（张骏）、桓（敬烈，张重华）、哀（张曜灵）、威（张祚）、冲（敬悼，张玄靓）、悼（张天锡）、平（张大豫）

前赵：光文（刘渊）、昭武（刘聪）、隐（刘粲）、昭文（刘曜）

后赵：明（石勒）、闵（石弘）、武（石虎）、成（石遵）、哀（石鉴）

成汉：武（李雄）、昭文（李寿）、文（李势）

前秦：景明（苻健）、宣昭（苻坚）、哀平（苻丕）、高（苻登）、宣文（苻崇）

后秦：武昭（姚苌）、文桓（姚兴）

后凉：懿武（吕光）、隐（吕绍）、灵（吕纂）

南凉：武（秃发乌孤）、康（秃发利鹿孤）、景（秃发傉檀）

北凉：武宣（沮渠蒙逊）、哀（沮渠牧犍）

西凉：武昭（李暠）、宣（李宝）

前燕：文明（慕容皝）、景昭（慕容儁）、幽（慕容暐）

后燕：成武（慕容垂）、惠愍（慕容宝）、灵（慕容详）、僖（慕容麟）、昭武（慕容盛）、昭文（慕容熙）、惠懿（慕容云）

南燕：献武（慕容德）、穆（慕容纳）

北燕：文成（冯跋）、昭成（冯弘）

西燕：烈文（慕容泓）、威（慕容冲）、和（慕容瑶）、安（慕容忠）、武桓（慕容永）

西秦：武宣（乞伏国仁）、武元（乞伏乾归）、文昭（乞伏炽盘）、厉武（乞伏暮末）

大夏：武烈（赫连勃勃）、德武（赫连昌）、平武（赫连定）

北魏：道武（拓跋珪）、明元（拓跋嗣）、太武（拓跋焘）、文成（拓跋浚）、献文（拓跋弘）、孝文（元宏）、宣武（元恪）、孝明（元诩）、孝庄（元子攸）、孝静（元善见）

北齐：文宣（高洋）、孝昭（高演）、武成（高湛）

北周：孝闵（宇文觉）、明（宇文毓）、武（宇文邕）、宣（宇文赟）、静（宇文阐）

在以上皇帝谥号中，几无恶谥；按郑樵《谥法》上中下三等，仅有怀、闵、愍、悼、冲、隐、哀等中谥，不过12人，其余皆为美谥。使用频率最高的美谥为"武"字，有9人单谥为"武"，与"武"组合的谥字有孝武、昭武、武宣、武昭、懿武、成武、献武、武桓、武宣、武元、厉武、武烈、德武、平武、道武、太武、宣武、武成。魏晋南北朝时期开国皇帝的谥号多为"武"字，如西晋、宋、梁、陈、北魏、北齐等朝的开国皇帝均谥为"武"；另外，曹魏文帝追谥曹操为"武"，孙吴追谥孙坚为"武烈"，杨青华注意到这点，认为这是因为长期分裂的局面，频繁的战争，造成这一时期的人们对于武力的推崇；同时是对开国皇帝的一种客观评价；也是受儒家正统观的影响，其统治者希望通过谥号来表现其政权的合法性。① 笔者认同这一观点，但是，并不是所有谥字都与其生前行迹严丝合缝地符合，福原启郎便指出，司马炎"武帝"的谥号实际上是名不副实的，较之魏武帝曹操，司马炎其实扮演的是类似曹丕的角色。②

"文"字也为使用频率很高的美谥，有6人单谥为文；与"文"组合的谥字有简文、光文、昭文、宣文、文桓、文明、文成、烈文、文昭、文成、献文、孝文、文宣，其中十六国时期有3人谥曰"昭文"。另外，"明""元""宣""成""昭"等美谥使用频率也很高。

最为独特的是三国孙吴开国君主孙权的谥字"大"，《资治通鉴》胡三省注："沈约曰：谥大，谥法不载。"③ 那么，在齐、梁时期，"大"字仍未进入谥法文献，到北宋苏洵《谥法》卷二中有"则天法尧曰大"。近年来出版的清华简中，出现了"简大王"和"楚简大王"④，即传世文献中的楚简王。董珊指出"大"当为谥字，又认为"大"当为"厉"或"烈"⑤。前引张淑一、余蔚萱文认为，"大"字虽不见于《谥法解》，但其表达尊敬祖先和避讳逝者生名的用意明显可见，因此归入谥字行列并无滞碍。"大"完全可以从其本字读之，同"太"。甲骨文中已有"大甲"、

---

① 杨青华：《魏晋南北朝开国君主多用"武"谥原因探析》，《华中师范大学研究生学报》2014年第3期。
② 福原启郎：《西晋の武帝司马炎》，白帝社1995年版，第3—4页。
③ 《资治通鉴》卷七五《魏纪七》"嘉平四年四月条"，第2395页。
④ 《清华简（壹）·楚居》简15；《清华简（贰）·系年》简114。详见清华大学出土文献研究与保护中心编，李学勤主编《清华大学藏战国竹简》（壹）（贰），中西书局2010、2011年版。
⑤ 董珊：《楚简中从"大"声之字的读法》，《古代文明》第8卷，文物出版社2010年版。

"大庚"等称,周人先公古公亶父被称为"大王",王季之母亦称"大姜",文王之母称"大任",此"楚简大王"之"大"与前述诸"大"并无本质区别,都是表示对所追怀之先人的尊尚。① 笔者认为这一观点有一定的道理。

二 魏晋南北朝皇帝谥号字数

从上文列举的魏晋南北朝各政权皇帝的谥号字数来看,有谥皇帝共119人,单谥63人,复谥56人;魏、东晋南朝有谥皇帝37人,其中单谥27人,占73%;复谥10人,占27%。前凉受两晋的影响,其谥号均为单谥;十六国北朝有谥皇帝73人,其中单谥27人,占37%;复谥46人,占63%。尤其是北魏和北齐时期,帝王的谥号全部为复谥。

这一时期皇帝谥字为一字或两字,具有很强的独立区别标识意义。在前四史、八书二史的本纪记载中,除《史记》卷八《高祖本纪》中的"高祖"为糅合尊号(谥号)"高皇帝"和庙号"汉太祖",《魏书》和《晋书》用"庙号+谥号",《陈书》用庙号外,其余均是以皇帝的谥号作为本纪传主的称谓。从出土墓志和文献来看,魏晋南北朝时期使用皇帝谥号的情况远远多于庙号。而在《新唐书》《旧唐书》《宋史》《明史》等正史的本纪记载中,均以皇帝的庙号作为本纪传主的称谓;之后人们使用庙号的情况远多于谥号,使用皇帝谥号多用全称;进入五代、宋以后,以谥号指称皇帝的方法也已经不为社会所采用。这其中的一个重要原因便是,从武后、唐玄宗开始,皇帝的谥字字数一直增加,即位后的新帝对之前皇帝的谥号亦屡有改动。唐天宝十三载,玄宗李隆基给其列祖列宗一律改为七字谥,如李世民初谥为文皇帝,此时改为"文武大圣大广孝皇帝"。此例一开,后代帝王谥号字数日增,谥号的标识、政治意义已不再和前代一样强烈,变成了虚饰溢美的修辞堆砌。

---

① 张淑一、余蔚萱:《清华简人名所见谥号考论》,《西部史学》第5辑,2020年,第3—16页。

第四节　帝王谥法的实际操作

汉魏的禅代开创了魏晋南北朝时期政权更替的新形式，这一时期皇权的取得与汉朝各代不同，因此帝王死后谥法的实际操作上，比汉朝更为复杂，也具有其独特性。生前禅位于己、已降为王公的前朝帝王死后如何追谥？在取得政权后，如何追尊先祖的谥号？为了迎合政治的需要，对已获得谥号的帝王也出现了改谥。而这些礼仪问题，前代没有固定的成规制度，很多礼仪都是在朝堂之中君臣多轮商讨的崇"今"之礼。由此，这一时期帝王谥法的实际操作，丰富了帝王谥法制度的内容。

一　追谥禅位皇帝的谥号

汉魏禅代是魏晋南北朝时期一个重大的历史事件，赵翼《廿二史札记·禅代》中论及：

> 古来只有禅让、征诛二局，其权臣夺国则名篡弑，常相戒而不敢犯……至曹魏则欲移汉之天下，又不肯居篡弑之名，于是假禅让为攘夺。自此例一开，而晋、宋、齐、梁、北齐、后周以及陈、隋皆效之。此外尚有司马伦、桓玄之徒，亦援以为例……至曹魏创此一局，而奉为成式者，且十数代，历七八百年，真所谓奸人之雄，能建非常之原者也。①

在东汉末年混乱的政治局面和常年的军事征伐中，曹丕假以"天之历数，运终兹世"成功地代汉而立魏，以河内之山阳邑万户奉汉帝为山阳公，并允许其在封邑内行汉正朔，以天子之礼郊祭，以很小的社会动荡代价重建了另一个符合"天命"的政权。之后这种夺取政权的方式为后世所习。

魏明帝青龙二年（234），山阳公刘协薨。此时距其以汉朝皇帝身份禅

---

① 赵翼：《廿二史札记》，第143—144页。

位于曹魏政权的建安二十五年（220），已经过了近十五年。对于他的谥号及赠谥告谥的实际操作，历史上没有所谓的"故事"成规可以遵循，只能一事一议，曹魏君臣就此在朝堂中有过正式的讨论。《三国志·王肃传》载：

> 青龙中，山阳公薨，汉主也。肃上疏曰："昔唐禅虞，虞禅夏，皆终三年之丧，然后践天子之尊。是以帝号无亏，君礼犹存。今山阳公承顺天命，允答民望，进禅大魏，退处宾位。公之奉魏，不敢不尽节。魏之待公，优崇而不臣。既至其薨，槥敛之制，舆徒之饰，皆同之于王者，是故远近归仁，以为盛美。且汉总帝皇之号，号曰皇帝。有别称帝，无别称皇，则皇是其差轻者也。故当高祖之时，土无二王，其父见在而使称皇，明非二王之嫌也。况今以赠终，可使称皇以配其谥。"明帝不从使称皇，乃追谥曰汉孝献皇帝。①

王肃在上疏中认为应"称皇以配其谥"，理由是：其一，山阳公已经禅位给魏，以宾位向魏朝尽节尽忠；其二，山阳公死后，曹魏在"槥敛之制，舆徒之饰"也就是丧葬礼仪上，已经采用了高于"公"一级的"王"的礼制；其三，依汉制，"有别称帝，无别称皇"，"皇"号差轻于"帝"号，而且汉高祖为尚在人世的生父上尊号为"太上皇"而非"皇帝"，便可知"帝"与别的号的区别，也是依据"土无二王"之义，那么为已故前朝之主且本朝已为公者定谥，自然也应选择差轻的"皇"号为宜。但是魏明帝并没有采纳王肃的奏议，而是追谥山阳公刘协为汉孝献皇帝。

《三国志·魏书·明帝纪》载"青龙二年春三月庚寅，山阳公薨，帝素服发哀，遣使持节典护丧事。夏四月丙寅，诏有司以太牢告祠魏文帝庙。追谥山阳公为汉孝献皇帝，葬以汉礼"。裴松之注引《献帝传》记载这一程序更加详细：

> （魏明）帝变服，率群臣哭之，使使持节行司徒太常和洽吊祭，

---

① 《三国志》卷一三《魏书·王肃传》，第415—416页。

又使持节行大司空大司农崔林监护丧事。诏曰："……先帝命公行汉正朔，郊天祀祖以天子之礼，言事不称臣，此舜事尧之义也。昔放勋殂落，四海如丧考妣，遏密八音，明丧葬之礼同于王者也。今有司奏丧礼比诸侯王，此岂古之遗制而先帝之至意哉？今谥公汉孝献皇帝。"使太尉具以一太牢告祠文帝庙，曰："……书曰'前人受命，兹不忘大功'。叡敢不奉承徽典，以昭皇考之神灵。今追谥山阳公曰孝献皇帝，册赠玺绶。命司徒、司空持节吊祭护丧，光禄、大鸿胪为副，将作大匠、复土将军营成陵墓，及置百官群吏，车旗服章丧葬礼仪，一如汉氏故事；丧葬所供群官之费，皆仰大司农。立其后嗣为山阳公，以通三统，永为魏宾。"于是赠册曰："呜呼，昔皇天降戾于汉……朕惟孝献享年不永，钦若顾命，考之典谟，恭述皇考先灵遗意，阐崇弘谥，奉成圣美……嘉兹弘休。呜呼哀哉！"八月壬申，葬于山阳国，陵曰禅陵，置园邑。葬之日，帝制锡衰弁绖，哭之恸。①

汉帝生前已降为山阳公，曹魏朝臣认为其丧礼应以诸侯王的规制；而魏明帝以不忘"古之遗制"及"先帝（文帝）之至意"，使持节行大司空大司农崔林监丧事，并诏赐其谥号为汉孝献皇帝。不过，与汉代各朝帝王死后告谥南郊不同，此次是使太尉以一太牢告祠魏文帝庙，正式追谥山阳公为孝献皇帝，册赠玺绶，葬山阳公以汉天子礼仪，命司徒、司空持节吊祭护丧。在魏明帝所赠谥册中，并未引用《谥法》所言，而是直接用"孝献"来指代死去的山阳公，以"恭述皇考先灵遗意，阐崇弘谥"，来指明定谥之法理依据。而这次关于汉献帝死后丧礼尤其是赐谥和告谥的"今礼"的讨论和执行，实为一大创举，也可能成为之后王朝引以为据的"故事"。

晋、宋、齐、梁、陈、北齐、北周七朝均依"汉魏故事"，靠禅代取得政权，前代政权的皇帝降为王或公后死于非命，禅代的帝王也依"故事"赐其谥号。如咸熙二年（265）十二月壬戌，陈留王曹奂禅位于晋，

---

① 《三国志》卷三《魏书·明帝纪》，第102页。

"遂改次于金墉城，而终馆于邺，时年二十"①，《三国志》中未载其死后谥号，裴松之注引《魏世谱》曰："封帝为陈留王。年五十八，太安元年崩，谥曰元皇帝。"由此可见，虽然陈留王奂死于何时还需存疑，但死后赐谥为"元皇帝"。在宋齐禅代时，贬为汝阴王的前宋帝，殂于丹阳宫，谥曰顺帝，时年十三，其"终礼依魏元、晋恭帝故事"。所谓"魏元"即陈留王曹奂，由此可以确定晋朝在曹奂死后赐谥其为"元皇帝"。在晋宋禅代中，降为零陵王的晋帝被弑后，刘裕谥其为恭皇帝，葬冲平陵。② 昇明三年（479）宋帝禅位于齐，降为汝阴王，死后谥曰顺帝。③ 中兴二年（502）四月，齐帝禅位于梁，为巴陵王，"薨于姑孰，追谥为齐和帝，终礼一依故事"④。太平二年（557）十月梁帝逊位于陈，为江阴王，死后追谥敬皇帝。⑤ 东魏元善见禅位于高洋，为中山王，遇酖而崩，齐追谥曰孝静皇帝。⑥ 西魏元廓禅位于宇文觉后降为宋公，死后追谥为恭帝。⑦ 这些禅位的前皇帝在新朝多死于非命，但依礼还是得到了皇帝谥号。

二 追尊皇帝谥号

汪受宽先生在《谥法研究》中曾总结西汉以后追尊皇帝谥号的四种情况：一类是开国皇帝追尊其父祖；一类是藩王、皇孙继承大统后，追尊本生父祖；一类是皇帝追尊远祖；一类是皇帝追尊夭逝的子弟。⑧ 秦始皇统一六国后，追尊已逝庄襄王为太上皇；⑨ 而刘邦建立汉朝后，尊健在的皇父为太上皇，"太上，极尊之称也"⑩，但这只是所尊之号，而非死后之谥

---

① 《三国志》卷四《魏书四·陈留王奂》，第154页。
② 《晋书》卷一〇《恭帝纪》，中华书局1974年版，第269页。1960年在南京富贵山出土了一块长方柱形石碣，上刻"宋永初二年大岁辛酉十一月乙巳朔七日辛亥晋恭皇帝之玄宫"，参见李蔚然《南京富贵山发现晋恭帝之玄宫石碣》，《考古》1961年第5期，第260页。
③ 《宋书》卷一〇《顺帝纪》，第199页。
④ 《梁书》卷二《武帝纪中》，第36页。
⑤ 《梁书》卷二《武帝纪中》，第150页。
⑥ 《魏书》卷一二《孝静帝纪》，第313页。
⑦ 《周书》卷三《孝闵帝纪》，第46页。
⑧ 汪受宽：《谥法研究》，第63页。
⑨ 《史记》卷六《秦始皇本纪》，第236页。
⑩ 《汉书》卷一《高帝纪》，第62页。

号。东汉末期的安帝以皇孙继承大统后,追尊其父清河孝王曰孝德皇,其母左氏曰孝德皇后;① 桓帝即位后,追尊其祖河间孝王曰孝穆皇,其父蠡吾侯曰孝崇皇。② 灵帝即位后,追尊其祖为孝元皇,父为孝仁皇。③

曹操祖父曹腾官至中常侍、大长秋、特进,其父曹嵩,官至太尉,生前无爵,按照汉朝"生有爵,死有谥"的得谥原则,均没有得到谥号。建安二十五年(220)正月庚子,曹操崩于洛阳,汉帝赐谥曰武王。曹丕即王位后,朝堂之上展开了关于追谥父祖的讨论,《通典》卷七二《嘉礼·天子追尊祖考妣上尊号同》载:

1. (魏)文帝即王位,尚书令桓阶等奏:"臣闻尊祖敬宗,古之大义。故六代之君,未尝不追崇始祖,显彰所出。先王应期拨乱,启魏大业,然祢庙未有异号,非崇孝敬示无穷之义也。太尉公侯,宜有尊号,所以表功崇德发事显名者也。故《易》言乾坤,皆曰大德,言大人与天地合。臣等以为,太尉公侯,诞育圣哲,以济群品,可谓资始,<u>其功德之号,莫过于太王。</u>"

2. 诏曰:"前奏以朝车迎中常侍大长秋特进君侯神主,然君侯不宜但依故爵乘朝车也。礼有尊亲之义,为可依诸王比,更议。"

3. 博士祭酒孙钦等议:"按《春秋》之义,五等诸侯卒葬皆称公,乃与王者之后宋公同号,然臣子褒崇其君父。以此言之,中常侍大长秋特进君侯,诞育太皇,笃生武王,奄有四方,<u>其功德之号,莫过太王。今迎神主,宜乘王车,又宜先遣使者上谥号为'太王'。"于是汉帝追谥为"太王"。及受禅,追尊太王为"太皇帝",考武王为"武皇帝",尊王太后为"皇太后"。</u>④

在这三段资料中,第 1 条是尚书令桓阶奏议追尊曹嵩为太王。而第 2

---

① 《后汉书》卷五《孝安帝纪》,第 232 页。
② 《后汉书》卷七《孝桓帝纪》,第 288 页。
③ 《后汉书》卷八《孝灵帝纪》,第 328 页。
④ 《通典》卷七二《嘉礼·天子追尊祖考妣上尊号同》,第 1969 页。1、2、3、4 编号及下划线为笔者所加。

条资料是关于诏议迎中常侍大长秋特进曹腾神主；第3条博士祭酒孙钦的议是针对第2条的诏书阐发的，但其中"其功德之号，莫过太王"一句前后内容相矛盾，"中常侍大长秋特进君侯，诞育太皇"，说明博士祭酒孙钦议时曹嵩已被追尊为"太皇帝"；而之后"今迎神主，宜乘王车，又宜先遣使者上谥号为太王"，此处的"太王"，决不能是"中常侍大长秋特进君侯"。因此第3条史料从"其功德之号，莫过太王"处断，其前是孙钦关于追尊曹腾的议，其后则是关于追尊曹嵩的议，编者在编纂时把前后不同的史料放在了一处。而细查原文，第1条和第3条中均有"其功德之号，莫过太王"，这并非偶然；且第3条此句后关于"太王"谥号的议与第1条相契合，因此，可以认为第2条和第3条史料中"其功德之号，莫过太王"前半段是窜入的，其后半段（划下划线部分）可与第1条相缀合。那么第2条和第3条史料前半段原属于何处呢？在第3条史料后，《通典》又记载：

  4. 明帝太和三年六月，司空陈群等议以为："周武追尊太王、王季、文王皆为王，是时周天子以王为号，追尊即同，故谓不以卑临尊也。魏以皇帝为号，今追号皇高祖中常侍大长秋特进君为王，乃以卑临尊也。故汉祖尊其父为上皇，自是后以诸侯为帝者，皆尊其父为皇也。大长秋特进君宜号高皇，载主宜以金根车，可遣大鸿胪持节，乘大使车，从骖骑，奉印绶，即邺庙以太牢告祠。"从之。①

  从第4条史料司空陈群的议中，我们可以看出是明帝下诏追尊高祖曹腾的。而上文的第2条正好是追尊曹腾的诏书、第3条前半段是孙钦所议的内容，放在第4条史料"明帝太和三年六月"之后正好可以契合，不过孙钦的奏议后半段便被截断。
  《三国志》卷一《魏书·武帝纪》裴松之注引司马彪《续汉书》也载"腾父节，字符伟，素以仁厚称。太和三年，追尊腾曰高皇帝"。《通典》其后又载魏明帝时关于追尊曹节的讨论：

---

  ① 《通典》卷七二《嘉礼·天子追尊祖考妣上尊号同》，第1970页。

第二章　魏晋南北朝时期帝王谥法

又诏曰："盖闻尊严祖考，所以成汤文武，实造商周，克昌王业，而《诗》《书》之义，追尊稷契。自我魏室之承天序，既发迹于高皇，高皇之父处士君，精神幽远，号称罔记，非所以崇孝重本也。其令公卿以下会议号谥。"

侍中刘晔议："周王所以后稷为祖者，以其唐之诸侯，佐尧有大功，名在祀典故也。至于汉氏之初，追谥之义，不过其父。上比周室，则大魏发迹自高皇而始；下论汉氏，则追谥之礼不及其祖。晔思以为追尊之义，宜齐高皇而已。"

侍中缪袭议以为："元者一也，首也，气之初也。是以周文演易，以冠四德，仲尼作《春秋》，以统三正。又《谥法》曰：'行义悦人曰元，尊仁贵德曰元。'处士君宜追加谥号曰'元皇'。"

太傅钟繇议："按《礼·小记》曰：'亲亲以三为五，以五为九，上杀下杀旁杀而亲毕矣。'乃唐尧之所以敦叙于九族也。其礼上杀于五，非不孝敬于祖也；下杀于五，非不慈爱于其孙也；旁杀于五，非不笃友于昆弟也。故为族属，以礼杀之。处士君其数在六，于属已尽，其庙当毁，其主当迁。今若追崇帝王之号，天下素不闻其受命之符，则是武皇帝栉风沐雨、勤劳天下为非功也。推以人情，普天率土不袭此议，处士君明神不安此礼。今诸博士以礼断之，其议可从。"诏从之。①

以上四段史料是魏明帝下旨议曹腾之父曹节的谥号，侍中刘晔、缪袭和太傅钟繇的奏议。在追尊曹节的问题上，朝臣们并没有达成一致意见，刘晔以曹魏追尊高皇与周室类比、汉室追谥不过父，不同意追尊曹节；朝臣中另一派侍中缪袭认为，应该追尊曹节为"元皇"；太傅钟繇以诸博士所议、参引《礼小记》的记载，认为曹节已出"亲亲"五服，追尊曹节有违礼法，因此曹节并没有被追尊。在缪袭议谥中，引《谥法》"行义悦人曰元，尊仁贵德曰元"，查《逸周书·谥法解》"元"有4解，"能思辨众曰元""行义说民曰元""始建国都曰元""主义行德曰元"；《史记正义·谥法解》"元"的4解与上同。《通典》中"行义悦人"的"人"应该是

---

① 《通典》卷七二《嘉礼·天子追尊祖考妣上尊号同》，第1971页。

为了避"民"之讳;但"尊仁贵德曰元"未出现在《逸周书·谥法解》中,也不见于其他谥法著述中。

此事在《三国志》卷一四《魏书·刘晔传》载:

> 明帝即位,进(刘晔)爵东亭侯,邑三百户。诏曰:"尊严祖考,所以崇孝表行也;追本敬始,所以笃教流化也。是以成汤、文、武,实造商、周,诗、书之义,追尊稷、契,歌颂有娀、姜嫄之事,明盛德之源流,受命所由兴也。自我魏室之承天序,既发迹于高皇、太皇帝,而功隆于武皇、文皇帝。至于高皇之父处士君,潜修德让,行动神明,斯乃乾坤所福飨,光灵所从来也。而精神幽远,号称罔记,非所谓崇孝重本也。其令公卿已下,会议号谥。"晔议曰:"圣帝孝孙之欲褒崇先祖,诚无量已。然亲疏之数,远近之降,盖有礼纪,所以割断私情,克成公法,为万世式也。周王所以上祖后稷者,以其佐唐有功,名在祀典故也。至于汉氏之初,追谥之义,不过其父。上比周室,则大魏发迹自高皇始;下论汉氏,则追谥之礼不及其祖。此诚往代之成法,当今之明义也。陛下孝思中发,诚无已已,然君举必书,所以慎于礼制也。以为追尊之义,宜齐高皇而已。"尚书卫臻与晔议同,事遂施行。①

从《三国志·刘晔传》的记载来看,《通典》中所录刘晔的奏议史源便是来自《三国志》,且从《三国志》本传看出,尚书卫臻也参与了此次"会议号谥"。此次朝堂会议,曹魏将追尊的范围确立在父、祖、曾祖、高祖之内。

追尊父、祖、曾祖、高祖为十六国、晋南北朝其他一些政权的开国皇帝所仿效。如石勒建后赵,便追尊其高祖曰顺皇,曾祖曰威皇,祖曰宣皇,父曰世宗元皇帝;② 刘渊的养子刘曜在取得前赵政权后,便尊高祖亮

---

① 《三国志》卷一四《魏书·刘晔传》,第447—448页。
② 《晋书》卷一〇五《石勒载记下》,第2746页。

为景皇帝，曾祖广为献皇帝，祖防为懿皇帝，考曰宣成皇帝；① 吕光追尊其高祖为敬公，曾祖为恭公，祖为宣公，父为景昭王；② 赫连勃勃追尊其高祖训兀曰元皇帝，曾祖武曰景皇帝，祖豹子曰宣皇帝，父卫辰曰桓皇帝，庙号太祖。③

但是，追尊父、祖、曾祖、高祖并未成为一条成法礼制，一些政权或追尊父、祖、曾祖三代，李雄追尊其曾祖武曰巴郡桓公，祖慕陇西襄王，父特成都景王，李雄即帝位后，追尊父特曰景帝，庙号始祖。④ 或追尊父、祖两代，西晋建立后，晋武帝追尊皇祖宣王为宣皇帝，伯考景王为景皇帝，考文王为文皇帝，"追祭征西将军、豫章府君、颍川府君、京兆府君，与宣皇帝、景皇帝、文皇帝为三昭三穆"，"祠六世与景帝为七庙，其礼则据王肃说也"⑤。西晋虽然祠六世，但是在追尊时只追尊了父、伯父、祖，实为两代。十六国政权也有一部分政权只追尊父祖两代，石季龙追尊祖邪为武皇帝，父寇觅为太宗孝皇帝；⑥ 冉闵追尊其祖隆元皇帝，考瞻烈祖高皇帝；⑦ 冯跋追尊祖和为元皇帝，父安为宣皇帝。⑧ 北齐时，诏追尊皇祖文穆王为文穆皇帝，妣为文穆皇后，皇考献武王为献武皇帝，皇兄文襄王为文襄皇帝。⑨ 北周宇文觉即天王位后，即追尊其父宇文泰为文王，明帝武成元年改尊其父宇文泰为文帝，追尊其祖宇文肱曰德皇帝。

孙吴、宋、齐、梁、陈建国时，都只是追尊其父一代。孙权建立东吴后，仅追谥其父坚曰武烈皇帝；⑩ 永初元年，刘裕即皇帝位，仅追尊皇考为孝穆皇帝，皇妣为穆皇后；⑪ 齐高帝追尊皇考曰宣皇帝，皇妣为孝皇

---

① 《晋书》卷一〇三《刘曜载记》，第2684页。
② 《晋书》卷一二二《吕光载记》，第3059页。
③ 《晋书》卷一三〇《赫连勃勃载记》，第3213页。
④ 《晋书》卷一二一《李雄载记》，第3036页。
⑤ 《晋书》卷一九《礼志上》，第603页。
⑥ 《晋书》卷一〇六《石季龙载记》，第2765页。
⑦ 《晋书》卷一〇七《冉闵载记》，第2793页。
⑧ 《晋书》卷一二五《冯跋载记》，第3128页。
⑨ （唐）李百药：《北齐书》卷四《文宣纪》，中华书局1972年版，第51页。
⑩ 《三国志》卷四六《吴书·孙破虏讨逆传》。
⑪ （梁）沈约：《宋书》卷三《武帝纪下》，中华书局1974年版，第52页。

后;① 梁武帝追尊皇考为文皇帝，庙曰太祖；皇妣为献皇后。② 陈朝建立后，于永定元年冬十月追尊皇考曰景皇帝，庙号太祖；皇妣董太夫人曰安皇后，追谥前夫人钱氏号为昭皇后。③

而只有北魏建国后，把追尊父祖发挥到极致。天兴元年（398）十有二月己丑，拓跋珪称帝，追尊远祖成帝已下及后号谥，毛曰成帝，贷曰节帝，观曰庄帝，楼曰明帝，越曰安帝，推寅曰宣帝，利曰景帝，俟曰元帝，肆曰和帝，机曰定帝，盖曰僖帝，侩曰威帝，邻曰献帝，诘汾曰圣武帝，力微曰神元皇帝，沙漠汗曰文帝，悉鹿曰章帝，绰曰平帝，弗曰思帝，禄官曰昭帝，猗㐌曰桓帝，猗卢曰穆帝，郁律曰太祖平文帝，贺傉曰惠帝，纥那曰炀帝，翳槐曰烈帝，什翼犍曰昭成帝，寔曰献明帝。④

隋初魏澹受诏别撰《魏史》，上表体例时，便不认同道武帝如此大规模的追谥远祖，"力微天女所诞，灵异绝世，尊为始祖，得礼之宜。平文、昭成雄据塞表，英风渐盛，图南之业，基自此始。长孙斤之乱也，兵交御坐，太子授命，昭成获免，道武此时，后缗方娠，宗庙复存，社稷有主，在功大孝，实在献明。此之三世，称谥可也，自兹以外，未之敢闻"⑤。魏澹认为尊力微为始祖，谥平文、昭成、献明三世为礼。此后，北魏追谥远祖的举动一直被后世所诟病，《通典》卷七二《嘉礼·天子追尊祖考妣上尊号同》载："后魏道武帝称尊号后，追尊远祖二十余代，皆称皇帝，则历代未闻也。不复更载谥号焉。"赵翼在《廿二史札记·后魏追谥之滥》中也认为："有天下追尊其先世，礼也。然不过两三代，独后魏则无限制……则不惟谥号遥加，并名讳亦出于追制。苟欲崇其祖先，而至于滥亵已甚，此不经之甚者也。"⑥

然而，道武帝在考虑追尊远祖之时，是有一定原因和根据的。田余庆

---

① （梁）萧子显：《南齐书》卷二《高帝下》，中华书局1972年版，第34页。
② （唐）姚思廉：《梁书》卷二《武帝纪中》，中华书局1973年版，第35页。萧衍建立梁朝后，追尊其父萧顺之为文皇帝，庙曰太祖。在位于今丹阳三城巷的萧顺之建陵神道的南北二柱柱额上，均题"太祖文皇帝之神道"，南柱额文字反书逆读，北柱额文字正书顺读。
③ （唐）姚思廉：《陈书》卷二《高祖纪下》，中华书局1972年版，第34页。
④ 《魏书》卷一《序纪》，第1—18页。
⑤ 《隋书》五八《魏澹传》，第1413页。
⑥ 赵翼：《廿二史札记》，第269—270页。

曾指出:"道武帝在追尊先人之时,对于承认谁不承认谁的问题,肯定有过细致的思考。文帝沙漠汗和献明帝寔都不曾履位而死,但都获得尊号,因为他们在拓跋大宗中占有不可或缺的位置……道武未尊普根父子,归根到底还是他们与道武本人所承的拓跋法统没有关系的缘故。"[1] 楼劲认为:"天兴元年十二月追尊成帝以下二十八帝号谥之举,除为太庙、宫中五庙和云中盛乐旧都神元以下七帝之祀提供了选择的基础外,更直接担负着划出'祖神'范围、明确拓跋氏早期君长的历史地位的任务,以便在依仿汉制定国规模之时尽可能收聚拓跋诸部人心。"[2]

笔者认同田余庆、楼劲两位先生的意见。北魏建国后,太武帝重用汉族士人如崔玄伯、邓渊等,于国家初创时建立了一整套礼仪、法律、官制、天文、礼乐制度。追尊先祖的谥号并确立庙号,既是祭祀礼仪中不可或缺的一部分,又是标榜帝王正统的最佳途径,追谥先祖为汉族士人所建议,然追尊至成帝,应该是道武帝拓跋焘以及整个皇族的意愿表达。

关于追谥的谥字,《续通志·谥略上·周书谥法解》云,"《北史》所载北魏神元皇帝追谥考曰圣武皇帝,盖前史谥圣者,亦自北魏始"。然"圣武皇帝"非神元所追谥,当为北魏天兴元年十二月道武帝追尊成帝以下二十八帝谥号。"圣",《史记正义·谥法解》"扬善赋简曰圣""敬宾厚礼曰圣",《逸周书·谥法》"称善赋简曰圣",《永乐大典》录《春秋释例》"莫大乎圣人曰圣""虚己从谏曰圣"。《序纪》中"圣武皇帝"之前的十三位远祖皇帝,追尊谥号均为单谥,除成帝、宣帝、献帝有简单的一二句介绍其功绩外,其余十位均只载名讳。《序纪》述圣武帝诘汾有两个重大的事件,一是带领部族南迁至匈奴故地,关乎拓跋部族的生存;二是媾天女得神元帝,天女告以"子孙相承,当世为帝王",直接关系到北魏拓跋部皇权来自神意,为天授之。因此,追尊"圣武"这两个谥字是与这两个重大事件是相吻合的。

---

[1] 田余庆:《拓跋史探》所收《代北地区拓跋与乌桓的共生关系——魏书序纪有关史实解析》七《拓跋内乱与乌桓动向》。

[2] 楼劲:《道武帝所立庙制与拓跋氏早期世系》,《文史》总第70辑,2005年。

另外，北魏追尊力微为"神元皇帝"，蔡邕《独断·帝谥》有"安仁立政曰神"；《史记正义·谥法解》有"民无能名曰神"；《经世大典·谥法》"一民无为曰神"，刘熙曰："一民使有常，不二其业，是以刑措以至无为，神道设教之化，故曰神，神农以为号也。"《逸周书·谥法解》有"能思辨众曰元""行义说民曰元""始建国都曰元""主义行德曰元"。力微既为天女所生，生来带有"神道设教之化"；且"元，始也。造端伊始，立我丕基，故曰元"，力微"迁于定襄之盛乐"，"祭天，诸部君长皆来助祭"开诸部宾服之肇端，与此相符合。

高洋代魏建北齐后，诏追尊皇祖文穆王为文穆皇帝，妣为文穆皇后，皇考献武王为献武皇帝，皇兄文襄王为文襄皇帝。宇文觉代魏建北周，仅追尊皇考文公（宇文泰）为文王，皇妣为文后。到周明帝时，追尊宇文泰之父宇文肱为德皇帝。

三　改谥

《左传》襄公十三年记载令尹子囊为楚共王制定谥号：

> 楚子疾，告大夫曰："不谷不德，少主社稷。生十年而丧先君，未及习师保之教训而应受多福，是以不德，而亡师于鄢，以辱社稷，为大夫忧，其弘多矣。若以大夫之灵，获保首领以没于地，惟是春秋、窀穸之事，所以从先君于祢庙者，请为'灵'若'厉'。大夫择焉。"莫对。及五命，乃许。秋，楚共王卒。子囊谋谥。大夫曰："君有命矣。"子囊曰："君命以共，若之何毁之？赫赫楚国，而君临之，抚有蛮夷，奄征南海。以属诸夏，而知其过，可不谓共乎？请谥之'共'"。大夫从之。①

鲁成公十六年（前575），晋楚战于鄢陵，楚大败。鲁襄公十三年（前560），楚王病重，临死前认为自己丧师辱国，死后应加恶谥"灵"或"厉"。在楚王死后群臣制谥时，大夫认为楚王在生前即有命，应谥为

---

① （清）洪亮吉：《春秋左传诂》卷一二《襄公十三年》，中华书局1987年版，第527页。

"灵"或"厉",而令尹子囊为尊者讳、为死者讳,制谥之辞概括了楚共王一生安抚蛮夷、征讨南海的事迹以及知错能改的品德,认为应谥为"共"。"共"即"恭",《逸周书·谥法解》载:"既过能改曰恭。"大夫同意了子囊所议的谥字,谥为楚共王。在为诸侯王制谥的实际操作中,诸侯王生前对自己的谥号有了提议,死后,臣下可能出于为死者讳的政治目的而改变其谥字。另外,出于不同的政治目的而改谥的情况在魏晋南北朝时期也存在。

北魏开国皇帝拓跋珪于天赐六年(409)冬十月戊辰崩于天安殿,其子拓跋嗣即位,永兴二年(410)九月甲寅,上谥宣武皇帝,葬于盛乐金陵,庙号烈祖。直到泰常五年(420),改谥曰道武。① 改谥一事,在《魏书》卷三《太宗纪》有详细的记载:

> 泰常五年五月乙酉,诏曰:"宣武皇帝体道得一,天纵自然,大行大名未尽盛美,非所以光扬洪烈,垂之无穷也。今因启纬图,始觐尊号,天人之意,焕然著明。其改'宣'曰'道',更上尊谥曰道武皇帝,以彰灵命之先启,圣德之玄同。告祀郊庙,宣于八表。"②

《史记正义·谥法解》中"宣"有 2 解"圣善周闻曰宣""施而不成曰宣",蔡邕《独断·帝谥》"圣善同文曰宣",《经世大典·君谥》中有 3 解"施而无私曰宣""重光莫丽曰宣""义问周达曰宣",其中"施而无私曰宣",注引刘熙曰:"云行雨施,日月无私,照天道宣著之大德,故曰宣。"《逸周书·谥法解》"武"有 5 解,"刚强直理曰武""威强敌德曰武""克定祸乱曰武""刑民克服曰武""夸志多穷曰武";《史记正义·谥法解》也有 5 解,"刚强直理曰武""威强敌德曰武""克定祸乱曰武""刑民克服曰武""夸志多穷曰武"。拓跋珪重建代国、戎马倥偬,参合陂之役击败后燕,打败袁纥部,灭西燕,击破刘显、库莫、高车诸部,攻灭刘卫辰部;开创北魏,重用汉人士族,励精图治,因此,谥为"宣武"为

---

① 《魏书》卷二《太祖纪》,第 44 页。
② 《魏书》卷三《太宗纪》,第 60 页。

名至实归。然而在得谥十年后，其子改"宣武"为"道武"，而其理由为"因启纬图"，实为受到谶纬之影响。北魏的建国与谶纬关系密切，① 早期政治也深受谶纬之影响，时人毫不避讳。直到普泰中，前废帝诏录尚书长孙稚、太常卿祖莹营理金石。永熙二年（533）春，长孙稚、祖莹的上表中称："太祖道武皇帝应图受命，光宅四海，义合天经，德符地纬，九戎荐举，五礼未详。"② 而"道"字在《逸周书·谥法》《史记正义·谥法解》均无，目前仅见后世的清代《内阁鸿称册·烈圣庙号》中释为"以德化民曰道"。那么从《魏书·太宗纪》中可见，"道"字作为谥字，北魏时已见于谥法著作。北魏早期，为了让政权更正统、更符合天意，所以有了改谥这样的举动。

北魏末期，还因"避讳"改谥过一次，永安三年（530）十二月甲寅，尔朱兆迁帝元子攸于晋阳；甲子，将其勒死于城内三级佛寺，时年二十四。中兴二年（532），废帝谥其为武怀皇帝，孝武帝立，为避其父广平武穆王元怀之讳，太昌元年将武怀改谥为孝庄，庙号敬宗。十一月，葬于静陵。③

南朝刘宋时期，也发生了改谥的情况。元嘉三十年（453）二月甲子，刘义隆之子刘劭弑父篡位后，"称疾还入永福省，然后迁大行皇帝升太极前殿……大行皇帝大敛，劭辞疾不敢出。三月，礼官希旨，谥太祖不敢尽美称，上谥曰中宗景皇帝"④。这是在刘宋内部极端的皇权争夺斗争中，礼官曲意逢迎、不能按照皇帝生前的行迹秉公而谥。直到孝武帝即位，才将庙号从"中宗"改为太祖，将谥号由"景皇帝"改为文皇帝。

北齐时关于肇建国绪的高欢、高洋的谥号也有追改。高洋代魏后，于天保初下诏追尊其父高欢献武王为献武皇帝，庙号太祖，陵曰义平。⑤ 高纬天统元年（565）冬十一月己丑，太上皇高湛诏改"太祖献武皇帝"为"神武皇帝"，庙号"高祖"。这是高欢谥号的追改。另外，高洋死后，其

---

① 楼劲：《谶纬与北魏建国》，《历史研究》2016 年第 1 期。
② 《魏书》卷一〇九《乐志》，第 2836—2837 页。
③ 《魏书》卷一〇《孝庄纪》，第 268 页。
④ 《宋书》卷九九《刘劭传》，第 2428 页。
⑤ 《北齐书》卷二《神武下》，第 24 页。

子高殷即位，乾明元年（560）二月丙申，葬于武宁陵，谥曰文宣皇帝，庙号威宗（高祖）①。天统元年（565）冬十一月己丑，太上皇高湛诏有司议定其兄高洋的"文宣"谥号。十二月庚午，有司奏改"高祖文宣皇帝"为"威宗景烈皇帝"。②武平元年（570）春正月冬十月己丑，复改威宗景烈皇帝谥号为"显祖文宣皇帝。"

关于高欢、高洋谥号的追改也和北齐的皇权政治息息相关。高洋代魏建立北齐，追尊其父高欢为"献武"，《逸周书·谥法解》"聪明叡哲曰献"；"刚强直理曰武""威强敌德曰武""克定祸乱曰武""刑民克服曰武""夸志多穷曰武"，高欢为东魏的权臣，一生讨葛荣、攻灭尔朱氏、征战关西、鏖战沙苑，经河桥之役、邙山、玉璧之战，为北齐的建立奠定了基础，所谓"拯其将溺，三建元首，再立宗祧，扫绝群凶，芟夷奸宄"，谥"献武"与其生前行迹相合；而创基立业曰"太"，"祖有功而宗有德"，因此庙号为"太祖"。武成帝高湛河清四年（565）三月，北齐史官奏有彗星现；四月，太史官奏称是除旧布新之象，当有新皇帝出现。高湛为了"应天象"，于四月二十四日，派太宰段韶兼任太尉，持节奉皇帝玺绶传位于皇太子高纬，高纬在晋阳宫即位，大赦天下，改年号为天统。就在这年十一月，太上皇帝高湛诏改"太祖献武皇帝"为"高祖神武皇帝"，继北魏建国初追尊始祖力微曰"神元皇帝"、开创用"神"字为皇帝谥号的先例后，北齐也使用了"神"字谥。

关于高洋的谥号和庙号，功高者曰"高"，其子高殷朝议定他的庙号为"高祖"，与其开建北齐之功业相符合。《逸周书·谥法解》"文"有6解，分别是"经纬天地曰文""道德博厚曰文""学勤好问曰文""慈惠爱民曰文""愍民惠礼曰文""锡民爵位曰文"，而"圣善周闻曰宣"，"文宣"这一复谥带有儿子对已逝父皇的褒崇之意。高殷之后的两年，北齐的皇位更迭，先是高演杀侄儿高殷，取得皇位；后高演病重而死，传位给九弟长广王高湛，高湛即位四年后又传位给儿子高纬，自己当上了太上皇，

---

① "谥曰文宣皇帝，庙号威宗"，《北齐书》校勘记引钱氏《考异》卷三一云："按乾明初上谥号曰高祖文宣皇帝；天统元年改谥景烈皇帝，庙号威宗；武平元年，复改显祖文宣皇帝。"

② 《北齐书》卷八《后主纪》，第98页。

天统元年（565）十二月庚午，改"高祖文宣皇帝"为"威宗景烈皇帝"也应是高湛授意而改。庙号由"高祖"变为"威宗"，历史上只有东汉末年桓帝刘志的庙号为"威宗"，这是有意淡化高洋开国皇帝的尊位，已有贬低之意；而谥号由"文宣"改为"景烈"，虽然均是上谥，但在谥字的涵义上，"由义而济曰景""布义行刚曰景"和"有功安民曰烈""秉德尊业曰烈"，显然也没有"文宣"崇美。天统四年（568）十二月，太上皇高湛崩，其子高纬才得以实际掌握的皇权。父辈之间为了皇位的政治斗争和家族仇杀已成为过往云烟，作为高洋侄辈的高纬，在亲政后授意朝臣于武平元年（570）春正月冬十月己丑，复改"威宗景烈皇帝"为"显祖文宣皇帝"。

四 十六国私谥后中原王朝的给谥

在十六国时期，由于一些政权还奉东晋、刘宋为正统，其统治者死后，除本政权的谥号，即正史所记所谓"私谥"外，中原王朝还有赐谥。如东晋时期，偏安凉州一隅的张氏建立前凉政权：

> 张寔在位六年。私谥曰昭公，元帝赐谥曰元。
> 张骏在位二十二年卒，时年四十。私谥曰文公，穆帝追谥曰忠成公。
> 张重华将受诏，未及而卒。私谥曰昭公，后改曰桓公，穆帝赐谥曰敬烈。
> 玄靓宣言暴薨，时年十四。在位九年。私谥曰冲公，孝武帝赐谥曰敬悼公。①

张寔的孙子张祚称帝后，私谥张寔为昭，而前凉一直奉晋的年号，因此国主死后，向晋廷请谥，晋元帝赐谥为"元"。因此前凉的后几任国主，虽然有私谥，但是也接受了东晋穆帝、孝武帝的赐谥。

《宋书》卷九八《胡大且渠蒙逊传》载：

---

① 《晋书》卷八六《张寔、张重华、张玄靓传》，第2230、2245、2250页。

高祖以蒙逊为使持节、散骑常侍、都督凉州诸军事、镇军大将军、开府仪同三司、凉州刺史、张掖公。十年四月，蒙逊卒，时年六十六。私谥曰武宣王。蒙逊第三子茂虔时为酒泉太守，众议推茂虔为主，袭蒙逊位号。十一年，茂虔上表曰："臣闻功以济物为高，非竹帛无以述德，名以当实为美，非谥号无以休终。先臣蒙逊西复凉城，泽憺昆裔，芟夷群暴，清洒区夏。暨运钟有道，备大宋之宗臣，爵班九服，享惟永之丕祚，功名昭著，克固贞节。考终由正，而请名之路无阶，懿迹虽弘，而述叙之美有缺。臣子痛感，咸用不安。谨案谥法，克定祸乱曰武，善闻周达曰宣。先臣廓清河外，勋光天府，标牓称迹，实兼斯义。辄上谥为武宣王。若允天听，垂之史笔，则幽显荷荣，始终无恨。"诏曰："使持节、侍中、都督秦河沙凉四州诸军事、车骑大将军、开府仪同三司、领护匈奴中郎将、西夷校尉、凉州牧河西王蒙逊，才兼文武，勋济西服，爰自万里，款诚凤著，方仗忠果，翼宣远略，奄至薨陨，凄悼于怀。便遣使吊祭，并加显谥。"①

北凉国主沮渠蒙逊死后，北凉政权内部谥其为"武宣"；而在次年其子沮渠茂虔在上表刘宋朝廷请谥时，列举了蒙逊的生前功绩、行迹，对照《谥法》，拟谥为"武宣"，希望得到刘宋朝的承认。刘宋朝的诏书中认可了北凉的上表内容，不仅认同了其生前功绩，也认同了其谥号"武宣"。

《染华墓志》：

惟大魏孝昌二年岁次丙午十一月丙申朔十四日己酉故镇远将军射声校尉染府君墓志　君讳华，字进乐，魏郡内黄人也。其先帝喾之苗裔，周文王之少子冉季之后。高祖闵，赵武帝初，封西华王，侍中、使持节、都督中外诸军事、黄钺大将军、录尚书事、武信王。赵祚既微，遂升帝位，号曰魏天王。群臣依皇图，奏改族，因即氏焉。崩，谥曰平帝。②

---

① 《宋书》卷九八《胡大且渠蒙逊传》，第2415—2416页。
② 偃师商城博物馆：《河南偃师两座北魏墓发掘简报》，《考古》1993年第5期。

墓志称高祖为染闵，即十六国时代的冉闵。墓志中的赵武帝，即石虎。冉闵于永和八年（352）四月被前燕慕容儁俘杀，随后被慕容儁谥为武悼天王。冉闵"谥曰平帝"，为史书所不载。根据罗新、叶炜的疏证，从四月被杀到八月邺城之破，在这三个月之中，冉魏可能而且应当给冉闵一个谥号。染华墓志中的"谥曰平帝"，很可能就是当时邺城的冉魏朝廷所为。①

　　虽然十六国政权统治者的谥号在晋朝来看是私谥、"伪谥"，但是，在其后人的墓志中还是记载其皇帝谥号。如《魏熙平元年岁在丙申岐州刺史赵郡王故妃冯墓志铭》载"高祖燕昭文皇帝。曾祖朗，燕宣王"。《魏故乐安王妃冯氏墓志铭》载"曾祖道鉴，燕昭文皇帝"。《慕容鉴墓志》载慕容鉴，"帝轩辕之遐胄，燕景照皇帝之来孙"②。史载后燕慕容宝的谥号为"惠愍（闵）"，在《魏故使持节都督齐州诸军事平南将军齐州刺史广川县开国侯元使君墓志铭》中记载了元郁的王妃慕容氏，"曾祖赵王驎者，是后燕成武皇帝垂之子耳，又是闵惠皇帝宝之兄弟"。史载慕容垂的谥号为"成武"，而慕容宝的谥号变成了"闵惠"，王连龙认为"疑墓志倒写，有误"③。

五　高昌国谥法考

　　传世文献和出土资料中高昌时期获得谥号的，只有三个麹氏高昌王的。《梁书》卷五四《高昌传》载麹嘉在位二十四年卒，"谥曰昭武王"。《南史》卷七九《高昌国》相关记载基本相同，"在位二十四年卒，国谥曰昭武王"，在前多一"国"字。《北史》卷九七、《隋书》卷八三《高昌传》中没有记载其谥号。而《南史》中"国"字之多，让我们不得不对高昌国王谥号的获得也产生怀疑，一种可能是高昌王国官员对自己的国王议谥而获得，即所谓的"国谥曰"，另外一种可能是由与之交好、有外交关系的中原王朝赐予。但从现存的资料，我们还不能解决这一疑问。建昌

---

①　罗新、叶炜：《新出魏晋南北朝墓志疏证》，第126页。
②　《慕容鉴墓志》，详见叶炜、刘秀峰主编《墨香阁藏北朝墓志》，第30—31页。
③　王连龙：《新见北朝墓志集释》，第6页。

元年乙亥岁（555）十二月廿三日《折冲将军新兴令麴斌芝布施记》记："愿照武王已下五王之灵，济爱欲之河，登解脱之岸。"① 此"照"是"昭"字的俗写，"昭"谥，《逸周书·谥法解》有 2 解，"昭德有劳曰昭""圣文周达曰昭"，《史记正义·谥法解》有 3 解，分别为"容仪恭美曰昭""昭德有劳曰昭""圣闻周达曰昭"；"武"谥，《逸周书·谥法解》有 5 解，"刚强直理曰武""威强叡德曰武""克定祸乱曰武""刑民克服曰武""大志多穷曰武"。王素先生分析了麴嘉的文治武功是符合"昭武"这一谥号的。②

武周长安三年（703）《大周游击将军上柱国张君（礼臣）墓志铭》载其："曾祖忠，伪高昌献文王之建义将军、都绾曹郎中……祖雄，伪光武王之左卫大将军，都绾曹郎中。"③ 其中的"献文"为高昌王麴伯雅之谥号。④ "献"谥，《逸周书·谥法解》有 3 解，"博闻多能曰献""聪明叡哲曰献""惠而内德曰献"；《史记正义·谥法解》有 2 解，"聪明叡哲曰献""知质有圣曰献"。"文"谥，《逸周书·谥法解》《史记正义·谥法解》均为 6 解。其中的"光武"为高昌王麴文泰（624—640 年在位）之谥。⑤ 唐永徽六年（655）宋怀熹墓志铭载："随光武王爱命行人，使君为左右。"⑥ 此"光武王"即指麴文泰，"光武"为其谥号。

以上便是文献资料和出土资料所记载的三个高昌王的谥号，而从《梁书》和《南史》记载的差别中，我们已经对高昌国王所得谥号是自谥还是别的政权所谥产生了疑问。另外还有一点，即不管它如何获得，这种谥号

---

① 转引自王素《高昌史稿（统治篇）》，第 351 页。
② 王素：《高昌史稿（统治篇）》，第 338 页。
③ 侯灿、吴美琳：《吐鲁番出土砖志集注》，巴蜀书社 2003 年版，第 611 页。
④ 吴震先生《麴氏高昌国史索隐——从张雄夫妇墓志谈起》（《文物》1981 年第 1 期，第 41、45 页）首先根据《张礼臣墓志铭》，认定"献文"为高昌王麴伯雅（602—623 年在位，其间失国六）之谥。王素先生根据新出《唐尼真如塔铭》，认为吴震先生看法正确，并分析了麴伯雅的文治符合"献文"之谥。详见王素《高昌史稿（统治篇）》，第 348 页。
⑤ 吴震：《麴氏高昌国史索隐——从张雄夫妇墓志谈起》，第 41、45 页。王素先生根据《唐宋怀熹墓志》和《唐尼真如塔铭》，认为吴震先生看法正确，并认为麴文泰的"武功"无论成败，大致也符合"光武"之谥。详见王素《高昌史稿（统治篇）》，第 350 页。
⑥ 侯灿、吴美琳：《吐鲁番出土砖志集注》，第 480 页。

的特点源自何处？以往学界从未讨论过，我们试着从以下两个方面来分析。① 第一，单就谥字而言。汉、晋南北朝时期，获得"昭武"这一谥号的官员有东汉的郭镇和北齐的高岳，分别见《后汉书》卷四六《郭躬附弟子镇传》："顺帝追思镇功，下诏赐镇谥曰昭武侯，贺曰成侯。"《北齐书》卷一三《清河王岳传》："谥曰昭武。"而谥为"昭武"的皇帝在这一时期均出现在十六国北朝，见《晋书》卷一〇二《刘聪载记》："太兴元年，聪死，在位九年，伪谥曰昭武皇帝，庙号烈宗。"《晋书》卷一二四《慕容盛载记》："伪谥昭武皇帝，墓号兴平陵，庙号中宗。"采用"献文"谥号的，魏晋南北朝时期有十六国刘曜的皇后羊氏和北魏献文皇帝拓跋弘，分别见《晋书》卷一〇三《刘曜载记》："曜后羊氏死，伪谥献文皇后。"《魏书》卷六《显祖纪》："承明元年，年二十三，崩于永安殿，上尊谥曰献文皇帝，庙号显祖，葬云中金陵。""光武"一谥，见《后汉书》卷一《光武帝纪》"世祖光武皇帝讳秀"，唐章怀太子李贤注引《谥法》："能绍前业曰光，克定祸乱曰武。"魏晋南北朝时期，也无人使用"光武"一谥。我们可以看到，"昭武""献文""光武"三谥，仅见东汉、十六国、北朝采用，东晋、南朝未见采用之例。

第二，从谥号的字数来看，麴嘉谥为昭武、麴伯雅谥为献文、麴文泰谥为光武，均为复谥。前一节我们考证了魏晋南朝北朝时期帝王谥号的字数，有谥皇帝共119人，单谥63人，复谥56人；魏、东晋南朝有谥皇帝37人，其中单谥27人，占73%；复谥10人，占27%。前凉受两晋的影响，其谥号均为单谥；十六国北朝有谥皇帝73人，其中单谥27人，占37%；复谥46人，占63%。魏、东晋、南朝的皇帝谥号多用单谥，而十六国、北朝皇帝的谥号多用复谥，尤其是北魏和北齐时期，帝王的谥号全部为复谥。而这一时期，正是麴氏高昌王国与之交好的时期。那么，从谥号用字来分析，三个高昌王的谥号均为复谥的现象与十六国北朝（尤其是北魏和北齐）帝王多用复谥相同。因此，从三个高昌王谥号的谥字和字数两个方面，我们可以初步判断其受到了十六国北朝帝王谥号的影响。

---

① 此处承蒙故宫博物院王素先生教示，谨致谢忱。

第三章 魏晋南北朝时期妇人谥法

按照身份等级，妇人分为平民妇人、达官显贵的夫人以及公主后宫嫔妃。所谓"礼不下庶人"，谥法作为丧礼中的一部分，如若没有特殊的事迹，平民妇人是没有谥号的。达官显贵的夫人，有的因其丈夫的身份而得到谥号，绝大多数也没有谥号传世。在后妃制度中，皇后的地位尊崇无比，"皇后之尊与帝齐体，供奉天地，祁承宗庙，母临天下"，其他妃嫔遥不可及，一般情况，皇后死后都会按照礼制得到相应的谥号。因此此章的主体部分为皇后、太后的谥法。

从《公羊传》《白虎通》《春秋释例》《通典》的讨论来看，从先秦、汉代到唐代，对妇人的谥法是有很大争论的。对妇人而言，无爵则无谥，无外行则无谥，但可以系夫之谥。关于诸侯藩国国妃命妇的谥，在东晋时期有过讨论。西晋泰始以来有藩国王妃无谥、东晋朝琅琊武王诸葛妃、恭王夏侯妃不追谥的成例，因此东晋朝臣主张彭城太妃不应谥。

别拟谥逐渐成为魏晋南北朝时期皇后给谥的一个主流形式，也引发人们逐渐对后妃谥字解意的重视。贺琛《谥法》三卷中妇人独有一卷，这是中国古代谥法制度中前所未有之创举。在皇后谥法的礼仪中，对于逝去的皇后在谥号未定之前，称为"大行皇后"。皇后与帝王谥号取得的地点最大不同在于，"天子谥成于郊，后妃谥成于庙"，这一点一直影响后世皇后谥法礼仪。这一时期嫔妃虽有等级，但其死后赐谥并未形成定制。

从传世文献和出土墓志来看，南朝公主得谥的记载多于北朝。公主得谥有的是在死后葬时赠谥，有的是在死后经年，其父、兄得到皇位后追谥。公主的谥号多为美谥；谥号字数上，多为单字谥，双字谥只占少数。

第一节　妇人谥法的理论建构

一　妇人谥法理论的建构

关于妇人谥法的理论，先秦、汉代以来，各代学者都有过探讨。春秋时期，"无爵者无谥"，因此，在一般情况下，妇人无爵便无谥。但实际上，在《春秋》中我们也见到妇人有谥的情况。关于此矛盾，《白虎通》卷一《爵·论妇人无爵》有论：

> 妇人无爵何？阴卑无外事，是以有"三从"之义：未嫁从父，既嫁从夫，夫死从子。故夫尊于朝，妻荣于室，随夫之行。故《礼·郊特牲》曰："妇人无爵，坐以夫之齿。"《礼》曰："生无爵，死无谥。"《春秋》录夫人皆有谥，夫人何以知非爵也？《论语》曰："邦君之妻，君称之曰夫人，国人称之曰君夫人。"即令是爵，君称之与国人称之不当异也。①

《白虎通》卷二《谥》仍强调了夫人"无爵故无谥"：

> 夫人无谥者何？无爵，故无谥。或曰：夫人有谥。夫人一国之母，修闺门之内，群下亦化之，故设谥以彰其善恶。《春秋》曰："葬宋共姬。"《传》曰："称谥何？贤也。"《传》曰："哀姜者何？庄公夫人也。"卿大夫妻，命妇也。无谥者何？以贱也。八妾所以无谥何？亦以卑贱，无所能豫，犹士卑小不得有谥也。太子夫人无谥何？本妇人随夫，太子无谥，其夫人不得有谥也。《士冠经》曰："天子之元子犹士也。"士无谥，知太子亦无谥也。附庸所以无谥何？卑小无爵也。《王制》曰："王者之制爵禄，凡五等。"附庸不在其中。明附庸无爵也。②

---

① 《白虎通疏证》卷一《爵·论妇人无爵》，第21页。
② 《白虎通疏证》卷二《谥·论无爵无谥》，第76页。

但另一种说法主张"夫人有谥",其主要根据是"谥"用来"彰其善恶",并举例"共(恭)姬"的谥号取得便是因为其"贤也"。但这种标准并不是唯一的,卿大夫妻、八妾是因其身份"卑贱无所能豫"而无谥;而太子夫人却是因"太子无谥"而不得有谥。

《白虎通》也解释了之后夫人有谥的原因,根本在于其行为品德,取得途径为朝廷所商议赐予,大臣议谥后禀呈皇帝,皇帝同意后赐予。《通典》卷一〇四《皇后谥及夫人谥议(国妃命妇附)》:

> 《白虎通》云:"后夫人谥,臣子共于庙定之。"(或曰:出之于君,然后加之,妇人天夫,故由君而已。妇人本无外事,是故不于郊。)《五经通义》云:"妇人以随从为义,夫贵于朝,妇贵于室,故得蒙夫之谥。"(或曰:文王之妃曰文母,宋恭公妻恭姬是也。)又云:"夫人无爵故无谥。或曰夫人有谥。夫人一国之母,修闺门之内,则下以化之,故设谥章其善恶。《公羊》曰:葬宋恭姬,称其谥,贤之也。卿大夫妻,命妇也,无谥者,以贱也。妾无谥,亦以卑贱,无所能与,犹士卑小不得谥也。"①

《通典》关于后、夫人谥议的讨论,引用的也是《白虎通》的相关理论,重申定谥地点在"庙",即太庙;"夫人无爵故无谥";又引《公羊传》宋恭姬因贤而有谥,卿大夫妻、妾因身份卑贱而无谥。杜预《春秋释例·书谥例》:

> 妇人无外行,于礼当系夫之谥,以明所属。②

孔颖达疏:"是言妇人不合谥也。系夫谥者,夫人而已,众妾不合系夫,正当以字配姓也。"杜预认为妇人无外行,即在朝堂、社会上无功行,

---

① 《通典》卷一〇四《皇后谥及夫人谥议》,第2713—2714页。
② 《春秋左传正义》卷二《隐公元年》,(清)阮元校刻:《十三经注疏》清嘉庆刊本,中华书局2009年版,第3722页。

所以不应有自己的谥，但可以系夫谥。然而系夫谥的只能是正妻夫人而已，众妾亦不可系夫谥。

因此，从《公羊传》《白虎通》《春秋释例》《通典》的讨论来看，从先秦、汉代到唐代，学者们对妇人的谥法是有很大争论的。第一种看法认为，谥是为了彰显其善恶，因此妇人也可有谥；第二种是无爵无谥，妇人无爵则无谥；第三种是可以系于夫谥；第四种便是因身份卑贱而无谥。从实际的妇人得谥情况而言，无爵则无谥，无外行则无谥，但可以系夫之谥。

而关于诸侯藩国国妃命妇的谥，在东晋时期有过讨论。《通典》卷一〇四《皇后谥及夫人谥议（国妃命妇附）》载：

> （东晋）穆帝时，彭城国上言，为太妃李求谥。太常王彪之以为："由于妇人无爵，既从夫爵，则己无实爵，以从为称也。以从为称，则无谥可知。《春秋》妇人有谥者，周末礼坏耳。故服虔注声子之谥'非礼也'。杜氏注惠公仲子，亦云'非礼，妇人无谥'。泰始以来，藩国王妃无有谥者，中兴，敬后登祚乃追谥耳。琅琊武王诸葛妃、恭王夏侯妃，元帝犹抑蒸蒸之至，不追谥，今彭城太妃不应谥。"①

关于彭城国为李太妃求谥一事，在《晋书》卷二〇《礼志中》也有记载：

> 永和十一年，彭城国为李太妃求谥。博士曹耽之议："夫妇行不必同，不得以夫谥谥妇。《春秋》妇人有谥甚多，经无讥文，知礼得谥也。"胡讷云："礼，妇人生以夫爵，死以夫谥。《春秋》夫人有谥，不复依礼耳。安平献王李妃、琅邪武王诸葛妃、太傅东海王裴妃并无谥，今宜率旧典。"王彪之云："妇人有谥，礼坏故耳。声子为谥，服虔诸儒以为非。杜预亦云'礼，妇人无谥'。《春秋》无讥之文，所谓不待贬绝自明者也。近世惟后乃有谥耳。"②

---

① 《通典》卷一〇四《皇后谥及夫人谥议》，第2713—2714页。
② 《晋书》卷二〇《礼志中》校勘记，第644—645页。

《通典》和《晋书》的史料同源，但《晋书·礼志中》记载的朝堂议谥更为详细。参与讨论的有博士曹耽之、博士胡讷以及太常王彪之。曹耽之以《春秋》妇人有谥者甚多作为依据，认为"知礼得谥"；而胡讷认为妇人有谥是因为礼崩乐坏的结果，而且，本朝安平献王李妃、琅邪武王诸葛妃、太傅东海王裴妃均无自己的谥号，因此不主张给谥。太常王彪之的议在《通典》中更为详细，更举西晋泰始以来藩国王妃无谥、本朝琅琊武王诸葛妃、恭王夏侯妃不追谥的成例，主张彭城太妃不应谥。

二 妇人谥字

秦朝不兴谥法，汉初，谥法制度才再次衔接先秦谥法制度发展起来。但汉初的皇后依然遵循"妇人无外行，于礼当系夫之谥"[1] 的原则，随夫谥而称，其谥字依其夫谥字。如汉高祖谥"高"皇帝，吕后称"高"皇后。应劭曰："礼，妇人从夫谥，故称高也。"[2]

不过，这种情况到东汉时稍有松动。汉明帝谥生母阴皇后曰"光烈"，其中"光"为"光武"谥字之一，"烈"为别拟字。此后，如无特殊情况，皇后皆有谥制度化，其谥字构成，第一个字为皇帝谥中的一个字，第二个字为别拟谥字。如明帝马后、章帝窦后谥"明德""章德"[3]。和帝邓皇后卒后，依惯例仍拟谥"德"，不过，朝臣认为皇后谥也应参考生前品行，故拟谥曰"和熹"[4]，其后安帝阎后谥"安思"[5]。魏晋南北朝时，皇后谥字的这种别拟情况愈多，如魏文帝甄后谥"文昭"[6]、晋武帝杨后谥"武元"[7]、宋武帝臧后谥"武敬"[8]、隋文帝独孤后谥"文献"[9] 等。北魏

---

[1] 《春秋左传正义》卷二《隐公元年》，《十三经注疏》清嘉庆刊本，第3722页。
[2] 《汉书》卷三《高后纪》，第95页。
[3] 《后汉书》卷一〇上《皇后纪上》，第407、415页。
[4] 《后汉书》卷一〇上下《皇后纪上、下》，第418、455页。
[5] 《后汉书》卷一〇下《皇后纪下》，第435、455页。
[6] 《三国志》卷五《魏书·后妃传》，第158—161页。
[7] 《晋书》卷三一《后妃传上》，第952页。
[8] 《南史》卷一一《后妃传上》，第318页。
[9] 《北史》卷一四《后妃传下》，第532页。

有谥皇后的谥字不再附以皇帝谥号，多另别拟单谥或复谥。皇后谥字的别拟，也引发人们逐渐对后妃谥字解意的重视。

到萧梁时，由于礼制的蓬勃发展，作为礼制的一个部分，谥法也愈发受到礼学家的重视。《玉海》卷五四《艺文部·梁谥法》载："梁贺琛《谥法》三卷，采旧谥法及《广谥》，又益以已所撰新谥，分君、臣、妇人三卷，卷各分美、平、恶三等，其条比沈约谥例颇多，亦有约载而琛不取者。"贺琛《谥法》就分为三卷，其中妇人独有一卷，这是中国古代谥法制度中前所未有之创举。

但我们现在很难看到贺琛《谥法》中的妇人卷内容，只能找到些许蛛丝马迹。如《梁书》卷七《高祖德皇后郗氏》载："高祖践阼，追崇为皇后。有司议谥，吏部尚书兼右仆射臣约议曰：'……谨按《谥法》，忠和纯备曰德，贵而好礼曰德。宜崇曰德皇后。'"这则材料中，"忠和纯备曰德，贵而好礼曰德"不见于《逸周书·谥法》以及现存的谥法文献，应和梁朝贺琛所定妇人谥息息相关。

贺琛制定新谥法后，在当朝便推广使用，而且影响深远。《梁书》卷三八《贺琛传》载"诏琛撰《新谥法》，至今施用"。《梁书》乃姚思廉（557—637）承其父陈朝吏部尚书姚察未完之书而成，此卷末有"陈吏部尚书姚察云"一语，可知此卷乃取其父所撰旧稿而成。姚察隋大业二年（606）去世，则所谓"至今施用"，则梁、陈至隋仍施用。

第二节　皇后谥法的礼仪范式

在皇权至上的古代社会，皇帝掌管着前廷政务，统治天下臣民，即"治天下"；皇后作为皇帝的配偶，即在后宫掌管内廷事务，管理后宫妃嫔、女官、宦官、宫女等后宫人员，即"治家"——皇帝的家。皇后母仪天下，通过治理后宫，以辅助皇帝治理国家和天下臣民。皇后（皇太后）是君权的一种延伸，《白虎通》云"天子之配谓之后，后者何也，明海内之小君也"，《后汉书·皇后纪》"后，正位宫闱，同体天王"，又引和帝称赞邓后的话，"皇后之尊，与朕同体，承宗庙，母天下，岂易哉？"所谓

"天称皇天,则帝称皇帝;地称后土,则后称皇后。此乃所以同天地之大号,流无二之尊名"①,可见,由于皇后是君主的配偶,与君主"同体",必然会分享皇帝的尊严与地位,故在制度安排上皇后仍属于"君"这一层次,和君主同属于"天下之尊"。只不过皇后是"小君",其位置仅次于君主。②在后妃制度中,"皇后之尊与帝齐体,供奉天地,祁承宗庙,母临天下"③,皇后的地位尊崇无比,其他妃嫔遥不可及,一般情况,皇后死后都会按照礼制得到相应的谥号。

范晔《后汉书·皇后纪》论曰:

> 汉世皇后无谥,皆因帝谥以为称。虽吕氏专政,上官临制,亦无殊号。中兴,明帝始建光烈之称,其后并以德为配,至于贤愚优劣,混同一贯,故马、窦二后俱称德焉。其余唯帝之庶母及藩王承统,以追尊之重,特为其号,如恭怀、孝崇之比是也。初平中,蔡邕始追正和熹之谥,其安思、顺烈以下,皆依而加焉。汉世母氏无谥,至于明帝始建光烈之称,是后转因帝号加之以德上下优劣,混而为一,违礼"大行受大名,小行受小名"之制。④

西汉后妃本身无单独的谥号,而以皇帝之谥称之。西汉高皇后吕氏,应劭曰:"礼,妇人从夫谥,故称高也。"⑤ 如孝文窦皇后、孝成班婕妤,孝成、孝文皆为其夫之谥借而称之。汉宣帝追尊其曾祖母卫子夫为思皇后,是秦以来第一位皇后自身的谥号。另一位是汉元帝的母亲,《汉书》卷九《元帝纪》"孝元皇帝,宣帝太子也。母曰共哀许皇后",注引张晏曰:"礼,妇人从夫谥。闵其见杀,故兼二谥。"东汉光武帝皇后阴丽华是明帝的生母,她恭俭仁孝,为天下母仪。死后,明帝追尊,将先皇帝的谥

---

① 《晋书》卷三七《宗室传·安平献王孚》,第1083—1084页。
② 张星久:《母权与帝制中国的后妃政治》,《武汉大学学报(社会科学版)》2003年第1期。
③ 徐天麟:《东汉会要》卷一《帝系上·杂录》,上海古籍出版社2006年版,第12页。
④ 《后汉书》卷一〇下《皇后纪下》,第455—456页。
⑤ 《汉书》卷三《高后纪》,第95页。

号"光"系于前，谥其为"烈"，合谥为光烈皇后。东汉蔡邕等人为邓太后议谥时，认为"帝后一体"，皇后的谥号应附着于皇帝谥号后，作双字谥"和熹"。

一 未谥前称大行皇后

第二章在论述帝王谥法时，我们已知汉魏以来逝去的皇帝在谥号未定之前，均称为"大行皇帝"，在谥策文中得谥之前的文字中仍称"大行皇帝"；而到晋、宋以来，在南郊告谥之后，便可称"某谥皇帝"。对于逝去的皇后在谥号未定之前，是否也称为"大行皇后"，在曹魏明帝时，朝臣有过一次讨论，《通典》卷七九《凶礼一·大丧初崩及山陵制并为周以下亲哭及不视事》条载：

> （魏）明帝时，毛皇后崩，未葬，诏"宜称大行"。尚书孙毓奏："武宣皇后崩，未葬时，称太后。文德皇后崩，侍中苏林议：'皇后皆有谥，未葬宜称大行。'臣以为古礼无称大行之文。按汉天子称行在所，言不常居。崩曰大行者，不返之称也。未葬未有谥，不言大行，则嫌与嗣天子同号。至于后崩未葬，礼未立后，宜无所嫌，故汉氏诸后不称大行。谓未葬宜直称皇后。"诏曰："称大行者，所以别存亡之号。故事已然，今当如林议，称大行。"[①]

毛皇后因争宠而被明帝赐死，在未葬时，明帝诏宜称大行。但尚书孙毓以太和四年（230）去世的太皇太后卞氏未葬时称太后、青龙三年（235）去世的皇太后未葬时，侍中苏林议认为宜称大行作为立论基础，认为未葬宜直称"皇后"，最后魏明帝诏定称"大行"。按尚书孙毓的观点，汉代皇后、皇太后崩未葬时不称"大行"。但在《蔡中郎集》卷七《和熹邓后谥》载，孝和邓皇后崩，群臣谋谥，尚书陈忠上言"大行皇太后宜谥为和熹皇后"，那么从蔡邕所记来看，东汉皇后、皇太后崩未谥前也是称

[①] 《通典》卷七九《凶礼一·大丧初崩及山陵制并为周以下亲哭及不视事》，第2141页。

"大行"。晋代仍遵此制,《晋书》卷二〇《礼志中》载:"成帝咸康七年,皇后杜氏崩。诏外官五日一入临,内官旦一入而已,过葬虞祭礼毕止。有司奏,大行皇后陵所作凶门柏历门,号显阳端门。"

隋仁寿中,文献皇后崩,王劭复上言曰:"佛说人应生天上,及上品上生无量寿国之时,天佛放大光明,以香花妓乐来迎之。如来以明星出时入涅盘。伏惟大行皇后圣德仁慈,福善祯符,备诸秘记,皆云是妙善菩萨。"① 王劭上言的时候,独孤皇后还未得谥"文献",所以仍称"大行皇后"。但到唐朝时,还有《梁大行皇后崩仪注一卷》存留,则表明梁朝亦称已逝未得谥的皇后为大行皇后。②

不过,依照魏明帝"未葬宜称大行"的诏令,在请谥的谥册中可能也称为"大行皇后"。到唐德宗皇后王氏卒时,谥册上称不称"大行皇后",朝堂有过讨论:

> 贞元三年,妃久疾,帝念之,遂立为皇后。册礼方讫而后崩,群臣大临三日,帝七日释服。将葬,后母郕国郑夫人请设奠,有诏祭物无用寓,欲祭听之。于是宗室王、大臣李晟浑瑊等皆祭,自发涂日日奠,终发引乃止。葬靖陵,置令丞如它陵台。立庙,奏坤元之舞。敕宰相张延赏、柳浑等制乐曲,帝嫌文不工;李纾上谥册曰"大行皇后",帝又谓不典。并诏翰林学士吴通玄改譔,册曰"咨后王氏"。然议者谓岑文本所上文德皇后册言"皇后长孙氏"为得礼。③

从以上材料可知,在唐太宗长孙皇后的谥册中不是称其为"大行皇后",而是直接称"皇后长孙氏",以至于唐德宗时也以此为撰写谥册时的礼制标准。

二 皇后谥成于庙

《白虎通》卷二《谥·论谥后夫人》:

---

① 《隋书》卷六九《王劭传》,第1608页。
② 《旧唐书》卷四六《经籍志上》,第2008页。
③ 《新唐书》卷七七《后妃下·昭德王皇后传》,第3502页。

> 后夫人于何所谥之？以为于朝廷。朝廷本所以治政之处，臣子共审谥白之于君，然后加之。妇人天夫，故但白君而已。何以不之南郊也？妇人本无外事，何为于郊也？《礼·曾子问》曰："唯天子称天以诔之。"唯者，独也。明天子独于南郊耳。①

大行皇帝的谥号是在南郊告谥于天而正式取得的，那么皇后谥号的取得呢？以上《白虎通·论谥后夫人》中认为在朝廷之上，臣子审谥、君主同意之后加谥即可，不去南郊。而《通典》卷一〇四《皇后谥及夫人谥议》引《白虎通》云："后夫人谥，臣子共于庙定之。（或曰：出之于君，然后加之，妇人天夫，故由君而已。妇人本无外事，是故不于郊。）"② 因此，在《白虎通疏证》中，陈立疏证认为：

> 《通典》礼六十四引作"后夫人谥，臣子共于庙定之"。彼注又引或曰"出之于君，然后加之。妇人天夫，故白君而已。妇人无外事，是故不于郊"。与此皆大同小异，疑"或曰"以下亦《白虎通》之文。则此当云"后夫人于何所谥之？以为于庙，或曰于朝廷"云云也。此承妇人有谥义而申言之也。"天夫"，大德本、俞本作"大夫"，则"妇人"句逗矣。③

笔者赞同陈立的疏证。《白虎通》此番对后夫人谥的议论为承妇人有谥而引申到定谥地点，可能在汉代有两种看法，其一臣子共于庙定之；其二便是于朝廷定之。而从之后皇后定谥的实际场合来看，皇后与帝王谥号取得的地点最大不同在于，"天子谥成于郊，后妃谥成于庙"。这一点在《旧唐书》卷五二《后妃下·顺宗庄宪皇后王氏传》中也有记载：

> 元和十一年三月，崩于南内之咸宁殿，谥曰庄宪皇后。初，太常

---

① 《白虎通疏证》卷二《谥·论谥后夫人》，第76页。
② 《通典》卷一〇四《凶礼·皇后谥及夫人谥议》，第2713页。
③ 《白虎通疏证》卷二《谥·论谥后夫人》，第76页。

少卿韦缜进谥议，公卿署定，欲告天地宗庙。礼院奏议曰："谨按《曾子问》：'贱不诔贵，幼不诔长，礼也。'古者天子称天以诔之，皇后之谥，则读于庙。《江都集礼》引《白虎通》曰：'皇后何所谥之，以为于庙。'又曰：'皇后无外事，无为于郊。'《传》曰：'故虽天子，必有尊也。'准礼，贱不得诔贵，子不得爵母。所以必谥于庙者，谥宜受成于祖宗，故天子谥成于郊，后妃谥成于庙。今请准礼，集百官连署谥状讫，读于太庙，然后上谥于两仪殿。既符故事，允合礼经。"从之。初称谥并云庄宪皇太后，礼仪使郑絪奏议："秦、汉已来，天子之后称皇后，母称皇太后，祖母称太皇太后，崩亦如之。加'太'字者，所以别尊称也。国朝典礼，皆依旧制。开元六年正月，太常奏昭成皇太后谥号，以牒礼部，礼部非之。太常报曰：'入庙称后，义系于夫；在朝称太后，义系于子。'此载于史册，垂之不刊。今百司移牒及奏状，参详典故，恐不合除'太'字；如谥册入陵，神主入庙，即当去之。"①

唐顺宗庄宪皇后的谥号拟好后，原本是要告谥于天地宗庙的，礼院引《江都集礼》所征引的《白虎通》有"皇后何所谥之，以为于庙"一句，也可佐证陈立之疏证。韦缜、郑絪认为，"天子谥成于郊，后妃谥成于庙"，其程序为读谥于太庙，上谥于两仪殿，谥册入陵，神主入庙。

三 铭旌尊称皇后，彰以谥号

皇后崩，在其丧仪中有一环"书铭旌"。铭旌中是否标明谥号，这一礼仪程序在曹魏明悼后死后也引起了朝臣的讨论。有的人认为应该去掉其姓直接书魏，有的认为姓和魏都应写上：

> 魏明悼后崩，议书铭旌，或欲去姓而书魏，或欲两书。孚以为："经典正义，皆不应书。凡帝王皆因本国之名以为天下之号，而与往

---

① 《旧唐书》卷五二《后妃下·顺宗庄宪皇后王氏传》，第2195页。

代相别耳，非为择美名以自光也。天称皇天，则帝称皇帝；地称后土，则后称皇后。此乃所以同天地之大号，流无二之尊名，不待称国号以自表，不俟称氏族以自彰。是以《春秋》隐公三年《经》曰'三月庚戌天王崩'，尊而称天，不曰周王者，所以殊乎列国之君也。'八月庚辰宋公和卒'，书国称名，所以异乎天王也。襄公十五年《经》曰'刘夏逆王后于齐'，不云逆周王后姜氏者，所以异乎列国之夫人也。至乎列国，则曰'夫人姜氏至自齐'，又曰'纪伯姬卒'，书国称姓，此所以异乎天王后也。由此考之，尊称皇帝，赫赫无二，何待于魏乎？尊称皇后，彰以谥号，何待于姓乎？议者欲书魏者，此以为天皇之尊，同于往古列国之君也。或欲书姓者，此以为天皇之后，同于往古之夫人也。乖经典之大义，异乎圣人之明制，非所以垂训将来，为万世不易之式者也。"遂从孚议。①

《通典》卷八四《礼·沿革·凶礼·设铭》中也记载了这次讨论，缪袭、刘劭、赵怡等人均参与其中，但并没有记录司马孚的奏议。《晋书》保存的司马孚奏议中，有一句话值得注意，即"尊称皇后，彰以谥号，何待于姓"，便可知司马孚认为在书铭旌时只需"谥号＋皇后"便可以标示其身份，无需书写其姓或书国名。那么在魏明帝皇后葬仪书铭旌环节中，最终采纳了司马孚的奏议，尊称皇后，彰以谥号。

第三节　皇后谥号的用字、字数

上一章我们讨论了魏晋南北朝时期皇帝的谥号用字，几无恶谥；按郑樵《谥法》上中下三等，仅有怀、闵、愍、悼、冲、隐、哀等中谥，不过12人，其余皆为美谥。使用频率最高的美谥为"武"字，"文"字也为使用频率很高的美谥，另外，"明""元""宣""成""昭"等美谥使用频率也很高。在魏晋南北朝皇后谥号用字上，美谥也占大多数。

---

① 《晋书》卷三七《宗室传·安平献王孚》，第1083—1084页。

一 魏晋南北朝时期皇后谥号用字

史载魏晋南北朝各朝代皇后的谥号有无、谥号用字情况如下：

曹魏：武宣卞皇后、文昭甄皇后、文德郭皇后、明悼毛皇后、明元郭皇后（《三国志》卷五《魏书·后妃传》）

蜀汉：先主昭烈皇后、先主穆后（无谥载）、后主敬哀皇后、后主张皇后（无谥载）（《三国志》卷三四《蜀书·二主妃子传》）

孙吴：孙破虏吴夫人、吴主权谢夫人、权徐夫人、权步夫人、权王夫人（生和，和子皓立，追尊夫人曰大懿皇后）、权王夫人（生休，休即位，遣使追尊曰敬怀皇后）、权潘夫人、孙亮全夫人、孙休朱夫人（永安五年，立夫人为皇后。休卒，群臣尊夫人为皇太后。孙皓即位月余，贬为景皇后）、孙和何姬（皓即位，尊和为昭献皇帝，何姬为昭献皇后）、孙皓滕夫人（《三国志》卷五〇《嫔妃传》）

西晋：宣穆张皇后、景怀夏侯皇后、景献羊皇后、文明王皇后、武元杨皇后、武悼杨皇后、惠贾皇后、惠羊皇后（《晋书》卷三一上《后妃传上》）

东晋：元敬虞皇后、明穆庾皇后、成恭杜皇后、康献褚皇后、穆章何皇后、哀靖王皇后、废帝孝庾皇后、简文顺王皇后、孝武定王皇后、安德陈皇后、安僖王皇后、恭思褚皇后（《晋书》卷三一下《后妃传下》）

刘宋：孝穆赵皇后（宋初追谥）、孝懿萧皇后、武敬臧皇后、少帝司马皇后、文元袁皇后、文穆王皇后、前废帝何皇后、明恭王皇后、后废帝江皇后、顺帝谢皇后（《宋书》卷四一《后妃传》）

南齐：宣孝陈皇后、高昭刘皇后、武穆裴皇后、文安王皇后、明敬刘皇后、东昏褚皇后、和帝王皇后（《南齐书》卷二〇《皇后传》）

萧梁：太祖献皇后张氏、高祖德皇后郗氏、太宗简皇后王氏、高祖穆贵嫔丁氏（追谥为穆太后）、高祖宣修容阮氏（追崇为文宣太后）（《梁书》卷七《皇后传》）

陈：高祖宣太后章氏、世祖沈皇后、废帝王皇后、高宗柳皇后、后主沈皇后（《陈书》卷七《皇后传》）

前赵：汉光文帝刘渊光献皇后张氏（追谥）、汉昭武帝刘聪武元皇后呼延氏、武孝皇后张氏、刘聪武宣皇后刘氏、刘聪武德皇后刘英、弘道皇后樊氏、弘孝皇后王氏、弘德皇后宣氏、昭文帝刘曜后羊氏献文皇后、刘曜后刘氏献烈皇后、元悼皇后卜氏①

成汉：成景帝李特罗夫人、成武帝李雄任皇后、冉宫人、成幽公李期阎皇后、汉昭文帝李寿阎皇后、李宫人（均无谥号）

前凉：前凉明王张寔贾夫人、前凉文王张骏严王后、刘美人、马夫人；前凉桓王张重华裴王后、郭夫人；悼公张天锡阎夫人、薛宫人、焦夫人（皇后或夫人无谥号）

后赵：明帝石勒刘皇后、程夫人，武帝石虎天王皇后郑氏、郭氏、崔氏、天王后杜珠、柳氏、刘皇后；后赵彭城王石遵张皇后（皇后或夫人无谥号）

冉魏：武悼天王冉闵董皇后、世妇仇氏（皇后或夫人无谥号）

前燕：文明帝慕容皝文明皇后段氏、拓跋氏、公孙氏、高氏、文昭皇后兰氏；景昭帝慕容儁景昭皇后可足浑氏、慕容儁景德皇后段氏、拓跋氏；幽帝慕容可足浑皇后、拓跋氏

前秦：惠武帝苻洪姜夫人、明帝苻健梁皇后，厉王苻生梁皇后、文桓帝苻雄苟夫人、宣昭帝苻坚苟氏、夫人张氏、慕容氏；哀平帝苻丕皇后杨氏、高帝苻登皇后毛氏、李氏（皇后或夫人无谥号）

后秦：武昭帝姚苌皇后、孙贵妃；文桓帝姚兴张皇后、齐皇后；末帝姚泓皇后（皇后或夫人无谥号）

后燕：成武帝慕容垂成昭皇后、成哀皇后段氏；惠愍帝慕容宝惠德皇后，昭武帝慕容盛王妃兰氏、昭文皇帝慕容熙乙皇后、昭文皇后苻氏、愍太后苻氏

北燕：惠懿帝慕容云李皇后，文成帝冯跋孙王后、宋夫人、斛律昭仪，昭成帝冯弘慕容皇后、王夫人（皇后或夫人无谥号）

南燕：献武帝慕容德皇后段氏，追尊穆皇帝慕容纳皇后段氏，末主慕

---

① ①十六国的资料分别参见《晋书》各载记，不再一一出注。

容超皇后呼延氏（皇后无谥号）

西秦：武元王乞伏乾归边王后，苻王后；文昭王乞伏炽磐秃发王后（王后无谥号）

后凉：懿武帝吕光石皇后、赵淑媛，隐王吕绍张皇后，灵帝吕纂杨皇后，文帝吕宝卫夫人；末主吕隆杨皇后（皇后无谥号）

北凉：武宣王沮渠蒙逊孟王后，哀王沮渠牧犍李王后、拓跋王后（王后无谥号）

南凉：景王秃发辱檀折掘王后（王后无谥号）

西凉：武昭王李暠辛夫人、尹夫人（王后无谥号）

夏：武烈帝赫连勃勃梁皇后、废帝赫连昌（王后无谥号）

北魏：神元皇后窦氏、文帝皇后封氏、桓帝皇后祁氏、平文皇后王氏、昭成皇后慕容氏、献明皇后贺氏、道武皇后慕容氏、道武宣穆皇后刘氏、明元昭哀皇后姚氏、明元密皇后杜氏、太武皇后赫连氏、太武敬哀皇后贺氏、景穆恭皇后郁久闾氏、文成文明皇后冯氏、文成元皇后李氏、献文思皇后李氏、孝文贞皇后林氏、孝文废皇后冯氏、孝文幽皇后冯氏、孝文昭皇后高氏、宣武顺皇后于氏、宣武皇后高氏、宣武灵皇后胡氏、孝静皇后高氏（《魏书》卷一三《皇后传》）

北齐：神武娄后、文襄元后、文宣李后、孝昭元后、武成胡后、后主斛律后、胡后、穆后（《北齐书》卷九《皇后传》）

北周：文帝元皇后、文宣叱奴皇后、孝闵帝元皇后、明帝独孤皇后（明敬）、武帝阿史那皇后（武德、武成①）、武帝李皇后、宣帝杨皇后、宣帝朱皇后、宣帝陈皇后、宣帝元皇后、宣帝尉迟皇后、静帝司马皇后（《周书》卷九《皇后传》）

从以上所列举的魏晋南北朝各朝皇后谥号来看，曹魏、两晋时期皇后的谥仍是承袭东汉以来的皇后谥号的主流，即"皇帝谥号＋别拟谥号"。十六国政权中成汉、前凉、后赵、冉魏、前秦、后秦、北燕、南燕、西秦、后凉、北凉、南凉、夏、西凉的皇后和夫人基本无谥号，有谥者如前

---

① "武成"见于《北史·后妃传下》，"武德"见于《北周武帝孝陵发掘简报》中刊布的"武德皇后及志盖"，详见本章第四节的分析。

赵刘渊张皇后的谥号便是刘渊"光文"谥号之"光"再加别拟的"献"字；昭武帝刘聪前期四个皇后的谥号，便是取刘聪谥号中的"武"字，另加元、孝、宣、德而成；刘曜的三个皇后卜氏、羊氏、刘氏均死于刘曜之前，她们的谥字"献文""献烈""元悼"均是别拟。

南朝中的刘宋、南齐皇后的谥号也承袭"皇帝谥号＋别拟谥号"；到梁朝时，追谥的皇后、太后以及皇后嫔妃基本上为别拟谥号。

北魏时期，皇后的谥号基本为别拟。如道武帝刘皇后谥为"宣穆"，明元皇后姚氏谥为"昭哀"，太武帝皇后贺氏谥为"敬哀"，文成皇后冯氏谥为"文明"等，均为单独为皇后所拟之谥，而不再像东汉、曹魏的皇后谥那样，附着在皇帝谥号后。其中，"文成元皇后李氏"，《北史》卷一九《文成五王传》作"孝元皇后生献文皇帝"，《北史》校勘记云："孝元皇后生献文皇帝"，按"孝"疑为"李"之讹。本书卷一三《文成元皇后李氏传》，后谥"元"，不谥"孝元"。《魏书》卷八三上《李峻传》、卷八九《李洪之传》都称为"元皇后"，不作"孝元皇后"。这里疑当如明元六王传之杜密皇后、献文六王传之李思皇后，作李元皇后。①《魏书》卷二〇校勘记中还补充《墓志集释》元颢妃李元姜墓志称"元恭皇后"，但未见有"孝元"之号。②《魏北海王妃故李氏志铭》云，"妃姓李，字符姜，相州顿丘人。太宰宣王之孙，顿丘公奇之第二女也。曾姑元恭皇后，伉俪高宗，与国蝉联，实同申甫"，可补记文成皇后李氏谥为"元恭"。

张鹤泉、苗霖霖曾统计《魏书》记载，北魏皇后共有 20 位。在这些皇后中得美谥者 10 人，平谥者 3 人，无谥号者 7 人。可见，在皇后谥号的确定中，美谥居多，平谥较少，恶谥则从未使用。③孝文幽皇后冯氏是文明太后的侄女，由于自身的失德行为而失宠，孝文帝逝世前留下遗诏"吾死之后，可赐自尽别宫，葬以后礼，庶掩冯门之大过"。可是，后世皇帝有碍于她与文明太后的关系，并未给予她恶谥号，但她的失德行为也使得

---

① 《北史》卷一九《文成五王传》，第 683、721 页。
② 《魏书》卷二〇《文成五王传》，第 531 页。
③ 张鹤泉、苗霖霖：《北魏后宫谥法、赠官制度考略》，《社会科学战线》2010 年第 9 期。

她无法得到美谥,因而选择"用之愍伤焉,用之无后者焉"的平谥来对她追谥。另外,孝明帝时,由于宣武灵皇后胡氏的干政,造成"朝政疏缓,维恩不立,天下牧守,所在贪婪,文武解体,所在乱逆,土崩鱼烂"①,可是她死后也未被追加恶谥。

　　皇后、后妃的谥号,是为了"悼往推恩,旌椒兰之懿行,传美名于千古"②,因此在其谥号中,多褒善溢美之谥字。汪受宽先生曾详细统计汉至清后妃谥号用字,490位后妃谥号中451位是美谥,占到总数的95%;37人为平谥,占到总数的37%,只有2人为丑谥,仅占总数的0.5%。③ 而魏晋南北朝皇后的谥号基本上也遵循这样的一个特点,美谥占绝大多数。改朝换代或被废的皇后,绝大多数都没有谥号,偶有谥号者也与帝谥无关,而是被赐以平谥,如北魏孝文帝冯后谥"幽",④ 隋炀帝萧后谥"愍"。⑤

　　汪受宽先生还详细统计汉至清后妃谥号总用字1520个,含有135个谥字,列于榜首的有27个,分别是恭79次,圣71次,惠70次,懿67次,孝64次,顺63次,昭61次,静(靖)58次,庄50次。⑥ 从魏晋南北朝时期皇后谥号用字来看,"圣"还未进入此期皇后谥号,而"宣""恭""昭""德""懿""穆""献"等字经常使用。所谓"德","忠和纯备曰德","贵而好礼曰德"。"懿",《逸周书·谥法解》、吐鲁番《谥法》残本均有"温柔圣善曰懿",《史记正义·谥法解》有"温柔贤善曰懿"。"正德美容曰恭""执义扬善曰怀""柔贤慈惠曰顺"所强调的,温柔、慈惠、贤善、慈爱,便是朝廷要旌赏的后妃之德。

二　魏晋南北朝时期皇后谥号字数

　　皇后谥号也并非都是单字,从汉宣帝许后谥"恭哀",⑦ 之后不少皇后

---

① 《魏书》卷一三《宣武灵皇后胡氏传》,第339页。
② 《太常因革礼》卷九四,转引自汪受宽《谥法研究》,第90页。
③ 汪受宽:《谥法研究》,第90页。
④ 《北史》卷一三《后妃传上》,第499—501页。
⑤ 《北史》卷一四《后妃传下》,第537页。
⑥ 汪受宽:《谥法研究》,第90—92页。
⑦ 《后汉书》卷一〇上《皇后纪上》,第416—417页。

或追封皇后的谥号也为双字谥，如汉安帝李后谥"恭愍"，① 汉桓帝梁后谥"懿献"。② 宋孝武帝王后谥"文穆"③ 等例。北魏前期多为双字谥，如道武帝刘皇后谥为"宣穆"，明元皇后姚氏谥为"昭哀"，太武帝皇后贺氏谥为"敬哀"，文成皇后冯氏谥为"文明"；而到北魏中后期，多为单字谥。

与帝王谥号不断增多的趋势相符，后妃谥号也不断加长，唐玄宗天宝八载（749），给各先皇后谥号皆加"顺圣"二字，皇后之谥开始有四字。明成祖之后，嫡皇后谥字皆用13个，清顺治时定嫡皇后谥字13个，到叶赫那拉氏谥号最长，"孝钦慈禧端佑康颐昭豫庄诚寿恭钦献崇熙配天兴圣显皇后"，计23个字。

第四节　皇后得谥的实际操作

前引《后汉书·皇后纪下》范晔论曰，"汉世皇后无谥，皆因帝谥以为称。"《后汉书》卷一〇《皇后纪》所载光武郭皇后、光烈阴皇后、明德马皇后、章德窦皇后、和帝阴皇后、和熹邓皇后、安思阎皇后、顺烈梁皇后、孝崇皇后、桓帝懿献梁皇后、桓帝邓皇后、桓帝窦皇后、孝仁董皇后、灵帝宋皇后、灵帝何皇后、献帝伏皇后、献帝曹皇后17位皇后中，谥号多数附于皇帝谥号后，再单拟一谥；只有个别不同，如桓帝梁皇后，谥为"懿献"。

一　皇后谥号的取得

皇后谥号的实际取得，与朝廷政治事件密切相关。西晋武帝的第二位皇后杨氏的谥号即牵涉西晋末期的杨骏专权、贾南风乱政、八王之乱等大事件。杨氏为太傅杨骏与嫡妻庞氏之女，武元皇后之堂妹。咸宁二年（276），立为皇后，史称"婉嫕有妇德，美映椒房"，得宠于晋武帝。生渤海殇王，早薨。晋惠帝即位后尊为皇太后。其父杨骏擅权引起皇后

---

① 《后汉书》卷一〇下《皇后纪下》，第435—438页。
② 《后汉书》卷一〇下《皇后纪下》，第443页。
③ 《南史》卷一一《后妃传》，第323页。

贾南风忌恨，贾南风联络汝南王司马亮、楚王司马玮发动政变，杀死杨骏，并唆使大臣上书状告皇太后谋反，让晋惠帝司马衷将杨氏贬为庶人，押到金墉城居住。元康二年（292），杨氏冻饿而死。永嘉元年（307），晋怀帝司马炽恢复杨芷武悼皇后的尊号和谥号，别立弘训宫，神位不与武帝同列，即《宋书》卷一六《礼志三》所载，"（怀）帝初，又策谥武帝杨后曰武悼皇后，改葬峻阳陵侧。别立弘训宫，不列于庙"。东晋成帝咸康七年（341），朝廷下诏使内外详议此事。《晋书》卷三一《后妃上·武悼杨皇后》载：

> 至卫将军虞潭议曰："世祖武皇帝光有四海，元皇后应乾作配。元后既崩，悼后继作，至杨骏肆逆，祸延天母。孝怀皇帝追复号谥，岂不以鲧殛禹兴，义在不替者乎！又太宁二年，臣忝宗正，帝谱泯弃，罔所循按。时博咨旧齿，以定昭穆，与故骠骑将军华恒、尚书荀崧、侍中荀邃因旧谱参论撰次，尊号之重，一无改替。今圣上孝思，祗肃禋祀，询及群司，将以恢定大礼。臣辄思详，伏见惠皇帝起居注、群臣议奏，列骏作逆谋，危社稷，引鲁之文姜，汉之吕后。臣窃以文姜虽庄公之母，实为父雠；吕后宠树私戚，几危刘氏，按此二事异于今日……又见故尚书仆射裴頠议悼后故事，称继母虽出，追服无改。是以孝怀皇帝尊崇号谥，还葬峻陵。此则母子道全，而废事荡革也。于时祭于弘训之宫，未入太庙。盖是事之未尽，非义典也。若以悼后复位为宜，则应配食世祖；若以复之为非，则谱谥宜阙，未有位号居正，而偏祠别室者也。若以孝怀皇帝私隆母子之道，特为立庙者，此苟崇私情，有亏国典，则国谱帝讳，皆宜除弃，匪徒不得同祀于世祖之庙也。"会稽王昱、中书监庾冰、中书令何充、尚书令诸葛恢、尚书谢广、光禄勋留攉、丹杨尹殷融、护军将军冯怀、散骑常侍邓逸等咸从潭议，由是太后配食武帝。①

直到东晋成帝咸康七年（341），杨氏的武悼皇后的谥号以及入太庙配

---

① 《晋书》卷三一《后妃传上·武悼杨皇后》，第956页。

食武帝这一礼仪才最终尘埃落定。

《宋书》卷四一《后妃传·文帝袁皇后》载：

> 文帝袁皇后讳齐妫，陈郡阳夏人，左光禄大夫敬公湛之庶女也。母本卑贱，后年五六岁，方见举。后适太祖，初拜宜都王妃。生子劭、东阳献公主英娥……元嘉十七年，疾笃，上执手流涕问所欲言，后视上良久，乃引被覆面。崩于显阳殿，时年三十六。上甚相悼痛，诏前永嘉太守颜延之为哀策，文甚丽。其辞曰：……策既奏，上自益"抚存悼亡，感今怀昔"八字，以致其意焉。有司奏谥宣皇后，上特诏曰"元"。①

刘宋文帝袁皇后死后，文帝下诏前永嘉太守颜延之撰写哀策，哀策写好后，文帝亲自改写，有司奏谥为"宣皇后"，而文帝特诏谥为"元"。"元"，前引《逸周书·谥法解》有4解《文献通考·王礼考》"道德纯一曰元"，《经世大典·后妃谥》"体仁内恕曰元"。

《北周武帝孝陵发掘简报》中刊布了北周武帝皇后阿史那氏的墓志盖和墓志，朱利民也披露了他在有关文物部门看到的周武帝及其武德皇后的墓志。武德皇后志为正方形石灰岩质，志盖为斜刹，四刹及四边无纹饰，志石四边无纹饰。盖顶阳刻篆书3行7字："周武德皇后志铭"。志面阳刻楷书7行，满行7字，共计48字："大隋开皇二岁次壬寅四月甲戌朔廿三日乙（甲）未周武帝皇后阿史那氏徂谥曰武德皇后其月廿九日壬寅合葬于孝陵。"② 志文中"廿三日乙未"的"乙"后改刻为"甲"字。志石边长0.48米、厚0.09米。③ 参照周武帝孝陵皇后墓志，周武帝宇文邕这位突厥皇后阿史那氏谥号应为武德，而不是《北史·后妃传下》所载"武成皇后阿史那氏，突厥木杆可汗俟斤之女也"中的"武成"。而在《周书》本传

---

① 《宋书》卷四一《文元袁皇后传》，第1285页。
② 马先登：《北周武德皇后墓志》，《文物天地》1995年第2期。
③ 陕西省考古研究所、咸阳市考古研究所：《北周武帝孝陵发掘简报》，《考古与文物》1997年第2期，图版见第26页，图二十"武德皇后志及志盖"；第27页，图二十一"武德皇后志"。相关研究参见朱利民："武成"谥号考订》，《唐都学刊》2000年第4期。

· 200 ·

中阿史那氏无谥号：

> 宣帝即位，尊为皇太后。大象元年二月，改为天元皇太后。二年二月，又尊为天元上皇太后。册曰："天元皇帝臣赟，奉玺绶册，谨上天元皇太后尊号曰天元上皇太后。伏惟穷神尽智，含弘载物，道洽万邦，仪刑四海。圣慈训诱，恩深明德，虽册徽号，未极尊严。是用增奉鸿名，光缛常礼。俾诚敬有展，欢慰在兹，福祉无疆，亿兆斯赖。"宣帝崩，静帝尊为太皇太后。隋开皇二年殂，年三十二。隋文帝诏有司备礼册，祔葬于孝陵。①

据《周书》卷九《武帝阿史那皇后传》，阿史那氏是突厥木杆可汗俟斤之女，在北周武帝天和三年（568）十八岁时嫁给武帝宇文邕。这是突厥与北周、北齐关系中的重要事件。宣帝即位后，阿史那氏被尊为皇太后，静帝即位后，她又先后被尊为天元皇太后和天元上皇太后。《周书》载其隋开皇二年殂，隋文帝诏有司备礼册，祔葬于孝陵，志文云"谥曰武德皇后"，志盖亦称"武德皇后"，则可证实当时"隋文帝诏有司备礼册"中，包括了阿史那氏的谥册。朱利民文中分析了唐修史书《北史》将阿史那氏谥号记为"武成"谬误的五个原因，其中之一便认为北周皇后和皇族成员陵墓不封不树，北周帝后在葬后便随着岁月的尘埃，史实逐渐被掩盖了。唐人在编纂《北史》时，也未深入考究故出纰漏。周伟洲先生认为《北史》撰者避唐"武德"年号讳，而改为武成皇后谥号。朱振宏认为今本《周书》不见阿史那氏皇后谥号可能有两个原因，一是今本《周书》已非完本，北周皇后谥号可能已阙缺不存；二是令狐德棻修纂《周书·皇后传》为求书法上的统一，北周各皇后一律不书谥号。李延寿修《北史》时，误将阿史那氏的"武德"谥号，写成北周明帝"武成"年号，是以阿史那氏的"武成"，可能是李延寿的手误。② 笔者认同朱振宏对《周书》

---

① 《周书》卷九《武帝阿史那皇后传》，第144页。
② 朱利民：《"武成"谥号考订》，第62页；周伟洲：《陕西北周墓葬与民族问题》，收入氏著《汉唐气象——长安遗珍与汉唐文明》，中国社会科学出版社2013年版，第45页；朱振宏：《北周武德皇后墓志考释研究》，《唐史论丛》第20辑，三秦出版社2015年版，第305—306页。

中无阿史那皇后谥号记载的分析，而对《北史》记为"武成"的原因，笔者认同周伟洲的观点。而隋文帝仍赠谥给已亡国的北周皇太后，与隋初与东突厥关系紧张不无关系，对"周武帝之婚于木杆也，突厥锦衣肉食在长安者且以万数"① 有所顾忌。

二 追谥皇后的谥号

汪受宽先生曾总结皇后谥的追尊可分为：开国皇帝追赠（祖）母、追赠早逝的元妃（妻）、追复废后和生母、藩王继统者追尊生母与祖母等、追尊保母、追尊子弟妻等七种情形。②

所谓"追尊"，是为之前的死者追加尊号，而汪受宽先生上列的第六种"追尊保母"所举例子太武帝尊保姆窦氏，生前便被尊为皇太后，死后便赐谥为"惠太后"，因此不是追尊皇后谥。汉宣帝追谥曾祖母（武帝皇后）卫子夫曰"思"，③ 是首次为死去皇后追谥并别拟谥字，影响深远，追谥生（祖）母也因此渐成传统，如汉和帝追谥生母（章帝梁贵人）曰"恭怀"，李贤注引《谥法》，"敬事尊上曰恭，慈仁哲行曰怀"。汉顺帝即位后，追谥生母李氏为"恭愍"，"帝母李氏瘗在洛阳城北，帝初不知，莫敢以闻。及太后崩，左右白之，帝感悟发哀，亲到瘗所，更以礼殡，上尊谥曰恭愍皇后，葬恭北陵，为策书金匮，藏于世祖庙"④。献帝追谥生母（灵帝王美人）曰"灵怀"⑤。

（一）追谥的实例

到曹魏朝，曹丕正式发布制令，禁止从藩王嗣统者追谥本生母为皇后。而追谥生母的现象一直存在，如《三国志》卷三《魏书·明帝纪》载：

> 明皇帝讳叡，字符仲，文帝太子也。七年夏五月，帝病笃，乃立

---

① 《通典》卷一九七《边防典一三·突厥上》，第5405页。
② 汪受宽：《谥法研究》，第79—82页。
③ 《汉书》卷九七上《外戚传上》，第3950页。
④ 《后汉书》卷一〇下《皇后纪下》，第435—438页。
⑤ 《后汉书》卷一〇上《皇后纪上》，第416—417、450—451页。

为皇太子。丁巳，即皇帝位，大赦。尊皇太后曰太皇太后，皇后曰皇太后。诸臣封爵各有差。癸未，追谥母甄夫人曰文昭皇后。①

虽然魏明帝曹叡并非从藩王嗣统，但因其生母在明帝继位前已被剥夺了皇后之位赐死，明帝继位后，便追谥生母甄夫人为文昭皇后。《三国志》卷五《后妃传·文昭甄皇后》载：

> 文昭甄皇后，中山无极人，明帝母，汉太保甄邯后也，世吏二千石。延康元年正月，文帝即王位，六月，南征，后留邺。黄初元年十月，帝践阼。二年六月，遣使赐死，葬于邺。明帝即位，有司奏请追谥，使司空王朗持节奉策以太牢告祠于陵，又别立寝庙。②

裴松之注引《魏书》载三公奏曰：

> "盖孝敬之道，笃乎其亲，乃四海所以承化，天地所以明察，是谓生则致其养，殁则光其灵，诵述以尽其美，宣扬以显其名者也。今陛下以圣懿之德，绍承洪业，至孝烝烝，通于神明，遭罹殷忧，每劳谦让。先帝迁神山陵，大礼既备，至于先后，未有显谥。伏惟先后恭让著于幽微，至行显于不言，化流邦国，德侔二南，故能膺神灵嘉祥，为大魏世妃。虽夙年登遐，万载之后，永播融烈，后妃之功莫得而尚也。案谥法：'圣闻周达曰昭，德明有功曰昭。'昭者，光明之至，盛久而不昧者也。宜上尊谥曰文昭皇后。"是月，三公又奏曰："自古周人始祖后稷，又特立庙以祀姜嫄。今文昭皇后之于万嗣，圣德至化，岂有量哉！夫以皇家世妃之尊，而克让允恭，固推盛位，神灵迁化，而无寝庙以承享祀，非所以报显德，昭孝敬也。稽之古制，宜依周礼，先妣别立寝庙。"并奏可之。

---

① 《三国志》卷三《魏书·明帝纪》，第91页。
② 《三国志》卷五《魏书·后妃·文昭甄皇后传》，第162页。

甄后死于宫闱争宠，其子明帝即位后，有司奏请追谥。裴松之注引王沉《魏书》载三公奏疏，其中便引《谥法》谥曰"文昭"，"文"为魏文帝谥号，"昭"为另拟。《逸周书·谥法解》"昭"有3解，"昭德有劳曰昭""容仪恭美曰昭""圣闻周达曰昭"，此奏疏中引用的"德明有功曰昭"不见于以上3解。苏洵《谥法》中有"明德有功曰昭"，注引刘熙："为能明明德而任之，则有功而昭显圣"。

《三国志》卷三四《蜀书·二主妃子传》：

> 先主甘皇后，沛人也。后卒，葬于南郡。章武二年，追谥皇思夫人，迁葬于蜀，未至而先主殂陨。丞相亮上言："皇思夫人履行修仁，淑慎其身。大行皇帝昔在上将，嫔妃作合，载育圣躬，大命不融。大行皇帝存时，笃义垂恩，念皇思夫人神柩在远飘飖，特遣使者奉迎。会大行皇帝今皇思夫人神柩以到，又梓宫在道，园陵将成，安厝有期。臣辄与太常臣赖恭等议：《礼记》曰：'立爱自亲始，教民孝也；立敬自长始，教民顺也。'不忘其亲，所由生也。春秋之义，母以子贵。昔高皇帝追尊太上昭灵夫人为昭灵皇后，孝和皇帝改葬其母梁贵人，尊号曰恭怀皇后，孝愍皇帝亦改葬其母王夫人，尊号曰灵怀皇后。今皇思夫人宜有尊号，以慰寒泉之思，辄与恭等案谥法，宜曰昭烈皇后。诗曰：'谷则异室，死则同穴。'故昭烈皇后宜。"①

甘夫人是后主刘禅的生母，早卒葬于南郡。章武元年（221），刘备称帝。翌年（222）追谥甘夫人为皇思夫人，迁葬于蜀。刘备病卒后，合葬。丞相诸葛亮及太常赖恭奏议追尊皇思夫人为昭烈皇后，其谥号并未别拟，仍承刘备"昭烈"之谥。

《宋书》卷四一《后妃传·前废帝何皇后》载：

> 前废帝何皇后，讳令婉，庐江灊人也。孝建三年，纳为皇太子妃。大明五年，薨于东宫徽光殿，时年十七。葬□□，谥曰献妃……

---

① 《三国志》卷三四《蜀书·二主妃子传》，第905页。

废帝即位，追崇献妃曰献皇后。

何氏在刘子业为皇太子未即皇位时，死时有谥曰献妃；三年后即大明八年（464）刘子业即位后追尊献妃为献皇后，谥字未变。十六国时期的后燕慕容熙曾追谥自己的宠妃昭仪苻娀娥为愍皇后，《十六国春秋》卷五一《后燕录九·熙昭仪大苻氏》载：

> 熙昭仪大苻氏，故中山尹苻谟之长女也。名曰娀娥，纳为贵人。未几，进为昭仪。熙甚幸之，乃为昭仪。凿曲光海清凉池，季夏盛暑，士卒不得休息，暍死者大半。苻氏美而艳，好微行游宴，熙弗之禁也。请谒必从，刑赏大政，无不由之。俄而有疾，龙城人王荣自言能疗之，未几而卒。熙忿荣之妄，立于公车门支解而焚之。伪追谥昭仪为愍皇后。

《梁书》卷二《武帝纪中》也记载了梁武帝即位后的追谥，即"追尊皇考为文皇帝，庙曰太祖；皇妣为献皇后。追谥妃郗氏为德皇后"①。《梁书》卷七《高祖德皇后郗氏传》：

> 建武五年，高祖为雍州刺史，先之镇，后乃迎后。至州未几，永元元年八月殂于襄阳官舍，时年三十二。其年归葬南徐州南东海武进县东城里山。中兴二年，齐朝进高祖位相国，封十郡，梁公，诏赠后为梁公妃。高祖践阼，追崇为皇后。有司议谥，吏部尚书兼右仆射臣约议曰："表号垂名，义昭不朽。先皇后应祥月德，比载坤灵，柔范阴化，仪形自远。俔天作合，义先造舟，而神兽凤掩，所隔升运，宜式遵景行，用昭大典。谨按《谥法》，忠和纯备曰德，贵而好礼曰德。宜崇曰德皇后。"诏从之。陵曰修陵。

梁武帝即位之后，追崇已逝多年的郗氏。在有司议谥时，吏部尚书兼

---

① 《梁书》卷二《武帝纪中》，第35页。

右仆射沈约引用《谥法》"忠和纯备曰德""贵而好礼曰德",但此二解不见于《逸周书·谥法解》,也不见于现存的谥法文献。与"忠和纯备曰德"稍有不同的是,《后汉书》卷一〇《皇后纪》"明德马皇后讳某",李贤注曰:"《谥法》曰:忠和纯淑曰德。"《全宋文》载赵师民皇祐二年五月《论帝后不当与先帝同谥奏》云:"……臣又闻后之谥,忠和纯淑曰德,汉之明德、章德是也。"① 另一个谥解,"贵而好礼曰德",与之相近的在《全宋文》引《太常因革礼》载张永锡《赵国夫人符氏故夫人尹氏谥议》中云:"富贵好礼曰德"②;《经世大典·后妃谥》:"《礼记》曰:富贵而知好礼,则不骄不淫。"后世所用《谥法》中的"忠和纯淑曰德""富贵好礼曰德"谥解的意义,与《梁书》所引《谥法》中的"忠和纯淑曰德""富贵好礼曰德"相类似,可能均从此阐发开去;而后二者与萧梁时期贺琛定妇人谥有关。

《梁书》卷四《简文帝纪》载,太清三年(549)五月辛巳,简文帝即皇帝位后,追谥妃王氏为简皇后。《梁书》卷七《皇后·太宗简皇后王氏》记载稍详细:

> 太宗简皇后王氏,讳灵宾,琅邪临沂人也。祖俭,太尉、南昌文宪公。后幼而柔明淑德,叔父暕见之曰:"吾家女师也。"天监十一年,拜晋安王妃。生哀太子大器,南郡王大连,长山公主妙纮。中大通三年十月,拜皇太子妃。太清三年三月,薨于永福省,时年四十五。其年,太宗即位,追崇为皇后,谥曰简。大宝元年九月,葬庄陵。先是诏曰:"简皇后窀穸有期。昔西京霸陵,因山为藏;东汉寿陵,流水而已。朕属值时艰,岁饥民弊,方欲以身率下,永示敦朴。今所营庄陵,务存约俭。"又诏金紫光禄大夫萧子范为哀策文。

王氏死于简文帝即位前,死时为皇太子妃,但彼时并没有谥号;直到

---

① 曾枣庄、刘琳琳主编:《全宋文》卷三五八《赵师民·论帝后不当与先帝同谥》,上海辞书出版社、安徽教育出版社2006年版,第279—280页。
② 曾枣庄、刘琳琳主编:《全宋文》卷五八《张永锡·赵国夫人符氏故夫人尹氏谥议》,第393页。

其夫萧纲即位后，才在追崇为皇后同时赐谥"简"，哀策文由金紫光禄大夫萧子范所作。

北魏道武帝天兴元年十有二月己丑，拓跋珪称帝，追尊远祖成帝已下及后号谥。共追谥28位帝王，其后也相应得到夫谥，所谓"魏氏王业之兆虽始于神元，至于昭成之前，世崇俭质，妃嫱嫔御，率多阙焉，惟以次第为称。而章、平、思、昭、穆、惠、炀、烈八帝，妃后无闻。太祖追尊祖妣，皆从帝谥为皇后，始立中宫，余妾或称夫人，多少无限，然皆有品次"①。

从太祖道武帝到高祖孝文帝时期的13位皇后中，有8位皇后被追尊和追谥，占61.5%，生前册立为后的仅有5位。在北魏前期被追封的8位皇后中，明元昭哀皇后姚氏，"太宗以后礼纳之，后为夫人"。北魏后宫中还有一些嫔妃因"子贵母死"而被赐死，但她们在亡故之时就得到了谥号。在她们的儿子继皇帝位后，又将她们追尊为皇后。例如，明元密皇后杜氏是明元帝后宫夫人。由于她的儿子被选为太子，而以"子贵母死"被赐死。她死后被明元帝谥为"密贵嫔"，贵嫔即贵嫔夫人，是北魏后宫三夫人之一。其子即位后，便被追尊为密皇后。孝文帝皇后高氏也是在死后得到追谥。《魏书》卷一三《皇后·文昭皇后高氏传》：

> 孝文昭皇后高氏，司徒公肇之妹也。父飏，母盖氏，凡四男三女，皆生于东裔。高祖初，乃举室西归，达龙城镇，镇表后德色婉艳，任充宫掖。及至，文明太后亲幸北部曹，见后姿貌，奇之，遂入掖庭，时年十三……遂生世宗。后生广平王怀，次长乐公主。及冯昭仪宠盛，密有母养世宗之意。后自代如洛阳，暴薨于汲郡之共县，或云昭仪遣人贼后也。
>
> 其后有司奏请加昭仪号，谥曰文昭贵人，高祖从之。世宗践阼，追尊配飨。
>
> 后先葬城西长陵东南，陵制卑局。因就起山陵，号终宁陵，置邑户五百家。肃宗诏曰："文昭皇太后，德协坤仪，美符文姒，作合高

---

① 《魏书》卷一《序纪》，第1—18页。

祖，实诞英圣，而夙世沦晖，孤茕弗祔。先帝孝感自衷，迁奉未遂，永言哀恨，义结幽明。废吕尊薄，礼伸汉代。"又诏曰："文昭皇太后尊配高祖，祔庙定号，促令迁奉，自终及始，太后当主，可更上尊号称太皇太后，以同汉晋之典，正姑妇之礼。庙号如旧。"文昭迁灵榇于长陵兆西北六十步。①

高氏生元恪、元怀，后死于非命，死后有司奏请加昭仪号，孝文帝赐谥为"文昭贵人"，在亲生子元恪即位后，复追崇为"文昭皇太后"。《文昭皇后高照容墓志》：

【志文】

魏文昭　皇太后山陵志铭并序

皇太后高氏，讳照容，冀州勃海蓨人。高祖孝□
皇帝之贵人，世宗宣武皇帝之母也。遥源绵绪，□
方载史册，岂寄略陈。弱禀渊懿之灵，夙体疎通之□
俗，机明入神。幼处素闲，庶族仰德，爰接帝幄，椒□
枢之灵，迈庆都之感，是以延宠　高祖，诞载□
母养万国，曾未龙飞，遄弃万寿。以太和廿年□
四更时，薨于洛宫。悼轸　皇阐，慕切储禁。□
武皇系运，乃追尊曰　皇太后。时以军国□
饰旧茔，两纪于兹。皇上追　先帝之遗□
邈，粤筮三龟，协从吉兆，以神龟二年□
祔　高祖长陵之右。天长地永，大□②

《魏书》本传传文较为简略，既无高氏名字，亦不载死于何年。据此墓志，知文昭皇后名照容，死于孝文帝太和二十年（496）。这方墓志应是

---

① 《魏书》卷一三《皇后传》，第335页。
② 墓志拓片图版见洛阳市文物工作队《洛阳出土历代墓志辑绳》，中国社会科学出版社1991年版，第28页。对此墓志的疏证，见罗新、叶炜《新出魏晋南北朝墓志疏证》，"三八　文昭皇后高照容墓志"，第89页。

在神龟二年祔高祖长陵之右时，刻写后埋葬的，此时已经追崇其为文昭皇太后。

（二）追谥的礼仪

曹魏文帝后甄氏赐死后，不列庙。明帝即位后，追谥甄氏为"文昭皇后"。《通典》卷四七《吉礼六·后妃庙》：

> （魏）文思后依周姜嫄庙禘祫。文帝甄后赐死，故不列庙。明帝即位，有司奏请追谥曰文昭皇后，使司空王朗持节奉策告祠于陵。（时三公又奏曰："自古周人归祖后稷，又特立庙以祀姜嫄。今文昭皇后于后嗣，圣德至化，岂有量哉！夫以皇家世妃之尊，神灵迁化，而无寝庙，非以报显德，昭孝敬也。宜依周礼，别立寝庙。"）太和元年二月，立庙于邺。四月，洛邑初营宗庙，掘地得玉玺，方一寸九分，其文曰"天子羡思慈亲"。明帝为之改容，以太牢告庙。（景初元年十二月，有司又奏："文昭皇后立庙京师，永传享祀，乐舞与祖庙同，废其在邺庙。"）①

括号中杜佑自注的文字与《晋书·礼志上》的记载相同：

> 文帝甄后赐死，故不列庙。明帝即位，有司奏请追谥曰文昭皇后，使司空王朗持节奉策告祠于陵。三公又奏曰："自古周人归祖后稷，又特立庙以祀姜嫄。今文昭皇后之于后嗣，圣德至化，岂有量哉！夫以皇家世妃之尊，神灵迁化，而无寝庙以承享祀，非以报显德，昭孝敬也。稽之古制，宜依周礼，别立寝庙。"奏可。太和元年二月，立庙于邺。四月，洛邑初营宗庙，掘地得玉玺，方一寸九分，其文曰"天子羡思慈亲"。明帝为之改容，以太牢告庙。至景初元年十二月己未，有司又奏文昭皇后立庙京师，永传享祀，乐舞与祖庙同，废邺庙。②

---

① 《通典》卷四七《吉礼六·后妃庙》，第1318页。
② 《晋书》卷一九《礼志上》，第602页。

甄氏被魏文帝赐死，所以死后无谥号、神主也不列于庙。其子明帝即位后，朝臣高堂隆议将魏文思皇后依周姜嫄庙祔祫。魏明帝追谥生母甄氏为文昭皇后，使司空王朗持节奉策告祠于陵。当时的三公奏议应为其别立寝庙，因此太和二年二月，在邺都立庙。其年四月在洛阳营造宗庙时得玉玺，因此，景初元年有司奏文昭皇后立庙洛阳，从而废邺都庙。

另外还有一种情况，即东晋开国皇帝司马睿妻虞氏在他即位前已卒，司马睿即位后追尊为皇后，追号制谥，遣使册赠皇后玺绶，并祀以太牢：

> 元敬虞皇后讳孟母，济阳外黄人也。父豫，见外戚传。帝为琅邪王，纳后为妃，无子。永嘉六年薨，时年三十五。帝为晋王，追尊为王后。有司奏王后应别立庙。令曰："今宗庙未成，不宜更兴作，便修饰陵上屋以为庙。"太兴三年，册曰："皇帝咨前琅邪王妃虞氏：朕祗顺昊天成命，用陟帝位。悼妃凤徂，徽音潜翳，御于家邦，靡所仪刑，阴教有亏，用伤于怀。追号制谥，先王之典。今遣使持节兼太尉万胜奉册赠皇后玺绶，祀以太牢。魂而有灵，嘉。"①

《通典》卷四七《吉礼六·后妃庙》也记载了追谥虞妃为敬皇后一事，当时太子有生母，关于追谥以及以正位入庙的礼仪，朝臣还有疑义并进行了讨论：

> （东晋）元帝初为晋王，妃虞氏先亡。王导与贺循书，论虞庙元帝为琅琊王，纳虞氏为妃，永嘉中亡，帝为晋王，追谥为后。而元帝子明帝自有母，时以此疑，故比兄弟昭穆之义也。云："王所崇惜者体也，未敢当正位入庙及毁废之数，不知便可得尔不？"循答曰："汉光武于属，以元帝为父，故于昭穆之叙，便居成帝之位，而迁成帝之主于长安高庙。今圣上于惠帝为兄弟，亦当居惠帝之位，而上继武帝，惠帝亦宜别庙，则虞妃庙位，当以此定。"导又云："戴若思欲于太庙立后别室。"循答曰："愚以尊王既当天之正统，而未尽宸居之极

---

① 《晋书》卷三二《后妃传下·元敬虞皇后》，第971页。

称，既名称未极，更于事宜为难。或谓可立别庙，使进退无犯。意谓以尊意所重施于今，宜如有可尔理。若全尊寻备，昭穆既正，则俯从定位，亦无拘小别。然非常礼，无所取准。于名则未满，于礼则变常。窃以戴所斟酌，于人情为未安。"[1]

从《晋书》"追号制谥"以及《通典》"追谥为后"的记载可知，虞妃在卒时并没有谥号，而《晋书·后妃传·元敬虞皇后》中"元敬"谥号则是史家修史将司马睿死后"元"的谥号，加在虞氏谥号前。在太兴三年（320）册赠皇后玺绶的同时，得到了"敬"的谥号。但是此时的太子（以后的明帝）自有生母，那么庙位该如何处理？贺循与王导、戴若思等人进行了讨论，戴若思认为应在太庙给虞后立别室，但贺循认为不妥，最后以贺循所议立敬虞皇后别庙结束。

被追谥为"××皇后"之后，不仅其庙位会发生变化，神主上的称谓也将随之变动。《通典》卷四八《诸藏神主及题板制》：

又琅琊王妃敬后前薨，而王后纂统，追加谥号，改神主，访贺循云："琅琊典祠令孙文立议：'使者奉主及册命诣中阁，中人受取入内，易著石函中。故主留于庙阁。新主出庙，国官拜送。'如文议，则非于行庙受册。"循答曰："崇谥敬后，宜立行庙。以王后之号，有加常尊，轻重不同，则宜礼有变改。既立行庙，则常主宜出居座位。临加册谥而并易以新主，则故主宜还埋故庙两阶之间。"[2]

琅琊王妃追谥为敬后之后，追尊后的谥号和称谓都发生了改变，应改神主，在神主上追加谥号。琅琊典祠令孙文奏议以为，将故神主留于庙，而新神主出庙，国官拜送。但是依照孙文的建议，那么就不合符行庙受册的礼仪。因此，贺循认为，王后之谥及号远较其他封号为尊崇，轻重不同，不宜拘于常礼，应改变其礼仪，因此他提议崇谥敬后，应立行庙，将常主出居座

---

[1] 《通典》卷四七《吉礼六·后妃庙》，第1318—1319页。
[2] 《通典》卷四八《吉礼七·诸藏神主及题板制》，第1348页。

位，加册谥后更换新的神主，原来的神主埋在故庙的两阶之中。

三　皇后出家为尼后几无谥号

佛教在魏晋南北朝广泛传播，除太武帝、周武帝灭佛外，其他多数朝代，上自皇帝、皇太后、皇后下及平民，都信仰佛教，还为此修建大量佛教建筑。正因为对佛教的信仰和精神依赖，从北魏开始，有皇后被废后或帝死改朝换代后出家为尼的现象。皇后出家为尼，这在中国历史上是前所未有的，北朝皇后出家对后世的历史影响甚大，其中之一就是对中国古代后宫制度的改变，以致到了唐代则出现了"帝废"或"帝崩"之后，将后宫出俗为尼的特殊情况。① 据《魏书》卷一三《皇后列传》、《北史》卷一四《后妃传》和《周书》卷九《皇后传》等记载，北朝自拓跋魏入主中原至隋亡北周，共有17位后妃出家。其中北魏见于史书的31位皇后中，有7位出家为尼；北齐六主，立国28年，14位后妃中，有4位削发入庵；北周有12位皇后，因信佛遁入空门者居6，几占一半。

后妃出家的原因有以下三种情况：一是皇帝驾崩或被废。如北周孝闵帝元皇后名胡摩：

> 魏文帝第五女。初封晋安公主。帝之为略阳公也，尚焉。及践祚，立为王后。帝被废，后出俗为尼。建德初，高祖诛晋国公护，上帝尊号为孝闵帝，以后为孝闵皇后，居崇义宫。隋氏革命，后出居里第。大业十二年，殂。②

元胡摩为宇文觉之皇后，宇文觉被宇文护废后，元胡摩便出俗为尼。直到建德元年（572）宇文邕杀宇文护后，追谥宇文觉为孝闵帝，才以元胡摩为孝闵皇后。隋朝建立后于大业十二年（616）殂，但史书中没有记载隋朝是否给她谥号。宣帝之天中大皇后陈氏"帝崩，后出家为尼，改名华光"；天左大皇后尉迟氏"帝崩，后出俗为尼，改名华首"；天右大皇后

---

① 许智银：《论北魏女性出家为尼现象》，《许昌师专学报》2001年第6期。
② 《周书》卷九《孝闵帝元皇后传》，第143页。

元氏并出俗为尼。北周宣帝六后，一后为帝废出家，其余五后并为帝崩后亡国出家。

二是朝堂政治斗争。如北魏宣武帝皇后胡氏：

> 及尔朱荣称兵度河，太后尽召明帝六宫，皆令入道，太后亦自落发。荣遣骑拘送太后及幼主于河阴。太后对荣多所陈说，荣拂衣而起。太后及幼主并沈于河。太后妹冯翊君收瘗于双灵寺。武帝时，始葬以后礼，而追加谥曰灵。①

三是宫闱斗争，为太后不容或被废黜。如孝文废皇后冯氏：

> 孝文废皇后冯氏，太师熙之女也。太和十七年，高祖既终丧，太尉元丕等表以长秋未建，六宫无主，请正内位。高祖从之，立后为皇后……高祖后重引后姊昭仪至洛，稍有宠，后礼爱渐衰。昭仪自以年长，且前入宫掖，素见待念，轻后而不率妾礼。后虽性不妒忌，时有愧恨之色。昭仪规为内主，谮构百端。寻废后为庶人。后贞谨有德操，遂为练行尼。后终于瑶光佛寺。②

如宣武皇后高氏，"三月甲辰朔，皇太后出俗为尼，徙御金墉"，非大节庆，不入宫中。死后也葬以尼礼，死后无谥：

> 【铭文】魏瑶光寺尼慈义墓志铭尼讳英，姓高氏，勃海条人也。文昭皇太后之兄女。世宗景明四年纳为夫人。正始五年拜为皇后。帝崩，志愿道门，出俗为尼。以神龟元年九月廿四日薨于寺。十月十五日迁葬于邙山。弟子法王等一百人，痛容光之日远，惧陵谷之有移，敬铭泉石，以志不朽。③

---

① 《北史》卷一三《宣武灵皇后胡氏》，第 505 页。
② 《魏书》卷一三《皇后·孝文废皇后冯氏传》，第 332 页。
③ 赵超：《汉魏南北朝墓志汇编》，第 102 页。

西魏恭帝皇后若干氏，司空长乐正公惠之女。有容色，恭帝纳之为妃。及即位，立为皇后。后出家为尼，在佛寺薨，无谥。

北齐彭城太妃尔朱氏，尔朱荣之女，最初为北魏孝庄帝之皇后，北魏亡后，被纳为神武别室，神武迎娶蠕蠕公主后，后为尼，神武为其起佛寺。高洋建立北齐后，尔朱氏儿子高浟封为彭城王，尔朱氏成为彭城太妃。后被高洋杀害，死后无谥号记载。

北齐文宣皇后李氏，"武成践祚，逼后淫乱……盛以绢囊，流血淋媲，投诸渠水，良久乃苏，犊车载送妙胜尼寺。后性爱佛法，因此为尼"。李氏死后亦无谥。

北周孝闵皇后元氏、北周宣帝皇后朱氏、宣帝皇后陈氏、宣帝皇后元氏、宣帝皇后尉迟氏皆出家为尼，都没有获得谥号。只有北魏宣武灵皇后胡氏和西魏文帝文皇后乙弗氏较为特殊，虽出家为尼但之后新主即位，得到了追谥。还有两人追谥时冠以其夫的谥号。西魏文帝文皇后乙弗氏，大统元年（535）立为皇后。大统四年（538）为使柔然不犯西魏边境，西魏文帝迎娶柔然，可汗阿那瓌之女郁久闾氏，并立其为皇后（即悼后）。乙弗氏被废，出家为尼。六年（540），文帝迫于柔然的压力，赐乙弗氏死，"后引被自覆而崩，年三十一。凿麦积崖为龛而葬，神柩将入，有二丛云先入龛中，顷之一灭一出，后号寂陵。及文帝山陵毕，手书云，万岁后欲令后配飨。公卿乃议追谥曰文皇后，祔于太庙"①。另一人即北齐高殷妻子李难胜，在高殷为太子时，封为皇太子妃，但高殷即位时，《北齐书·废帝纪》并未载封其为皇后，《北史》卷一四《后妃传》中也无相关记载，《济南愍悼王妃李尼墓志铭》：

志盖：齐故济南愍悼王妃李尼墓铭

济南愍悼王妃李尼墓志铭尼俗讳难胜，法名等行，赵郡柏仁永宁乡阴灌里人也……以天保十年册拜皇太子妃。入奉严禁，内训唯穆。至愍悼王逊居别馆，降为济南王，妃盖亦恬然，无惊得丧。俄而悼王即世，冤颈为苦，哥黄鹄以告哀，咏柏舟而下泣。乃悟是法非法，如

———————————
① 《北史》卷一三《皇后·西魏文帝文皇后乙弗氏》，第507页。

幻如梦，厌离缠染，讬情妙极，遂落兹绀发，归心上道……以武平元年五月十四日，迁神于大妙胜寺舍，时年二十二焉……粤以其月三十日壬午，永窆于邺城之西北一十里处。不有所撰，何示将来？敬铭胜事，置之幽壤。①

李难胜夫为济南愍悼王，即北齐废帝高殷，文宣帝高洋长子。天保十年（559）十月高洋死，太子高殷继立，第二年（废帝乾明元年，亦即孝昭帝皇建元年，560）八月被叔父高演废黜为济南王，一年多后，孝昭帝皇建二年（561）九月，被害于晋阳，死时十七岁。高殷被害时，李难胜才十三岁，被迫出家为尼。李难胜死于后主武平元年（570），二十二岁。虽然其生前已为尼，但死后的墓志盖上，仍以其夫的谥号"愍悼王"来标识其身份。

综上所述，魏晋南北朝时期，一般情况下，皇后均有谥。其谥号有两种情况，一种为帝谥一字加别拟后谥一字，另一种为完全别拟谥字。别拟谥也引发人们逐渐对后妃谥字解意的重视。皇后的谥字绝大多数为美谥，德、懿、顺、恭、昭字经常使用；有双字谥，也有单字谥。皇后得谥地点与皇帝不同，"天子谥成于郊，后妃谥成于庙"。北魏始有皇后被废或帝死、改朝换代后出家为尼的现象，北朝自拓跋魏入主中原至隋亡北周，共有17位皇后出家为尼，除极个别有追谥外，皇后出家为尼几无谥号。

根据陈丽萍的研究，唐代后妃的给谥制度首先是对前朝旧制的承袭，后妃的谥号尽管可以分为皇后与嫔妃谥两种，但绝大多数还是集中在皇后谥。皇后谥号在坚持了一段从夫谥（包括改谥与加谥）的传统后，至玄宗时期实现了脱离帝谥的别拟双字谥，虽然至唐末又回归了从夫双字谥，并延续至五代以后，但唐代皇后谥号的独立，依然是古代后妃给谥制度发展过程中一段具有特殊意义的史实。唐代皇后的谥号字数有单字、双字、三字乃至四字谥之别，但同样在玄宗时期定型之后，皇后谥就一直为双字

---

① 《高殷妻李难胜墓志》，1978年出土于河北省磁县申庄乡，墓志参考录文见张利亚《磁县出土济南愍悼王妃李尼墓志述略》，载《北朝研究》1996年第3期。墓志疏证详见罗新、叶炜《新出魏晋南北朝墓志疏证》，第194—196页。

谥。唐代嫔妃得谥者很少，也没有定制可循。唐代从太穆皇后始，皇后的给谥大致经历了单字谥、从夫双字谥、别拟双字谥的过程，而玄宗天宝八载专为太穆至昭成六位先皇后加谥"顺圣"，此后的唐代皇后就只有本谥而无加谥或改谥。①

第五节 太后谥法

"汉兴，因秦之称号，帝母称皇太后，祖母称太皇太后。"② 在中国古代，母亲不仅有很高的地位，而且终身有着管教儿子的权力。杜芳琴指出："中国传统文化在'尊母'上取得了共识：道家尊母重牝，是从道的本体立论的；法家重母是从功利实用出发的；儒家尊母则从伦理道德着眼。"③ 两汉是儒家经典规范的时代，"孝"成为治国之道，而"孝"即是孝顺父母双亲，这使得母亲的地位在两汉空前尊贵。④ 传统的孝道要求对母亲和对父亲一样讲"孝顺"，就是也要承认母亲的权威，即母权。

阎爱民《汉晋家族研究》在阐述汉代母权的强盛时指出："汉室太后自称'朕'，反映了太后的权威，这不止是在称谓上，也有其实际意义。""两汉自高帝和光武帝外，每帝谥号中必有'孝'字，其对太后而言，决非溢美之言。"⑤

魏晋南北朝时期皇帝、皇后的谥法仪礼，基本以汉代制度为基础。这一时期皇太后、太皇太后的谥法仪礼基本也以汉代制度为基础。《魏书·礼志》记载"北魏自太祖至于武泰帝，及太皇太后、皇太后、皇后崩，悉依汉魏既葬公除"⑥，北魏皇帝、太皇太后、皇太后、皇后崩后，皆依汉魏制度。孝明帝神龟元年（518）九月有司奏崇宪太后丧事，称"案旧事，

---

① 陈丽萍：《贤妃嬖宠：唐代后妃史事考》，社会科学文献出版社2014年版，第33页。
② 《汉书》卷九七上《外戚传上》，第3935页。
③ 杜芳琴：《中国古代女主政治略论》，《山西师范大学学报（社会科学版）》1993年第2期。
④ 孙筱指出："孝的对象，在汉代不仅包括父亲，还包括母亲。先秦时代，由于宗法制的影响，家长仅指父亲，《荀子·致士篇》说：'君者国之隆也，父者家之隆也，隆一而治，二而乱。'母亲在家庭中无甚权利可言。到了汉代，由于社会提倡孝道，母亲成为家长的一员，因此《说文》说孝，就是指善事父母。"孙筱：《两汉经学与社会》，中国社会科学出版社2002年版，第332—333页。
⑤ 阎爱民：《汉晋家族研究》，上海人民出版社2005年版，第331、333页。
⑥ 《魏书》卷一〇八《礼志三》，第2777页。

皇太后崩仪，自复魄敛葬，百官哭临，其礼甚多"①。

一 太后谥法的礼仪

（一）大臣议谥

已逝的皇太后谥号由大臣议得而成。《后汉书》卷一〇下《皇后纪下》论曰："初平中，蔡邕始追正和熹之谥，其安思、顺烈以下，皆依而加焉。"李贤注引《蔡邕集》谥议曰："汉世母氏无谥，至于明帝始建光烈之称，是后转因帝号加之以德，上下优劣，混而为一，违礼'大行受大名，小行受小名'之制。谥法'有功安人曰熹'。帝后一体，礼亦宜同。大行皇太后谥宜为和熹。"② 此处引用了蔡邕谥议的最后一部分，详细记载见：

> 孝和邓皇后崩，群臣谋谥。于是尚书陈忠上言以为，乡党叙孔子威仪，俯仰无所遗彤，管记君王纤微大小无不举，是以德著图籍，名垂于后。伏唯大行，皇皇规乾，则坤兼包……汉世后氏无谥，至于明帝始建光烈之称，是后转因帝号加之以德，高下优劣，混而为一。违礼大行受大名，小行受小名之制。《谥法》：有功安居曰熹。帝后体礼亦宜同，大行皇太后宜谥为和熹皇后。上稽之于典训，下协先帝之称。③

在《后汉书》史臣论中，范晔认为直到"初平中，蔡邕始追正和熹之谥"。但实际上，在《蔡中郎集》中记载孝和邓皇后死后，群臣便进行了议谥，并列举了尚书陈忠的上言。陈忠的谥议中，回顾了孝和邓皇后绥一生迎立幼帝、临朝称制、命群儒校定东观阁学、明辨冤狱、平西羌之乱、削减用度和贡物数量等等功绩，遵从《谥法》"有功安居曰熹"，因此采其夫谥字"和"、议谥为"和熹皇后"。

---

① 《魏书》卷一〇八之四《礼志四》，第 2808 页。
② 《后汉书》卷一〇《皇后纪》，第 455 页。
③ 严可均：《全上古三代秦汉三国六朝文·全汉文》卷七二《蔡邕·和熹邓后谥议》，第 355 页。

（二）未葬未谥前称大行

已逝皇帝、皇后在未葬未谥前，均称"大行"。太皇太后、皇太后未葬未谥前，也称"大行"，前引《蔡中郎集·和熹邓后谥》中已有"大行皇太后"这样的称谓。《晋书·礼志》载：

> 泰始四年，皇太后崩。有司奏："前代故事，倚庐中施白缣帐、蓐、素床，以布巾裹块草，轺辇、版舆、细犊车皆施缣里。"诏不听，但令以布衣车而已，其余居丧之制，不改礼文。有司又奏："大行皇太后当以四月二十五日安厝。故事，虞着衰服，既虞而除。其内外官僚皆就朝晡临位，御除服讫，各还所次除衰服。"①

在安葬、赐谥之前，称其为大行皇太后。

（三）司空以特牲告谥于祖庙

《续汉书》卷六《礼仪志下》：

> ……太皇太后、皇太后崩，司空以特牲告谥于祖庙如仪。长乐太仆、少府、大长秋典丧事，三公奉制度，他皆如礼仪。

东汉时期，太皇太后、皇太后逝去，仍然是司空以特牲告谥于祖庙。魏晋南北朝太皇太后、皇太后葬礼中的告谥环节应没有变化，仍告谥于祖庙。

二 太后谥的实际操作

东晋时期三度临朝、扶立六帝的褚蒜子，十余岁时，嫁给琅琊王司马岳为妃。咸康八年（342），晋成帝司马衍去世，司马岳即位，是为晋康帝。同年，晋康帝册封褚蒜子为皇后。建元二年（344）晋康帝驾崩，年仅2岁的司马聃（晋穆帝）即位，褚蒜子成为太后，临朝摄政。在之后的

---

① 《晋书》卷二〇《礼志中》，第616页。

23年中,又迎立晋哀帝司马丕、司马奕、司马昱、司马曜四帝,临朝听政。太元九年(384)六月初一,在位四十年的褚太后在显阳殿去世,终年六十一岁。本传中未记赐谥一事,但《晋书》卷三二《后妃传下》史臣曰:"太后御宸,谅知非古。而明穆、康献,仍世临朝,时属委裘,躬行负扆。各免华阳之衅,竟躐和熹之踪,保陵迟以克终,所幸实为多矣。"其中标明了褚太后死后谥为康献,褚太后为孝武帝从嫂,虽然生前为崇德太后,但死后的谥号依康帝之谥字"康",另加别拟"献"字,其尊号为"康献皇后"。

宋文帝刘义隆淑媛路惠男,孝武帝刘骏之母。刘骏即位时,便尊母亲路淑媛为皇太后,居住在显阳殿。《宋书》卷四一《后妃·文帝路淑媛传》:

> 大明五年,太后随上巡南豫州,妃主以下并从。废帝即位,号太皇太后。太宗践阼,号崇宪太后。初,太宗少失所生,为太后所摄养,太宗尽心祗事,而太后抚爱亦笃。及上即位,供奉礼仪,不异旧日。有司奏曰:"……皇太后宜即前号,别居外宫。"诏曰:"朕备丁艰罚,蚤婴孤苦,特蒙崇宪太后圣训抚育。昔在蕃闱,常奉药膳,中迫凶威,抱怀莫遂。今泰运初启,情典获申,方欲亲奉晨昏,尽欢闺禁。不得如所奏。"寻崩,时年五十五。迁殡东宫,门题曰宪宫。上又诏曰:"朕幼集荼蓼,夙凭德训,龛黩定业,实资仁范,恩著屯夷,有兼常慕。夫礼沿情施,义循事立,可特齐衰三月,以申追仰之心。"谥曰昭皇太后,葬世祖陵东南,号曰修宁陵。

大明八年(464),孝武帝去世,其长子刘子业即位,史称前废帝,尊路惠男为太皇太后。泰始元年(465),宋文帝第十一子刘彧废刘子业自立,为宋明帝。宋明帝年幼时失去生母,为路惠男所抚养,宋明帝尽心恭敬事奉,路惠男抚养爱护,情感亦很深厚。路氏崩,尊谥为昭皇太后。

《陈书》卷七《高祖章皇后传》载永定元年(557),章要儿被立为陈霸先皇后。永定三年(559),陈武帝去世,章要儿立陈武帝侄子临川王陈蒨为帝，是为陈文帝。章氏被尊为皇太后。天康元年（566），陈文帝去世，皇太子陈伯宗继位，章氏尊为太皇太后。光大二年（568），章氏废黜陈伯宗，立陈伯宗叔父安成王陈顼为帝，是为陈宣帝。章氏复为皇太后。太建二年（570）"三月景申，崩于紫极殿，时年六十五。遗令丧事所须，并从俭约，诸有馈奠，不得用牲牢。其年四月，群臣上谥曰宣太后，祔葬万安陵"。

三 保太后的谥号

北魏早期，为了杜绝外戚干政，实行"子贵母死"制度。年幼的太子失去母亲无人抚养，因而衍生出一种"保母制度"，较为典型的是世祖太武帝保母窦氏和高宗文成帝乳母常氏：

> 太武保母窦氏，初以夫家坐事诛，与二女俱入宫，操行纯备，进退以礼，明元命为太武保母。性仁慈，帝感其恩训，奉养不异所生。及即位，尊为皇太后，封其弟漏头为辽东王。太后训厘内外，甚有声称。性恬素寡欲，喜怒不形于色，好扬人之善，隐人之过。帝征凉州，蠕蠕吴提入寇，太后命诸将击走之。真君元年，崩。诏天下大临三日，太保卢鲁元监护丧事，谥曰"惠"。葬崞山，从后意也。①

太武帝即位后，便尊其保姆窦氏为皇太后，在其死后，太武帝命太保卢鲁元监护丧事，谥为"惠"。

高宗文成帝乳母常氏：

> 文成乳母常氏，本辽西人，因事入宫，乳帝，有勋劳保护之功。文成即位，尊为保太后，寻尊为皇太后，告于郊庙。和平元年，崩。诏天下大临三日，谥曰昭。葬于广宁磨笄山，俗谓之鸣鸡山，太后遗志也。依惠太后故事，别立寝庙，置守陵二百家，树碑颂德。②

---

① 《北史》卷一三《太武惠太后窦氏》，第494页。
② 《北史》卷一三《文成昭太后常氏》，第495页。

文成帝乳母常氏在文成帝即位后，被尊为保太后、皇太后，其死后谥为昭，丧葬之礼依惠太后故事，所谓"惠太后"即上文的太武帝惠太后窦氏。

北魏早期子贵母死的制度下，由于哺育之恩，保母受到皇帝尊崇，保母太后卒后也有谥号。不过，这只是北魏时期的特殊现象，未被后世沿袭。

四 追尊太后及谥号

《晋书·简文宣郑太后传》记载了郑氏从琅琊王夫人到被追谥为简文宣太后的过程：

> 建武元年，纳为琅邪王夫人，甚有宠……后生琅邪悼王、简文帝、寻阳公主。帝称尊号，后虽为夫人，诏太子及东海、武陵王皆母事之。帝崩，后称建平国夫人……咸和元年薨。简文帝时为琅邪王，制服重。有司以王出继，宜降所生，国臣不能匡正，奏免国相诸葛颐。王上疏曰："亡母生临臣国，没留国第，臣虽出后，亦无所厌，则私情得叙。昔敬后崩，孝王已出继，亦还服重。此则明比，臣所宪章也。"明穆皇后不夺其志，乃徙琅邪王改封为会稽王，追号后曰会稽太妃。及简文帝即位，未及追尊。太元十九年，孝武帝下诏曰："会稽太妃文母之德，徽音有融，诞载圣明，光延于晋。先帝追尊圣善，朝议不一，道以疑屈。朕述遵先志，常惕于心。今仰奉遗旨，依阳秋二汉孝怀皇帝故事，上太妃尊号曰简文太后。"于是立庙于太庙路西，陵曰嘉平。①

以上这条史料的主人公王氏，在晋元帝即位前为琅琊王夫人，晋元帝即位后仍为夫人，晋元帝死后，为建平国夫人；其子琅琊王为会稽王后，追号为会稽太妃；会稽王即位为简文帝后，未及追尊。直至太元十九年（394），孝武帝才下诏追尊。从其诏书"会稽太妃文母之德"可以看出，

---

① 《晋书》卷三二《后妃传下·简文宣郑太后》，第979—980页。

她在死后及追尊为会稽太妃时，一直没有谥号；诏书主要记载追上尊号简文太后，而未载其追赐谥号"宣"。同一事件，在《晋书·礼志上》记载为："孝武皇帝太元十九年二月，追尊简文母会稽太妃郑氏为简文皇帝宣太后，立庙太庙道西。"①《晋书·礼志》认为太元十九年二月既追上尊号为简文太后，又赐谥为"宣"。《册府元龟》也记载了诏中有谥号，与《晋书》本传、礼志稍有不同：

  （太元）十九年六月壬子，追尊会稽王太妃郑氏为简文宣太后，诏曰："会稽太妃，文母之德，徽音有融，诞载圣明，光延于晋。先帝追尊圣善，朝议不一，道以疑屈。朕述尊先志，常惕于心，仰奉遗旨，依《阳秋》二汉孝怀皇帝故事，上太妃尊号曰简文宣太后。"②

  《册府元龟》载此事在太元十九年六月壬子日，与《晋书·礼志》所载二月不同，而追尊之诏书的文辞仅比《晋书》本传中的多了其谥字"宣"。从《晋书·礼志》和《册府元龟》来判断，《晋书·简文宣太后传》中"上太妃尊号曰简文太后"，"简文"后可能误漏了"宣"字。

  追尊太后和谥号之后，原来埋葬于墓内标示其身份的各种物品势必都必须改变，那么礼制如何规范呢？《晋书·礼志》便记载了东晋孝武帝追崇会稽郑太妃为简文宣太后之后如何处理这一问题：

  诏问"当开墓不"。王珣答："据三祖追赠及中宗敬后，并不开墓位，更为茔域制度耳。"③

  追尊太后及谥号便导致称谓改变，因此要放入新的谥册。当孝武帝下诏询问是否要开墓时，王珣根据三祖追赠以及追赠元敬虞皇后的成规，认为不用将其墓穴打开，而重新将这些新制作的物品如神主等埋葬在其旁

---

 ① 《晋书》卷二一《礼志上》，第609页。
 ② （宋）王钦若等编纂，周勋初等校订：《册府元龟》卷二九《帝王部·奉先第二》，凤凰出版社2006年版，第292页。
 ③ 《晋书》卷二一《礼志下》，第658页。

便可。

《宋书》卷四一《后妃传·武帝胡婕妤》也记载了生前为宋武帝婕妤、文帝母胡氏死后追尊为章皇太后的经历：

> 武帝胡婕妤讳道安，淮南人。义熙初，为高祖所纳，生文帝。五年，被谴赐死，时年四十二。葬丹徒。高祖践阼，追赠婕妤。太祖即位，有司奏曰："臣闻德厚者礼尊，庆深者位极。故网官既构，咏歌先妣；园陵崇卫，聿追来孝。伏惟先婕妤柔明塞渊，光备六列，德昭坤范，训洽母仪。用能启祚圣明，奄宅四海。严亲莫逮，天禄永违。臣等远准春秋，近稽汉、晋，谨上尊号曰章皇太后，陵曰熙宁。"立庙于京师。①

胡氏在其丈夫刘裕登基之前便被赐死，刘裕践阼后追赠为婕妤。其子刘义隆即位后，有司便依照汉晋制度奏上尊号为"章皇太后"。而文帝婕妤沈氏也在其子明帝即位前便卒，世祖孝武帝即位后追赠湘东国太妃，没有谥号；而其子明帝即位后，才上尊号为皇太后，之后下礼官议谥，追谥为宣太后：

> 文帝沈婕妤讳容姬，不知何许人也。纳于后宫，为美人。生明帝，拜为婕妤。元嘉三十年卒，时四十。葬建康之莫府山。世祖即位，追赠湘东国太妃。太宗即位，有司奏曰："昔豳都追远，正邑缠哀，缅慕德义，敬奉园陵。先太妃德履端华，徽景明峻，风光宸掖，训流国闱，鞠圣诞灵，蚤捐鸿祚。臣等远模汉册，近仪晋典，谨上尊号为皇太后。"下礼官议谥，谥曰宣太后，陵号曰崇宁。②

以上三位追尊为太后并赠有谥号，与其子、孙即位为皇帝密不可分，因为其子简文帝并未握有实权，简文宣郑太后的追尊及追谥，直到她的孙

---

① 《宋书》卷四一《后妃传·武帝胡婕妤》，第1283页。
② 《宋书》卷四一《后妃传·文帝沈婕妤》，第1294页。

子孝武帝即位后才达成。

《梁书》卷七《皇后传·高祖阮修容》：

> 高祖阮修容讳令嬴，本姓石，会稽余姚人也。齐始安王遥光纳焉。遥光败，入东昏宫。建康城平，高祖纳为彩女。天监七年八月，生世祖。寻拜为修容，常随世祖出蕃……大同六年六月，薨于江州内寝，时年六十七。其年十一月，归葬江宁县通望山。谥曰宣。世祖即位，有司奏追崇为文宣太后。①

阮修容令嬴卒时为湘东王太妃，死后得到了谥号"宣"，在其儿子萧绎即位后，被追崇为文宣太后，而"文宣"这一谥号也是在原来单谥"宣"的基础上加赠的。

第六节　嫔妃、宗室王妃、公主之谥法

《礼记·昏义》载曰："古者天子后立六宫、三夫人、九嫔二十七世妇、八十一御妻，以听天下之内治，以明彰妇顺，故天下内和而家理。"② 汉制，"因秦之称号"而各朝有增删。魏晋南北朝时期是后宫妃嫔位号变化最大的一段时期，在等级顺序上也不断进行细微的调整，主要依据《周礼》设置"三夫人、九嫔、二十七世妇、八十一御女"名位，同时根据具体情况增减之，或视皇帝的喜好而对其中的某些具体名称、名位顺序进行调整。曹魏因汉法，"母后之号，皆如旧制，自夫人以下，世有增损。太祖建国，始命王后，其下五等：有夫人，有昭仪，有倢伃，有容华，有美人"③。至晋武帝司马炎时，首次采用了三夫人、九嫔的建制，并有了具体称号，"晋武帝采汉、魏之制，置贵嫔、夫人、贵人，是为三夫人，位视三公。淑妃、淑媛、淑仪、修华、修容、修仪、婕妤、容华、充华，是为

---

① 《梁书》卷七《皇后传·高祖阮修容》，第163页。
② 《礼记正义》卷六一《昏义》，（清）阮元校刻：《十三经注疏》，第3650页。
③ 《三国志》卷五《魏书·后妃传》，第156页。

九嫔，位视九卿。其余有美人、才人、中才人，爵视千石以下"①。北魏至孝文帝太和中，改定内官，在三夫人之上加左右昭仪，位比大司马，分九卿为三卿和六卿。等级顺序为：左、右昭仪、三夫人、三嫔、六嫔、世妇、御女。北齐河清令，宫廷命妇附会周礼，内命妇依古制有三夫人、九嫔、二十七世妇、八十一御女。又准汉制置昭仪，有左右二人，比垂相，九嫔分为上、下嫔。即左、右昭仪、三夫人、九嫔（上嫔、下嫔）、二十七命妇、八十一御女。至于北周，周武帝六年（577）十一月诏曰："可置妃二人，世妇三人，御妻三人，自兹以外，悉宜减省。"②到宣帝宇文赟时，"嗣位之初，方逞其欲。大行在殡，曾无戚容，即阅视先帝宫人，逼为淫乱。才及踰年，便恣声乐，采择天下子女，以充后宫"，"国典朝仪，率情改变。后宫位号，莫能详录"③。由此可知，魏晋南北朝时期后宫嫔妃的等级制度已经十分完备，只是在特定的时段比较混乱。

从传世文献看，魏晋南北朝时期，对于嫔妃获谥，并没有制度规定。嫔妃生前若得皇帝宠幸，诞育嗣君的，"母以子贵"，可以提高其地位，在其子即位后被尊为皇太妃或皇太后（北魏例外）；诞育皇子的嫔妃则在其子封王后归国，多数可以善终；没有子嗣的嫔妃，多寂寂无闻，史籍中很少留下材料，更遑论死后的赠谥。因此嫔妃死后丧葬待遇，包括能否得到赠谥、追谥，也是据"子贵"与否而来。

一 嫔妃谥

（一）生子为帝的妃嫔之谥号

有些妃嫔，甚至部分宫人，虽身份低微，但意外得到皇帝宠幸，如果能生子，并且其子幸运地被选为皇位继承人的话，母以子贵，尚在世的妃嫔就有可能被尊奉为皇太后或皇太妃，享受较高的待遇，死后甚至可以祔葬皇陵等。如果这些妃嫔在其子继承皇位之前已经故去，那么皇帝继位

---

① 《宋书》卷四一《后妃传》，第1269页。
② 《周书》卷六《武帝纪》，第104—105页。
③ 《周书》卷七《宣帝纪》，第124页。

后，一般要对其生母进行追尊、追加谥号，或者改葬、立寝庙配飨先帝等。

前引曹魏明帝母甄氏，生前未及立为皇后，明帝即位后，"追谥母甄夫人曰文昭皇后"，使司空王朗持节奉策以太牢告祠于陵，又别立寝庙"立文昭皇后寝庙于邺"，"改葬朝阳陵"，明帝甚至因"甄后之死，由（郭）后之宠也"，而在郭皇后死时为其母报仇。

梁武帝第二子豫章王综出藩，其母吴淑媛"恒随之镇"①；阮修容"生世祖。拜为修容，常随世祖出蕃"②。从封王皇子的母亲被封为其子国太妃来看，北魏生子封为妃嫔的也是随子归国的。《宋书》卷四一《后妃·文帝沈婕妤》所载宋文帝刘义隆婕妤沈容姬在文帝朝便卒，在其子辈刘骏即位后追赠湘东国太妃；直到其子刘彧即位，才追尊追谥为宣太后。另外，宋孝武帝即位后，尊生母路淑媛为皇太后；后废帝"崇拜帝所生陈贵妃为皇太妃"，顺帝"崇拜帝所生陈昭华为皇太妃"等。但后废帝刘昱十岁即位、不理朝政、在位时间不长；顺帝刘准为萧道成拥立、大权旁落，形同傀儡，因此二帝之生母均未有记载追谥和追尊皇太后。

（二）生子封王的妃嫔之谥号

汉代时，妃嫔有子封王者在皇帝驾崩后，可随子归国，这一习惯在魏晋南北朝时得以延续，不过发生了一些变化。妃嫔如果有子封王，即使皇帝尚在，也可随子归国，新皇登基后还可能赐封这些就国的先帝妃嫔为太妃。曹魏文帝时黄初三年曾规定陵寝地，"其皇后及贵人以下，不随王之国者，有终没皆葬涧西，前又以表其处矣"③，即暗示妃嫔是可以随子归国的，不随子归国者死后葬在文帝首阳陵一涧之隔的涧西。孙吴时吴主孙权王夫人，生子孙休，在孙和为太子时，"和母贵重，诸姬有宠者，皆出居外"④；西晋扶风武王司马骏"母伏太妃随兄亮在官"⑤；刘宋时，桂阳王

---

① 《梁书》卷五五《豫章王综传》，第823页。
② 《梁书》卷七《皇后传·高祖阮修容》，第163页。
③ 《三国志》卷二《魏书·文帝纪》，第82页。
④ 《三国志》卷五〇《吴书·妃嫔传·权王夫人》，第1199页。
⑤ 《晋书》卷三八《宣五王传·扶风王骏》，第1124页。

休范母荀太妃，死后"葬庐山，以示不还之志"①；刘宋文帝路淑媛"年既长，无宠，常随世祖出蕃"②。

东晋哀帝司马丕之母周氏本为成帝贵人，哀帝即位后，尊为皇太妃，仪服与太后同，死后，谥为章，称章皇太妃。③ 生子封王的妃嫔，死后是否获得谥号，史籍中并未留下制度记载。获得谥号的原因有两种：一是母以子贵，凭借所生之子的权势而死后得谥或追谥；二是生前得到皇帝的宠幸。刘宋朝太子刘劭弑君夺位后，刘义宣"首创大义"，起兵征伐刘劭。《宋书》卷六八《南郡王义宣传》载："世祖（孝武帝）即位，以义宣为中书监，都督扬豫二州、〔丞相，录尚书六条事，扬州〕刺史，加羽葆、鼓吹，给班剑四十人，持节、侍中如故。改封南郡王，食邑万户。进谥义宣所生为献太妃。"④ 刘义宣母孙美人"母凭子贵"，而被赐谥为献太妃。《宋书》卷八〇《孝武十四王·始平孝敬王子鸾》载刘子鸾母殷淑仪，因姿颜美丽，宠冠后庭。殷淑仪死后，孝武帝痛不欲生、不理政事，追封她为贵妃，班亚皇后，谥曰宣，并在京城给她单独建庙。

（三）未生子的妃嫔之谥号

对于那些没有生子的妃嫔来说，她们可能在宫中终老一生；除非碰到皇帝大发慈悲，放她们出宫。此事在魏晋南北朝几乎各朝代都有之。如魏文帝将武帝宫人留为己用，黄初七年文帝病重时，主动"遣后宫淑媛、昭仪已下归其家"。《南史》卷六《梁本纪·武帝纪》载："天监元年，四月丁卯，诏凡后宫、乐府、西解、暴室诸如此例被幽闭者，一皆放遣。若衰老不能自存者，官给禀食。"北魏亦有，如《魏书》卷八《宣武帝纪》："秋八月戊申，遵遗诏，高祖三夫人已下悉归家。"《周书》卷六《武帝纪》载北周武帝宣政元年遗诏："妃嫔以下无子者，悉放还家。"她们基本上在传世史料中无闻，虽有嫔妃墓志的出土，尤其是北魏的嫔妃墓志时有

---

① 《宋书》卷七九《文五王传·桂阳王休范》，第2046页。
② 《宋书》卷四一《后妃传·文帝路淑媛》，第1286页。
③ 《晋书》卷三二《后妃传下》，第974页。
④ 《宋书》卷六八《武二王传·南郡王义宣》，第1799页。

出土，但这个群体死后得到赐谥的非常少。

（四）嫔妃谥号的实态

1. 死后有谥号嫔妃实例

上引宋孝武帝殷贵妃谥"宣",① 梁武帝丁贵嫔谥"穆"、阮修容谥"宣"（后所生子元帝加谥为"文宣皇后"），均是嫔妃死后有谥之实例。②嫔妃谥号的取得需要群臣议谥。《宋书》卷五九《江智渊传》载：

> 初，上宠姬宣贵妃殷氏卒，使群臣议谥，智渊上议曰"怀"。上以不尽嘉号，甚衔之。后车驾幸南山，乘马至殷氏墓，群臣皆骑从，上以马鞭指墓石柱谓智渊曰："此上不容有怀字！"智渊益惶惧。③

《宋书·江智渊传》中补充了孝武帝令群臣给贵妃殷氏议谥的细节，殷氏卒于大明六年（462），此时江智渊或已出任殷氏之子新安王刘子鸾的北中郎长史、南东海太守，加拜宁翔将军，行南徐州事。《初学记》中记载了宋谢庄撰写的"殷贵妃谥册文"：

> 维年月日皇帝曰：咨故淑仪殷氏，惟尔含徽挺茂，爰光素里，友琴流荇，实华紫掖。奉轩景以柔明登誉，处椒风以婉娈升名。幽闲之范，日蔼层闱，繁祉之庆，方崇蕃世，而当春掩藻，中波灭源。朕用震悼，伤于厥心，松区已翳，泉冥将隧。宜有旌德第行，式衍声芳。今遣某官集册告谥曰宣，魂而有灵，尚兹宠渥。呜呼哀哉！④

《艺文类聚》卷一五《后妃部》也有"宋谢庄殷贵妃谥策文曰"：

> 维年月日，皇帝曰咨故淑仪殷氏，惟尔合徽挺懋，爱光素里，友

---

① 《南史》卷一一《皇后传》，第323页。
② 《南史》卷一二《皇后传》，第339—341页。
③ 《宋书》卷五九《江智渊传》，第1610页。
④ （唐）徐坚：《初学记》卷一〇《中宫部·嫔妃》，清光绪孔氏三十三万卷堂本。

琴流荇，实华紫掖，奉轩景以柔明发迹，处椒风以婉娈升名，幽闲之范，日蔼层闱，繁祉之庆，方隆蕃世，而当春掩藻，中波灭源，朕用震悼，伤于厥心，松区已剪，泉冥将遂，宜旌德第行，式衍声芳，魂而有灵，尚兹宠渥，呜呼哀哉。

比较《初学记》和《艺文类聚》中殷贵妃的谥策（册）文可知，在《艺文类聚》中正好省略了谥策中最重要的一句，也是体现谥册功用的一句，即"今遣某官集册告谥曰宣"。

谥号的取得和生前的德行关系密切。第四章我们将详细探讨官员行状和给谥的关系，从以上章节内容可知，妃嫔得谥需群臣议谥。而议谥之前也得上行状至礼官，群臣通过行状了解嫔妃生前的德行从而拟谥、议谥。《艺文类聚》卷一五《后妃部》保留了"梁江淹宋建平王太妃周氏行状"：

> 窃闻侯服之誉，非黄冠所敷，玉食之门，宁皂衣所述，谅畏衰虚美于君后，披空名于鼎贵，然昔有汉臣诔行，晋史书德者，亦云实而已焉。太妃诞巽离之正和，函云露之中气，凝采髫岁，贲章笄年，若乃彤管女图之学，篆组绮缟之工，升降虔谦之仪，柔静嘉顺之节，莫不中道若性，不严而成，故誉满帷闱，声播轩殿。

这个行状在《江文通集》中有更具体的记载：

> 建平王太妃周氏行状：窃闻侯服之誉，非黄冠能敷；玉食之门，宁皂衣所述。谅畏褒虚美于君后，被空名于鼎贵；然有汉臣诔行，晋史书德者，亦云实而已焉。
> 伏见国太妃禀灵惟岳，集庆自远，世擅淮汝，族冠畴代。故以载曜声书，式炳縢牒矣。太妃诞巽离之正和，函云露之中气，凝采髫岁，贲章笄年。若乃彤管女图之学，篆组绮缟之工，升降处谦之仪，柔静居顺之节，莫不中道若性，不严而成。故誉满闱阃，声闻轩殿。

以元嘉某年，归于故司徒宣简王。

既而第高恒伦，秩逾外品，青轩华毂，用光国辉；素壁丹墀，实隆家贵。具惟姻娣，靡不式瞻。而居尊以简，训卑以弘。躬谨兰闺，身捻椒第。若卫娥之炯行，樊嬴之英操，方之蔑如也。

大明二年，宣简王薨。太妃藉悲用礼，抚孤用慈，柔懿之德愈彰，肃敬之问日被。虽文伯之母，言不逾阃；莒相之王，行存乎勤，无以过也。大明某年，拜建平王太妃。是时今王春秋方富，德业未隆，藉兹金响，终能玉播。故绮襦出宰，弱冠升朝者，亦太妃劬劳之训也。

谓天益高，降年不永，以太豫元年二月三日，薨于荆州内寝。凡厥远迩，以哀以叹。今祖行有期，泉夜无远，素旗望路，彩旌思归；所以垂宣徽容，仿佛金石者，谨牒行状，具以申言。①

最后一句"谨详牒行状，具以申言"，虽然没有像唐代行状结尾那样直接书写"谨具任官事迹如前，请牒考功，下太常定谥"，但此句也关涉行状的功用。江淹写这个行状目的"具以申言"，就是为了向朝廷请谥。实际上周氏也得谥为"献"，"（建平）王之在荆州也，时献太妃初薨，宋明帝新弃天下，京畿诸王又相继非命，王乃征入为太常，楚下人士并劝勿下"②。

北魏时期，由于实行"子贵母死"的制度，后宫嫔妃产子成为储君后，其母皆赐死。儿子即位后，对生母多有追谥。如道武皇帝夫人刘氏，生太宗拓跋嗣，其子立为太子后，刘氏被赐死。拓跋嗣继位后，便追尊谥号为道武宣穆皇后。明元帝时期，杜氏是明元帝后宫夫人，由于其子太武帝被选为太子，杜氏也因"子贵母死"制度而被赐死。她死后明元帝追谥其为"密贵嫔"，后其子太武帝即位，尊谥为"密皇后"。

墓志中也留下了稀少而宝贵的嫔妃被赐谥号的例子。如《魏帝先朝故

---

① （南朝梁）江淹著，丁福林、杨胜朋校注：《江文通集校注》，上海古籍出版社2017年版，第1118—1120页。

② （南朝梁）江淹著，丁福林、杨胜朋校注：《江文通集校注》，第1118页。

于夫人墓志》：

> 世祖文成皇帝故夫人者，西城宇阗国主女也。虽殊化异风，饮和若一。夫人讳仙姬，童年幼缺，早练女训，四光自整，雅协后妃。圣祖礼纳，寓之玫宇。龄登九十，蛊疹未蠲，医不救命，去二月廿七日薨于洛阳金墉之宫。重闱追恋，无言寄声，旨以太牢之祭，仪同三公之轨。四月四日葬于西陵，谥曰恭。①

文成帝夫人于仙姬为于阗国的公主，于孝昌二年二月廿七日薨于金墉宫中，同年四月四日埋葬，她能得到"恭"这一谥号，不仅与其为文成帝夫人有关，也与其于阗国公主的身份有关。

《魏故贵华恭夫人墓志铭》：

> 魏故贵华夫人王普贤，徐州琅耶郡临沂县都乡南仁里人也……夫人既蹈祖考之淳懿，禀婉封之英姿，淑妙绝拟，机明瞻识，端行清韶，从容柔靖。爱敬深凯风之美，敦顺单常棣之华。五教聿昭，四德孔绪。妙闲草隶，雅好篇什，春登秋泛，每缉辞藻，抽情挥翰，触韵飞瑛。考昔钟家耻，投诚象魏。夫人痛皋鱼之晚悟，感树静之莫因，遂乘险就夷，庶恬方寸。惟道冥昧，仍罗极罚，茹荼泣血，哀深乎礼。服阕，乃降皇命，爰登紫掖。方扇胥帷之遗风，阐似庭之鸿范。报善罔征，盛容斯坠。春秋廿有七，魏延昌二年，太岁癸巳，四月乙卯朔，廿二日乙巳，寝疾薨于金墉之内。玉树埋柯，熏兰摧叶。粤六月二日乙酉，窆于洛阳西乡里。②

在《魏故贵华恭夫人墓志铭》正文最后部分，并没有"谥曰×"的记录，但志题"魏故贵华恭夫人墓志铭"中的"恭"便是其谥号。贵华夫人

---

① 赵超：《汉魏南北朝墓志汇编》，第180页。
② 赵万里：《魏晋南北朝墓志集释》，图版22，第300页。

王普贤出身"氏胄之萌"的琅琊王氏,其父为侍中、司空、昌国公王肃。其得谥的原因,首先她是北魏宣武帝后宫的贵华夫人,最为重要的原因还在于其父王肃的政治权势及影响力。

北魏后期还有一位后妃可能也因其家世得谥:

> 魏故充华嫔卢氏墓志铭:谥曰昭。嫔讳令媛,范阳涿人,魏司空容城成侯之十一世孙,录事府君之元女。衣冕盛于累朝,风猷懋于弈叶。固以昭晰简牍,纷纶秘图,冠盖缙绅,羽仪邦国者矣。嫔膺积善之余庆,禀妙气于山川。爰始设帨,灼然秀异,姿见详密,举动温华,故以擅彩平林,标声灌木。年甫九龄,召充椒掖。天不慭遗,构疾弥留。正光三年龙集壬寅,夏四月壬戌朔,十六日丁丑,卒于京室,时年十二。以其月卅日辛卯窆于芒山成周西北廿里。

卢令媛为北魏孝明帝元诩的充华，为九嫔之一；范阳卢氏为汉晋高门，北魏孝文帝太和改制以卢崔郑王为四姓高门，号"北州冠族"，卢令媛卒时年仅十二岁。在《魏故充华嫔卢氏墓志铭》正文中，与其他有谥者刻写"谥曰×"处在埋葬时间前不同，其谥号"谥曰昭"放在了墓志铭正文名讳之前，从这样的记录方式和记录地点判断，这是谥号的补刻。其得谥的原因可能主要为其范阳卢氏的家世及其家在政治上的影响力。

2. 死后无谥或未留下谥号嫔妃实例

以上列举了魏晋南北朝时期有谥号的嫔妃，还有绝大部分嫔妃死后无谥号或没有留下谥号的记载。如晋武帝贵人左棻死后无谥号，《贵人左棻墓志》载：

左棻，字兰芝，齐国临淄人，晋武帝贵人也。永康元年三月十八日薨。四月廿五日葬峻阳陵西徼道内。①

《宋书·后妃传》载："晋武帝采汉、魏之制，置贵嫔、夫人、贵人，是为三夫人，位视三公。"虽然在品级上位视三公，但左棻死后仍无谥。

前述北魏文成帝夫人于仙姬出自于阗国主，死后有谥曰恭，然《大魏高宗文成皇帝嫔耿氏墓志铭》载文成皇帝嫔耿氏虽然"追赠过于殊限，依礼送终，备御东园"，但仍然没有谥号。出土北魏墓志中，《显祖献文皇帝第一品嫔侯夫人墓志铭》中显示献文皇帝第一品嫔侯夫人没有谥号；《大魏高祖九嫔赵充华墓志》中，赵氏为孝文帝之九嫔，生有皇女，其死后朝廷虽然"使兼大鸿胪奉策即柩，追赠充华"，也依然没有谥号。《魏故世宗宣武皇帝第一贵嫔夫人司马氏墓志铭》《魏故世宗宣武皇帝嫔墓志》也显示宣武帝第一贵嫔夫人、嫔，死后并没有谥号。

北齐的情况也类似。《□□□国太妃韩墓志铭》载志主太妃韩智辉，为高欢妻。天保元年，有诏为上党王国太妃；天保三年十一月二十八日，韩氏薨，又下诏追赠韩氏为上党国太妃，但未见有赠谥。北齐弘德夫人颜

---

① 赵超：《汉魏南北朝墓志汇编》，第10页。

氏诏赠太妃，无谥号，详见《大齐文宣皇帝弘德夫人墓志铭》：

> 夫人颜氏，字玉光，齐州人。其先颜路之苗裔。联华紫极，易世相承，至于夫人。丽质天姿，自古未有。婉约风流，终然独绝。天保元年征为西朝嫔。时为帝上亲宠，六宫敬侍。天保四年，托育陇西殿下，转为弘德夫人。但一生之运难置，百年之期易先。武平七年岁在庚申，时年卅七，八月廿六日薨于邺城。昔西娥上月，一去不还；神女成云，终如难见。诏赠太妃。又以京辇浮危，带山牢固，遂窆邺城西七十余里石门之右。

在《陈书》《南史》等正史记载的陈宣帝夫人施氏也无谥号，《陈临贺王国太妃墓志铭》：

> 太妃姓施氏，京兆郡长安县人也。吴将绩之后也。父绩，陈始兴王左常侍。太妃婉懿在怀，淑慎后质，□□宣皇帝聘入后宫，宠冠嫔嫱，恩隆椒掖。既而芳兰在梦，熊罴之兆斯彰，瑞气休符，蘋藻之勤惟洁。载诞临贺王叔敖、沅陵王叔兴、宁远公主，并桂馥兰芬，金锵玉闰。公主以开皇九年金陵平弥，大隋高祖文皇帝纳公主，拜为宣华夫人。踵此二桥，非关缜发，光斯二胀，无待更衣。以大业五年岁次己巳八月十一日薨于颁政里，春秋五十有九。其月十四日窆于高杨原洪固乡。太妃以移居咸里，优赏既隆，汤沐之资，咸从檀舍，式营寺宇，事穷轮奂。聊刊玄石，以述清徽。①

陈宣帝夫人施氏，史称"施姬"。《陈书》卷二八《高宗二十九王列传》："施姬生临贺王叔敖、沅陵王叔兴。"墓志中提到施姬所生一女为宁远公主，为《陈书》所阙载。施太妃的太妃之号得自陈朝。《南史》

---

① 董理：《〈陈临贺王国太妃墓志铭〉考释》，《文博》2001年第5期。关于施氏在隋朝的境遇，可参见罗新、叶炜《新出魏晋南北朝墓志疏证》，第552—555页。

卷一〇《陈本纪下》载："隋文帝遗陈氏子弟既多，恐京下为过，皆分置诸州县，每岁赐以衣服以安全之"，施氏之子叔敖、叔兴，于陈后主至德元年（583）被分别封为临贺王和沅陵王，施氏依随长子，故得称"临贺王国太妃"。施氏的这两个儿子入隋以后，也与其他陈氏子弟一样，被隋文帝分置到边远州县。施氏的女儿宁远公主后为隋文帝宣华夫人。《隋书》卷三六《后妃传》：

> 宣华夫人陈氏，陈宣帝之女也。性聪慧，姿貌无双。及陈灭，配掖庭，后选入宫为嫔。时独孤皇后性妒，后宫罕得进御，唯陈氏有宠。晋王广之在藩也，阴有夺宗之计，规为内助，每致礼焉。进金蛇、金驼等物，以取媚于陈氏。皇太子废立之际，颇有力焉。及文献皇后崩，进位为贵人，专房擅宠，主断内事，六宫莫与为比。及上大渐，遗诏拜为宣华夫人……其夜，太子烝焉。及炀帝嗣位之后，出居仙都宫。寻召入，岁余而终，时年二十九。帝深悼之，为制《神伤赋》。

宁远公主在陈朝灭亡后，入配隋后宫，为隋文帝之嫔，在文献独孤皇后死后，进位为贵人，隋文帝临终遗诏拜为宣华夫人。陈氏帮助时为晋王的杨广，参与了隋代皇太子废立之事。陈氏在死前被隋炀帝诏入后宫，死后炀帝亲自为其制《神伤赋》，但并未赐予其谥号。施氏的女儿宣华夫人死后，其子陈叔兴于大业三年（607）撒手人寰，儿媳沈氏于大业四年去世。大业五年，施太妃死后，其家庭也不太可能为她向隋朝请谥，因此，虽然生前贵为陈宣帝夫人、临贺王国太妃、隋文帝宣华夫人之母，施氏死后也无谥号。

从以上列举的晋、陈、北魏、北齐嫔妃的墓志以及传世文献材料看，这一时期嫔妃赐谥尚未形成定制，有谥之嫔妃，多为诞育嗣君，母凭子贵而得到赐谥追谥，极少数因自身出于高门世族、凭借父祖或兄弟的权势而得谥。这一时期嫔妃谥字多为单字，只有美谥而少有平谥和恶谥。据墓志铭的记载可知，文成帝夫人于氏、宣武帝夫人王氏的谥号都是"恭"，孝明帝嫔妃卢氏的谥号为"昭"。美谥中的"昭""恭"二字，在后妃的谥号中使用较多,"容仪恭美曰昭""昭德有劳曰昭""尊贤贵义曰恭""敬事供上曰恭""尊贤敬让曰恭""执礼御宾曰恭",都是在赞讼后妃容仪端庄的外貌以及恭顺谦让的道德品行。

二 太子妃谥

关于太子妃的谥,《白虎通疏证》卷二《谥·论无爵无谥》云:

> 太子夫人无谥何?本妇人随夫。太子无谥,其夫人不得有谥也。①

从《白虎通疏证》来看,太子妃因"太子无谥""妇人随夫",所以无谥。魏晋南北朝时期,也仍有太子妃赐谥的特例。如刘宋前废帝何后令婉为太子妃时卒,谥曰"献"(废帝后尊为"献皇后")。② 齐武帝裴后惠昭为太子妃时卒,谥曰"穆"(武帝后尊为皇后)。③ 这两位太子妃的谥号用字也为单字。

三 宗室诸王妃谥

(一) 宗室诸王妃有谥者

魏晋南北朝时期,史籍和已出版的出土资料中所见宗室诸王妃有谥者,并不多。她们得谥的原因,主要仍是凭藉其夫或子孙的权势,也有少数是因自己家庭或自身与皇室的特殊关系。在梁尚书右仆射、太子詹事徐勉奉敕撰成的《故永阳敬太妃(王氏)墓志铭》(普通元年十一月廿八日)中载:

> 永阳太妃王氏,琅耶临沂人也……皇业有造,殷忧启圣,追惟鲁卫,建国永阳。恭王纂嗣,蕃号式显,廷拜为太妃。策曰:维天监二

---

① 《白虎通疏证》卷二《谥·论无爵无谥》,第75页。
② 《宋书》卷四一《后妃传·前废帝何皇后》,第1293页;又见《南史》卷一一《后妃传》,第324页。
③ 《南史》卷一一《后妃传》,第329—330页。

年六月甲午朔十日癸卯，皇帝遣宗室员外散骑侍郎持节兼散骑常侍萧敬宝策命永阳王母王氏为国太妃曰：于戏。惟尔茂德内湛，淑范外昭。国序凝芬，蕃庭仰训。是用式遵旧典，载章徽服。往钦哉。其肃兹休烈，可不慎欤。备褕瑱之华，而降心弥□，居千乘之贵而处物愈厚。既而恭王不永，礼从又缺。训导嗣孙，载光荣祉。年高事重，志义方隆。宜永绥福履，而奄夺鸿庆。以普通元年十月廿三日遘疾，十一月九日乙卯薨于第，春秋五十有九。诏曰：永阳太太妃奄至薨逝。哀摧切割，不能自胜，便出叙哀。可给东园秘器。丧事所须，随时备办。祖行有辰，式弘茂典。又诏曰：故永阳大太妃，礼数有殊，德行惟光。训范蕃嗣。式盛母仪。即远戒期，悲怀抽割。可详典故，以隆嘉谥，礼也。粤其月廿八日戊戌祔葬于琅耶临沂县长干里黄鹄山。①

徐勉所撰写的墓志铭志主为梁武帝二兄萧敷的妻子王氏，萧敷死于建国四年（497），梁武帝即位后，追赠其侍中、司空、永阳郡王，赐谥为昭。天监二年（503），其子伯游嗣位（"恭王纂嗣"），出身于琅琊王氏拜为太妃。在此墓志铭中，不仅记载了策拜太妃的诏书，还保留了她死后朝廷赐给她东园秘器以及谥号的诏书，诏书正文称"以隆嘉谥，礼也"，但诏书中并未体现出谥字，只有在墓志题名中可见其谥号为"敬"。

《北史》卷一五《神元平文诸帝子孙传·东阳王丕》载："及丕妻段氏卒，谥曰恭妃，又特赐丕金券。"② 东阳王元丕妻段氏卒得赐谥号，正是因为元丕深受文明太后、孝文帝信任和敬重，元丕"迁太尉、录尚书事，时淮南王他、淮阳王尉元、河东王苟颓并以旧老见礼，每有大事，引入禁中"，北魏朝廷赐段氏谥号为恭妃。

《魏上宰侍中司徒公领尚书令太傅领太尉公假黄钺九锡任城文宣王文诤太妃墓志铭》载：

> 太妃姓冯，讳令华，长乐信都人也。太师昌黎武王之第五女……

---

① 赵超：《汉魏南北朝墓志汇编》，第29页。
② 《北史》卷一五《神元平文诸帝子孙传·东阳王丕》，第554页。

正始二年，年十九，四行聿修，五礼闲习，造舟且及，百两爰备，乃言告师氏而言归焉。正始三年正月，皇帝使中侍中兼大鸿胪卿策拜任城国妃……神龟二年十二月，文宣王薨，朝依典礼，策拜太妃。诸子布在周行，并縻好爵……武定四年四月四日丙子遘疾薨于国邸，时年六十。粤以武定五年岁次丁卯十一月甲午朔十六日己酉窆于邺城西岗漳水之北。

冯氏令华为任城国妃，生前"恭懃妇业，助治家道，中馈是宜，内政有序；务先窈窕，不有妒忌之心；博进才贤"，死后在其墓铭志文中没有"谥曰×，礼也"这样的格套用语，但在志题中表明她的谥号为"文竫"。其中"文"字，有可能取其夫任城文宣王的第一个谥字；"竫"应是"靖"的异体字，《经世大典》后妃谥下有"柔德教众曰靖"，刘熙曰："以柔顺之化成，其众治而安，故曰靖"；"宽乐令终曰靖"，刘熙注曰："性宽好乐，民善终其事治安者也，故曰靖。"①

《魏故宁远将军炖煌镇将元君墓志铭》载：

君讳倪，字世弼，司州河南郡洛阳县都乡照明里人……父左光禄大夫吏部尚书大宗正卿领司宗卫将军定州刺史南平王，谥曰安王。母太原王氏，谥曰恭妃。

元倪父为元飞龙（元霄），死于太和十七年（493），元倪母为太原王氏，墓志中记载了其母谥号为"恭"。

北齐赵郡王高叡十岁时丧母，母为北魏华阳公主，"天统中，追赠叡父琛假黄钺，母元氏赠赵郡王妃，谥曰贞昭，华阳长公主如故，有司备礼仪就墓拜授"②。

《齐故乐陵王妃斛律氏墓志铭》载：

---

① 《永乐大典》卷一三三四五《谥》，19a。
② 《北齐书》卷一三《高叡传》，第172页。

齐故乐陵王妃斛律氏墓志铭妃姓斛律氏，朔州部洛人，左丞相咸阳王之孙，司空巨鹿公之女……属帝子重光，中闱伫训，眷言嘉偶，实在贤明。亦既来仪，腾晖云路，画堂流彩，香殿凝华。风出雨入，若湘妃之降止；容静体闲，似洛灵之微步。贞顺之美，声偃雅俗，交泰之盛，豫动人神。及吾王建国，班瑞东夏，弘阴教于梁邸，畅柔风于楚室。娱乐未终，早深埋玉之叹；芳菲始茂，奄同销桂之悲。呜呼，福善祸淫，有言而已。河清二年八月十九日薨于邺县永康里第，春秋十有五。岁次甲申三月己未朔二日庚申祔葬于武城西北三里。乃为铭曰：谥曰良戴妃。于显华族，灵庆不朽，惟国之栋，实朝之薮。世功世禄，可大可久，且公且王，拜前拜后。

北齐乐陵王妃斛律氏为咸阳王斛律金之孙女，司空钜鹿公斛律光之长女，其夫为乐陵王高百年。在高百年的墓志铭中，"谥曰良怀王"五个字刻写在"乃作铭曰"后；斛律氏墓志铭中的谥号"谥曰良戴妃"也是写在"乃为铭曰"后，有可能是在墓志刻写完之后，朝廷对二人追谥而补刻上的谥号，"良"为其夫"良怀"谥号的第一个字，而"戴"字为别拟谥号。"戴"，《史记正义·谥法解》"爱民好治曰戴""典礼不愆曰戴"，苏洵《谥法》注引刘熙以为"戴者，为民所瞻仰也。典礼不愆，此诗谓其容不改，出言有章者也。"

《北齐宜阳国大妃傅华墓志铭》载：

【铭文】大妃讳华。清河贝丘人也……太妃以魏武定末除清河郡君，天统中进号平原郡长君，武平初册拜宜阳国太妃。武平七年正月庚辰朔十四日癸巳遘疾薨于邺城宣化里第。春秋九十有四。悼结冕旒，哀动簪绂，赠襚之数，有隆焉尔。诏曰：宜阳国故太妃傅操履贞洁，识悟明允。女德母仪，声表邦国。积善余福，诞斯公辅。以兹爕理之才，实由义方之训。白驹过隙，逝水不留。奄沦穷壤，实深嗟悼。宜加礼命，用申朝典。可赠女侍中，宜阳国太妃如故，谥曰贞穆。粤以五月戊寅朔七日甲申衬于司空公之茔，秘丘长掩，芳烈不传，刊石幽扃，傥示来叶。①

墓主人傅华之子赵彦深，自幼丧父，母抚育长大，官至北齐宰相，母以子贵，生前便被册拜为宜阳国太妃，武平七年（576）卒。傅华生前"礼法淳深，识量通远，妇德绝伦""处贵能降，居益念损，衣无兼采，食不重味，目弃珍玩，耳绝丝桐"，墓志铭中记载了她死后，赠赐她官爵、谥号的诏书，"可赠女侍中，宜阳国太妃如故，谥曰贞穆"。"女侍中"，《北史》卷一三《后妃传》载，孝文帝改定内官，女侍中、作司大监三官视二品。

《大齐平阳王国故昭妃冯氏墓铭》：

> 妃姓冯，讳娑罗，长乐信都人……天保元年九月七日，有诏："朕受天明命，君临万邦，锡符鲁卫，分器河楚，奄有千乘，作辅王室。骠骑大将军开府仪同三司尚书令兼御史中丞京畿大都督平阳王妻冯，以兹令问，入配皇枝，国礼家情，宜崇名袟，可为其国妃。"虽复名号，已隆车服，加等而能处满不溢，在贵逾撝，丰礼约躬，先人后己，夙夜无殆，造次弗违，美絃縆而必亲，讥服绣之违典。识悟通远，容止闲华，物论挹其风仪，朝旨嘉其婉顺。庶臀上寿，永赞懿蕃，天不假年，奄从朝露，春秋廿二，以天保四年七月辛酉朔十五日乙亥薨于国邸。朝廷嗟愍，有诏："平阳王国妃冯氏，作配蕃闱，声望俱允，不幸早世，情以伤恻，哀往饰终，抑唯典礼，可赠平阳王国妃，追谥曰昭。"以其年九月庚申朔一日庚申迁葬于邺县之西岗。②

北齐平阳王国妃冯氏娑罗，长乐信都人，其高祖为北魏文明太后之兄、昌黎王冯熙；其夫为"骠骑大将军、开府仪同三司、尚书令、兼御史中丞、京畿大都督、平阳王"。从《北齐书》的记载可见，平阳王即高欢第四子平阳靖翼王高淹。冯氏墓志的志题中标明了其谥号"昭"，在志文中不

---

① 同墓同出墓志盖一件："齐故使持节都督齐兖南青诸军事齐州刺史尚书左仆射司空赵公墓志铭"。参见《释北齐宜阳国大妃傅华墓志铭》，《文物》1985年第10期。

② 解峰：《北齐冯氏墓志考释》，《博物馆研究》2008年第4期。

仅记载了天保元年册封冯氏为平阳国妃的诏书，还记载了朝廷赐谥的诏书。

（二）宗室诸王妃、夫人无谥情况

在传世文献和墓志中，更多的是宗室王妃、夫人没有谥号的情况。如《大魏元宗正夫人司马氏志铭》载：

> 夫人姓司马氏，河内温人也。司徒杨州刺史琅琊贞王之曾孙，司空冀州刺史琅琊康王之孙，镇远将军南青州刺史纂之长女。夫人女工妇德，聿修无倦。年廿四，归于元氏。二族钦风，两门称美。余庆徒言，春秋廿有七，正光三年岁在摄提六月辛酉朔五月乙丑薨于第。正光四年岁次癸卯三月丁亥朔廿三日己酉葬于洛阳之西山，瀍水之东。①

司马氏为献文皇帝孙赵郡王第三子大宗正卿元谭的妻子，其母家为赫赫有名的河内温县司马氏。可能与其夫的官爵有关，她死后没有得到赠谥这一殊荣。

《魏故乐安王妃冯氏墓志铭》载：

> ……妃讳季华，长乐郡信都人也。太宰之孙。太师之第八女。大司马之妹。清源遂远，高峰无极，至于乃霸乃王之盛，或相或公之美，固以史牒之所详，于斯可得而略。妃幼禀奇姿，长标令誉，三德必修，四行无爽，该揽图传，备闲内则。年廿二归于元氏。起家而居有千乘，贞淑而作合君子，敬等如宾，和同琴瑟。及王薨徂，治服过礼，训诲诸子，成兹问望。以正光五年三月卅日寝疾薨于第。以其年十一月甲子朔十四日甲子合窆于长陵之东。②

乐安王妃冯氏季华为冯熙的第八女，正光五年（524）三月卒于第。其夫元悦为明元帝玄孙、乐安靖王元绪之子，袭封乐安王，永平四年（511）去世，生前历官尚书郎、太尉，死后追赠益州刺史，谥为"哀"。

---

① 赵超：《汉魏南北朝墓志汇编》，第136页。
② 赵超：《汉魏南北朝墓志汇编》，第155页。

但冯季华死后无谥。

《魏故使持节仪同三司车骑大将军雍秦二州刺史都昌侯元公夫人薛氏墓志铭》载：

> 夫人讳字伯徽，河东汾阴人，尚书之玄孙，雍秦二州之曾孙，河东府君之孙，尚书三公郎中之长女……既和声远闻，实求之者不一，常以相女而授，固未之许。恭宗景穆皇帝之曾孙，司徒献武中山王之子，令望籍甚，无辈当时，昂昂千里，独步天苑。钦重门胄，雅闻德音，乃申嘉娉，崇结伉俪。夫人时年廿有七矣。于时元氏作牧秦蕃，夫人起家而居之。至使语及刑政，莫非言成准墨。夫氏秉忠贞之概，逢淫刑肆毒。夫人痛歼良之深冤，逝长龄于同穴。春秋年卅，以正光二年四月廿四日于雍州邸馆薨。粤孝昌元年十一月廿日祔葬于洛阳西陵旧茔。①

薛伯徽出身河东薛氏，为北魏宗室元诱的第二任妻子，卒于正光二年（521）。据《魏故持节车骑大将军仪同三司都督秦雍二州诸军事雍州刺史恭惠元公之墓志铭》，元诱生前曾历太子中舍人、中庶子、卫尉少卿、持节左将军南秦州刺史，正光元年（520），反对权臣元乂专政，起兵勤王，兵败死于岐州。胡太后重新掌权后，追赠都昌县侯，并赠谥恭惠。但死于第二年的薛氏并没有赠谥。元诱的第一任妻子冯氏，据《魏司徒参军事元诱命妇冯氏志铭》，为"太宰燕宣王之孙，太师武懿公之女"，即冯朗的孙女，冯熙的女儿，死于景明二年（502），也没有赠谥。

《魏故车骑将军司空公元故夫人冯墓志》载：

> 夫人冯，冀州长乐信都人也。燕王之孙，燕州使君第二之女。公体量沉隐，爵望凝高，除建兴太守中散大夫。后清恭道顺，除燕营二州刺史。公宽恭忠慜，任著恒朝。夫人禀聪精之休气，承积贵之英风，贞姿彰乎总日，闲淑誉于笄辰，闺中有婉娩之称，闻外闻四德之

---

① 赵超：《汉魏南北朝墓志汇编》，第174页。

声。修家理阃，樊姬莫与其量；恭夫罔忌，郑袖不二其怀。好读诸义，巧于辞令。春秋卅四，永安二年岁次己酉闰月十五日薨乎第。以八月十一日葬乎京城西北□里北芒之南。①

冯氏为元魏宗室元端之妻，据《魏故使持节仪车骑大将军仪同三司都督相州诸军事相州刺史元公墓志铭》，元端卒于武泰元年四月十三日的河阴之变，七月入葬时，朝廷又追赠了司空公和谥号"文"，而死于第二年永安二年（530）的冯氏并无赠谥。

《魏故大宗明皇帝之玄孙使持节安东将军营幽二州刺史元懿公之元子妻陆夫人孟晖墓志铭》：

> 故司空公东郡庄王之孙，著作郎之长女也。爰在父母之家，躬行节俭之约，葛覃不足喻其勲，师氏无以加其训。于是灌木之音远闻，窈窕之响弥著，遂应父命，作配皇枝，恭虔烝尝，中馈崇顺。粤永安三年二月十五日终于善正乡嘉平里第。亲戚惜叔德之已亡，人子恋慈颜之永岁，故刊石记功，以彰厥德。②

陆孟晖为太武、文成帝两朝重臣陆定国的孙女，陆氏为孝文帝定姓族中的"八姓"之一，与其联姻的是北魏皇族元氏。陆孟晖的丈夫为使持节安东将军营幽二州刺史元懿公的长子，可能是元则的兄长。根据《魏故齐州平东府中兵参军元君（则）墓志铭》，这位"元懿公"为明元皇帝之玄孙、乐安宣王范之曾孙、乐安简王良之孙，而陆孟晖身为公侯夫人死后亦无谥。

《魏侍中大司马华山王妃故公孙氏墓志铭》载：

> 妃姓公孙，字甑生，辽东襄平人也。年廿七，降嫔侍中大司马华山王元孔雀。凡生二男一女。天平四年岁次丁巳六月乙丑朔十九日癸未寝疾薨于魏郡邺县敷教里。春秋卅七。即以其年七月甲午朔十六日

---

① 赵超：《汉魏南北朝墓志汇编》，第258页。
② 赵超：《汉魏南北朝墓志汇编》，第271页。

己酉卜窆于邺城之西，武城之北。①

公孙氏卒于天平四年（537），其夫元孔雀（鸾），据《魏故假黄钺侍中尚书令司徒公都督定冀瀛沧四州诸军事骠骑大将军冀州刺史华山王墓志铭》可知，卒于孝静帝兴和三年（541），天平四年元鸾（孔雀）应为大司马、侍中、华山王，但其妃死后无谥。

《故城阳康王元寿妃之墓志》载：

> 妃姓麹，沮渠时扬列将军浇河太守麹宁孙之长女。妃姿量外洞，贞丰内效，德比九亲，行征一国，五训俱备，礼染家人。天罚谬婴，滥钟斯亮。春秋七十有三，维大魏正始四年岁次丁亥八月戊子朔十六日癸卯薨于京师。葬于长陵之东。②

墓志铭正文并没有记载其谥号，其夫为城阳"康"王，即《北史》卷十八《景穆十二王下》中的城阳王元长寿。墓志中称麹氏为"故城阳康王元寿妃"，表明她并没有自己的谥号。

另外，《魏故使持节假黄钺侍中太师领司徒都督中外诸军事彭城武宣王妃李氏墓志铭》《魏故假黄钺太傅大司马广阳文献王妃墓志铭》《魏故使持节侍中司徒公都督雍华岐并扬青五州诸军事车骑大将军雍州刺史章武王妃卢墓志铭》《大魏故骠骑大将军散骑常侍济衮二州刺史二州诸军事东安王太妃墓志铭》《魏熙平元年岁在丙申岐州刺史赵郡王故妃冯墓志铭》《魏故使持节侍中骠骑大将军开府尚书左仆射雍州刺史司空公始平文贞公国太妃卢（兰）氏墓志铭》《魏故齐郡王妃常（季繁）氏墓志铭（正光四年二月廿七日）》《魏故乐安王妃冯（季华）氏墓志铭（正光五年十一月十四日）》中所记录的墓主虽然贵为北魏皇室宗族诸王、公的王妃、太妃，出身也多为高门贵族，但死后均无谥号，如果其夫已死有赐谥，则可能在墓志志题上标明其夫的谥号。

---

① 赵超：《汉魏南北朝墓志汇编》，第321页。
② 赵超：《汉魏南北朝墓志汇编》，第52页。

萧梁时期的情况，可参见《梁桂阳国太妃（王纂韶）墓志铭》载："天监十三年十月丙子朔廿日乙未薨。春秋卅二。有诏曰：桂阳国太妃奄至薨陨，追痛切割，今便临哭。丧事所须，随由备辨。鸿胪持节监护丧事"，但无赐谥。

从出土的北齐和北周女性墓志和正史材料看，宗室诸王妃无谥者也占大多数。《齐故太姬崔夫人之铭》载：

> 夫人姓崔，讳幼妃，博陵安平人也……夫人袭彩芝田，腾芳桂薄，幼承师训，早擅家风。容止端华，操尚明远，俯仰折旋，动合嫔则。披寻典记，顾问图史，初有尚书之号，卒得博士之名。婉淑自然，孝感天至，非礼不言，非义不动。年在幼冲，先君早世，婴号孺慕，毁削绝人。岂真感被风云，哀切神鬼。故亦林鸟变声，枥马垂泣。司空文简公，一时龟镜，当世伟人……高祖神武皇帝，位居二相，身眺八维，意切过庭，礼求盛族。乃为第二息娉第□女焉……显祖文宣皇帝道高纳麓，位极登庸。我有懿亲，命爵分土。纵□□母受□□□□庞氏得安昌之名。人实异时，迹似同日，乃封博陵郡君……天保二年，乃除太姬。朝服翟衣，宠增禁内，夕□□□，□□戚里……以武平六年十二月廿二日薨于邺之道政里，春秋七十有四。七年十一月七日归祔于司空文简公之茔。①

崔幼妃出身于博陵崔氏，其父为北魏左中郎将、持节、散骑常侍、光禄大夫、尚书北道行台、殷州刺史崔楷，丈夫为高门士族赵郡李希宗；其女祖娥嫁与高欢第二子高洋。高洋即位后，册封崔氏为博陵郡君、太姬。然高洋死后，祖娥遭废后，进妙胜寺出家为尼，其母崔氏卒于北齐武平六年（575），也不可能有谥号。

《大周柱国谯国公夫人故步六孤氏墓志铭》：

> 夫人讳须蜜多，本姓陆，吴郡吴人也……年十有四，聘于谯国……

---

① 赵超：《汉魏南北朝墓志汇编》，第475页。

天和元年册拜谯国夫人。东武亭之妻，既称有秩；南城侯之妇，还闻受封……建德元年岁次壬辰七月辛丑朔九日己酉薨于成都，春秋廿有一。即以其年十一月十一日归葬长安之北原。诏赠谯国夫人，礼也。①

步六孤须蜜多，本为陆姓，大司马陆通之女，其夫为北周文帝宇文泰第八子宇文俭。武成（559—560）初年，宇文俭拜为谯国公。天和元年步六孤氏册拜为谯国夫人，建德元年（572）七月卒于宇文俭益州总管任上；十一月归葬长安北原时，有诏赠谯国夫人而无赠谥。

四　公主谥

公主，作为皇帝女儿的称呼始于汉代。皇帝的姑姑称大长公主，皇帝的姐妹称长公主。"汉制，皇女皆封县公主，仪服同列侯。其尊崇者，加号长公主，仪服同藩王。诸王女皆封乡、亭公主，仪服同乡、亭侯。"② 晋制规定皇女封郡公主、王女封县主；刘宋沿用晋制，《南史》卷四《齐本纪上·齐太祖高皇帝纪》载建元元年（479），"宋诸王皆降为公，郡公主为县君，县公主为乡君"。《唐六典》卷二《尚书吏部》载命妇之制："皇姑封大长公主，皇姊妹封长公主，皇女封公主，皆视正一品；皇太子之女封郡主，视从一品；王之女封县主，视正二品。"③ 其下注云："晋、宋以来，皇女皆封郡公主，王女皆封县主。"北朝亦然，存在大长公主、长公主、郡公主、县公主等级别。北魏《故使持节假黄钺侍中太师领司徒都督中外诸军事彭城武宣王妃李氏墓志铭》中载彭城王元勰"女季望，今安阳乡主"，则北魏公主最低一级为乡主。《隋书》卷二八《百官志下》载隋朝"大长公主、长公主、公主，并置家令、丞各一人，主簿、谒者、舍人各二人等员。郡主唯减主簿员"④。古制"有爵则有谥"，汉代公主有谥者见诸史料，

---

① 郭明卿、王向农：《北周谯国公夫人步六孤氏墓葬发掘情况整理与研究》，《陕西历史博物馆论丛》第25辑，三秦出版社2018年版，第88—93页。
② 《后汉书》卷一〇下《皇后纪下·献穆曹皇后》，第457页。
③ （唐）李林甫等撰，陈仲夫点校：《唐六典》卷二《尚书吏部·司封郎中》，中华书局1992年版，第38—39页。
④ 《隋书》卷二八《百官志下》，第782页。

但未形成制度，到魏晋南北朝时期，公主谥号的赐予仍未形成定制。

（一）有谥之公主

公主赐谥始于汉代。刘邦之女封鲁，吕后元年公主去世后，谥元，称鲁元公主。但对"元"是否为谥号，历代学者有不同的看法，东汉服虔曰："元，长也。食邑于鲁。"西晋韦昭曰："元，谥也。"唐颜师古注曰："公主，惠帝之姊，以其最长，故号曰元。吕后谓高帝曰张王以鲁元故不宜有谋，齐悼惠王尊鲁元公主为太后，当时并已谓之元，不得为谥也。韦说失之。"①《史记正义·谥法解》中"元"有了解，"能思辩众曰元，行义说民曰元，始建国都曰元，主义行德曰元"。

东汉时公主谥号，可见《册府元龟》卷三〇三《外戚部（四）褒宠》：

> 邓晨，南阳新野人，娶光武姊元。汉兵起，元先遇害。光武即位，晨为偏将军。感姊没于乱兵，追封元为新野节义公主，立庙于南阳县西。②

东汉光武帝即位后，追封其姐刘元为"节义公主"。"节"，《史记正义·谥法解》"好廉自克曰节"；苏洵《谥法》"谨行节度曰节"；"义"，苏洵《谥法》有5解，"制事合宜曰义，见利能终曰义，除去天地之害曰义，先君后己曰义，取而不贪曰义"。

两汉时期的公主谥，既有过世后马上得谥的，也有因特殊事迹在死后才追封为公主而得谥的，上引东汉光武帝刘秀的姐姐刘元即是。此外，从以上所见汉代两位公主谥来看，两汉时期的公主谥号字数并没有形成定制，或一字或两字，单谥和复谥并用。

魏晋南北朝文献中，留下来的公主谥并不多见。《三国志》卷五《后妃传》载"太和六年，明帝爱女淑薨，追封谥淑为平原懿公主，为之立

---

① 《汉书》卷一《高帝纪》，第5页。现代学术界对鲁元公主的"元"是否为谥号，还有争议，详见张彩云《鲁元公主谥号辨析》，《中国社会科学报》2018年8月27日"历史学"版。

② （宋）王钦若等编纂，周勋初等校订：《册府元龟》卷三〇三《外戚部四·褒宠》，凤凰出版社2006年版，第3422页。

庙",其中的"懿"即为谥号。这件事情在当时引起了群臣的反对,司空陈群等人对此有谏诤,也引起了后世的非议,《宋书·礼志》载:

> 魏明帝有爱女曰淑涉,三月而夭,帝痛之甚,追封谥为平原懿公主,葬于南陵,立庙京师。无前典,非礼也。

《宋书·礼志》便认为追谥三个月便夭折的公主为平原懿公主、并葬于南陵、立庙京师,不合礼制。曹魏群臣的反对并未打消明帝谥女为平原懿公主的举动,还令宗王曹植作诔。

西晋公主得谥,可参《艺文类聚》卷一六《储宫部·公主》载:

> 臧荣绪《晋书》曰:贾后二女,宣华女彦,封宣华弘农郡公主,女彦年八岁,聪明歧嶷,便能书学,讽诵诗论,病困,贾后欲议封女以长公主,彦语后曰:"我尚小,未及成人,礼不用公主。"及薨,谥哀献皇女,以长公主礼葬送。

司马女彦死时才八岁,生前自己坚持不封以公主,但在贾后的坚持下,赐谥为"哀献",以长公主礼葬。

东晋公主有谥者,见诸史料有 2 人。《晋书》载羊曼的儿子贲,"尚明帝女南郡悼公主"①;另一人为安僖王皇后神爱的母亲新安愍公主,《太平御览》一百五十二引《中兴书》曰:"新安愍公主道福,简文第三女,徐淑媛所生,适桓济,重适王献之"②,则"悼""愍"为以上两位公主的谥号。

出现在史籍中的十六国公主,有汉赵的安定公主;前秦的顺阳公主、公主苻宝、苻锦东平长公主;后秦的南安长公主、西平长公主;西秦的平昌公主;前燕清河公主和佚名公主(嫁拓跋什翼犍);南燕平原公主;北燕乐浪公主;北凉兴平公主,这 13 位公主,无一留有谥号记载。

刘宋一代,死后得到谥号的公主较前代多见,史载 40 位公主中有 12

---

① 《晋书》卷四九《羊曼传》,第 1383 页。
② 《世说新语笺疏》卷上之上《德行第一》,第 50 页。

位死后有谥。如《宋书》卷四一《后妃·武敬臧皇后传》载，"后适高祖，生会稽宣长公主兴弟"，其中的"宣"为长公主兴弟的谥号；同卷《武帝张夫人传》载"义熙初，得幸高祖，生少帝，又生义兴恭长公主惠媛"，其中的"恭"为长公主惠媛的谥号；同卷《文帝袁皇后传》载其"生子劭、东阳献公主英娥"，"献"即公主英娥的谥号。褚湛之，骠骑将军，尚宋武帝女始安哀公主。其子褚渊少有世誉，复尚文帝女南郡献公主。① 本传中还见吴兴昭公主②、宣城德公主③、吴郡宣公主④、豫章康长公主⑤、临海惠公主⑥、琅邪贞长公主⑦、临淮康哀公主⑧。

南齐时 10 位公主中有 1 人得谥记载，即沈文和尚齐王女义兴宪公主。⑨ 见诸史料的 33 位萧梁公主，留下谥号仅见 4 例，如王冲母、梁武帝新安穆公主，卒于齐世；梁武帝女临安恭公主，隋代还见她留下的《集》三卷；⑩ 萧梁太祖献皇后张氏生义兴昭长公主令嫕；⑪《隋故贵乡夫人张氏（妙芬）墓志之铭》记载了"母富阳悼公主"，张妙芬母为梁武帝之女，死后谥号为"悼"。⑫ 见诸史料的 22 位陈朝公主，仅 2 人有谥，即陈后主

---

① 《南齐书》卷二三校勘记云，"复尚文帝女南郡献公主"，按《文选》卷五十八王俭褚渊碑文云"选尚余姚公主"，而本传下文又云"渊妻宋故巴西主"。《南史·褚彦回传》亦云"又诏彦回妻宋故巴西主"。钱大昕《廿二史考异》云："盖初封余姚公主，进封南郡，齐受禅，又例降封巴西，封号虽异，其实一人也。"详见《南齐书》卷二三《褚渊传》，第 425 页。

② "（范）蔼子鲁连，吴兴昭公主外孙，请全生命，亦得远徙，世祖即位得还。"详见《宋书》卷六九《范晔传》，第 1829 页。

③ "周峤，尚高祖第四女宣城德公主"，详见《宋书》卷八二《周朗传》，第 2089 页。

④ "褚湛之，尚高祖第七女始安哀公主，拜驸马都尉、著作郎。哀公主薨，复尚高祖第五女吴郡宣公主。诸尚公主者，并用世胄，不必皆有才能。"详见《宋书》卷五二《褚湛之传》，第 1505 页。

⑤ "何后父瑀，字稚玉，晋尚书左仆射澄曾孙也。瑀尚高祖少女豫章康长公主讳欣男。"详见《宋书》卷四一《前废帝何皇后附何瑀传》，第 1293 页。

⑥ "何颙之，尚太祖第四女临海惠公主。"详见《宋书》卷六六《何颙之传》，第 1738 页。

⑦ "褚暖，尚太祖第六女琅邪贞长公主，太宰参军"，详见《宋书》卷五二《褚叔度附暖传》，第 1505 页。

⑧ "孝武文穆王皇后讳宪嫄，琅邪临沂人。元嘉二十年，拜武陵王妃。生废帝、豫章王子尚、山阴公主楚玉、临淮康哀公主楚佩、皇女楚琇、康乐公主修明。"详见《宋书》卷四一《孝武文穆王皇后传》，第 1289 页。

⑨ 《宋书》卷七四《沈攸之传》，第 1940 页。

⑩ 《隋书》卷三五《经籍志四》，第 1079 页。

⑪ 《梁书》卷七《皇后传·太祖献皇后张氏》，第 156 页。

⑫ 罗新、叶炜：《新编魏晋南北朝墓志疏证》，第 594 页。

沈皇后讳婺华的母亲高祖女会稽穆公主，和陈高祖长女永世懿公主。①

传世文献及出土墓志中有谥的北朝公主很少。见诸史料的85位北魏长公主、公主、郡君、县主中，仅见1人有谥记载，即北魏泰常四年（419）四月甲戌，献怀长公主子嵇敬，封长乐王，拜大司马、大将军。②

史籍所载东魏公主4人、北齐公主27人中，有谥者唯长乐长公主高徽（谥昭顺）和永昌恭穆长公主。高徽墓志铭曰：

> 齐（骠骑大将军）开府仪同三（司）□□□□□□□□（敷）城县开国□□□洪徽□□长乐长（公主）高……公主讳徽，字阿难，渤海条人也。即武皇帝之第三女也……年九岁，封渤海郡君，归于仪同刘氏，□□□□之元子也。家承钟鼎之□，门有将相之功……春秋□有三，以天保□年十一月，遘疾薨于晋阳之第……乘舆临哭，赙赠加礼。谥曰昭顺，礼也。以天保九年岁次（戊）寅五月癸亥朔廿八日庚申，窆于肆州城西南系□山之□□□五里。③

高徽为高欢第三女，九岁封渤海郡君，嫁与太保刘贵子刘洪徽。天保八年（557）十一月卒后，北齐朝廷赐谥"昭顺"。

"永昌恭穆长公主"见于《齐故皇帝之女永昌郡长公主之墓志》：

> 公主，皇帝之第四女也……以清河二年六月癸巳朔廿五日丁巳，遘疾而薨……考行易名，谥曰恭穆。既以风操夙远，天下式瞻，岂曰未笄成年，礼也。震心追往，孤魂是恤。爰择将相之门，寔选公侯之室。大司马、长乐王尉粲第六息，仪同三司、太常卿、定州刺史、万年县开国公世兴，地尽国华，望穷右戚，早摧檀柘，遽殒珪璋。诏申幽仪之仪，用慰伤远之痛。以七月癸亥朔十一日癸酉，安厝于邺城之

---

① 《陈书》卷七《后主沈皇后传》，第130页。
② 《魏书》卷三《太宗纪》，第62页。
③ 《拿云美术博物馆藏墓志选》，《书法丛刊》2006年第2期，第45页；殷宪：《北齐〈刘洪徽妻高阿难墓志〉考述》，《纪念西安碑林九百二十周年华诞国际学术研讨会论文集》，文物出版社2008年版，第239—254页。

西南。大象二年岁次庚子十一月癸未朔三日乙酉，改葬黄台。①

永昌公主为北齐武成帝第四女，卒时未笄成年，北齐仍赠谥为"恭穆"，并安排了其与长乐王尉璨第六子尉茂的幽婚。其谥号和幽婚一事，还见于《齐故太常卿武陵尉王之墓志铭》：

> 尉茂，字世兴，代郡平城人，盖帝轩辕之苗裔也……以河清二年三月，封万年县开国公，食邑一千户……以河清二年秋十月，薨于邺都之崇福里净居寺，时年五岁。诏曰："童汪催促，见惜鲁侯；奉车早夭，追伤刘帝。长乐王第六息，故万年县开国公世兴，道勋令胤，珪璧夙成，质暎绮襦，誉华戚里。晨露遽散，临川兴悼，宜蒙哀册，用光北壤，可赠使持节、都督定州诸军事、定州刺史、仪同三司、太常卿、武陵王，公如故。"永昌恭穆长公主，皇帝之第四女也，甫旭沦光，方春夭秀，哀深左嫔之箫，悼甚陈王之词。虽复精爽上归，途刍下堇，而交轮同穴，有慰旒冕。粤以天统元年岁次乙酉五月壬午朔三日甲申行，合葬于公主之旧陵、邺城西南九里。②

尉茂死时只有5岁，高氏皇族和其家族给他安排了幽婚，对象便是"永昌恭穆长公主，（北齐武成帝）皇帝之第四女也"。永昌公主卒时未笄成年，得到赠谥"恭穆"，这一事件在《北齐书》《北史》及各种类书中无闻，并未像曹魏明帝赠三月而夭的爱女为平原懿公主那样被朝廷大臣所非议反对，说明到北朝，赠夭折公主谥号逐渐被世人和朝堂礼制所认可。

史籍所载西魏公主15人、北周公主24人，目力所见有谥者1人，即《大周使持节上柱国卢国公（尉迟运）墓志》载尉迟运的祖母，周太祖文皇帝姊昌乐长公主，谥号为"穆"。

以上有谥公主中，其父、兄多为当朝皇帝，有些公主谥号的取得，是

---

① 《永昌郡长公主墓志并盖（大象二年十一月三日）》，《北朝艺术研究院藏品图录·墓志》，文物出版社2016年版，第197页。
② 《尉茂墓志并盖（大象二年十一月三日）》，《北朝艺术研究院藏品图录·墓志》，第194页。

在死后、其父、兄夺得皇位后追封的。如杜预娶司马懿第二女为妻，晋武践阼，而主已亡，泰始中追赠高陵宣公主。① 永定二年（558）八月，陈高祖霸先即位后一年，追封长女为永世公主，谥曰懿。② 从以上列举的各朝公主的谥号来看，她们的谥字或单字或双字，单字谥居多。

（二）无谥之公主、郡（公）主

以上列举了各朝赐谥或追谥公主的情况，但更多的是公主、郡（公）主无谥。

《魏故司空勃海郡开国公高猛夫人长乐长公主墓志铭》的墓主元瑛，为孝文皇帝的季女、宣武皇帝的胞妹，嫁给表兄渤海郡公高猛，孝昌元年（525）十二月廿日卒于洛阳。诏云"可赙杂䌽八十匹，绢八百匹，布八百匹，给东园秘器，腊三百斤，可遣鸿胪监护丧事"，虽然其死后获得"给东园秘器"的殊荣，但诏中并无赠谥内容。

自身为邻国之公主，嫁与本朝亲王者，死后可能也无谥，如《魏骠骑大将军开府仪同三司长广郡开国公高公妻茹茹公主闾氏墓志铭》载：

> 公主讳叱地连，茹茹主之孙，谙罗臣可汗之女也……茹主钦挹风猷，思结姻好，乃归女请和，作嫔公子。亦既来仪，载闲礼度，徽音岁茂，盛德日新。方亨遐期，永□难老，与善徒言，消亡奄及。以武定八年四月七日薨于晋阳，时年十三。即其年岁次庚午五月己酉朔十三日辛酉葬于釜水之阴，齐献武王之茔内。天子下诏曰："长广郡开国公妻茹茹邻和公主，奄至丧逝，良用嗟伤。既门勋世德，光被朝野。送终之礼，宜优常数。可敕并州造辒辌车，备依例程，礼也。"乃铭石壤阴，永传余烈。③

墓主叱地连为东魏丞相高欢第九个儿子高湛的妻子，为柔然（茹茹）谙罗臣可汗之女。卒于武定八年（550），时年13岁。《北史》卷八《齐本

---

① 《陈书》卷一七《袁枢传》，第241页。
② 《陈书》卷二《高祖纪下》，第37页。
③ 磁县文化馆：《河北磁县东魏茹茹公主墓发掘简报》，《文物》1984年第4期。

纪·武成帝纪》载:"神武方招怀荒远,乃为帝娉蠕蠕太子菴罗辰女,号邻和公主。"在东魏所下诏书"长广郡开国公妻茹茹邻和公主"中的"邻和",是其公主号,而不是死后的赠谥。

其祖父为已故皇帝、父为亲王、自己为郡公主者,死后也多无谥。如《魏故宁陵公主墓志铭》载:

> 祖显宗献文皇帝。父侍中司徒录尚书太师彭城王。夫琅耶王君。遥源远系,肇自轩皇,维辽及巩,弈圣重光。诞姿云帷,播彩椒房,爰居爰降,玉洁兰芳。七德是履,六行唯彰,与仁何昧,祚善徒声。退龄始茂,方春賷英,先远既卜,坟茔是营。铭旌委郁,挽绋严清,长归素垄,永别朱城。白日照照,重夜冥冥,泉门既掩,宝镜自尘。伊人长古,风月有新,勒徽玄石,千祀无泯。永平三年正月八日夜薨,时年廿二。①

北魏宁陵公主,祖父为显宗献文皇帝,父亲为侍中司徒录尚书太师彭城王,嫁给琅琊王氏、尚书令王肃从子、散骑常侍王诵。永平三年(510)死后,无追谥。

《魏故仪同三司间公之夫人乐安郡公主元氏墓志铭》载:

> 魏故仪同三司间公之夫人乐安郡公主元氏墓志铭。公主讳仲英,河南洛阳人也。显祖献文皇帝之孙,太尉咸阳王之女。禀祥星月,毓采幽闲,风德高华,光仪丽绝。年十有五,作嫔间氏。女节茂于公官,妇道显于邦国。永熙在运,诏除女侍中。倍风闱壸,实谐内教。而余庆不永,春秋五十五,兴和二年二月十五日薨于第。②

北魏乐安郡公主,祖父为显宗献文皇帝,父亲为太尉咸阳王,十五岁嫁给柔然王室后裔、高昌王间伯升。孝武帝永熙年间,除女侍中。兴和二年(540)死后,与宁陵公主的待遇相同,也无追谥。

---

① 赵超:《汉魏南北朝墓志汇编》,第57页。
② 赵超:《汉魏南北朝墓志汇编》,第337页。

《魏故平西将军汾州刺史华阴伯杨保元妻华山郡主元氏志铭》载：

> 夫人姓元，河南洛阳人。高柳府君临虑侯凤皇之长女也……暨华阴伯薨徂，夫人以母仪训世。朝廷乃拜县君，以万年为夫人汤沐邑。后迁敷西县主。长子熙之，位大鸿胪卿。次子叡景，夙年零落。方冀享万石之禄，扇大家之风，而树静难期，奄从化往。春秋七十一，以大统之十五年薨于长安。册赠华山郡主，礼也。粤十七年三月廿八日同窆于华阴潼乡。合葬非古，始自周公，式镌玄石，传之不穷。①

元氏嫁入弘农杨氏，成为汾州刺史、华阴县伯杨泰的妻子。先拜为万年县君，后迁敷西县主。北周大统十五年死后，赠华山郡主，无赠谥。

北周《雍州扶风郡公主之铭》：

> 讳妙仪，冀州勃海人也……祖假黄钺左丞相太尉公冀州刺史贞平王。父骠骑大将军，开府仪同领军大将军赵郡王。四辅莫不合仪，接下温仁。奉上恭萧，四德六行，海内称之。宣政元年薨于都邑，春秋十八。其年四月廿三日葬于邺城西北五里。左侠清池，右带名路，南通上苑，北据林华。于是鸾镜为土，翠帐成尘，勒芳猷于贞石，扬清风于后人。②

雍州扶风郡公主为北齐赵郡王高叡之女，卒于北周宣政元年（578），朝代已更迭，死后无谥亦是必然。

综上所述，从传世文献和出土墓志来看，南朝公主得谥的记载多于北朝。公主得谥有的是在死后葬时赠谥，有的是在死后经年、其父、兄得到皇位之后追谥的。以上公主的谥号用字，包括懿、哀献、悼、愍、宣、恭、献、昭、德、哀、康、惠、贞、康哀、宪、穆、献怀，其中，懿、穆、昭、宣等字多用。在这些公主的谥号中，多为单字谥，双字谥只占少数。

---

① 赵超：《汉魏南北朝墓志汇编》，第385页。
② 赵超：《汉魏南北朝墓志汇编》，第488页。

第七节　官宦妇人和平民妇人谥

一　皇亲国戚、官宦妇人谥

魏晋南北朝时期，除了后妃、公主等能得到赐谥外，还有一些皇亲国戚之妇人有谥，但何等级皇亲国戚女眷有谥、何等级官员夫人有谥，这一时期并无定制。如《晋书》卷三一《后妃·文明王皇后》载，晋武帝即位后给外祖母羊氏追谥，此时羊氏丈夫即王皇太后的父亲兰陵侯杨肃已逝，且已得到谥号"景"；武帝追封羊氏为平阳县君，并追谥为"靖"。①

《晋书》中还有一例官员之母被赐谥，详见卷九六《列女传·虞潭母孙氏》：

> 虞潭母孙氏，吴郡富春人，孙权族孙女也。初适潭父忠，恭顺贞和，甚有妇德。及忠亡，遗孤藐尔，孙氏虽少，誓不改节，躬自抚养，勤劳备至。性聪敏，识鉴过人。潭始自幼童，便训之忠义，故得声望允洽，为朝廷所称。永嘉末，潭为南康太守，值杜弢构逆，率众讨之。孙氏勉潭以必死之义，俱倾其资产以馈战士，潭遂克捷。及苏峻作乱，潭时守吴兴，又假节征峻。孙氏……其忧国之诚如此。拜武昌侯太夫人，加金章紫绶。潭立养堂于家，王导以下皆就拜谒。咸和末卒，年九十五。成帝遣使吊祭，谥曰定夫人。

虞潭母孙氏为孙权族孙女，孤身养育虞潭，以忠义训导之，在虞潭征讨杜弢时，孙氏勉以死之义；在平定苏峻之乱时，孙氏又戒虞潭当舍生取义。虞潭因前后战功进爵为武昌县侯，为嘉勉孙氏忧国之诚，东晋朝廷拜孙氏为武昌侯太夫人。在孙氏逝世后，因其生前德行而被赐谥为定夫人。

以上列举了晋武帝外祖母羊氏、东晋武昌侯虞潭母孙氏被赐谥的原因，一是因皇帝特加殊礼，一是因孙氏以忠义育导其子虞潭、潭多建武

---

① 《晋书》卷三一《后妃传·文明王皇后》，第951页。

功。皇亲国戚多因受到帝、后的亲宠，而官宦妇人也多因父祖、儿子的功勋而得谥。这一时期，对官宦妇人得谥并没有制度规定。相当多的官宦妇人无谥，即便是一些贵为异姓诸侯王妃、郡长君、郡君也无谥。如北魏太尉穆亮的妻子无谥号：

     故太尉公穆妻尉太妃墓志铭 太妃河南洛阳人也……祖侍中散骑常侍建义将军四部尚书西阳公，建明略于皇家，有大功于帝室。父博陵府君，聿遵前功，克绍鸿构。太妃纂累代之英模，体弈世之熏烈。志业通华，机识端爽。义光九族，礼穆二门。道训柔嘉，德容温谧。严同夏景，仁协春辉。正教内融，惠化潜被。深渊匪测，巨刃难窥。朝野钦其懋庸，遐迩慕其徽范。方当师氏人伦，仪形风俗，昊天不吊，春秋六十六，神龟二年十一月十日薨于洛阳之安贵里第。大魏神龟三年岁次庚子六月癸卯朔卅日壬申附葬于景山之旧茔。①

  尉氏，出自于孝文帝定北族八姓之一，改自"西方尉迟氏"，墓志中载其家族"建明略于皇家，有大功于皇室"，这与《魏书·官氏志》中载八姓"皆太祖已降，勋著当世，位尽王公，灼然可知者"相合。其夫太尉公穆，指的是穆亮。穆亮（？—502），《魏书》《北史》均有传。北魏宗臣穆崇之后，侍中、征东大将军、领中秘书监、宜都文宣王、乐陵公主驸马穆寿之孙、征东大将军、领中书监、驸马都尉、城阳、长乐二公主驸马穆平国之子。穆亮历太尉、领司州牧、骠骑大将军，封顿丘郡开国公，景明三年闰四月病逝于第，谥曰文献。而其妻尉氏死后无谥，也未标注其夫穆亮"文献"之谥。

  即便生前贵为郡君，死后也无谥。《魏故持节征虏将军营州刺史长岑侯韩使君赗夫人高氏墓铭》载：

     夫人勃海条人也。左光禄大夫勃海郡开国敬公飏之长女，侍中尚书令司徒大将军平原郡开国公肇、侍中司空澄城郡开国穆公显之元

---

① 赵超：《汉魏南北朝墓志汇编》，第112页。

姊……至景明三年，宣武皇帝以夫人皇姨之重，兼韵动河月，遂赐汤沐邑，封辽东郡君。又以椒帏任要，宜须翼辅，授内侍中，用委宫掖。献可谏否，节凝图篆。夫人以无生永逸，有陋将危，志腾苦海，舟梁彼岸，故裁谢浮虚，敬仰方直。于是金花断意，宝蒦离心，物不中度，未曾观揽。春秋七十有一，正光四年岁在癸卯十一月十九日，抱疾薨于洛阳延寿里。①

长岑侯韩赌夫人高氏，为宣武帝元恪之姨母，其弟高肇、高显势倾宣武帝一朝，高氏生前在宣武帝景明三年被封为辽东郡君，卒于孝明帝正光四年（523）。而早在孝明帝即位之后，高肇就遭到了元魏诸王宗室的诛杀，虽其余亲党未遭追问，但在孝明帝时权势已一落千丈，因此就算高氏在生前贵为郡君，但其死后也无谥。

《魏故广平郡君长孙氏宋墓志》：

> 侍中太傅录尚书事冯翊郡开国公第四子散骑常侍征东将军金紫光禄大夫西华县开国侯长孙士亮妻广平郡君宋氏墓志。夫人讳灵妃，广平烈人人也……夫人禀二象之淑灵，资五行之秀气，仪止妍华，器宇凝明，承上以敬，接下以温。女德光于未笄，妇功茂于已醮。声逸诸姑，誉腾伯姊……春秋廿，大魏永兴二年正月十四日终于洛阳永和里第。呜呼哀哉！皇上振悼，亲宾洒泣。诏曰：追往褒庸，列代通典。录尚书稚第四子妇宋氏，柔仪内湛，嫩问外扬。积庆之门、方膺茂祉，而不幸徂殒，良用嗟悼。宜崇宠数，以慰沉魂。可赠广平郡君，祭以太牢，礼也。②

宋灵妃出身于广平宋氏，其祖为孝文帝时重臣宋弁；其夫为长孙稚第四子士亮，卒时为孝武帝永兴二年（533）正月。孝明帝时长孙稚便智取潼关、平定雍州；孝武帝元修即位初，便以拥立皇帝之功加封。从墓志所载的"诏书"可以看出，宋氏完全是因为家翁长孙稚的政治权势而获赠广

---

① 赵超：《汉魏南北朝墓志汇编》，第153页。
② 赵超：《汉魏南北朝墓志汇编》，第301页。

平郡君,并祭以太牢,但也没有赠谥的记载。

郡君无谥,还可见《魏故尧氏赵郡君墓铭》:

>【铭文】魏故南阳郡君赵夫人墓志铭　　夫人讳胡仁,南阳苑人也。南阳太守之女,相州刺史平阳公之第六子散骑常侍之妻。禀公族之洪胄,洞清澜而激镜……九族仰其嘉猷,六姻慕其景行。是以誉满两京,声谧九服。大丞相中外诸军事渤海王高,地居咸重,位望尊崇,亲慕夫人慈训,躬展诚敬。朝廷标赏,诏曰:辅国将军岐州刺史难宗母,前以身德子勋,光启邑号。因讳陈改理,宜见从。可西荆南阳郡君。庶追大家之号,不独擅于汉后;贤哉之录,岂止记于魏公。夫人年七十八,以武定三年遘疾,薨于第。天子震悼于厥心,丞相恸情以崩虑。赗赠之礼,有余恒典。以武定五年岁次丁卯二月戊辰朔廿九日丙申葬于邺城西七里之北。①

赵胡仁大儿子为东魏名将尧雄,他在镇守东魏与西魏、梁朝交界的边境地带,立下显赫战功,而且廉政爱民,深得百姓信任;二儿子尧奋随高欢破尔朱兆,出为南汾州刺史,与西魏战争中屡立战功;三儿子尧宗虽史籍不载,也有"壬佐之略",为标赏尧门功绩与赵氏的德行,在她生前,东魏朝廷颁布赠予她西荆州南阳郡君的诏书,但即便生前为郡君,死后也没有被赐予谥号。

郡长君无谥,见《魏故使持节骠骑大将军都督云朔恒定燕州诸军事恒定二州刺史尚书左仆射大行台开府仪同三司侍中特进司徒公第一领民酋长永宁县开国侯北海郡开国公合食邑三千户叱列延庆妻阳平长郡君尔朱氏》:

>郡君讳元静,北秀容人也。其先盖夏后氏之苗裔……郡君处长,鞠养于家,恩同母爱,义似君严。至于崇姻结好,不假问礼而知;敦亲缉睦,岂待师范方解。教弟光德,授妹令仪。弟司徒公博陵王,播五教于中铉。二弟彭城王太宰,明德义上台。三弟尚书令,布文彩于

---

① 赵超:《汉魏南北朝墓志汇编》,第372页。

华列。四弟御史中丞,抗天门而秉政。五弟朝阳王,□牧三齐,敷音京夏,迭相咨慎,终致荣华……郡君亡夫,奉先天而除仆射,事后帝以拜司徒……武平三年,相寻零落,天高地厚,叩诉(下接志阴。)

【志阴】无因。遂情断虑,舍俗入道……春秋七十有二,从□物化。粤以大齐河清三年岁在甲申正月庚申二日辛酉窆于邺城西南柏山之阳,高胜之地。①

尔朱元静出身北秀容契胡大族尔朱氏,父亲尔朱买珍,华州刺史、始安静王,死后追赠太师、司空公;五个弟弟尔朱彦伯、尔朱仲远、尔朱世隆、尔朱世承、尔朱弼,均是北魏末期重臣。在和高欢韩陵之战中,彦伯、世隆、弼战败被杀,仲远南奔萧梁;丈夫叱列延庆战败降于高欢;元静入齐后舍俗入道,因此,即便是生前为阳平郡长君,遭政权更迭舍俗入道,死后无谥。

郡长君无谥,还可见《故使持节侍中太师大司马太尉公录尚书事武贞窦公夫人皇姨顿丘郡长君娄氏墓志铭》:

夫人讳黑女,代郡平城人也。长澜注于纪地,层峤竦于半天。翘楚罗生,钟鼎间出。祖平北府君,渔道猎德,望标衣冕。父司徒太原王,阔调高风,绩隆军□……妇顺宣于苹藻,女业擅于针纩。弦无卫操,案屏鲜禽。荣朝贵室,昔闻彝典,车服有晖,雍容在列。乃封顿丘郡君……皇齐握纪披图,奉天括地,贵亲尚德,焕于纶玺。锡以从母之名,仍加长君之号。夫人温恭表质,礼让为心,契符铭戒,行苞雅俗。均得丧于在生,混轻重于一致……以大齐天保五年三月丁亥朔二十四日庚戌以疾薨于邺都允忠里第,春秋五十九。恸兴长乐,悲缠帷扆。饰终所逮,事切哀荣。以天保六年二月壬子朔九日庚申合葬于武贞公之穴,邺城西二十里。②

虽然娄黑女贵为高齐皇姨、生前被封为顿丘郡长君,其夫窦泰死后赠

---

① 赵超:《汉魏南北朝墓志汇编》,第417页。
② 赵超:《汉魏南北朝墓志汇编》,第397页。

太师、大司马、太尉、录尚书事,谥为武贞公,但娄黑女也没有因其皇姨身份、顿丘郡长君的爵位和其夫官位而获谥。

《周书》卷五《武帝本纪上》载保定二年(562)"闰月己丑,诏柱国以下,帅都督以上,母妻授太夫人、夫人、郡君、县君各有差",虽然规定了"柱国以下,帅都督以上"之母妻能分封外命妇,但是对她们死后的赐谥并没有明文规定。《周大将军广昌公故夫人董氏之墓志铭》中的董氏,是北周大将军广昌公王士良之妻董荣晖,即算是赠本国夫人、赗赠悉加常礼,但仍没有被赐谥:

【志文】周大将军广昌公故夫人董氏之墓志铭

夫人姓董,讳荣晖,陇西郡襄武县人……夫人幼而聪敏,早该文艺,听莫留声,视不遁色,箴规图史,分在难言,流略子集,皆所涉练。至于洁斋醴齐,织纴组紃,率礼仍加,敦行靡愿。年一十四,归于王氏。移爱娣姒,从敬舅姑。下逮表于诜诜,傍接至于穆穆。室家之内,人罕闲言矣。既而广昌公佐命,出入宣德……但夫尊妻贵,乃除昌乐郡君……可谓母仪之师表,女宗之宪章。不幸遘疾,以周保定五年六月廿九日,薨于长安。春秋卅有一。有诏赠本国夫人,赗赠悉加常礼。粤以其年十一月五日窆于石安原。①

董氏为北周大将军王士良之妻,士良曾在北齐武成帝朝,历任太子太傅、少师、侍中、太常卿,出任开府仪同三司、豫州刺史。保定四年(564),投降北周,授大将军赐广昌郡公。墓志载"夫尊妻贵",董氏生前便封为昌乐郡君。第二年卒时诏赠本国夫人,赗赠悉加常礼,但并没有得到赠谥。

周隋之替时,对于周代赐封的外命妇,死后无赐谥。如《周故大将军淮鲁复三州刺史临贞忠壮公后夫人萧氏之墓志》中载,周故大将军淮鲁复三州刺史临贞忠壮公杨敷②的妻子萧妙瑜,乃"梁高祖武皇帝之孙,丞相

---

① 罗新、叶炜:《新出魏晋南北朝墓志疏证》,第 255 页。
② 墓志录文及其内容的疏证,详见罗新、叶炜《新出魏晋南北朝墓志疏证》,第 526—529 页。

武陵贞献王之女也"，因夫杨敷为"开府仪同三司"被北周封为"千金郡君"，北周天和六年（571）杨敷在与北齐将领段孝先的汾州之役中被俘身死邺城，后被谥为"忠壮"。萧妙瑜卒于隋文帝仁寿三年（603），生前为北周千金郡君，随着朝代的更迭，在隋朝没有赠谥。

从墓志中还可见，即使是隋朝本朝赐封的外命妇，死后也无赠谥。如《隋故贵乡夫人张氏墓志铭》：

【志盖】隋故贵乡夫人张氏墓志之铭
【志文】隋故贵乡夫人张氏墓志铭并序
　　夫人讳□□，字妙芬，范阳方城人……夫人即简宪公第五女，梁武皇帝外孙，母富阳悼公主，今上皇后之姨。夫人□年姆教，□□□□□操有礼，幽闲成德，其行既展，其华亦秋。竹杖能铭，□□解颂。年十五，聘梁始兴王，辅佐琴□，颂谐内□，鸡鸣咸盥，晨昏□衣。然王早逐阆川，墓木已拱。夫人孀居守志，□宫丞移，抚养孤□，慈训无怠，大床阔被，傍及诸生。开皇四年，奉使入京，□□元□□子……大业八年五月九日，薨于雒阳之□善里，春秋六十四。宸居悯□，内宫流涕，诏曰：宣惠尉萧籍母，故梁□华戚里，义重睦姻，□年□□，遽兹捐馆，宜追荣命，用□□□可赠贵乡正三品夫人，赐□□□□物，七□护丧事，□□□田供给。其年五月廿一日，窆邙山之北原。①

张妙芬为萧梁张缵之女。张缵娶梁武帝第四女富阳公主，即张妙芬墓志所说"富阳悼公主"。张妙芬姐姐入萧岿后宫，育一女二子，女萧氏嫁给隋朝晋王杨广，即隋炀帝的萧皇后。张妙芬嫁给萧梁皇室始兴王。开皇四年（584）奉使入京，可能便与杨广纳萧氏为妃有关。张妙芬死后，可能因萧皇后原因，被赠贵乡正三品夫人，但是也没有得到赠谥。

另外，还可见《大隋越国夫人郑氏墓志》：

---

① 此墓志录文及对其内容的疏证，详见罗新、叶炜《新出魏晋南北朝墓志疏证》，第593—596页。

夫人讳祁耶，荥阳开封人……夫人三辰垂曜，降星月之精；八卦相荡，□□□□□□骨象应图，折旋合礼，天情婉顺，不待女史，□□□□□国公地惟鼎族，器乃民宗，夙著高名，早升显位，□□□□礼，百两来迎。琴瑟克谐，松箩并茂。以开皇元年，拜□□□□夫人……既而朕理乖和，弥留气□昭阳降虑，乃迎于仁寿宫内，亲遣疗治。名医尽绿裹之方，□反魂莫验，空煎玉釜之香；促景不停，终逐铜壶之水。将及□开皇十八年岁次戊午五月辛未朔廿三日癸巳，薨于山□□旐冕，悲缠椒掖，赠襚吊祭，有加恒典。①

罗新、叶炜疏证云，隋朝封越国公者只有一位，就是杨素。杨素在隋文帝开皇初年是清河郡公，开皇九年（589）平陈后被封为郢国公，不久改封越国公。隋炀帝大业二年（606），封杨素为楚国公，同年七月，杨素去世。此志为隋文帝仁寿元年（601）制，此时杨素正是越国公。此志主"大隋越国夫人郑氏"当为杨素之妻。② 虽然郑氏死后"赠襚吊祭，有加恒典"，她的丈夫贵为越国公，但她也没有得到赠谥。

就目前材料所见，整个魏晋南北朝、隋朝，并没有对官宦妇人的得谥有明文规定，得到赠谥的官宦妇人非常少。

二 平民妇人谥

关于北朝女性在家庭中之特殊地位，当时人就有所记录，《颜氏家训·治家篇》载："江东妇女，略无交游，其婚姻之家，或十数年间，未相识者，惟以信命赠遗，致殷勤焉。邺下风俗，专以妇持门户，争讼曲直，造请逢迎，车乘填街衢，绮罗盈府寺，代子求官，为夫诉屈。此乃恒、代之遗风乎？"③ 虽然北朝女性在家庭及社会上的地位较之前有所提高，但是死后加谥这种"殊礼"并不是一般女子能得到的。目前可见《十六国春秋》卷一〇《前赵录》载有一平民妇人得谥：

---

① 罗新、叶炜：《新出魏晋南北朝墓志汇编》，第496页。
② 罗新、叶炜：《新出魏晋南北朝墓志汇编》，第497—498页。
③ （北齐）颜之推撰，王利器集解：《颜氏家训集解》卷一《治家第五》，中华书局1993年版，第48页。

陕有妇人，不知姓字，年十九。曜时寡居陕县，事叔姑甚谨。其家欲夺而嫁之，此妇毁面自誓终身不嫁。后叔姑病死，其叔姑有女在夫家，先从此妇乞假不得，因而诬其杀母。有司不能察而诛之，时有群乌悲鸣尸上，其声甚哀。盛夏暴尸十日不腐，亦不为虫兽所败，其境乃经岁余不雨。曜遣呼延谟为太守，既知其冤，乃斩此女，设少牢以祭其墓，谥曰孝烈贞妇，其日大雨。

此陕地寡居妇人，生前侍奉叔姑（婆婆），婆婆病死后遭小姑子诬陷后被冤杀，死后因其冤情而盛夏暴尸十日不腐，其境乃至经岁余不雨。刘曜闻之此冤情，以少牢祭奠此妇人，赐谥号为"孝烈贞妇"。这是因为皇帝特恩。这样的例子还有一个。陈文帝陈蒨在梁太清年间侯景之乱时，避难于临安骆牙家，骆牙的母亲陵，见"世祖仪表，知非常人，宾待甚厚"。陈蒨即位后，封骆牙为常安县侯，追赠陵为常安国太夫人，谥为恭。①但从整个魏晋南北朝来看，这两类妇人得谥的情况非常罕见。

还有一位特殊的妇人，其得谥是因其自身功业，即陈朝的冼夫人。冼夫人出生于岭南高凉郡，其家世代为俚人首领，占据山洞，部属有十余万家。年少时就世袭当了首领，统率本部落民众，行兵布阵，镇服百越。后与高凉太守冯宝联姻，在陈霸先建功立业的过程中，冼夫人与冯宝多有资助，陈永定二年（558），冼夫人派儿子冯仆朝觐陈武帝，冯仆被授为阳春郡守。后来，冼夫人亲自率军，与陈军共同平定广州刺史欧阳纥叛乱，被陈朝册封为中郎将、石龙太夫人，"其卤簿一如刺史之仪"。陈朝灭亡后，她招抚百越，使岭南得以安定。隋文帝杨坚发兵攻打岭南时，冼氏审时度势主动归附隋朝，被隋加封为谯国夫人。死后，隋廷赐谥"诚敬夫人"②。

---

① 《陈书》卷二二《骆牙传》，第296页。
② 《北史》卷九一《谯国夫人冼氏传》，第3007页。

第四章　魏晋南北朝时期太子、宗室、外戚谥法

太子是中国古代帝王法定继承人的称谓。关于太子谥号的有无，先秦以来便是讨论的焦点之一。魏晋南北朝时期，孙吴宣（明）太子孙登、西晋愍怀太子司马遹、南齐文惠太子萧长懋、萧梁昭明太子萧统、萧梁哀太子萧大器、萧梁愍怀太子萧方矩、北魏景穆太子拓跋晃七位太子，或死于政治斗争，或死于国难，死后得谥，其中西晋愍怀太子司马遹、萧梁哀太子萧大器、萧梁愍怀太子萧方矩是在死后一段时间后追谥的，而其余四人死后马上得到赐谥。除萧大器的谥号"哀"为单字谥，孙登"宣（明）"不能确定为双字或单字谥外，其余五人均为双字谥。而且，他们的谥号用字均与生前行迹相符合，得到的多是美谥。

从程序上看，宗室成员获得谥号，也要经过请谥、议谥、赐谥等程序，各政权对待宗室态度不同，从而导致宗室死后的丧礼及赠谥全然不同。从魏晋南北朝外戚死后的得谥和谥号来看，皇权在外戚谥号的赐予、谥字的美恶上起着决定性作用。

第一节　太子谥号

商周时期天子及诸侯的法定继承人，称太子或世子。两汉，皇帝与诸侯王的继承人皆称"太子"，只有皇储称"皇太子"。汉以后，诸侯王的继承人改称"世子"，"太子"成为皇位继承人独有的称呼。中国古代社会的承袭制度是嫡长子继承制，继承人的原则为"立嫡立长"。太子顺利册立、

继承皇位的情况比较常见，如果太子还未继承皇位便去世，葬礼中势必要涉及太子的谥号。

一　太子谥号有无议

《白虎通疏证》卷二《谥·论无爵无谥》：

> 太子无谥，其夫人不得有谥也。《士冠经》曰："天子之元子，犹士也。"士无谥，知太子亦无谥也。①

先秦时期，"有爵则有谥"是给谥的主要原则之一，《仪礼·冠礼》载"天子之元子犹士也"，即"太子"是没有爵位的。因此，关于太子谥号的有无，先秦以来便是讨论的焦点之一。《白虎通义》也引《士冠经》认为，太子为天子之元子，和士一般待遇。士无谥，那么太子亦无谥。

《通典》卷一〇四《凶礼·太子无谥议（国君嗣子附）》：

> ［周］制，《士冠礼》云："天子之元子，士也。士无谥。"是知太子无谥。以未得有所施行，故不得设谥。
>
> ［东晋］琅琊世子未周而卒，大司农表琅琊世子降君一等，宜谥"哀愍"。太常贺循云："谥者，所以表功行之目也。故古者未居成人之年及名位未备者，皆不作谥也。是以周灵王太子聪哲明智，年过成童，亡犹无谥。《春秋》诸侯即位之年称子，踰年称君。称子而卒，皆无谥，名未成也。未成为君，既无君谥，时见称子，复无子谥，明俱未得也。唯晋之申生以仁孝遭命，年过成人，晋人悼之，故特为谥，诸国无例也。及至汉代，虽遵之义，过于古礼，然亦未有未踰年之君而立谥也。殇冲二帝，皆已踰年方立谥。按哀冲太孙，各以幼龄立谥，不必依古，然皆即位临官，正名承重，与诸下定君臣之义，尊成体具，事无所屈。且天下之名至重，体其尊者亦宜殊礼，故随时定制，有立谥之事也。琅琊世子虽正体乎上，生而全贵，适可明嫡统之

---

① 《白虎通疏证》卷二《谥·论无爵无谥》，第75页。

义，未足定为谥之证也。"①

《通典》所引的也是《士冠礼》的这句话，来证明太子无谥，然而又补充云因为太子并没有"所施行"，即并没有在朝政上有所作为，因此没有谥号。

《通典》另外引述了东晋琅琊世子未周而卒，是否赐谥的朝臣议论，这一事件在《晋书》中无载。太常贺循认为谥的目的是"表功行"，因此"古者未居成人之年及名位未备者，皆不作谥"。贺循列举了周灵王太子虽聪哲明智"年过成童"，但名位未备，因此仍然没有谥号。诸侯即位之时便称子，第二年称君。在"子"的这一期间卒时，都没有谥，因为"名"未成，所谓的"名"是通过在位时的功行而得到的。还未成为君，即还未在位两年，便没有君谥，仍称"子"，而子因名未成亦无谥。只有晋国世子申生是一个特例，申生明知父命是错误的，但为了忠孝，仍顺从地自杀，所以被谥为"恭"。"恭"，在《逸周书·谥法解》中有 10 解，其中便有"敬事供上曰恭"。贺循还认为汉代的殇冲二帝、哀冲太孙虽然年幼，但是已经作为君主而临朝，因此可以有谥。但是贺循认为琅琊世子未周而卒而且也从未有过外行，因此不宜有谥。从贺循的奏议中我们可见，在世子是否赐谥上，不仅是看其年龄，而且主要看其是否有"功行"，这与立"谥"本意相符合。但实际上，此后皇室子弟或诸侯王、国早卒子弟获谥屡见不鲜，如简文帝之子临川王司马郁年十七而卒，追谥献世子。《梁书·世祖二子传》载萧绎长子萧方等，少时聪敏有才，善骑射有巧思，遭遇侯景之乱时，冲锋在前、奋勇抵抗，太清三年（549），死于讨伐河东王湘州刺史萧誉途中，追赠侍中、中军将军、扬州刺史，并谥号忠壮世子。萧绎即位后，改谥为武烈世子，后追赠太子。萧绎次子萧方诸，被侯景杀害，被追赠为侍中、大将军，谥为贞惠世子。而异姓王国、公国、侯国也有早卒世子得谥情况。

---

① 《通典》卷一〇四《凶礼·太子无谥议》，第 2714—2715 页。

二 太子谥号的实际操作

汉代的皇位继承史上，武帝朝发生过著名的巫蛊之祸。汉武帝的嫡长子刘据，生于元朔元年（前128）春，元狩元年（前122）夏立为皇太子。其母卫皇后，武帝朝前期，卫氏家族显赫一时，皇后盛宠，太子的地位相当稳固。太子性格温厚，和雄才大略的武帝性格迥异。武帝开始对太子不满。征和二年（前91），刘据在巫蛊之祸中被江充、韩说等人诬陷，因不能自明而起兵反抗诛杀江充等人，汉武帝误信谎情，以为太子刘据谋反，遂发兵镇压，刘据兵败逃亡，最终因拒绝被捕受辱而自杀。汉武帝晚年丧子，怜惜刘据无辜遭害，建立思子宫寄托哀思。元平元年（前74）七月，刘据之孙刘询即位，是为宣帝。《汉书》卷八《宣帝纪第八》载本始元年（前73）六月：

> 诏曰："故皇太子在湖，未有号谥。岁时祠，其议谥，置园邑。"①

议谥的过程如下：

> 有司奏请："礼'为人后者，为之子也'，故降其父母不得祭，尊祖之义也。陛下为孝昭帝后，承祖宗之祀，制礼不踰闲。谨行视孝昭帝所为故皇太子起位在湖，史良娣冢在博望苑北，亲史皇孙位在广明郭北。《谥法》曰'谥者，行之迹也'，愚以为亲谥宜曰悼（皇），母曰悼后，比诸侯王园，置奉邑三百家。故皇太子谥曰戾，置奉邑二百家。史良娣曰戾夫人，置守冢三十家。园置长丞，周卫奉守如法。"以湖阌乡邪里聚为戾园，长安白亭东为戾后园，广明成乡为悼园。皆改葬焉。②

有司依据《谥法》"谥者，行之迹"，奏请谥故皇太子刘据为"戾"，

---

① 《汉书》卷八《宣帝纪》，第242页。
② 《汉书》卷六三《武五子传·戾太子刘据》，第2748页。

据《逸周书·谥法解》：不悔前过曰戾、不思顺受曰戾、知过不改曰戾，为不折不扣的恶谥。

以上是汉代谥太子的史例。黄龙元年（229），孙权称帝，立孙登为皇太子。孙登多次劝谏孙权，对时政多有匡弼。镇守武昌时，处理政务谨慎得体。赤乌四年（241）五月，孙登死，谥登曰宣太子。① 而其谥号在《建康实录》中载为"宣明"：

> 赤乌四年五月，皇太子登薨，帝闻惊惋，哀不自胜。诏曰："国丧明嫡，百姓何福。"下有司谥为宣明太子。②

张忱石在对卷九"西池"的案语"《地志》西池，吴宣明太子孙登所制"点校时云，"孙登为吴主权子，谥宣太子，（明）字当衍"③。笔者认为这一点并不能肯定，也有可能是之后有所增谥。《三国志》裴松之注引《吴书》曰："初葬句容，置园邑，奉守如法，后三年改葬蒋陵。"也有可能在改葬时便加赠谥为"宣明"。

西晋太熙元年（290），晋惠帝司马衷即位，立长子司马遹为太子。遹不修德业，性刚且奢侈残暴，于宫中摆摊切肉卖酒，并在西园销售杂货，以收其利；又好算卦巫术，忌讳颇多。皇后贾南风以其非己出，性情暴虐，恐即位后自己地位难保，便与贾谧等设计谋害，诬陷司马遹谋反，将其囚于金墉城，后徙许昌宫，元康十年（300）派黄门孙虑将其杀害，时年二十三岁。《晋书》卷五三《愍怀太子传》：

> 愍怀太子遹字熙祖，惠帝长子，母曰谢才人……矫诏使黄门孙虑赍至许昌以害太子……太子大呼，声闻于外。时年二十三。将以庶人礼葬之……及贾庶人死，乃诛刘振、孙虑、程据等，册复太子曰："皇帝使使持节、兼司空、卫尉伊策故皇太子之灵曰：……今追复皇

---

① 《三国志》卷五九《吴书·孙登传》，第1366页。
② （唐）解嵩撰，张忱石点校：《建康实录》卷二《太祖下》，中华书局1986年版，第47页。
③ 《建康实录》卷九《烈宗孝武皇帝》，第299页。

太子丧礼，反葬京畿，祠以太牢。魂而有灵，尚获尔心。"帝为太子服长子斩衰，群臣齐衰，使尚书和郁率东宫官属具吉凶之制，迎太子丧于许昌。丧之发也，大风雷电，帏盖飞裂。又为哀策曰："皇帝临轩，使洗马刘务告于皇太子之殡曰：……庶光来叶、永世不泯。"谥曰愍怀。六月己卯，葬于显平陵。帝感阎缵之言，立思子台，故臣江统、陆机并作诔颂焉。①

司马遹在与贾南风政治集团的斗争中败亡，在贾南风被废后，西晋朝廷重新册封其为太子，并在发丧时，赐哀策和谥号，赐谥为"愍怀"。

萧齐武帝长子萧长懋，建元四年（482），立为皇太子。永明十一年（493）去世。《南齐书》卷二一《文惠太子传》载：

> 文惠太子长懋字云乔，世祖长子也。世祖年未弱冠而生太子，为太祖所爱……世祖即位，为皇太子。十一年春正月，太子有疾，（薨）时年三十六。太子年始过立，久在储宫，得参政事，内外百司，咸谓旦暮继体，及薨，朝野惊惋焉。上幸东宫，临哭尽哀，诏敛以衮冕之服，谥曰文惠，葬崇安陵。世祖履行东宫，见太子服翫过制，大怒，勅有司随事毁除，以东田殿堂为崇虚馆。郁林立，追尊为文帝，庙称世宗。②

萧长懋为太子时，得参政事，《南齐书》在传后评其曰"况夫正体东储，方树年德；重基累叶，载茂皇家；守器之君，已知耕稼，虽温文具美，交弘盛迹，武运将终，先期凤殒，传之幼少，以速颠危"，对长懋多有赞赏，齐武帝谥其为"文惠"。

萧梁天监元年（502）十一月，梁武帝长子萧统被立为太子，然英年早逝，未及即位即于中大通三年（531）去世。《梁书》卷八《昭明太子传》：

---

① 《晋书》卷五三《愍怀太子传》，第1457—1463页。
② 《南齐书》卷二一《文惠太子传》，第397—398页。

昭明太子统字德施，高祖长子也。母曰丁贵嫔。普通中，大军北讨，京师谷贵，太子因命菲衣减膳，改常馔为小食。每霖雨积雪，遣腹心左右，周行间巷，视贫困家，有流离道路，密加振赐。又出主衣绵帛，多作襦袴，冬月以施贫冻。若死亡无可以敛者，为备棺槽。每闻远近百姓赋役勤苦，辄敛容色。常以户口未实，重于劳扰。

三年三月，寝疾。恐贻高祖忧，敕参问，辄自力手书启。及稍笃，左右欲启闻，犹不许，曰"云何令至尊知我如此恶"，因便呜咽。四月乙巳薨，时年三十一。高祖幸东宫，临哭尽哀。诏敛以衮冕。谥曰昭明。五月庚寅，葬安宁陵。诏司徒左长史王筠为哀册。①

萧统笃好玄学，编著有《文集》二十卷、典诰类的《正序》十卷、五言诗精华《英华集》二十卷、历代诗文而成的总集《文选》三十卷。《梁书》本传称"于时东宫有书几三万卷，名才并集，文学之盛，晋、宋以来未之有也"。赵翼《廿二史札记·齐梁之君多才学》中云：

> 创业之君，兼擅才学，曹魏父子，固已旷绝百代，其次则齐、梁二朝，亦不可及也。齐高帝虽不以才学名，然少为诸生，从雷次宗受业，治《礼》及《左氏春秋》……至萧梁父子间，尤为独擅千古……昭明太子三岁受《孝经》、《论语》，五岁遍读五经。及长，读书数行并下，过目皆忆。每游宴祖饯，赋诗辄十数韵，或作剧韵，皆属思便成，无所点易。著文集二十卷，古今典诰文言为《正序》十卷，五言诗之善者为《文章英华》二十卷，《文选》三十卷。②

萧统不仅在文学上有着很深的造诣，在行政事务的处理上也颇受当时朝廷和社会的好评。他去世后，梁武帝赐谥为"昭明"。"昭"，《逸周书·谥法解》有3解，"昭德有劳曰昭，容仪恭美曰昭，圣闻周达曰昭"，《史记正义·谥法解》也有3解，与此相同。"明"，《逸周书·谥法解》

---

① 《梁书》卷八《昭明太子传》，第169页。
② 《廿二史札记校证》卷一二《齐梁之君多才学》，第246—247页。

有 2 解，"照临四方曰明，潛诉不行曰明"。《史记正义·谥法解》有 3 解，比前者多出"果虑果远曰明"。

太清三年（549），简文帝即位后萧大器被立为皇太子。适逢侯景之乱，大宝二年（551），侯景派人将之杀害，时年二十八岁。萧大器为人宽和，有器度，且端正聪慧，承圣元年（552），梁元帝即位后，追谥他为哀太子。①

承圣元年（552），梁元帝第四子萧方矩被立为皇太子。他聪颖好学，为人凶暴猜疑，元帝曾有废掉他的打算。未及实行，承圣三年（554）西魏攻陷江陵，与其父一同遇害，绍泰元年（555）梁敬帝萧方智即位，追谥为愍怀太子。②

北魏史上，也有一位被赐谥的太子，即拓跋晃。《魏书》卷四下《世祖纪第四下》载：

> 延和元年春正月丙午，立为皇太子……正平元年六月戊辰，皇太子薨。壬申，葬景穆太子于金陵。③

《魏书》卷四下《世祖纪第四下·恭宗景穆帝》载：

> 讳晃，太武皇帝之长子也，母贺夫人。延和元年春正月丙午，立为皇太子，时年五岁……世祖东征和龙，诏恭宗录尚书事；西征凉州，诏恭宗监国……正平元年六月戊辰，薨于东宫，时年二十四。庚午，册曰："呜呼！惟尔诞资明叡，岐嶷凤成。正位少阳，克荷基构。宾于四门，百揆时叙；允厘庶绩，风雨不迷。宜享无疆，隆我皇祚，如何不幸，奄焉徂殒，朕用悲恸于厥心！今使使持节兼太尉张黎、兼司徒窦瑾奉策，即柩赐谥曰'景穆'，以显昭令德。魂而有灵，其尚嘉之。"高宗即位，追尊为景穆皇帝，庙号恭宗。④

---

① 《梁书》卷八《哀太子传》，第 172 页。
② 《梁书》卷八《愍怀太子传》，第 173 页。
③ 《魏书》卷四下《世祖太武帝纪第四下》，第 106 页。
④ 《魏书》卷四下《世祖纪第四下·恭宗景穆帝》，第 109 页。

拓跋晃"明慧强识，闻则不忘。及长，好读经史，皆通大义"，在太子期间，曾监国处理朝政，裁决日常政务。在太武帝晚年，卷入与中常侍宗爱的政治斗争中，忧虑而死。《魏书》史臣曰："恭宗明德令闻，夙世殂天，其庆园之悼欤？"太武帝所赐谥策中有"使持节兼太尉张黎、兼司徒窦瑾奉策，即柩赐谥曰'景穆'"，是谥策中一定记载所赐谥号的明证。"景"，《逸周书·谥法解》有3解，"由义而济曰景，布义行刚曰景，耆意大虑曰景"；《史记正义·谥法解》3解相同。"穆"，《逸周书·谥法解》有2解，"布德执以曰穆，中情见貌曰穆"；《史记正义·谥法解》2解与之相同。

从以上孙吴宣（明）太子孙登、西晋愍怀太子司马遹、南齐文惠太子萧长懋、萧梁昭明太子萧统、萧梁哀太子萧大器、萧梁愍怀太子萧方矩、北魏景穆太子拓跋晃七位得谥太子来看，得谥太子均在册立为太子后、取得皇位之前便去世，或死于政治斗争，或死于国难；西晋愍怀太子司马遹、萧梁哀太子萧大器、萧梁愍怀太子萧方矩是在死后一段时间后追谥的，而其余四人是在死后马上得到赐谥。除萧大器的谥号"哀"为单字谥，孙登"宣（明）"不能确定为双字或单字谥外，其余五人均为双字谥。而且，他们的谥号用字均与生前行迹相符合，得到的均是美谥。

第二节　宗室谥号

宗室是历代王朝的一个特殊的社会阶层，他们是皇帝的亲族，与皇帝的关系最为紧密，也最为微妙；身为皇室贵胄和皇权附庸，也是王朝统治的根基和凌驾庶姓臣僚之上的特权阶级。唐长孺先生在谈到魏晋南北朝宗室政治时便说，"西晋以后，除了东晋皇室在流离之余，十分衰弱，无法争取强大权势以外，南北诸皇朝纵使其皇室本非高门如南朝，或出于鲜卑如北朝，其政权结构依然以皇室为首的门阀贵族联合统治，皇室作为联合统治中的第一家族驾于其他家族之上的基本特征并没有变化"[①]。《晋书》

[①] 唐长孺：《两晋分封与宗王出镇》，《魏晋南北朝史论拾遗》，中华书局2011年版，第140页。

卷三《武帝纪》所谓："宗室戚属，国之枝叶"，作为"国之枝叶"的皇族，生前他们在社会、政治中享有特殊的地位和权利，在政坛和社会生活中扮演举足轻重的角色，死后的哀荣也远非一般臣僚所比拟，谥号的取得不仅与其生前行迹有关，也与皇权的关系更为密切。

一 宗室谥号的获得

汉代河间王刘德"好修古学，实事求是"，死后大行令根据刘德生前的行迹，以"聪明睿智曰献"，认为应该谥其为献王，而大行令的这一建议终被采纳。① 倘使谥议名实不符，谥号的拟定就会受到反对，《后汉书·周举传》所载顺帝主张为北乡侯加谥而大臣反对的史实，就很好地印证了这点。北乡侯刘懿曾是东汉第七任皇帝，延光四年（125）三月即位，然在同年十月病死。顺帝认为："言事者多云，昔周公摄天子事，及薨，成王欲以公礼葬之，天为动变。及更葬以天子之礼，即有反风之应。北乡侯亲为天子而葬以王礼，故数有灾异，宜加尊谥，列于昭穆。"而周举却以北乡侯功德不够突出的缘由反对加谥，"今北乡侯无它功德，以王礼葬之，于事已崇，不宜称谥"②。周举反对顺帝为北乡侯加谥，实质是在反对给谥名实不符的行为，是汉代礼官对据行给谥原则的坚持。以下主要根据传世正史及相关墓志，整理魏晋南北朝各朝代宗室谥号，探讨各朝宗室谥号获得的实际样态。

（一）魏晋南北朝各朝代宗室获谥概况

1. 曹魏、蜀汉、孙吴宗室的谥号

《三国志》卷二《文帝纪》载：

> （太和）六年春二月，诏曰："古之帝王，封建诸侯，所以藩屏王室也。诗不云乎，'怀德维宁，宗子维城'。秦、汉继周，或强或弱，俱失厥中。大魏创业，诸王开国，随时之宜，未有定制，非所以永为后法也。其改封诸侯王，皆以郡为国。"

---

① 《汉书》卷五三《景十三王传·河间献王》，第 2411 页。
② 《后汉书》卷六一《周举传》，第 2027—2028 页。

虽然曹魏建立时制定了诸王以郡为国的开国之制，但曹魏皇帝对宗室采取了严密的防控措施，《三国志》卷二〇有评曰："魏氏王公，既徒有国土之名，而无社稷之实，又禁防壅隔，同于囹圄；位号靡定，大小岁易；骨肉之恩乖，常棣之义废。为法之弊，一至于此乎！"① 曹魏的宗室没有治权和兵权，行为受到严密的监视，藩王的封地也时常变更、缩减。

《三国志》中载曹魏宗室有无谥号者如下：

太祖弟海阳哀侯，不知名，其婿为夏侯渊长子衡。

曹仁，（黄初元年）进封陈侯。黄初四年薨，谥曰忠侯。其子泰、楷、范，其孙初，皆为列侯，皆无谥。

曹仁弟纯，建安十五年薨。文帝即位，追谥曰威侯。子演嗣，官至领军将军，正元中进封平乐乡侯。演薨，子亮嗣，演亮皆无谥。

曹洪，明帝即位，拜后将军，更封乐城侯，邑千户，位特进，复拜骠骑将军。太和六年薨，谥曰恭侯。子馥，嗣侯，无谥。

曹休，太祖族子也。明帝即位，进封长平侯。谥曰壮侯。子肇嗣，正始中卒，追赠卫将军。子兴嗣。肇弟纂，为殄吴将军，追赠前将军。肇孙摅，八王之乱时死，皆无谥。

曹真，明帝即位，进封邵陵侯。薨，谥曰元侯。子爽嗣。其悉封真五子羲、训、则、彦、皑皆为列侯真弟彬亦为列侯，无谥。

武皇帝二十五男：卞皇后生文皇帝、任城威王彰、陈思王植、萧怀王熊，刘夫人生丰愍王昂（子琬、恭王）、相殇王铄（子潜，愍王；子偃，怀王），环夫人生邓哀王冲、彭城王据（无谥）、燕王宇（无谥），杜夫人生沛穆王林、中山恭王衮，秦夫人生济阳怀王玹（继子赞，西乡哀侯、壹，悼公）、陈留恭王峻，尹夫人生范阳闵王矩（敏，原王），王昭仪生赵王干（无谥），孙姬生临邑殇公子上、楚王彪（无谥）、刚殇公子勤，李姬生谷城殇公子乘、郿戴公子整、灵殇公子京，周姬生樊安公均（子抗，定公），刘姬生广宗殇公子棘，宋姬生东平灵王徽，赵姬生乐陵王茂（无谥）。②

---

① 《三国志》卷二〇《魏书·武文世王公传》，第591页。
② 《三国志》卷二〇《魏书·武文世王公传》，第579页。

文皇帝九男：甄氏皇后生明帝，李贵人生赞哀王协（子寻，殇王），潘淑媛生北海悼王蕤，朱淑媛生东武阳怀王鉴（黄初六年薨，青龙三年赐谥），仇昭仪生东海定王霖，徐姬生元城哀王礼，苏姬生邯郸怀王邕，张姬生清河悼王贡，宋姬生广平哀王俨。①

曹操从弟曹仁、曹纯、曹洪，曹操族子曹休、曹真等，在生前均有封侯，也颇有武功，因此死后均有谥；而仁、纯、洪、休、真的后代，或因改朝换代，未见死后有谥号者。在武帝25男中，除文帝曹丕外，18人死后有谥；在文帝9男中，除明帝外，有7人死后有谥。曹魏宗室谥号均用单字谥，武帝18个儿子的谥号均为单谥，文帝8个儿子的谥号均为单谥，谥号中多用"殇""怀""哀"等，与其早夭有关。

蜀汉宗室谥号，可见《三国志》卷三四《蜀书·二主妃子传》：

> 刘永字公寿，先主子，后主庶弟也。章武元年六月，使司徒靖立永为鲁王……咸熙元年，永东迁洛阳，拜奉车都尉，封为乡侯。
>
> 刘理字奉孝，亦后主庶弟也，与永异母。延熙七年卒，谥曰悼王。子哀王胤嗣，十九年卒。子殇王承嗣，二十年卒。

蜀汉宗室中，刘永东迁洛阳，虽封为乡侯，但未载其死后是否有谥；刘理谥为"悼"，而其子胤谥为"哀"，其孙承谥为"殇"。刘理另一个儿子刘辑在蜀汉之后东迁洛阳，虽封为乡侯，史书上也未载其谥。

从《三国志》卷五一《吴书·宗室传》中可见，孙吴宗室死后，几乎无人有谥号的记载。如孙瑜的五个儿子虽均封侯，但不见记死后谥号；都亭侯孙贲死后也无谥号记载。《三国志·吴书》中宗室死后无谥号记载，是孙吴朝廷确实没有给宗室赐谥，还是记录阙如，目前并不清楚。

2. 两晋宗室的谥号

曹魏时期对宗室严防，最后朝堂之中少有宗室支持皇权；西晋建立后吸取这一经验教训，晋武帝即位后，他意识到"宗室戚属，国之枝叶"，便恢复了分封制，封二十七个同姓王，以郡建国。武帝泰始分封时，规定

---

① 《三国志》卷二〇《魏书·武文世王公传》，第590页。

封诸王以郡为国。"邑二万户为大国，置上下中下三军，兵五千人；邑万户为次国，置上军下军，兵三千人；五千户为小国，置一军，兵千五百人。"① 晋武帝制定的王国置军制度，将封国分为大、次、小三等，不同级别可置不同数目的军，但各王无地方行政权。后来又让诸王出任地方都督，诸王多少有了行政权力，又有了数量可观的军队。之后不断扩大宗室诸王的权力。诸王可自行选用国中文武官员，收取封国的租税，如此一来，多位同姓王掌握了封国的军政大权。诸王生前在封地上拥有行政和军事权力，死后也有优礼。

西晋宗室的记载分见于《晋书》卷三七、三八、五九、六四各传中，《晋书》卷三七《宗室传》载安平献王孚、彭城穆王权、高密文献王泰、范阳康王绥、济南惠王遂、谯刚王逊、高阳王睦、任城景王陵八王，此八王为西晋宣帝司马懿之弟及其子、孙，可以看到除高阳王睦以外的七个始藩王均有谥；二藩王中无谥比例稍大于始藩王，但大多数均有谥，三藩王谥号取得更趋复杂，与当朝皇帝的亲疏、自身官职权势、是否早夭、国除，都直接影响其谥号的取得。

《晋书》卷三八《宣五王、文六王传》中记载了宣帝、文帝子孙的谥号，宣五王、文六王中，除平原王榦及清惠亭侯京及其子孙无谥外，其余各始藩王及二藩王基本上均有谥号。其间逢有永嘉之乱，皇室子孙境遇各不相同，有不知所终或没入于北方石勒者，多无谥号。

《晋书》卷五九《汝南王等传》中记载各王及其子孙谥号的情况，参与八王之乱的赵王伦、河间王颙无谥，汝南王亮及其子矩一支三代有谥，其余各子无谥；齐王冏、东海王越死后仍有谥。

《晋书》卷六四《武十三王传》记载了武帝子孙的谥号情况。武帝二十六男中，杨元后生毗陵悼王轨、惠帝、秦献王柬。其中，毗陵悼王轨字正则，初拜骑都尉，年二岁而夭。太康十年，追加封谥。秦献王柬字弘度元康元年薨，时年三十。葬礼如齐献文王攸故事，庙设轩悬之乐。无子，以淮南王允子郁为嗣，与允俱被害。永宁二年，追谥曰悼。审美人生城阳怀王景、楚隐王玮、长沙厉王乂。徐才人生城阳殇王宪。匮才人生东海冲

---

① 《晋书》卷一四《地理志·总叙》，第414页。

王祇。赵才人生始平哀王裕。赵美人生代哀王演。李夫人生淮南忠壮王允、吴孝王晏（长子不显名、祥、邺、固、衍无谥）。严保林生新都怀王该。陈美人生清河康王遐（四子覃、钥、铨、端无谥）。诸姬生汝阴哀王谟。王才人生孝怀帝。杨悼后生渤海殇王恢（渤海殇王恢字思度，太康五年薨，时年二岁，追加封谥）。其余八子不显母氏，并早夭，又无封国及追谥。[1] 以上晋武帝十三王均有谥号。

《晋书》卷五九中载了参与八王之乱的武帝之子楚王玮，死后谥为隐；长沙王乂，死后谥为厉；此二人谥号为恶谥。成都王颖，死后改葬于洛阳，怀帝加以县王礼，但无谥；永嘉中，立东莱王蕤子遵为颖嗣，封华容县王。后没于贼，国除。

《晋书》卷六四还记载了元帝四王和简文帝七子及其子孙谥号的情况，[2] 其中元帝四王均有谥，而简文七子中只有会稽世子、临川王郁及会稽文孝王道子有谥，其余各子皆早夭无谥。在以上宗室诸王的谥号中，多数为单字谥。

3. 刘宋宗室的谥号

《宋书》卷五一《宗室传》中记载了长沙王、临川王和营浦侯三人及其子孙的谥号：

长沙景王道怜，道怜六子：义欣（谥曰成王）、义融（谥曰恭侯）、义宗（谥曰惠侯）、义宾（谥曰肃侯）、义綦（谥曰僖侯）、悼王瑾

临川烈武王道规　义庆（谥曰康王）、哀王烨

营浦侯遵考（谥曰元公）[3]

在长沙王一支中，死后均有谥号，且均为单谥；临川王道规一支中，道规谥为"烈武"为双字谥，而其子孙为单字谥；营浦侯遵考谥曰元公，

---

[1] 《晋书》卷六四《武十三王传》，第1719—1725页。
[2] 《晋书》卷六四《元四王、简文三子传》，第1725—1732页。
[3] 《宋书》卷五一《宗室传》，第1464—1483页。

也为单字谥，谥号书写时，均为"谥字+爵号"。

  武帝三王：庐陵孝献王义真　绍（无谥载）、敬先（谥曰恭王）、舆（无谥载）、德（无谥载）、皓（谥曰元王）
  江夏文献王义恭　朗、睿（谥曰宣王）、绥、韶（谥曰烈侯）、坦（平都怀侯）、元谅（江安愍侯）、元粹（兴平悼侯）、元仁、元方、元旒、元淑、元胤①、伯禽（谥曰哀世子，改谥曰愍）、仲容（殇侯）、叔子（殇侯）、叔宝
  衡阳文王义季　嶷（恭王）、伯道（无谥载）②

  武帝三王中，义真谥为孝献，义恭谥为文献，均为双字谥，谥号书写时，均为"谥字+爵号"；义季谥为文，为单字谥。义真5个子孙中只有2人有谥；而义恭16个子孙中，只有8人有谥，均为单字谥。另外在此卷中还提及临澧忠侯袭、巴东郡开国忠烈公元景、始兴郡开国襄公庆之、洮阳县开国肃侯惎，四人死后均有谥。

  武二王：彭城王义康，允、肱、珣、昭、方、昙辩（无谥载）
  南郡王义宣：恺（谥曰悼侯）、悰、恢、憬、悛、恔、惇、慆、伯实、业、悉达、法导、僧喜、慧正、慧知、明弥房、妙觉、宝明（无谥载）③

  在彭城王义康一支中，均无谥载；而在南郡王义宣一支中，独恺谥曰悼侯，其余无谥。
  在文帝九王中，④除晋熙王昶、始安王休仁无谥号外，其余皆有谥

---

① 元仁、元方、元旒、元淑、元胤与朗等凡十二人，并为刘劭所杀，史书中未留下谥号。
② 《宋书》卷六一《武三王传》，第1633—1653页。
③ 《宋书》卷六八《武二王传·彭城王义康、南郡王义宣》，第1807页。
④ 《宋书》卷七二《文九王传》，第1855—1882页。

号,①但在第二代中,除简平王铄的两个儿子敬猷、敬渊延后有谥外,其余诸人未见有谥。另有文帝五王,竟陵王诞、庐江王祎、武昌王浑、海陵王休茂、桂阳王休范所死非常,均无谥号。②

而在孝武帝二十八个儿子中,除废帝外,二十七子只有始平王子鸾、齐王子羽、晋陵王子云、南海王子师和淮阳王子霄,分别被追谥为孝敬、敬、孝、哀、思。③前废帝嫉妒子鸾有宠于孝武帝,即位之后遣使赐子鸾死。直到太宗明皇帝刘彧即位,才追赠官职、王爵及谥号:

> 太宗即位,诏曰:"夫纾冤申痛,虽往必追,缘情恻爱,感事弥远。故使持节、都督南徐州诸军事、抚军将军、南徐州刺史新安王子鸾,凤表成器,蚤延殊宠,方树美业,克光蕃维。而凶心肆忌,奄罹横祸,兴言永伤,有兼常怀,宜旍夭秀,以雪沈魂。可赠使持节、侍中、都督南徐兖二州诸军事、司徒、南徐州刺史,王如故。第十二皇女、第二十二皇子子师,俱婴谬酷,有增酸悼,皇女可赠县公主,子师复先封为南海王,并加徽谥。"④

南海王子师与始平王子鸾同时被追赠谥号;淮阳王子思,"大明五年生,八年薨,追加封谥"。而在明帝十二个儿子中,除后废帝外,十一子中只有邵陵王友谥为殇。⑤

刘宋前期,出镇方面的宗王,都可以"领兵置佐",招募勇士,结成腹心,宗王拥有很强的实力,诸王生前死后还能得到较好的礼遇。但当异姓势力翦除,宗王已羽翼渐丰,帝王开始猜忌宗王,对宗王作了更多限制,元凶刘劭、孝武、前废帝、明帝朝时,屠戮宗王、削弱方镇、限制宗室诸王的权力。赵翼《廿二史札记》卷一一《宋子孙屠戮之惨》中统计了"宋武九子,四十余孙,六七十曾孙,死于非命者,十之七八,且无一有后

---

① 元嘉二十九年,新野王夷父薨,时年六岁。太宗泰始五年,追加封谥。
② 《宋书》卷七九《文五王传》,第2025—2045页。
③ 《宋书》卷八〇《孝武十四王传》,第2057—2070页。
④ 《宋书》卷八〇《孝武十四王传》,第2065页。
⑤ 《宋书》卷九〇《明帝四王传》,第2237页。

于世者",多数死于非难的宗室诸王没有谥号。

4. 南齐宗室的谥号

萧道成建立南齐后,并没有吸取刘宋宗室内乱的教训,南齐宗室围绕皇权争夺所展开的宗室内乱从未停止,内部自相屠戮与刘宋相比尤过之,死于内部杀戮的宗室,除特殊的礼遇追谥,几无谥号。

萧道成的从兄、从子弟获谥情况如下:

> 衡阳元王道度,太祖长兄也。卒于宋世。建元二年,追加封谥。
>
> 始安贞王道生字孝伯,太祖次兄也。建元元年,追封谥。建武元年,追尊为景皇,妃江氏为后。生子凤、高宗、安陆昭王缅。凤字景慈,官至正员郎。谥靖世子。
>
> 遥欣字重晖。永元元年卒,赠侍中、司空,谥康公。葬用王礼。遥昌,谥宪公。
>
> 安陆昭王缅字景业,赠侍中、卫将军,持节、都督、刺史如故。给鼓吹一部。谥昭侯。① 建武元年,赠侍中、司徒、安陆王,邑二千户。
>
> 萧景先,太祖从子。可赠侍中、征北将军、南徐州刺史。给鼓吹一部。假节、侯如故。谥曰忠侯。
>
> 萧赤斧,太祖从祖弟也。诏赙钱五万,上材一具,布百匹,蜡二百斤。追赠金紫光禄大夫。谥曰懿伯。
>
> 萧颖胄,梁天监元年,诏曰:依晋王导、齐豫章王故事,可悉给。谥曰献武。②

衡阳元王、始安贞王卒于刘宋朝,他们的谥号为追封;其余各人均有谥号。

南齐太祖高帝萧道成有十九子,昭皇后生武帝、豫章文献王嶷;谢贵嫔生临川献王映、长沙威王晃;罗太妃生武陵昭王晔;任太妃生安成恭王

---

① 《南齐书》卷四五《衡阳元王道度传》,第787页。
② 《南齐书》卷三八《萧景先、萧赤斧传》,第661—665页。

暠；陆修仪生鄱阳王锵、晋熙王铼；袁修容生桂阳王铄；何太妃生始兴简王鉴、宜都王铿；区贵人生衡阳王钧；张淑妃生江夏王锋、河东王铉；李美人生南平王锐；第九、第十三、第十四、第十七皇子早亡。衡阳王钧出继元王后。① 其中，仅六王有谥。

世祖武帝萧赜二十三子中，除文惠太子外，只有竟陵王萧子良有谥"文宣"。② 这与齐武帝死后南齐的政局紧密相连。萧鸾废黜萧昭业后，改立海陵王萧昭文为帝，实际权柄落入萧鸾之手。萧鸾为树立根本，借助典签之手大肆诛杀高、武子孙，《南史·齐武帝诸子传》载"及明帝诛异己者，诸王见害，悉典签所杀，竟无一人相抗"，诸王被杀后，几无谥号。文惠太子四个儿子中只有海陵王昭文获得了谥号"恭"。③

明帝十一个儿子中只有巴陵王宝义获得了谥号"隐"。④ 齐明帝在位五年，专事屠杀，王室方镇间不断倾轧与残杀。他死后，大权旁落到宗室萧衍手中。中兴二年（502）二月三日，萧衍宣布齐明帝萧鸾的侄儿、湘东王萧宝晊谋反，将他及其两个弟弟江陵公萧宝览、汝南公萧宝宏兄弟三人诛杀。三月十三日，萧衍又下令将萧宝融的三个弟弟邵陵王萧宝攸、晋熙王萧宝嵩、桂阳王萧宝贞处死，他们死后均无谥。

5. 萧梁宗室的谥号

萧梁建立者萧衍也是齐明帝屠杀宗室的受害者，梁朝建立后，为避免蹈宋齐覆辙，梁武帝实行了宽容宗室的政策，"蕃屏懿亲，至于戚枝，咸被任遇"⑤，宗室死后也多赠礼遇殊荣。《梁书》卷二二《太祖五王》载太祖十男：

> 张皇后生长沙宣武王懿、永阳昭王敷、高祖、衡阳宣王畅。李太妃生桂阳简王融。懿及融，齐永元中为东昏所害；敷、畅，建武中卒；高祖践阼，并追封郡王。陈太妃生临川靖惠王宏，南平元襄王

---

① 《南齐书》卷三五《高帝十二王传》，第621页。
② 《南齐书》卷四〇《武十七王传》，第691页。
③ 《南齐书》卷五〇《文二王传》，第861页。
④ 《南齐书》卷五〇《明七王传》，第862页。
⑤ 《南史》卷五二《萧晔传》，第1304页。

伟。吴太妃生安成康王秀，始兴忠武王憺。费太妃生鄱阳忠烈王恢。①

其中，临川靖惠王宏字宣达，萧顺之第六子，萧衍之弟。《南史》载其"无佗量能，恣意聚敛"，被北魏军队大败于洛口，又爱财如命，沉湎声色；参与谋杀梁武帝行动。普通七年四月卒，梁武帝下诏赠官赐谥：

"侍中、太尉临川王宏，器宇冲贵，雅量弘通。爰初弱龄，行彰素履；逮于应务，嘉猷载缉。自皇业启基，地惟介弟，久司神甸，历位台阶，论道登朝，物无异议。朕友于之至，家国兼情，方弘燮赞，仪刑列辟。天不憖遗，奄焉不永，哀痛抽切，震恸于厥心。宜增峻礼秩，式昭懋典。可赠侍中、大将军、扬州牧、假黄钺，王如故。并给羽葆鼓吹一部，增班剑为六十人。给温明秘器，敛以衮服。谥曰靖惠。"宏性宽和笃厚，在州二十余年，未尝以吏事按郡县，时称其长者。②

《梁书》本传中萧宏被塑造成宽和笃厚的长者，在梁武帝的诏书中其生前行迹"行彰素履""嘉猷载辑"，获得"靖惠"美谥。在位于今南京市仙林大学城学则路地铁站南的萧宏墓神道西侧，保存石柱一根，柱额刻有"梁故假黄钺侍中大将军扬州牧临川靖惠王之神道"21字③，即记萧宏死后赠官赐谥。

宏子十许人，可知者七人：正仁，正义，正德，正则，正立，正表，正信。其世子正仁，为吴兴太守，有治能。天监十年，卒，谥曰哀世子。后以正立为世子，正立表让正义为世子。正立后死后谥为"敏"。萧正立墓位于今南京江宁区刘家边，在墓前神道北石柱额题："梁故侍中左卫将军建安敏侯之神道"，可知正立死后赠官及赠谥。

安成康王秀字彦达，太祖第七子：

---

① 《梁书》卷二二《太祖五王传》，第339页。
② 《梁书》卷二二《太祖五王传·临川靖惠王宏》，第341页。
③ 萧宏、萧正立、萧秀、萧景、萧憺、萧绩等人墓前石柱、石碑等，见江苏省不可移动文物数据库，不再一一出注。

> 普通十六年，迁使持节、都督雍梁南北秦四州郢州之竟陵司州之随郡诸军事、镇北将军、宁蛮校尉、雍州刺史，便道之镇。十七年春，行至竟陵之石梵，薨，时年四十四。高祖闻之，甚痛悼焉。遣皇子南康王绩缘道迎候。初，秀之西也，郢州民相送出境，闻其疾，百姓商贾咸为请命。既薨，四州民裂裳为白帽，哀哭以迎送之。雍州蛮迎秀，闻薨，祭哭而去。丧至京师，高祖使使册赠侍中、司空，谥曰康。①

《史记正义·谥法解》中"康"有4解："渊源流通曰康、温柔好乐曰康、安乐抚民曰康、合民安乐曰康"；《逸周书》有3解："温柔好乐曰康、安乐抚民曰康、令民安乐曰康"；苏洵《谥法》有2解"抚民安乐曰康、温良好乐曰康"。安城王萧秀在郢州、雍州等四州颇受民众爱戴，谥字"康"符合"安乐抚民"之意。在位于今南京市栖霞区甘家巷小学内的萧秀墓前，有一对石碑，东碑碑额存"□□散□常侍司空安成康王□碑"，西碑额书"梁故散骑常侍司空安成康王之□"。

天监二年，萧机除安成国世子。普通元年，袭封安成郡王：

> 三年，迁持节、督湘衡桂三州诸军事、宁远将军、湘州刺史。大通二年，薨于州，时年三十。机美姿容，善吐纳。家既多书，博学强记；然而好弄，尚力，远士子，近小人。为州专意聚敛，无治绩，频被案劾。及将葬，有司请谥，高祖诏曰："王好内怠政，可谥曰炀。"所著诗赋数千言，世祖集而序之。

萧机死后，梁武帝亲定"王好内怠政，可谥曰炀"，是很罕见的恶谥，这与他本传中所记生前"好弄，尚力，远士子，近小人。为州专意聚敛，无治绩，频被案劾"的行迹相符合。

南平元襄王伟字文达，太祖第八子也：

---

① 《梁书》卷二二《太祖五王传·安成康王秀》，第341页。

中大通四年，迁中书令、大司马。五年，薨，时年五十八。诏敛以衮冕，给东园秘器。又诏曰："旌德纪功，前王令典；慎终追远，列代通规。故侍中、中书令、大司马南平王伟，器宇宏旷，鉴识弘简。爰在弱龄，清风载穆，翼佐草昧，勋高樊、沔，契阔艰难，劬劳任寄。及赞务论道，弘兹衮职。奄焉薨逝，朕用震恸于厥心。宜隆宠命，式昭茂典。可赠侍中、太宰，王如故。给羽葆鼓吹一部，并班剑四十人。谥曰元襄。"

在赠赐给南平王伟官、谥的诏书中，前一段追溯了萧伟生前的治绩，"勋高樊、沔，契阔艰难，劬劳任寄"，赐谥"元襄"。《逸周书·谥法解》有"能思辩众曰元""行义说民曰元""始建国都曰元""主义行德曰元"，《史记正义·谥法解》与此相同。《史记正义·谥法解》有"辟地有德曰襄、甲胄有劳曰襄"。

萧伟有四子：恪，恭，虔，祗。其中：

恭字敬范……先高祖以雍为边镇，运数州之粟，以实储仓，恭后多取官米，赡给私宅，为荆州刺史庐陵王所启，由是免官削爵，数年竟不叙用。侯景乱，卒于城中，时年五十二。诏特复本封。世祖追赠侍中、左卫将军。谥曰僖。

恭生前在州取官米给私宅，由是免官削爵，侯景之乱时死于城中无谥。直至世祖时才得以追谥为"僖"。《逸周书·谥法解》中无此谥字，《史记正义·谥法解》云"小心畏忌曰僖"。

鄱阳忠烈王恢字弘达，太祖第九子：

高祖义兵至，恢于新林奉迎，以为辅国将军。时三吴多乱，高祖命出顿破岗。建康平，还为冠军将军、右卫将军。天监元年，为侍中、前将军、领石头戍军事。封鄱阳郡王，食邑二千户。……四年，改授都督郢司二州诸军事、后将军、郢州刺史，持节如故。义兵初，郢城内疾疫死者甚多，不及藏殡，及恢下车，遽命埋掩。又遣四使巡

第四章 魏晋南北朝时期太子、宗室、外戚谥法

行州部，境内大治……普通五年，进号骠骑大将军。七年九月，薨于州，时年五十一。诏曰："故使持节、散骑常侍、都督荆湘雍梁益宁南北秦八州诸军事、骠骑大将军、开府仪同三司、荆州刺史鄱阳王恢，风度开朗，器情凝质。爰在弱岁，美誉克宣，洎于从政，嘉猷载缉。方入正论道，弘燮台阶，奄焉薨逝，朕用伤恸于厥心。宜隆宠命，以申朝典。可赠侍中、司徒，王如故。并给班剑二十人。谥曰忠烈。"遣中书舍人刘显护丧事。①

萧恢"性通恕，轻财好施，凡历四州，所得俸禄随而散之"，在郢州刺史任上，境内大治。在赠官、赐谥的诏书中，前一部分追忆了萧恢生前的功状行迹，"美誉克宣，洎于从政，嘉猷载缉"，从而赐谥"忠烈"。《史记正义·谥法解》"危身奉上曰忠""有功安民曰烈""秉德尊业曰烈"。

梁武帝兄弟及其嗣王追谥、赐谥情况如下：

> 长沙嗣王业，谥曰元。子孝俨嗣，谥曰章。
> （梁武帝次兄）萧敷，追赠侍中、司空，封永阳郡王，谥曰昭。永阳嗣王伯游，谥曰恭。
> （梁武帝四弟）萧畅，追赠侍中、骠骑大将军、开府仪同三司。封衡阳郡王。谥曰宣。衡阳嗣王元简字熙远，谥曰孝。
> 萧融天监元年，加散骑常侍、抚军大将军，封桂阳郡王。谥曰简。
> 桂阳嗣王象字世翼，领步兵校尉。大同二年，薨，谥曰敦。②

敦，在《逸周书·谥法解》《史记正义·谥法解》中无此谥字。

---

① 《梁书》卷二二《祖五王传·鄱阳王恢》，第350页。
② 《梁书》卷二三《长沙嗣王业、永阳嗣王伯游、衡阳嗣王元简、桂阳嗣王象传》，第359—364页。

萧尚之，天监初，追谥文宣侯。萧崇之，天监初，追谥忠简侯。

萧景字子昭，高祖从父弟也。普通四年，卒于州，时年四十七。诏赠侍中、中抚军、开府仪同三司。谥曰忠。

昂字子明，景第三弟也。大同元年，卒，时年五十三。谥曰恭。

昱字子真。景第四弟也。诏赠湘州刺史。谥曰恭。①

其中，萧景，本名萧昺，因避唐高宗李渊父亲师昺的名讳，唐时修《梁书》《南史》时将"昺"改为"景"。在位于今南京市栖霞区十月村的萧景墓神道西侧，保存了石柱一根，柱额题有"梁故侍中中抚将军开府仪同三司吴平忠侯萧公之神道"23字，反书顺读，额题即记萧景死后的赠官赠谥。

始兴忠武王憺字僧达，高祖第十一子也。他历任侍中、中抚军将军、开府仪同三司、领军将军、开府。《梁书》载其死后的谥册曰："咨故侍中、司徒、骠骑将军始兴王，夫忠为令德，武谓止戈，于以用之，载在前志。王有佐命之元勋，利民之厚德，契阔二纪，始终不渝，是用方轨往贤，稽择故训，鸿各美义，允臻其极。今遣兼大鸿胪程爽，谥号忠武。魂而有灵，歆兹显号。呜呼哀哉！"②谥册以"咨"＋官职＋爵名开头，先概括了忠、武二谥字的总体含义和意义；之后总结了始兴王一生的功绩，遣兼大鸿胪程爽宣读谥号："忠武"，最后以"呜呼哀哉"语气词结尾。其墓位于今南京市栖霞区甘家巷石刻公园，墓前神道有石辟邪2个，石碑2块，石龟趺2个，其中东碑额题"梁故侍中司徒骠骑将军始兴忠武王之碑"。

其子萧暎后历给事黄门侍郎，卫尉卿，广州刺史，卒官，谥曰宽侯。③关于萧暎的谥号"宽"，《逸周书·谥法解》《史记正义·谥法解》均无此谥字和谥解。宋苏洵《谥法》卷三载"含光得众曰宽"，根据汪受宽先生辑清代《内阁鸿称册·列圣尊谥》中有"大德包蒙曰宽""御众不迫曰宽"。④《南史》校勘记云："谥曰宽侯"，张森楷《南史》校勘记："《隋

---

① 《梁书》卷二四《萧景弟昌、昂、昱传》，第367—371页。
② 《梁书》卷二二《太祖五王传·始兴忠武王憺》，第355页。
③ 《南史》卷五二《始兴忠武王憺附子萧暎传》，第1302—1303页。
④ 汪受宽：《谥法研究》，第399页。

书·经籍志》有新渝惠侯萧映赋集五十卷,当即其人,而'宽'、'惠'各异。"①

始兴忠武王憺子萧晔:

> 出为晋陵太守。美才仗气,言多激扬。常乘折角牛,穀木履,被服必于儒者。名盛海内,为宗室推重,特被简文友爱。与新渝、建安、南浦并预密宴,号东宫四友。简文日有五六使来往。晔初至郡,属旱,躬自祈祷,果获甘润。郡雀林村旧多猛兽为害,晔在政六年,此暴遂息。卒于郡。初,晔寝疾历年,官曹壅滞,有司案《谥法》"言行相违曰替",乃谥替侯。②

关于萧晔的谥字"替"及谥解"言行相违曰替",《逸周书·谥法解》《史记正义·谥法》均无此谥字和谥解。《册府元龟》卷五九五《掌礼部》中引作"有司案《谥法》言行相违曰替,乃谥曰替侯",《太平御览》卷五六二《礼仪部》引为"有司案谥法言行相违曰僭,乃谥曰僭侯"。《永乐大典常州府清抄本校注·常州府九·宦迹》校勘记二九:按宋苏洵《谥法》卷三"言行相违曰僭,自下陵上曰僭","僭"古作"朁"。《太平御览》卷五百六十二"礼仪部四十一、谥"引《南史》此条(其误引作"《梁书》"名下),两"替"字正作"僭"。③ 此则校勘记很好地解决了问题,那么本条谥解应为"言行相违曰朁(僭)",而谥字即为"朁(僭)"。

梁武帝八男:丁贵嫔生昭明太子统,太宗简文皇帝,庐陵威王续;阮修容生世祖孝元皇帝;吴淑媛生豫章王综;董淑仪生南康简王绩;丁充华生邵陵携王纶;葛修容生武陵王纪。④ 其中,南康简王绩:

---

① 《南史》卷五二《萧暎传》,第1305页。
② 《南史》卷五二《萧晔传》,第1304页。
③ 王继宗校注:《永乐大典常州府清抄本校注·常州府九·宦迹》,中华书局2016年版,第563页。
④ 《梁书》卷二九《高祖三王》,第427—437页。

> 字世谨，高祖第四子。天监八年，封南康郡王，邑二千户……十六年，征为宣毅将军、领石头戍军事。十七年，出为使持节、都督南北兖徐青冀五州诸军事、南兖州刺史，在州著称。寻有诏征还，民曹嘉乐等三百七十人诣阙上表，称绩尤异一十五条，乞留州任，优诏许之，进号北中郎将。普通四年，征为侍中、云麾将军，领石头戍军事。五年，出为使持节、都督江州诸军事、江州刺史。丁董淑仪忧，居丧过礼，高祖手诏勉之，使摄州任，固求解职，乃征授安右将军、领石头戍军事，寻加护军。羸瘵弗堪视事。大通三年，因感病薨于任，时年二十五。赠侍中、中军将军、开府仪同三司，给鼓吹一部。谥曰简。①

南康王在南兖州刺史任内，"在州著称"，"称绩尤异一十五条"，死后谥曰"简"。在位于今江苏句容狮沟村的萧绩墓神道东侧，有石柱一根，柱额阴刻"梁故侍中中军将军开府仪同三司南康简王之神道"21字，即记其死后赠官赐谥。

庐陵威王续字世欣，高祖第五子：

> 天监八年，封庐陵郡王，邑二千户。七年，加宣毅将军。中大通二年，又为使持节、都督雍梁秦沙四州诸军事、平北将军、宁蛮校尉、雍州刺史，给鼓吹一部。续多聚马仗，畜养骁雄，金帛内盈，仓廪外实……中大同二年，薨于州，时年四十四。赠司空、散骑常侍、骠骑大将军，鼓吹一部，谥曰威。②

庐陵王续生前在雍州刺史任上"多聚马仗，畜养骁雄，金帛内盈，仓廪外实"，死后谥为"威"。《逸周书·谥法解》中"威"有3解，"猛以刚果曰威""猛以强果曰威""强毅信正曰威"；《史记正义·谥法解》中"威"也有3解，"猛以刚果曰威""猛以强果曰威""强义执正曰威"，前

---

① 《梁书》卷二九《高祖三王传·南康简王》，第427页。
② 《梁书》卷二九《高祖三王传·庐陵威王》，第430—431页。

两个相同,最后一个谥解不同。

邵陵携王纶字世调,高祖第六子。在汝南与西魏的决战中:

> 纶之故吏,开城纳之。纶乃修复城池,收集士卒,将攻竟陵。魏闻之,遣大将杨忠、仪同侯几通攻破城,执纶,纶不为屈。通乃卧大鼓,使纶坐上杀之,投于江岸,经日色不变,鸟兽莫敢近。时飞雪飘零,尸横道路,周回数步,独不沾洒。旧主帅安陆人郝破敌敛之于襄阳。葬之日,黄雪雰糅,唯冢圹所独不下雪。杨忠知而悔焉,使以太牢往祭殡焉。百姓怜之,为立祠庙。岳阳王詧遣迎丧,葬于襄阳望楚山南,赠太宰,谥曰安。后元帝议追加谥,尚书左丞刘毂议,谥法"怠政交外曰携"。从之。①

邵陵王萧纶为西魏军所败而被杀,岳阳王萧詧迎丧,谥为安。《逸周书·谥法解》《史记正义·谥法解》均作"好和不争曰安"。后来梁元帝议追加谥,尚书左丞刘毂议谥"携"字。《逸周书·谥法解》"息政外交曰携",《独断·帝谥》作"怠政外交"。

《梁书》卷四四《太宗十一王、世祖二子传》记载太宗十二男:太宗王皇后生哀太子大器,南郡王大连;陈淑容生寻阳王大心;左夫人生南海王大临,安陆王大春;谢夫人生浏阳公大雅;张夫人生新兴王大庄;包昭华生西阳王大钧;范夫人生武宁王大威;褚修华生建平王大球;陈夫人生义安王大昕;朱夫人生绥建王大挚。② 这十二男在大宝二年八月被侯景杀害于建康,除太子大器谥为"哀"外,其余十一王均无谥。

6. 陈朝宗室的谥号

《陈书》卷一四《衡阳献王昌传》载:

> 衡阳献王昌字敬业,陈高祖第六子也。为西魏所执,天嘉元年三月入境,死于江中。四月庚寅,丧柩至京师,上亲出临哭。乃下诏

---

① 《南史》卷五三《邵陵携王纶传》,第1325—1326页。
② 《梁书》卷四四《太宗十一王、世祖二子传》,第613—620页。

曰："夫宠章所以嘉德，礼数所以崇亲，乃历代之通规，固前王之令典。新除使持节、散骑常侍、都督湘州诸军事、骠骑将军、湘州牧衡阳王昌，明哲在躬，珪璋早秀，孝敬内湛，聪睿外宣。梁季艰虞，宗社颠坠，西京沦覆，陷身关陇。及鼎业初基，外蕃逆命，聘问斯阻，音介莫通，眷彼机桥，将邻乌白。今者群公戮力，多难廓清，轻传入郢，无劳假道。周朝敦其继好，骖驾归来，欣此朝闻，庶欢昏定。报施徒语，曾莫辅仁，人之云亡，珍悴斯在，奄焉薨殒，倍增伤悼。津门之恸空在，恒岫之切不追，静言念之，心焉如割。宜隆懋典，以协徽猷。可赠侍中、假黄钺、都督中外诸军事、太宰、扬州牧。给东园温明秘器，九旒銮辂，黄屋左纛，武贲班剑百人，辒辌车，前后部羽葆鼓吹。葬送之仪，一依汉东平宪王、齐豫章文献王故事。仍遣大司空持节迎护丧事，大鸿胪副其羽卫，殡送所须，随由备办。"谥曰献。①

在这个诏书中，前半部分追忆了衡阳王生前所历官职、行迹功德，后记追赠衡阳王官职、给他丧礼的优待，并赐谥为"献"。

陈高祖母弟忠壮王休先，高祖受禅，追赠侍中、车骑大将军、司徒，封南康郡王，邑二千户，谥曰忠壮。

祯明三年（589）隋灭陈时，陈朝宗室多数入关，或卒于长安，或在隋任太宗县令等较低官职，《陈书》卷二八《世祖九王、高宗二十九王、后主十一子传》记载中，陈文帝13男、孝宣帝42男、后主22男均无谥号。

7. 北魏宗室的谥号

《北史》《魏书》所载北魏宗室谥号情况如下。史书记载的神元平文诸帝子孙53人中，死后有谥者仅9人。② 始藩王有谥者仅郁、孤、大头、齐4人。然而，从第一章列举的墓志来看，其中一些人在墓志中有谥号的记

---

① 《陈书》卷一四《衡阳献王昌传》，第209页。
② 诸人本传参见《北史》卷一五《魏诸宗室传》，《魏书》卷一四《神元平文诸帝子孙第二传》。

载，但史书上阙载。如元鸷，兴和三年卒后期廷在赠官的同时，赐谥曰武。

在《北史》《魏书》所载昭成子孙33人中，① 有14人没有谥号，其中始封王常山王遵、毗陵王顺、辽西公意烈或失礼或有罪而无谥号。然而墓志材料也能补其阙，如元昭墓志便称其为使持节、征西大将军、定州刺史常山简王第三子。从《魏书》中可知元昭父即陪斤，陪斤袭爵，但坐事国除，有可能后得赐谥"简"。

道武皇帝十男：宣穆刘皇后生明元皇帝，贺夫人生清河王绍，大王夫人生阳平王熙（长子他，谥曰靖王。他三子。子显，谥曰僖王。子世遵，谥曰康王。世遵弟均。长子忻之，谥曰文贞。钟葵弟笃，谥曰贞。）王夫人生河南悼王曜（长子提，太安元年薨，年四十七，谥曰成王。长子平原，太和十一年薨，赠以本官，加羽葆、鼓吹，谥曰简王。有五子，长子和为沙门，舍其子显，以爵让其次弟鉴。鉴，年四十二薨，赠卫大将军、齐州刺史，王如故，谥曰悼王。）河间王修、长乐王处文无谥。段夫人生广平王连无子无谥（继子浑，即《齐太尉中郎元府君墓志》中元洪敬之曾祖吐谷浑，谥康王。子飞龙，太和十七年薨，谥曰安王。子伯和，袭。永平三年薨，赠散骑侍郎，谥曰哀王）、京兆王黎（根，继谥曰武烈。叉，叉弟罗，罗弟爽，谥曰懿）。皇子浑及聪母氏并阙，皆早薨，无后。② 道武皇帝十男中，除明元宣帝、河南王曜谥悼外，其余八人均无赐谥。拓跋绍杀父弑君被杀身亡；拓跋熙带兵征时西部越勤，立下大功，23岁死时明元帝哀恸不已，虽赐温明祕器，但无赐谥。

明元皇帝七男：杜密皇后生世祖太武皇帝。大慕容夫人生乐平戾王丕。安定殇王弥。慕容夫人生乐安宣王范（长子良。薨，谥曰简王）。尹夫人生永昌庄王健。建宁王崇、新兴王俊二王。③ 明元皇帝七男中，只有建宁王崇和新兴王俊死后无谥。

太武皇帝十一男：贺皇后生景穆皇帝。越椒房生晋王伏罗。舒椒房生东平王翰。弗椒房生临淮宣王谭（子提，世宗时，赠雍州刺史，谥曰懿。

---

① 《魏书》卷一五《昭成子孙传》。
② 《魏书》卷一六《道武七王传》，第389页。
③ 《魏书》卷一七《明元六王传》，第413页。

提子昌，谥曰康王）。伏椒房生楚简王建（子石侯，谥曰哀王。子遗兴，谥曰定王。石侯弟嘉，谥曰懿烈。子深，庄帝追复王爵，赠司徒公，谥曰忠武。子湛，无谥）。闾左昭仪生南安隐王余。其小儿、猫儿、真、虎头、龙头并阙母氏，皆早薨。① 太武帝五王中晋王伏罗生前有战功死后无谥，东平王翰在宗爱作乱时被杀，死后无追谥，其余三王有谥。

景穆皇帝十四男：恭皇后生文成皇帝。袁椒房生阳平幽王新成（长子安寿，谥曰庄王）。尉椒房生京兆康王子推（子太兴。子惊，谥曰文。② 太兴弟遥，谥曰宣公。遥弟恒，后于河阴遇害。赠太傅、司徒公，谥曰宣穆公）。济阴惠王小新成（晖业弟昭业，谥曰文侯。子诞，谥曰静王。偃弟丽，谥曰威）。阳椒房生汝阴灵王天赐（子逞，谥曰威。天赐第五子修义，谥曰文）。乐良厉王万寿、广平殇王洛侯。孟椒房生任城康王云。刘椒房生南安惠王桢、城阳康王长寿。慕容椒房生章武敬王太洛。尉椒房生乐陵康王胡儿。孟椒房生安定靖王休。赵王深早薨，无传。③ 景穆十二王中，除赵王深早薨无谥外，其余 11 个始藩王均有谥，二藩王中有谥者占多数。

其中任城王云，太和五年，薨于州。赠以本官，谥曰康。陪葬云中之金陵。云长子澄，神龟二年薨，谥曰文宣王。第四子彝袭，谥曰文。子度世，齐受禅爵例降。彝兄师，谥文烈；子朗。顺弟淑、悲早率；纪没于关中。澄弟嵩，谥曰刚侯。第二子世隽，谥曰躁戾。子景远袭，散骑侍郎。世贤、世哲均无谥。④

南安王桢，谥曰惠。有五子。子英，谥曰献武王。攸弟熙，谥曰文庄王。熙弟诱，谥曰恭。略，谥曰文贞。

城阳康王长寿。次子鸾，谥怀王。子徽，谥曰文献。

章武敬王太洛，长子融，谥曰庄武。

乐陵康王胡儿。思誉，谥曰密王。子景略，谥曰惠王。

---

① 《魏书》卷一八《太武五王传》，第 417 页。
② 《魏书》校勘记：谥曰文：《墓志集释》《元惊墓志》（图版一〇〇）云："谥曰文靖。"《墓志》与《传》谥号不同者甚多，也有《志》载谥而《传》缺，《传》载而《志》缺。有的是先后改谥，有的是原谥不美，子孙私改，有的是后来补谥，不独《志》、《传》有异，《志》与《志》间亦常不合，很难判断是非。今后凡谥号异同有无均不出校记。
③ 《魏书》卷一九上《景穆十二王传》，第 441 页。
④ 《魏书》卷一九中《景穆十二王传·任城王》，第 461—462 页。

第四章 魏晋南北朝时期太子、宗室、外戚谥法

安定靖王。长子元安早卒，次子元恣，谥曰恭王。①

文成皇帝七男：孝元皇后生献文皇帝，李夫人生安乐厉王长乐（子诠，谥曰武康），曹夫人生广川庄王略（子谐，谥曰刚。子灵道，谥悼王②）。沮渠夫人生齐郡顺王简（子佑，谥曰敬），乙夫人生河间孝王若，悦夫人生安丰匡③王猛（子延明，谥曰文宣），玄夫人生韩哀王安平，王早薨。"墓志中记为"囯"，笔者认为墓志中的"囯"字可能更可信。

献文皇帝七男。李思皇后生孝文皇帝，封昭仪生咸阳王禧，韩贵人生赵郡灵王干（子谧，谥曰贞景。子毓，谥曰宣恭。谥兄谌，谥曰孝懿）、高阳文穆王雍，孟椒房生广陵惠王羽，潘贵人生彭城武宣王勰，高椒房生北海平王详。④其中只有咸阳王禧谋反被杀无谥。

孝文皇帝七男，包括林皇后生废太子恂，文昭皇后生宣武皇帝、广平文穆王怀⑤，袁贵人生京兆王愉，罗夫人生清河文献王怿、汝南文宣王悦，郑充华生皇子恌。⑥

在以上北魏诸朝宗室中，尤其是明元皇帝之后亲王、始藩王、始封公、侯和二藩王、公，若生前无罪或生前未被除封，死后基本上均有赐谥。《北史》《魏书》中的谥号记载并不全面，墓志中保留了很多元魏宗室的姓名、生平，这些能补充史籍所阙。

不过，还有很多的元魏宗室死后虽有赠官却无赐谥，他们大都已是疏族，且自身的官职不高。如魏故安东将军光州刺史元使君礼之，追赠使持节安东将军光州刺史；魏故镇军将军豫州刺史元使君子永，追赠使持节镇

---

① 《魏书》卷一九下《景穆十二王传》，第493页。
② 《魏书》校勘记："子灵道袭卒谥悼王"，《墓志集释》《元焕墓志》（图版一六一之二）"灵道"作"灵遵"，这里"道"字当是"遵"形近而讹。又"悼王"作"哀王"，诸墓志谥号不但常与史异，而且志与志也有不同，未必定是传误。
③ 关于"囯"字，《魏徐州琅耶郡临沂县都乡南仁里通直散骑常侍王诵妻元（贵妃）氏志铭（熙平二年八月廿日）》："祖高宗文成皇帝。父侍中太尉安丰囯王。主名贵妃，河南洛阳人也。年廿九，岁次丁酉二月壬辰朔十四日乙巳亡于洛阳之学里宅。"
④ 《魏书》卷二一上《献文六王传》，第533页。
⑤ 《魏书》校勘记："广平文穆王怀"，卷一一《出帝纪》作"广平武穆王"。《墓志集释》《元怀墓志》（图版一九三）称"谥曰武穆"。《集释》卷四历据元悌（图版一九四）、元海（一九五）、元灵耀（一〇九）、元夫人赵光（六四）诸墓志及《洛阳伽蓝记》卷二平等寺条、《金石录》卷二一范阳王碑跋，证传作"文穆"应是"武穆"之误。
⑥ 《魏书》卷二二《孝文五王传》，第587页。

军将军豫州刺史；魏故使持节征东将军青州刺史元君道明，卒于河阴銮驾之右，礼赗有加，诏赠使持节征东将军青州刺史；魏故使持节侍中太尉公尚书令骠骑大将军都督雍华岐三州诸军事雍州刺史东海王顼，有诏追赠使持节侍中太尉公尚书令骠骑大将军都督雍华岐三州诸军事雍州刺史，王如故；魏故北海王颢；魏故使持节假车骑将军都督晋建南汾三州诸军事镇西将军晋州刺史大都督节度诸军事兼尚书左仆射西北道大行台平阳县开国子元恭；魏故司空府参军事元馗，蒙赠使持节都督徐州诸军事辅国将军徐州刺史；魏故使持节中司徒公鲁郡王肃，诏赠侍中骠骑大将军司徒公，都督并恒二州诸军事并州刺史，王如故；魏故使持节都督泾岐秦三州诸军事卫大将军秦州刺史尚书左仆射元爽，追加礼秩；魏故安西将军凉州刺史元维；大魏丞相江阳王继，赠使持节丞相都督雍泾岐华四州诸军事大将军雍州刺史印绶，侍中、王如故；魏故员外散骑侍郎元恩；魏故平南将军太中大夫玡等，他们多死于北魏末年，死后多有追赠官职，但没有追赠谥号。

元氏宗族在东魏北齐时，很多进入到新政权中担任官职。天保元年（562）五月，文宣帝高洋以受禅的方式即皇帝位，建立北齐。然而，高洋仍害怕元氏复兴，在天保二年十二月鸩杀孝静帝及其三子。到天保十年（571）五月，高洋与北魏宗室元韶论光武中兴，认为刘秀得以复兴汉朝在于王莽"诛诸刘不尽"，并以此与北齐政权类比，由此开始大肆杀戮北魏宗室元世哲、景式等二十五家，其余十九家并禁止。元韶也被幽禁于京畿地牢，绝食而死。《北齐书·元韶传》载"及七月，大诛元氏，自昭成已下并无遗焉。或父祖为王，或身常贵显，或兄弟强壮，皆斩东市。其婴儿投于空中，承之以矟。前后死者凡七百二十一人，悉投尸漳水，剖鱼多得爪甲，都下为之久不食鱼。"在这三轮屠戮中死去的元氏宗族，几无谥号。

8. 北齐宗室的谥号

《北齐书》卷一〇《高祖十一王传》载：

> 神武皇帝十五男：武明娄皇后生文襄皇帝、文宣皇帝、孝昭皇帝、襄城景王淯、武成皇帝、博陵文简王济，王氏生永安简平王浚，穆氏生平阳靖翼王淹，大尔朱氏生彭城景思王浟、华山王凝，韩氏生

上党刚肃王涣，小尔朱氏生任城王湝，游氏生高阳康穆王湜，郑氏生冯翊王润，冯氏生汉阳敬怀王洽。①

在神武皇帝15个儿子中，4个皇帝除外，另外11个儿子中，8个儿子有谥，而且7个是双字谥，只有襄城王的谥为"景"；华山王凝、任城王湝、冯翊王润3人无谥。任城王被俘至长安与后主同死无谥，华山王生前历位中书令、齐州刺史、加太傅，死后只有赠官而无赐谥。

关于高涣，其墓志在河北临漳出土：

> 王讳涣，字敬寿，勃海蓨人也。太祖献武皇帝之第七子也……春秋廿六，以天保十年六月廿七日薨于邺第。南龟卜远，北邙有日，诏赠使持节都督豫齐梁信胶光六州诸军事司空公豫州刺史，谥曰刚肃王，礼也。以乾明元年岁次庚辰四月壬午朔十六日丁酉，窆于釜水之阳，去邺四十二里。②

对照《北齐书》高涣本传及《高涣墓志》，可确认高涣实为高洋所杀。③ 高涣卒年，《北齐书》卷四《文宣帝纪》载"是年（天保九年），杀永安王浚、上党王涣"，而墓志载死于天保十年六月廿七日，卒年时间上有分歧。实际上《北齐书》卷一〇《永安简平王浚传》载高浚天保九年遇害，可证高涣的卒年为天保九年。《北齐书》高涣本传云"乾明元年，收二王余骨葬之，赠司空，谥曰刚肃"，可知赠官及赠谥均为废帝高殷所为。

《齐故假黄钺太师太尉彭城王墓志之铭》载彭城王高浟：

> 以河清三年岁次甲申三月己未朔，薨于邺都邸舍，春秋卅二。诏赠使持节、假黄钺、太师、太尉、录尚书事、都督冀定沧瀛幽朔怀建

---

① 《北齐书》卷一〇《高祖十一王传》，第131页。
② 王连龙：《新见北朝墓志集释》，第148—150页。
③ 王连龙对高涣被杀的原因及高涣生平有详细研究，参见王连龙《新见北朝墓志集释》，第148—154页。

青齐济兖十二州诸军事、冀州刺史,谥曰景思,礼也。①

墓志所载赠官比本传记载更为详细,本传载其死后朝廷赠假黄钺、太师、太尉、录尚书事,墓志所载赠谥"景思"与本传相同。

第八子高淯,其墓志载:

> 王讳淯,字修延,勃海修人也。太祖献武皇帝之第八子,世宗文襄皇帝之母弟也……以天保二年三月二日薨于晋阳,时年十六。运远时来,茔陵改卜,崇申宠命,允穆旧章。诏赠使持节假黄钺太师太尉录尚书事都督定沧瀛幽宁朔怀建济兖十州诸军事定州刺史,谥曰景烈王。载以辒辌车。以乾明元年岁次庚辰四月壬午朔十六日丁酉措于邺城西北廿八里。

高淯墓志无志题,墓志正文载其生前历官及行迹,之后详细记录赠官和赐谥。不过,墓志中载其谥号为"景烈",而本传载其谥号为"景"。

第十一子高湜,其墓志中的谥号"康穆"与《北齐书》本传中的谥号相符合。

高润,神武第十四子。《北齐书》本传中只载其死后"赠假黄钺、左丞相",未载其赠谥。出土于河北省磁县东槐树村的《齐故侍中假黄钺左丞相文昭王墓忠铭》载其死后"谥曰文昭为,礼也",可补本传之阙。② 由此推测华山王高凝可能死后也有赐谥。

《北齐书·文襄六王传》载:

> 文襄六男:文敬元皇后生河间王孝琬,宋氏生河南康舒王孝瑜,王氏生广宁王孝珩,兰陵武王长恭,陈氏生安德王延宗,燕氏生渔阳王绍信。③

---

① 叶炜、刘秀峰主编:《墨香阁藏北朝墓志》,第250—251页。
② 高润墓及其墓志铭,参见磁县文化馆《河北磁县北齐高润墓》,《考古》1979年第3期。
③ 《北齐书》卷一一《文襄六王传》,第143页。

第四章　魏晋南北朝时期太子、宗室、外戚谥法

在文襄王六个儿子中，只有河南王和兰陵王死后取得了谥号。《北史》《北齐书》本传载兰陵王死后谥"武"，然位于磁县城南申家庄乡刘庄村东的高肃（长恭）墓前的墓碑，碑阳圭首题额有"齐故假黄钺太师太尉公兰陵忠武王碑"16字，可知兰陵王高肃（长恭）的谥号为"忠武"。

文宣帝有五男，分别为李后生废帝及太原王绍德，冯世妇生范阳王绍义，裴嫔生西河王绍仁，颜嫔生陇西王绍廉。① 四王本传均未载其谥号。

孝昭帝有七男，分别为元皇后生乐陵王百年、桑氏生襄城王亮、诸姬生汝南王彦理、始平王彦德、城阳王彦基、定阳王彦康、汝阳王彦忠，本传皆未载其谥号。乐陵王高百年，在孝昭帝即位于晋阳时立为太子；武成帝立，改封为乐陵王，河清三年被杀。② 在其《墓志铭》中，载其"谥曰良怀王"，然而此五字的刻写在"铭曰"后一格下，与上下文不连，刻写位置也不在一般墓志刻写谥号之处，为补刻。罗振玉《雪堂金石文字跋尾》："志称'谥曰良怀王'，传所不载，亦不知谥于何时也。"整体从此方墓志文字结构和刻写流畅度看，"谥曰良怀王"与其他字的字体、运笔相同，可以推测高百年的谥号应为在原墓志已刻写准备好、下葬前，朝廷颁赐后补刻进墓志中。与之相类似的还可见其妻乐陵王妃斛律氏的墓志铭，其中"谥曰良戴妃"也刻写在"铭曰"其下，其上下文没有牵连。

武成帝有十三男，分别为胡皇后生后主及琅邪王俨（赠谥曰楚恭哀帝），李夫人生南阳王绰，后宫生齐安王廓、北平王贞、高平王仁英、淮南王仁光、西河王仁几、乐平王仁邕、颍川王仁俭、安乐王仁雅、丹阳王仁直、东海王仁谦。③ 自琅邪王俨死后，武成诸子被严密监视起来，北齐灭亡后，多与后主徙于长安，均无谥。

后主有五男，分别为穆皇后生幼主，诸姬生东平王恪，次善德，次买

---

① 《北齐书》卷一二《文宣四王传》，第156页。
② 《北史》卷五二《齐宗室诸王下传》，第1886页。关于高百年被杀时间，《北齐书·武成帝纪》载为河清三年六月之后，同书《乐陵王百年传》载在河清三年五月之后，缪荃孙、罗振玉各有考证，辛德勇认为百年墓志上奇特的纪年形式，"倒更像是术士为高湛预设的压胜手段"。详见辛德勇《石室滕言》，中华书局2014年版，第235—278页。
③ 《北齐书》卷一二《武成十二王传》，第159页。

德、次质钱。① 北齐灭亡后，周武帝以任城王以下大小三十王归长安，皆有封爵。其后不从戮者散配西土，皆死边，无谥。

9. 北周宗室的谥号

文闵明武宣帝诸子的谥号见于《周书》卷一三各本传：

> 文帝十三子。姚夫人生世宗，后官生宋献公震，文元皇后生孝闵皇帝，文宣皇后叱奴氏生高祖、卫剌王直（子贺、贡、塞、响、贾、秘、津、乾理、乾璹、乾悰无谥），达步干妃生齐王宪，王姬生赵僭王招，后官生谯孝王俭、陈惑王纯、越野王盛、代奰王达、冀康公通、滕闻王逌。齐炀王宪，宣帝嗣位，以宪属尊望重，深忌惮之。乃缢之。宪六子，贵、质、賨、贡、乾禧、乾洽（均无谥）。②

> 孝闵帝一男。陆夫人生纪厉王康。

> 明帝三男。徐妃生毕剌王贤，后官生酆王贞、宋王寔。

> 武帝生七男。李皇后生宣帝、汉王赞，厍汗姬生秦王贽、曹王允，冯姬生道王充，薛世妇生蔡王兑，郑姬生荆王元。

> 宣帝三子。朱皇后生静皇帝，王姬生邺王衍，皇甫姬生郢王术。③

从上面的资料可以看到，文帝13子中，除世宗明帝、孝闵皇帝、高祖武帝外的10子均有谥号，谥字有"献""剌""僭""孝""惑""野""奰""康""闻""炀"，绝大多数谥字为恶谥。孝闵帝儿子纪王康谥为"厉"，明帝一子毕王贤谥为"剌"，也均为恶谥。这一情况与杨坚为代周建隋而杀北周宇文宗室的政治事件息息相关。大象二年（580），为剪除宇文氏中流砥柱，巩固自己的势力，杨坚陆续杀宇文泰五子，即赵陈越代滕五王，这五王死后均得恶谥，为赵僭王招、陈惑王纯、越野王盛、代奰王达、滕闻王逌。关于《周书》所载文帝五王恶谥，在《史纠》中，明末史家朱明镐曾提出疑问：

---

① 《北齐书》卷一二《后主五男传》，第165页。
② 《周书》卷一二《齐炀王宪传》，第187页。
③ 《周书》卷一三《文闵明武宣诸子》，第208页。

> 周氏诸王间不乏贤，代王不迩声色，滕越俱能文章，或谥以僭，或谥以奰，或谥以惑，或谥以野，累累恶谥，皆隋志也。出于隋志而登之《周书》，史官不加一辞焉，载事之笔，焉用彼为？①

其中的"僭"字，《逸周书·谥法解》《史记正义·谥法》中无此字及谥解，但是，上引萧梁宗室始兴忠武王憺的儿子萧晔谥号为"言行相违曰替（晋，僭）"，由此我们推测包含"僭"字及其谥解的文献在南北朝均有流行并运用于礼法实践中。苏洵《谥法》中"僭"有二解，即"言行相违曰僭""自下陵上曰僭"。关于赵王宇文招，《周书》卷一三本传载其"幼聪颖，博涉群书，好属文。学庾信体，词多轻艳……招所著文集十卷，行于世"。《隋书·经籍志》载"赵王集八卷"，《新唐书·艺文志》载"北周有《赵平王集》十卷"，宇文招与其子同死之后国除，因此《隋书》《新唐书》和《周书》中的赵王即为一人。"平"，《逸周书·谥法解》《史记正义·谥法解》有三解，均为"治而无眚曰平，执事有制曰平，布纲治纪曰平"，与"僭"相比，"平"可以算作美谥了。由此可见，赵王宇文护后有"僭""平"一恶一美谥号。

《逸周书·谥法解》《史记正义·谥法解》中没有"野"字谥及其谥解，苏洵《谥法》中有"质胜其文曰野""敬而不中礼曰野"。关于"惑"，《史记正义·谥法解》中有"满志多穷曰惑"。关于"奰"，《逸周书·谥法解》《独断·帝谥》等中没有此字及其谥解。《说文解字》"壮大也。从三大三目。二目为䀠，三目为奰，益大也。一曰迫也。读若《易》虙羲氏。《诗》曰：不醉而怒谓之奰"。此处"《诗》曰"，实为诗经毛传曰。《诗经·大雅·荡》有"内奰于中国，覃及鬼方"，毛传云"奰，怒也。不醉而怒曰奰"。

关于文帝宇文泰第十五子"滕闻王逌"，《隋书·经籍志》载后周《滕简王集》八卷，《新唐书·艺文志》、《通志·艺文略》载后周《滕简王集》十二卷。《册府元龟》卷二七〇《宗室部·文学》载："滕简王逌，

---

① （明）朱明镐：《史纠》，载文渊阁《四库全书》，台北商务印书馆1986年版，第688册，第487页。

文帝次子也，少好经史解属文，所著文集，颇行于世。"宇文逌及其儿子均遭杨坚害死，国除，因此此处所载"滕简王"应即《周书》中的"滕闻王逌"。关于"闻"，《逸周书·谥法解》等无此谥字，苏洵《谥法》卷四"色取仁而行违曰闻"；"简"，《逸周书·谥法解》有2解，"壹德不解曰简、平易不疵曰简"。相较于"闻"，"简"为美谥。

  清代李清发现《周书》诸王传与《经籍志》《新唐书·艺文志》在赵、滕二王谥号上的矛盾，曾发出疑问"不知改闻为简者谁"①"不知改僭为平者谁"②？牛敬飞认为这一发问是李氏认为杨坚先予二王恶谥，"滕简王""赵平王"为后人所改。③

  新出土的《大周故滕国间公墓志》载：

    公讳逌，字尔固突，河南洛阳人也，太祖文皇命之第十五子。以大象二年十二月廿一日，遘疾，薨于京第。时年廿五。有诏赠滕国公，谥曰间，以其月廿七日定于京兆万年县。④

---

① 李清：《南北史合注》卷一四五，《续修四库全书》，上海古籍出版社2002年版，第281册，第526页。
② 李清：《南北史合注》卷一六八，《续修四库全书》，第282册，第181页。
③ 牛敬飞：《北周宇文逌墓志考释》，《唐史论丛》第18辑，三秦出版社2014年版。
④ 王连龙：《新见北朝墓志集释》，第195页。

关于此墓志，王连龙、牛敬飞有详细的讨论。① 墓志中与宇文逌谥号相关的两点，一是其死后诏赠"滕国公"，二是其谥字为"间"，且有意回避了逌被隋文帝杨坚杀害这一事实。从新出土的《大周故滕国间公墓志》，笔者认为大象二年十二月二十一日宇文逌被杀到二十七日入葬，时间间隔仅为六天，对于一个宗室王族来说，已经极为草草；而且降爵为公，应也是出自杨坚之意，其谥号在墓志上刻写为"间"，实为"简"，后因形近易讹被后世误写为"闻"。而关于宇文招的谥号，有可能在其被杀、入葬时便被赐予恶谥"僭"，后世子孙在政治风向比较宽松的时候向朝廷请求重新赐美谥"平"。

（二）请谥、议谥、赐谥

宗室谥号的取得也需经过请谥、议谥、赐谥这一程序。在下一章百官谥法中，我们将看到请谥多由官员的属吏或家人向朝廷提出。

《梁书》卷二四《萧景弟昌、昂、昱传》记载了一则比较独特的请谥材料：

> 萧昱字子真，景第四弟也。普通五年，坐于宅内铸钱，为有司所奏，下廷尉，得免死，徙临海郡。行至上虞，有敕追还，且令受菩萨戒。昱既至，恂恂尽礼，改意蹈道，持戒又精洁，高祖甚嘉之，以为招远将军、晋陵太守。下车励名迹，除烦苛，明法宪，严于奸吏，优养百姓，旬日之间，郡中大化。俄而暴疾卒，百姓行坐号哭，市里为之喧沸，设祭奠于郡庭者四百余人。田舍有女人夏氏，年百余岁，扶曾孙出郡，悲泣不自胜。其惠化所感如此。百姓相率为立庙建碑，以纪其德。又诣京师求赠谥。朝廷诏赠湘州刺史。谥曰恭。②

从萧昱得谥的经过来看，萧昱在晋陵郡内"除烦苛，明法宪，严于奸吏，优养百姓"，政绩斐然，得到百姓的爱戴。但其官品并没有达到赠赐

---

① 王连龙：《新见北朝墓志集释》，第 195—196 页；牛敬飞：《北周宇文逌墓志考释》，《唐史论丛》第 18 辑，三秦出版社 2014 年版。
② 《梁书》卷二四《萧昱传》，第 373 页。

谥号的品级，郡内百姓诣京师求赠谥，之后，诏赠湘州刺史，谥曰恭。

《晋书》卷三八《宣五王·梁王肜传》记载了西晋宗室王死后、官员议谥的过程：

> 永康二年薨，丧葬依汝南文成王亮故事。博士陈留蔡克议谥曰："肜位为宰相，责深任重，属尊亲近，且为宗师，朝所仰望，下所具瞻。而临大节，无不可夺之志；当危事，不能舍生取义；愍怀之废，不闻一言之谏；淮南之难，不能因势辅义；赵王伦篡逆，不能引身去朝。宋有荡氏之乱，华元自以不能居官，曰'君臣之训，我所司也。公室卑而不正，吾罪大矣'！夫以区区之宋，犹有不素餐之臣，而况帝王之朝，而有苟容之相，此而不贬，法将何施！谨案谥法'不勤成名曰灵'，肜见义不为，不可谓勤，宜谥曰灵。"梁国常侍孙霖及肜亲党称枉，台乃下符曰："贾氏专权，赵王伦篡逆，皆力制朝野，肜势不得去，而责其不能引身去朝，义何所据？"克重议曰："肜为宗臣，而国乱不能匡，主颠不能扶，非所以为相。故春秋讥华元乐举，谓之不臣。且贾氏之酷烈，不甚于吕后，而王陵犹得杜门；赵王伦之无道，不甚于殷纣，而微子犹得去之。近者太尉陈准，异姓之人，加弟徽有射钩之隙，亦得托疾辞位，不涉伪朝。何至于肜亲伦之兄，而独不得去乎？赵盾入谏不从，出亡不远，犹不免于责，况肜不能去位，北面事伪主乎？宜如前议，加其贬责，以广为臣之节，明事君之道。"于是朝廷从克议。肜故吏复追诉不已，故改焉"①。

在这次议谥过程中，太常博士蔡克根据梁王肜生前身为丞相、宗师，但在"临大节""当危事""愍怀之废""淮南之难""赵王伦篡逆"时，"见义不为"，因此议谥为"灵"，而梁国常侍及其亲党称枉要求重谥。"台"下符后，蔡克重新议谥，仍保留前议。此处的"台"为"尚书台"，尚书台下符的内容对蔡克议谥中"肜不能引身去朝"提出异议，对蔡克所议的谥号没有提出任何疑义。朝廷听取了蔡克的意见，但在肜故吏多次追

---

① 《晋书》卷三八《宣五王·梁王肜传》，第1128—1129页。

诉后，改其谥为"孝"。这是晋朝朝廷对宗室诸王谥号进行议谥、谥主故吏不满再追诉的实例。在"议谥—不满追诉"的往复过程中，尚书台参与其间。

《梁书》卷三五《萧子恪附弟子显传》记载了梁朝皇帝手诏赠谥的实例：

> 子显性凝简，颇负其才气。及掌选，见九流宾客，不与交言，但举扇一揭而已，衣冠窃恨之。然太宗素重其为人，在东宫时，每引与促宴。子显尝起更衣，太宗谓坐客曰："尝闻异人间出，今日始知是萧尚书。"其见重如此。大同三年，出为仁威将军、吴兴太守，至郡未几，卒，时年四十九。诏曰："仁威将军、吴兴太守子显，神韵峻举，宗中佳器，分竹未久，奄到丧殒，恻怆于怀。可赠侍中、中书令。今便举哀。"及葬请谥，手诏"恃才傲物，宜谥曰骄"①。

萧子显生前为仁威将军、吴兴太守，死后得到了赠官；及葬向朝廷请谥，因其才学自负，因此梁武帝手诏其"恃才傲物，宜谥曰骄"。"骄"这一谥字及"恃才傲物曰骄"这一谥解在《逸周书·谥法解》及《史记正义·谥法解》中均不见，梁武帝应有所本。汪受宽先生指出"是前无此谥，新造的"②。

永平元年（508），北魏宣武帝听信外戚高肇谗言，以毒酒鸩杀宗室重臣元勰。《魏书》卷二一下《献文六王传·彭城王勰》记载了太常卿刘芳的谥议文：

> 有司奏太常卿刘芳议勰谥曰："王挺德弱龄，诞资至孝，睿性过人，学不师授。卓尔之操，发自天然；不晖之美，幼而独出。及入参政务，纶绰有光；爰登中铉，敷明五教。汉北告危，皇赫问罪，王内亲药膳，外总六师。及宫车晏驾，上下哀惨。奋猛衔戚，英略潜通，

---

① 《梁书》卷三五《萧子恪弟子范、子显、子云传》，第512页。
② 汪受宽：《谥法研究》，第163页。

翼卫灵舆，整戎振斾。历次宛谢，迄于鲁阳，送往奉居，无惭周霍，禀遗作辅，远至迩安。分陕恒方，流咏燕赵；廓靖江西，威慑南越。入厘百揆，庶绩咸熙，履勤不惮，在功愈挹。温恭恺悌，忠雅宽仁，兴居有度，善终笃始。高尚厥心，功成身退。义亮圣衷，美光世典。依谥法，保大定功曰'武'，善问周达曰'宣'，谥曰武宣王。"

在太常卿刘芳的谥议文中，排比罗列了元勰在侍中、中军大将军、司徒等任内的政绩行迹，并赞颂其品行忠雅宽仁谦慕，因此依照《谥法》，议谥曰"武宣王"。刘芳所依谥法"保大定功曰武"，不见于《逸周书·谥法解》《史记正义·谥法解》，苏洵《谥法》卷一"武"有 6 解，在"保大定功曰武"条下云："既以武克敌，又能保有其大安定其功，此武之大成也。《左传·楚庄王》：为武者有七德，此其二也。"北魏末期，元勰的谥号因其子孝庄帝以藩王入继皇位，而被追尊为文穆皇帝，庙号肃祖。①

二　宗室谥号的追谥

（一）朝代更迭后的追谥

曹丕代汉建魏的第二年，即黄初二年（221），似乎有一个集体追谥的行动。《三国志》卷二〇《魏书·武文世王公传第二十·邓哀王冲》载曹冲死于建安十三年（208），

> 黄初二年，追赠谥冲曰邓哀侯，又追加号为公。
> 《魏书》载策曰："惟黄初二年八月丙午，皇帝曰：咨尔邓哀侯冲，昔皇天钟美于尔躬，俾聪哲之才，成于弱年。当永享显祚，克成厥终。如何不禄，早世夭昏！朕承天序，享有四海，并建亲亲，以藩王室，惟尔不逮斯荣，且葬礼未备。追悼之怀，怆然攸伤。今迁葬于高陵，使使持节兼谒者仆射郎中陈承，追赐号曰邓公，祠以太牢。魂而有灵，休兹宠荣。呜呼哀哉！"②

---

① 《魏书》卷一〇《孝庄纪》，第261页。
② 《三国志》卷二〇《魏书·武文世王公传第二十·邓哀王冲》，第580页。

第四章　魏晋南北朝时期太子、宗室、外戚谥法

裴松之注引《魏书》载追赐曹冲为邓公的策，在此策中，开篇句"咨尔邓哀侯冲"可知，赐谥在追加号为公之前。而其他早薨诸王在黄初二年也得到赐谥，如萧怀王熊，早薨，黄初二年追封谥萧怀公；① 丰愍王昂字子修黄初二年追封，谥曰丰悼公；② 郿戴公子整，建安二十三年薨，无子，黄初二年追进爵，谥曰戴公；③ 范阳闵王矩，黄初三年追封谥为范阳闵公。④ 相殇王铄，早薨，太和三年追封谥。⑤

曹叡即位后的太和五年（231），也有对宗室成员的追谥：

> 刚殇公子勤，早薨。太和五年追封谥。无后。
> 谷城殇公子乘，早薨。太和五年追封谥。无后。
> 灵殇公子京，早薨。太和五年追封谥。无后。
> 广宗殇公子棘，早薨。太和五年追封谥。无后。
> 赞哀王协，早薨。太和五年追封谥曰经殇公。青龙二年，更追改号谥。⑥

勤、乘、京、棘、协五王因早死，在魏明帝太和五年一并追谥为"殇"，《史记正义·谥法解》"短折不成曰殇"，《唐会要·谥法下》"童蒙短折曰殇"。

宁康二年春正月癸未朔，大赦。追封谥故会稽世子郁为临川献王。⑦ 西晋咸宁初年也有对宗室的追加封谥。如辽东悼惠王定国，年三岁薨，咸宁初追加封谥；广汉殇王广德，年二岁薨，咸宁初追加封谥。⑧

《晋书》卷五九《齐王冏传》中记载了西晋末期，追册齐王冏的册文及追谥的情况：

---

① 《三国志》卷一九《魏书·萧怀王熊传》，第577页。
② 《三国志》卷二〇《魏书·丰愍王昂》，第579页。
③ 《三国志》卷二〇《魏书·郿戴公子整》，第588页。
④ 《三国志》卷二〇《魏书·范阳闵王矩》，第585页。
⑤ 《三国志》卷二〇《魏书·相殇王铄》，第579页。
⑥ 《三国志》卷二〇《魏书·武文世王公传》，第579—590页。
⑦ 《晋书》卷九《孝武帝纪》，第225页。
⑧ 《晋书》卷三八《宗室传》，第1137页。

光熙初，追册冏曰："咨故大司马、齐王冏：王昔以宗藩穆胤绍世，绪于东国，作翰许京，允镇静我王室。诞率义徒，同盟触泽，克成元勋，大济颍东。朕用应嘉茂绩，谓笃尔劳，俾式先典，以畴兹显懿。廓土殊分，跨兼吴楚，崇礼备物，宠侔萧霍，庶凭翼戴之重，永隆邦家之望。而恭德不建，取侮二方，有司过举，致王于戮。古人有言曰：'用其法，犹思其人。'况王功济朕身，勋存社稷，追惟既往，有悼于厥心哉！今复王本封，命嗣子还绍厥绪，礼秩典度，一如旧制。使使持节、大鸿胪即墓赐策，祠以太牢。魂而有灵，祗服朕命，肆宁尔心，嘉兹宠荣。"永嘉中，怀帝下诏，重述冏唱义元勋，还赠大司马，加侍中、假节，追谥。

司马冏，为晋文帝司马昭之孙，齐献王司马攸次子，"八王之乱"中，联合赵王司马伦废杀皇后贾南风，后又联络河间王司马颙等人讨灭司马伦，迎接晋惠帝复位，拜大司马、辅政大臣，加九锡。永宁二年（302），被长沙王司马乂所杀。晋惠帝光熙初，追赠大司马、齐王。皇太弟司马炽即位为晋怀帝后，追谥武闵。

新的王朝建立后，便会追封谥在建国前或建国中死去的宗亲。如南齐建元元年（479），齐高帝萧道成便追封谥兄道度为衡阳元王、道生为始安贞王。①萧梁建立后，天监元年，追封太傅懿为长沙郡王，谥曰宣武；齐后军咨议敷为永阳郡王，谥曰昭；齐太常畅为衡阳郡王，谥曰宣；齐给事黄门侍郎融为桂阳郡王，谥曰简。②《梁书·萧景附尚之、崇之传》载天监初年，追谥萧尚之为文宣侯、萧崇之为忠简侯。其中永阳王萧敷，《故侍中司空永阳昭王墓志铭》载：

【铭文】故侍中司空永阳昭王墓志铭。尚书右仆射太子詹事臣徐勉奉敕撰。公讳敷，字仲达，兰陵兰陵人，皇帝之次兄也。炳灵圣绪，体自琁源……以齐建武四年八月六日薨，春秋廿卅七。知与不

---

① 《南齐书》卷二《高帝纪下》，第34页。
② 《梁书》卷二《武帝纪中》，第35页。

知，咸嗟弥悴。圣上应期革命，受终文祖。览周南而雪涕，咏常棣而兴哀。天监元年四月八日诏曰：亡兄齐故后军咨议参军，德履冲粹，识业渊通。徽声嘉誉，风流藉甚。道长世短，独尘缅邈。感惟既往，永慕恸心。可追赠侍中司空永阳郡王，食邑二千户，谥曰昭王，礼也。子恭王伯游，明恭□早世。子隆嗣。昭王之妃王氏，于本国为大太妃。以今普通元年十一月九日薨。其月廿八日举祔葬之典。又下诏曰：亡兄故侍中司空永阳昭王，坟茔当问，灵筵暂设。追慕摧恸，不能自胜。可遣使奉祭，言增感哽。惟公体道渊塞，风格峻远，履信基仁，自家形国。宝运勃兴，地隆鲁卫，茂册徒休，神歇永戢。今幽埏暂启，衮□虚陈。皇情孔怀之悲，缙绅仰人百之恸。爰诏司事，式改明旌。①

从墓志铭中我们可以看到，萧敷死于齐建武四年（497）八月六日。齐和帝中兴二年（502）四月八日萧衍正式在建康南郊祭告天地称帝，改元天监。当日便下诏"追赠侍中司空永阳郡王，食邑二千户，谥曰昭王，礼也"。普通元年（520）十一月九日昭王之妃王氏薨，其月廿八日举行祔葬之典。

《梁故散骑常侍抚军大将军桂阳融谥简王墓志铭》载：

【志盖】无

【铭文】墓志铭序□□融，字幼达，兰陵郡兰陵县都乡中都里人，□文皇帝之第五子也……王春秋卅，永元三年十二月十二日奄从门祸。中兴二年追赠给事黄门侍郎。皇上神武拨乱，大造生民，冤耻既雪，哀荣甫备。有诏："亡弟齐故给事黄门侍郎融，风标秀特，器体淹和。朕继天绍命，君临万寓，祚启郇滕，感兴鲁卫，事往运来，永怀伤切。可赠散骑常侍抚军将军桂阳郡王。"天监元年太岁壬午十一月乙卯一日窆于弋辟山礼也。惧金石有朽，陵谷不居，敢撰遗行，式铭泉室。梁故散骑常侍抚军大将军桂阳融谥简王墓志铭。长兼尚书吏

---

① 赵超：《汉魏南北朝墓志汇编》，第27页。

部郎中臣任昉奉敕撰。①

墓志铭中记载萧融的生平历官、事迹，尤其是死后的追赠详于本传所记。萧融永元三年十二月十二日死后，中兴二年朝廷追赠其给事黄门侍郎，后又赠散骑常侍抚军将军桂阳郡王，但在赠官诏书中并没有提及赐谥。只在墓志铭正文最后处刻写志题，志题之中将"谥简王"三字嵌在"桂阳融"和"墓志铭"之间，这样的排版和谥字书写说明赐谥有可能发生在天监元年太岁壬午十一月乙卯一日窆于弋辟山之前不久。

太昌元年（532）二月甲子，高欢为丞相、柱国大将军、太师，掌握北魏政权，自此之后，曾多次追崇先世族属，给他们追赠官职并赐谥。《魏书·高湖传》记载了太昌、永熙、元象年间的追赠和赐谥：

> 高谧：太昌初，追赠使持节、侍中、都督青徐齐济兖五州诸军事、骠骑大将军、太尉公、青州刺史，谥曰武贞公。妻叔孙氏，陈留郡君。
>
> 高树生：太昌初，追赠使持节、都督冀相沧瀛殷定六州诸军事、大将军、太师、录尚书事、冀州刺史，追封勃海王，谥曰文穆。妻韩氏，为勃海王国太妃。永熙中，后赠假黄钺、侍中、都督中外诸军事，加后部羽葆鼓吹，余如故。②
>
> 高拔：太昌元年，赠使持节、侍中、都督定相殷三州诸军事、骠骑大将军、仪同三司、定州刺史，谥曰武康。
>
> 高仁：太昌初，赠使持节、侍中、都督青齐济三州诸军事、仪同三司、青州刺史，谥曰明穆。
>
> 高吞：太昌初，赠使持节、都督冀沧二州诸军事、征东将军、冀州刺史。永熙中，重赠侍中、都督青徐光三州诸军事、骠骑大将军、仪同三司、青州刺史，谥曰文景。

---

① 阮国林：《南京梁桂阳王肖融夫妇合葬墓》，《文物》1981年第12期。又见赵超《汉魏南北朝墓志汇编》，第25页。

② 关于高树生及其妻子韩氏的墓志，参见王连龙《北魏高树生及妻韩期姬墓志考》，《文物》2014年第2期。

第四章 魏晋南北朝时期太子、宗室、外戚谥法

高归义：太昌初，赠侍中、骠骑大将军、仪同三司、雍州刺史，谥曰孝贞。

高干：太昌初，卒。赠使持节、都督秦雍二州诸军事、车骑大将军、司空公、雍州刺史，谥曰孝穆。

高徽：永熙中，丧还洛阳。赠使持节、侍中、都督冀定相瀛沧五州诸军事、司徒公、冀州刺史，谥曰文宣。

高翻：元象中，赠假黄钺、使持节、侍中、都督冀定洛瀛并肆燕恒云朔十州诸军事、大将军、太傅、太尉公、录尚书事、冀州刺史，谥曰孝宣。

高雍：元象初，丧还，特赠使持节、散骑常侍、都督冀定瀛沧幽五州诸军事、骠骑大将军、尚书令、司徒公、冀州刺史。①

同时，高欢对随他起义有功的高盛、高岳等亲族加官进爵，他们死后也得到了赐谥。如高欢弟赵郡王琛，太昌初，除车骑大将军、左光禄大夫，封南赵郡公，食邑五千户。寻拜骠骑大将军、特进、开府仪同三司、散骑常侍。永熙二年，除使持节、都督定州刺史、六州大都督。虽因高欢责罚杖毙，仍有追赠赐谥曰贞平。② 高欢从父弟清河王岳，太昌初，除车骑将军、左光禄大夫，领左右卫，封清河郡公，食邑二千户。北齐建立后，多有战功，后被平秦王高归彦谮害，文宣帝高洋赐死，获赠假黄钺、太宰、太傅、定州都督，仍有赐谥曰昭武。③ 高欢从叔祖广平公盛，天平三年，薨于位，赠假黄钺，太尉、太师、录尚书事，据残存的《魏侍中黄钺太师录尚书事文懿高公碑》即《高盛碑》记载，其谥号为"文懿"。神武从祖兄子阳州公永乐，死后赠太师、太尉、录尚书事，谥曰武昭。④ 高欢族弟高归彦父徽，及神武平京洛，迎丧以穆同营葬。赠司徒，谥曰文

---

① 《魏书》卷三二《高湖传》，第751—757页。
② 《北齐书》卷一三《赵郡王琛》，第169—170页。
③ 《北齐书》卷一三《清河王岳附高劢》，第176—177页。
④ 《北齐书》卷一四《阳州公永乐传》，第181—182页。

· 309 ·

宣。① 神武族弟长乐太守灵山，死后赠大将军、司空，谥曰文宣。②

北周保定初年，周武帝对太祖宇文泰的兄弟进行了追赠和赐谥。如宇文泰的长兄邵惠公颢，保定初，追赠太师、柱国大将军、大冢宰、大都督、恒朔等十州诸军事、恒州刺史。封邵国公，邑万户，谥曰惠。次兄杞简公连，保定初，追赠使持节、太傅、柱国大将军、大司徒、大都督、定冀等十州诸军事、定州刺史；封杞国公，邑五千户；谥曰简。次兄莒庄公洛生，保定初，追赠使持节、太保、柱国大将军、大冢宰、大宗伯、大都督、并肆等十州诸军事、并州刺史；封莒国公，邑五千户；谥曰庄。子菩提，为齐神武所害。保定初，追赠大将军、小宗伯、大都督、肆恒等六州诸军事、肆州刺史，袭爵莒国公，谥曰穆。对于二藩王，死后仍有赐谥。如颢三子什肥、导、护。什肥，谥曰景；导，谥曰孝。护，自西魏恭帝三年（557）到北周建德元年（572），迫使西魏恭帝禅位于宇文泰第三子宇文觉（孝闵帝），建立北周。之后连杀宇文觉、拓跋廓、宇文毓三帝，害杀名臣赵贵、独孤信，武成二年（560），立宇文泰第四子宇文邕为帝，前后执政中枢十五年之久。保定三年（563），宇文护命柱国大将军杨忠联合突厥东征北齐失利惨败，导致声望锐减。天和七年（572）三月十八日，宇文护在含仁殿被宇文邕杀死，并无赠谥，子嗣、党羽也被逮捕诛杀。到建德三年（574），周武帝宇文邕下诏恢复宇文护及诸子先封，谥护曰荡。③《逸周书·谥法解》《史记正义·谥法解》中无"荡"字，宇文邕以"荡"谥宇文护，应有所本。苏洵《谥法》有3解，即"好内远礼曰荡""好智不好学曰荡""狂而无据曰荡"，可谓一个不折不扣的恶谥。

（二）追谥时的服制礼仪

刘宋孝武帝时，追谥早夭的皇弟刘休倩为东平冲王，由此引发了服制的讨论。《宋书》卷一五《礼制二》载：

> 孝武帝孝建元年六月己巳，有司奏："故第十六皇弟休倩薨夭，

---

① 《北齐书》卷一四《平秦王归彦传》，第186页。
② 《北齐书》卷一四《长乐太守灵山传》，第189页。
③ 《周书》卷一一《晋荡公护传》，第165页。

年始及殇，追赠谥东平冲王。服制未有成准，辄下礼官详议。"太学博士陆澄议："案礼有成人道，则不为殇。今既追胙土宇，远崇封秩，圭黻备典，成孰大焉。典文式昭，殇名去矣。夫典文垂式，元服表身，犹以免孺子之制，全丈夫之义。安有名颁爵首，而可服以殇礼。"有司寻澄议无明证，却使秉正更上。澄重议："窃谓赠之为义，所以追加名器。故赠公者便成公，赠卿者便成卿。赠之以王，得不为王乎？然则有在生而封，或既没而爵，俱受帝命，不为吉凶殊典；同备文物，岂以存亡异数。今玺策咸秩，是成人之礼；群后临哀，非下殇之制。若丧用成人，亲以殇服，末学含疑，未之或辨。敢求详衷如所称。"左丞臣羊希参议："寻澄议，既无画然前例，不合准据。案礼，子不殇父，臣不殇君。君父至尊，臣子恩重，不得以幼年而降。又曰，'尊同则服其亲服'，推此文旨，旁亲自宜服殇，所不殇者唯施臣子而已。"诏可。①

这条材料还见于《通典》卷八二《凶礼四·为诸王殇服议》，文字相同，说明它们出自于同一史料源。另外，在《通典》此条材料之前还记载了晋新蔡王四岁而之礼官议殇服、之后还记载了刘宋时永阳县开国国侯刘叔子四岁夭折旁亲服制的讨论：

（晋）新蔡王年四岁而亡，东海王移访太常。博士张亮议："圣人因亲以教爱，亲不同而殇有降杀，盖由知识未同成人故也。七岁以下，谓之无服之殇。记曰：'臣不殇君，子不殇父。'东海与新蔡，别国旁亲，尊卑敌均，宜则同殇制而无服也。"国子祭酒杜夷议："诸侯体国，备物典事，不异成人，宜从成人之制。"

······

大明五年，有司奏："故永阳县开国侯刘叔子夭丧，年始四岁，旁亲服制有疑。"太常丞庾蔚之等议，并云"宜同成人之服。东平冲

---

① 《宋书》卷一五《礼志二》，第401—402页。

王服殇，实由追赠，异于已受茅土"。博士司马兴之议："应同东平殇服。"左丞荀万秋等参议："南面君国，继体承家，虽则佩觽，未阙成德，君父名正，臣子不容服殇，故云'臣不殇君，子不殇父'。推此，则知旁亲故依殇制。东平冲王已经前议。若升仕朝列，则为大成，故鄱阳哀王追赠太常，亲戚不降。愚谓下殇以上，身居封爵，宜同成人。年在无服之殇，加之新蔡王为别国旁亲，用殇礼而不用服制；以登官为断。今永阳国臣，自应全服，至于旁亲，宜从殇礼。"诏可。①

晋时新蔡王四岁而亡，博士张亮认为"七岁以下，谓之无服之殇"，加之新蔡王为别国旁亲，用殇礼而不用服制；而国子祭酒杜夷认为，诸侯王的礼仪不应拘泥于常礼，应该从成人之礼，不从殇礼。

而后刘宋孝武帝时，追谥早夭的皇弟刘休倩为东平冲王，由此引发了服制的讨论。太学博士陆澄认为虽然"赠之为义，所以追加名器，故赠公者便成公，赠卿者便成卿"，既然赠谥东平冲王，便应该采用成人之礼，哪有"名颁爵首，而可服以殇礼"的道理？虽《宋书》《通典》文字相同，但此句后的标点，点校本《通典》标以"？"比《宋书》标以"。"更准确。刘宋相关部门认为陆澄的议没有礼制典籍的明证，所以重议，陆澄坚持认为朝廷追谥为东平冲王，玺策俱备，便需服成人之礼；而左丞羊希参议以《礼》"子不殇父，臣不殇君"为理论依据，认为"君父至尊，臣子恩重，不得以幼年而降"，他又以《礼》中的"尊同则服其亲服"，认为旁亲服殇；而东平冲王的臣子不服殇礼。最后，刘宋朝廷采用了羊希的奏议。

大明五年（461），故永阳县开国侯刘叔子四岁夭折旁亲服制又产生了疑问，太常丞庾蔚认为应同成人之服；博士司马兴之认为应同东平殇服；左丞荀万秋等的参议中，不仅以《礼》为理论依据，援引了东平冲王的前例，此外，他还列举了鄱阳哀王死后的服制，宋文帝第十五子鄱阳哀王刘休业卒时年十二，死后追赠了太常之官。因"升仕朝列，则为大成"，所

---

① 《通典》卷八二《凶礼四·为诸王殇服议》，第2234—2236页。

以鄱阳哀王死后用成人之礼。荀万秋等人以是否封爵以及"年在无服之殇,以登官为断"为依据,认为永阳国臣,自应全服,至于旁亲,宜从殇礼。《通典》将东晋和刘宋时期发生的这一类为诸王服殇礼的议集中在一起。可见刘宋时期为诸王服殇的争议实来源于对东平冲王的追谥。

第三节 外戚谥号

外戚,通常指帝王的母族、妻族。刘知几《史通·题目》:"马迁撰《皇后传》以外戚命章,按外戚凭皇后以得名,犹宗室因天子而显称也。"外戚这一社会群体,以掖庭之亲与皇族关系密切,成为维护皇权的重要辅助力量。司马迁在《史记·外戚世家》中说:"自古受命帝王及继体守文之君,非独内德茂也,盖亦有外戚之助焉。"外戚的生前死后事,也与宗室群体一样,更多地受到皇权的直接影响。

一 魏晋南朝的外戚追谥和给谥

与曹魏皇室结为婚姻的大都是名位低微、政治上无所作为的寒庶之家,由于外戚出身低微,附骥龙门后,虽名号显赫,实权全无。但贵为外戚后,皇帝大多会对已逝去的皇后的父祖、母亲进行追封谥。如《三国志》卷五《魏书·后妃传》载武宣卞皇后:

> 建安二十四年,拜为王后,二十五年,太祖崩,文帝即王位,尊后曰王太后,及践阼,尊后曰皇太后,称永寿宫。明帝即位,尊太后曰太皇太后。黄初中,文帝欲追封太后父母,尚书陈群奏曰:"陛下以圣德应运受命,创业革制,当永为后式。案典籍之文,无妇人分土命爵之制。在礼典,妇因夫爵。秦违古法,汉氏因之,非先王之令典也。"帝曰:"此议是也,其勿施行。以作著诏下藏之台阁,永为后式。"至太和四年春,明帝乃追谥太后祖父广曰开阳恭侯,父远曰敬侯,祖母周封阳都君及(恭)〔敬〕侯夫人,皆赠印绶。

黄初年间，魏文帝欲追封卞太后父母，被尚书陈群以"无妇人分土命爵之制""非先王之令典"为由拒绝，魏文帝还将此议"永为后世"。但到明帝太和四年（230）春，曹魏关于谥法、爵制的讨论已经定型，追谥后族父母也不再受之前"妇因夫爵"的"古法"的约束，从而追谥卞太后的祖、父为开阳恭侯、敬侯，其祖母及母无单独赠谥。

曹魏青龙四年（236），追封谥郭后兄浮为梁里亭戴侯，都为武城亭孝侯，成为新乐亭定侯，皆使使者奉策，祠以太牢。① 齐王即位，尊郭后为皇太后，称永宁宫。追封谥太后父满为西都定侯，以子建绍其爵。②

《三国志》卷五《魏书·明悼毛皇后附父嘉传》：

> 明悼毛皇后父嘉，封嘉博平乡侯，迁光禄大夫，曾驸马都尉。嘉本典虞车工，卒暴富贵，明帝令朝臣会其家饮宴，其容止举动甚蚩骇，语辄自谓"侯身"，时人以为笑。后又加嘉位特进，曾迁散骑侍郎。青龙三年，嘉薨，追赠光禄大夫，改封安国侯，增邑五百，并前千户，谥曰节侯。③

青龙三年，毛皇后父毛嘉死，追赠光禄大夫，改封为安国侯，谥曰节侯。

两晋帝室的外戚，大都是世族大姓、"高门领袖"，出身微贱者极少。一旦皇后册立，不管外家身份地位如何，皇帝对后家父母兄长进行册封，尤其是对已逝的后父或后母尊崇谥号。如《晋书》卷三一《后妃·景献羊皇后传》："景献羊皇后讳徽瑜，父衜，上党太守；后母陈留蔡氏，汉左中郎将邕之女也。武帝受禅，居弘训宫，号弘训太后。泰始九年，追赠蔡氏济阳县君，谥曰穆。"这是晋武帝对羊氏的母亲陈留蔡氏也即其外祖母进行的追封和追赐谥号。

同卷《文明王皇后传》载晋武帝之母文明王皇后在武帝受禅时，尊为

---

① 《三国志》卷五《魏书·文德郭皇后传》，第166页。
② 《三国志》卷五《魏书·明元郭皇后传》，第168页。
③ 《三国志》卷五《魏书·明悼毛皇后传》，第167—168页。

皇太后，宫曰崇化。晋武帝以后母羊氏未崇谥号，泰始三年下诏曰：

> "昔汉文追崇灵文之号，武、宣有平原、博平之封，咸所以奉尊尊之敬，广亲亲之恩也。故卫将军、兰陵景侯夫人羊氏，含章体顺，仁德醇备，内承世胄，出嫔大国，三从之行，率礼无违。仍遭不造，频丧统嗣，抚育众胤，克成家道。母仪之教，光于邦族，诞启圣明，祚流万国。而早世殂陨，不遇休宠。皇太后孝思蒸蒸，永慕罔极。朕感存遗训，追远伤怀。其封夫人为县君，依德纪谥，主者详如旧典。"于是使使持节谒者何融追谥为平阳靖君。

王元姬父王肃于甘露元年（256）去世，获赠卫将军，谥号为景。母羊氏早卒，在曹魏朝并没有得到封赠。晋武帝"封夫人为县君，依德纪谥"，"使使持节谒者何融追谥为平阳靖君"。从晋武帝的诏书可以看出，自汉以来，给皇后之父、母追崇谥号和封爵，目的是"奉尊尊之敬，广亲亲之恩"。

晋武帝的皇后杨艳、杨芷出身于汉代著名的"四世三公"的弘农杨氏。《晋书》卷九三《外戚传》载："杨文宗，武元皇后父也。其先事汉，四世为三公。文宗为魏通事郎，袭封蓩亭侯。早卒，以后父，追赠车骑将军，谥曰穆。"杨文宗在魏朝时已卒，因武元皇后父的原因追谥曰穆。

《晋书》卷四〇《贾充传》载：

> 惠帝即位，贾后擅权，加充庙备六佾之乐，母郭为宜城君。及郭氏亡，谥曰宣，特加殊礼。时人讥之，而莫敢言者。

晋惠帝即位后，皇后贾南风擅取，在其母郭氏死后，赐谥为宣。国家图书馆藏拓的《夫人宜成宣君郭（槐）氏之柩》中载：

> 夫人宜成宣君郭氏之柩。讳槐，字媛韶，太原阳曲人也。其先胤自宗周，王秀之穆，建国东虢，因而氏焉。父城阳大守，讳配，字仲

南，德迈当时。青龙五年，应期诞生，黄中通理，高明柔克，聪识知机，鉴来臧往。廿有一，嫔于武公。虔恭粢盛，缉宁邦家。武公既薨，亲秉国政，敦风教，明褒贬，导德齐礼。十有余载，飨兹二邦，仍援妃后，而缟服素裳，颜不加饰。遭家不造，遇世多难，不曰坚乎？弘济厥艰。春秋六十，元康六年，薨于第寝。附葬于皇夫之兆。礼制依于武公。①

郭槐，西晋权臣贾充后妻，为晋惠帝皇后贾南风之母。虽然在以上枢铭的正文中，未见加谥或赐谥之语，但"夫人宜成宣君郭氏之枢"中的"宣"即其谥字。而从《晋书》的记载来看，郭槐生前封为宜城君，死后谥为"宣"均是因为贾后擅权而"特加殊礼"，即可知朝廷礼仪并未对皇后之母赐谥有制度规定。

《晋书》卷九三《外戚传》载："成恭皇后父杜乂早卒，咸康初，追赠金紫光禄大夫，谥曰穆。封（后母）裴氏为高安乡君，邑五百户。至孝武帝时，崇进为广德县君。"杜乂为成恭皇后之父、镇南将军杜预之孙。东晋成帝咸康初年，追赠他为金紫光禄大夫，谥曰穆，但其妻子只记爵号，未见死后有无谥的记载。

《宋书》卷四一《后妃·孝穆赵皇后传》载孝穆赵皇后安宗，为刘翘的结发妻子，宋武帝刘裕的母亲，治书侍御史赵彪的孙女，平原太守赵裔之女。兴宁元年（363），生下儿子刘裕，难产而死，时年二十一。永初元年（420），其子刘裕称帝后，追尊皇后，谥号为穆，陪葬于兴宁陵。永初二年，有司奏曰："大孝之德，盛于荣亲。一人有庆，光被万国。是以灵文宠于西京，寿张显于隆汉。故平原太守赵裔、故洮阳令萧卓，并外属尊戚，不逮休宠。臣等仰述圣思。远稽旧章，并可追赠光禄大夫，加金章紫绶。裔命妇孙可豫章郡建昌县君，卓命妇赵可吴郡寿昌县君。"所谓"远稽旧章"，便是有据可循，至少可以追踪至东晋成帝追赠杜皇后之父金紫光禄大夫。同年，又诏曰："推恩之礼，在情所同。故内树宗子，外崇后

---

① 赵超：《汉魏南北朝墓志汇编》，第7页。

属,爰自汉、魏,咸遵斯典。外祖赵光禄、萧光禄,名器虽隆,茅土未建,并宜追封开国县侯,食邑五百户。"于是追封赵裔临贺县侯。裔长子宣之,仕至江乘令。文中的平原太守赵裔和裔命妇孙氏为刘裕的外祖父、外祖母;洮阳令萧卓、卓命妇女赵氏为刘裕继母萧文寿的父、母。不仅是对自己的亲外祖父赵裔、外祖母孙氏追赠官职追封县侯,刘裕甚至将这种推恩之礼扩大至继母一族,对继外祖父萧卓、继外祖母赵氏追赠追封,不过并没有对他们进行赐谥。在《宋书》同卷中还载:

  武敬臧皇后讳爱亲,东莞人也。父隽字宣义,宋初追赠隽金紫光禄大夫,妻高密叔孙氏封迁陵永平乡君。大明五年,世祖诏曰:"亡外祖亲王夫人柔德淑范,光启坤载。属内位阙正,摄馈闱庭,仪被芳闱,闻宣咸里。永言感远,思追荣秩,宜式傍鸿则,敬登徽序。"乃追赠豫章郡新淦县平乐乡君。后之所生母也。又诏:"赵、萧、臧光禄、袁敬公、平乐乡君墓,先未给茔户。加世数已远,胤嗣衰陵。外戚尊属,不宜使坟茔芜秽。可各给蛮户三,以供洒扫。"
  文帝路淑媛讳惠男,丹阳建康人也。孝建二年,追赠太后父兴之散骑常侍,兴之妻徐氏余杭县广昌乡君。废帝景和中,又追赠兴之侍中、金紫光禄大夫,谥曰孝侯;道庆散骑常侍、光禄大夫、开府仪同三司,谥曰敬侯。
  孝武文穆王皇后讳宪嫄,后父偃。世祖即位,以后父,授金紫光禄大夫,领义阳王师,常侍如故。迁右光禄大夫,常侍、王师如故。孝建二年卒,时年五十四。追赠开府仪同三司,本官如故,谥曰恭公。
  前废帝何皇后讳令婉,后父瑀,尚高祖少女豫章康长公主讳欣男。何氏外姻疏戚,莫不沾被恩纪。瑀历位清显,至卫将军。大明八年,公主薨,瑀墓开,世祖追赠金紫光禄大夫,加散骑常侍。
  文帝沈婕妤讳容姬,又追赠太后父散骑常侍,母王氏成乐乡君。
  明帝陈贵妃讳妙登,太宗即位,拜贵妃,废帝践阼,谨上尊号曰皇太妃。追赠太妃父金宝散骑常侍,金宝妻王氏永世县成乐乡君。伯父照宗,中书通事舍人。叔佛念,步兵校尉。兄敬元,通直郎,南鲁郡太守。

在对以上八位皇后嫔妃父母的追赠上，六位皇后之父只追赠了散骑常侍或金紫光禄大夫，六位皇后母只追封了乡君或郡君。只有对文帝路淑媛、孝武文穆王皇后的父亲进行二次追赠时，才在第一次追赠的基础上，将追赠官职提级并加赐了谥号。

《南齐书》卷二〇《皇后传·高昭刘皇后》载员外郎刘寿之的女儿、齐高帝萧道成的正妻、齐武帝萧赜的母亲刘智容，泰豫元年（472）去世；南朝齐建元元年（479）四月，萧道成受禅登基建立南朝齐后，同年五月二十五日，追谥刘智容为昭皇后。三年（481），齐高帝赠后父金紫光禄大夫，母桓氏上〔虞〕都乡君；寿之子兴道司徒属，文蔚豫章内史，义徽光禄大夫，义伦通直郎。齐高帝赠官的推恩之礼不仅在皇后的父母，还有皇后的兄弟，但无论昭皇后的父母或兄弟，均未赐谥。同卷中还记载了：

> 武穆裴皇后讳惠昭，父玑之，世祖即位，追尊皇后。赠玑之金紫光禄大夫，后母檀氏余杭广昌乡元君。
> 文安王皇后讳宝，父晔之。永明十一年，为皇太孙太妃。郁林即位，尊为皇太后，称宣德宫。赠后父金紫光禄大夫，母桓氏丰安县君。
> 明敬刘皇后讳惠端，赠父通直郎景猷金紫光禄大夫，母王氏平阳乡君。

在对武穆裴皇后、文安王皇后、明敬刘皇后这三位皇后的父母的推恩之礼中，也只是赠皇后父金紫光禄大夫，赠皇后母县君或乡君，并不赐谥。

萧梁时期的外戚之家，主要有高平郗氏、琅邪王氏、东海徐氏、范阳张氏、陈郡殷氏、河东柳氏、陈留阮氏、济阳蔡氏等。《梁书》卷七载：

> 太祖献皇后张氏讳尚柔，父穆之，齐初为镇西参军，卒于官。高

祖践阼，追赠穆之光禄大夫，加金章。又诏曰："亡舅齐镇西参军，素风雅猷，凤肩名辈，降年不永，早世潜辉。朕少离苦辛，情地弥切，虽宅相克成，辂车靡赠，兴言永往，触目恸心。可追赠廷尉卿。"

高祖德皇后郗氏讳徽，高平金乡人也。祖绍，国子祭酒，领东海王师。父烨，太子舍人，早卒。后父烨，诏赠金紫光禄大夫。烨尚宋文帝女寻阳公主，齐初降封松滋县君。烨子泛，中军临川王记室参军。

太宗简皇后王氏讳灵宾，琅邪临沂人也。父骞，普通三年十月卒，时年四十九。诏赠侍中、金紫光禄大夫，谥曰安。

高祖阮修容讳令嬴，本姓石，承圣二年，追赠太后父齐故奉朝请灵宝散骑常侍、左卫将军，封武康县侯，邑五百户；母陈氏，武康侯夫人。

在四位皇后嫔妃的父母的追赠中，武帝外祖父张穆之追赠为光禄大夫加金章，其舅张弘籍赠廷尉卿；武帝岳父郗烨赠金紫光禄大夫，均无赐谥；只有太宗简皇后王氏的父亲赠侍中、金紫光禄大夫后又进行了赐谥。萧绎即位后，追谥外祖父阮灵宝散骑常侍，并封武康县侯，但无赐谥。

从《陈书》卷七看，陈朝皇室的外戚家族约有吴兴章氏、吴兴沈氏、吴兴钱氏、吴郡张氏等家。

高祖宣皇后章氏，讳要儿，父景明，梁代官至散骑侍郎。后母苏，高祖践阼，永定元年立为皇后。追赠后父景明特进、金紫光禄大夫，加金章紫绶，拜后母苏安吉县君。二年，安吉君卒，与后父合葬吴兴。明年，追封后父为广德县侯，邑五百户，谥曰温。

世祖沈皇后讳妙容，父法深，世祖即位，为皇后。追赠后父法深光禄大夫，加金章紫绶，封建（成）〔城〕县侯，邑五百户，谥曰恭，追赠后母高绥安县君，谥曰定。后见钦，太建元年卒，赠侍中、特进、翊左将军，谥曰成。废帝王皇后，金紫光禄大夫固之她。

章皇后父亲有两次追赠，第一次只追赠官职特进、金紫光禄大夫加金章紫绶，第二次是在章皇后母死后，章景明被追封县侯并赐谥曰温，这是与章氏掌握朝廷实权相关。对沈皇后父母的追赠中，追赠父亲光禄大夫，加金章紫绶，并追封县侯赐谥，给其母追赠了县君及赐谥。而从废帝王皇后为金紫光禄大夫固之女的记载来看，王固的职官可能也是追赠。

东晋成帝给恭皇后父杜乂追赠金紫光禄大夫、母裴氏追赠乡君后，刘宋、南齐、萧梁、陈朝多给皇后、妃嫔之父、母追赠金紫光禄大夫、乡君。光禄大夫，魏晋以后无定员，皆为加官及褒赠之官，加金章紫绶者，称金紫光禄大夫。在《通典·魏官品》中，光禄大夫为第三品，晋、宋、陈官品中均为第三品，在梁代，金紫光禄大夫位十四班。章景明、沈法深等人是在朝廷追赠金紫光禄大夫、再追封侯爵之后获赐谥号。与追赠皇后嫔妃（祖、外祖）父、（祖、外祖）母金紫光禄大夫、乡君的普遍性相比，外戚赐谥的情况相对较少，这可能与得谥的根本在于其生前的行迹有关。

二　北朝的外戚追谥和给谥

《魏书》有《外戚传》上下卷，载贺讷、刘罗辰、姚黄眉、杜超、贺迷、闾毗、冯熙、李峻、李惠、高肇、于劲、胡国珍、李延寔等外戚生平事迹，《北齐书·外戚传》载赵猛、娄叡、尒朱文畅、郑仲礼、李祖升、元蛮、胡长仁等人，周书不专立《外戚传》。

北魏前中期实行"子贵母死"的制度，皇帝在即位之前其亲生母亲已被赐死，对舅氏的感情非常凝重。《魏书·外戚传·杜超》载：

> 始光中，世祖思念舅氏，以（密皇后之兄）超为阳平公，尚南安长公主，拜驸马都尉，位大鸿胪卿。车驾数幸其第，赏赐巨万。神䴥三年，以超行征南大将军、太宰，进爵为王，镇邺；追加超父豹镇东大将军、阳平景王，母曰巨鹿惠君。真君五年，超为帐下所害，世祖临其丧，哀恸者久之。谥曰威王。
>
> 超既薨，复授超从弟遗侍中、安南将军、开府、相州刺史。入为内都大官，进爵广平王。遗性忠厚，频历州郡，所在著称。薨，赠太傅，谥曰宣王。

北魏世祖拓跋焘生母明元密皇后杜氏，死于"子贵母死"制度，因为对母亲的思念和对舅氏的补偿，拓跋焘追加超父豹，即自己的外祖父镇东大将军、阳平景王，外祖母巨鹿惠君，既有追封又有赐谥。在其亲舅舅杜超死后，谥威王；并对从舅遗也进行了升官进爵，从舅死后，赠太傅，谥为宣王。

《魏书》中载外戚葬礼和赐谥礼仪最为详细的是《冯诞传》。孝文帝大臣冯诞，为文明冯太后之侄，与孝文帝同岁，幼入禁中侍学，特受恩宠。太和十九年（495），跟随孝文帝南征，病逝于途中。《魏书·冯诞传》载：

> 高祖乃轻驾西还，从者数千人。夜至诞薨所，抚尸哀恸，若丧至戚，达旦声泪不绝。从者亦迭举音。明告萧鸾钟离戍主萧惠休。惠休遣其太守奉慰。
>
> 诏求棺于城中。及敛迭举，高祖以所服衣帕充襚，亲自临视，撤乐去膳。宣敕六军，止临江之驾。高祖亲北度，恸哭极哀。
>
> 诏侍臣一人兼大鸿胪，送柩至京。礼物辒仪，徐州备造；陵兆葬事，下洛候设。丧至洛阳，车驾犹在钟离。
>
> 诏留守赐赙物布帛五千匹、谷五千斛，以供葬事。
>
> 赠假黄钺、使持节、大司马，领司徒、侍中、都督、太师、驸马、公如故。加以殊礼，备锡九命，依晋大司马、齐王攸故事。
>
> 有司奏谥，诏曰："案谥法：善行仁德曰'元'，柔克有光曰'懿'。昔贞惠兼美，受三谥之荣；忠武双徽，锡两号之茂。式准前迹，宜契具瞻。既自少绸缪，知之惟朕。案行定名，谥曰元懿。"
>
> 帝又亲为作碑文及挽歌，词皆穷美尽哀，事过其厚。
>
> 车驾还京，诏曰："冯大司马已就坟茔，永潜幽室，宿草之哭，何能忘之。"遂亲临诞墓，停车而哭。①

---

① 《魏书》卷八三上《外戚上传·冯诞》，第1821—1822页。为体现冯诞葬礼过程，笔者对引文进行了分段。

《魏书》详细地记载了冯诞的丧礼，足以体现外戚的显赫以及受到的重视。孝文帝诏赠冯诞假黄钺、使持节、大司马，加以殊礼。而冯诞得谥也仍执行的是奏谥、赐谥的程序，不过，因为冯诞特受孝文帝亲重，因此他的谥号"元懿"由孝文帝亲自拟定。《逸周书·谥法解》"能思辩众曰元，行义说民曰元，始建国都曰元，主义行德曰元"，与孝文帝所案谥法"善行仁德曰元"不同；《逸周书·谥法解》"温柔贤善曰懿"，也与孝文帝所案谥法"柔克有光曰懿"不同，则孝文帝所案谥法另有所本。

《魏书》卷八三下《外戚传》中还记载了文昭皇太后之父高飏死后的追谥，"景明初，宣武帝追思舅氏，征肇兄弟等。录尚书事、北海王详等奏：'飏宜赠左光禄大夫，赐爵勃海公，谥曰敬。其妻盖氏宜追封清河郡君。'诏可"。宣武帝赐爵、谥给其外祖父，不过仅追封外祖母清河郡君而无赐谥。同卷记载于劲的女儿被宣武帝纳为皇后，于劲便被封太原郡公。妻刘氏，为章武郡君。于劲后拜征北将军、定州刺史。卒，赠司空，谥曰恭庄公，但未载刘氏死后有无谥号。

给父母追封赐谥无以复加的是灵太后，《魏书》卷八三下《外戚传下·胡国珍》载：

> 胡国珍女以选入掖庭，生肃宗，即灵太后也。肃宗践阼，以国珍为光禄大夫。灵太后临朝，加侍中，封安定郡公，给甲第，赐帛布绵縠奴婢车马牛甚厚。追崇国珍妻皇甫氏为京兆郡君，置守冢十户。

> 熙平初，又追京兆郡君为秦太上君。太上君景明三年薨于洛阳，于此十六年矣。太后以太上君坟塋卑局，更增广，为起茔域门阙碑表。侍中崔光等奏："案汉高祖母始谥曰昭灵夫人，后为昭灵后，薄太后母曰灵文夫人，皆置园邑三百家，长丞奉守。今秦太上君未有尊谥，陵寝孤立，即秦君名，宜上终称，兼设扫卫，以慰情典。请上尊谥曰孝穆，权置园邑三十户，立长丞奉守。"太后从之。

> 神龟元年四月十二日胡国珍薨，年八十。给东园温明秘器、五时朝服各一具、衣一袭，赠布五千匹、钱一百万、蜡千斤。大鸿胪持节监护丧事。追崇假黄钺、使持节、侍中、相国、都督中外诸军事、太师、领

太尉公、司州牧,号太上秦公,加九锡。葬以殊礼,给九旒銮辂,虎贲、班剑百人,前后部羽葆鼓吹,辒辌车;谥文宣公;赐物三千段、粟一千五百石。又诏赠国珍祖父兄、父兄,下逮从子,皆有封职。持节就安定监护丧事。

胡太后临朝听政时,便"追崇国珍妻皇甫氏为京兆郡君";熙平初年,又追京兆郡君为秦太上君。灵太后又为其更增广坟瘗,起茔域门阙碑表,同时侍中崔光等奏上尊谥曰孝穆。神龟元年(518)胡国珍卒,葬礼极尽哀荣,赐给东园温明祕器、号太上秦公,加九锡,谥文宣公。

前文已经征引的独孤信,是西魏时期最为有名的外戚之一。"信长女,周明敬后;第四女,元贞皇后;第七女,隋文献后。周隋及皇家,三代皆为外戚,自古以来,未之有也。"①《周书》卷一六《独孤信传》载他反对宇文护专政而被迫自尽于家,死时并没有赠官与谥号,直到隋文帝即位,追赠太师、上柱国、冀定相沧瀛赵恒洺贝十州诸军事、冀州刺史,〔封〕赵国公,邑一万户,谥曰景。而在前引《周故柱国大将军雍州刺史河内戾公墓志》中载其"以周之元年岁维星纪三月己酉薨于长安。时年五十四。谥曰戾。"《周书》本传中载其死后并无赠谥,到隋文帝即位才下诏赠独孤信谥号为"景",而其墓志上的谥号为恶谥"戾"。在独孤信下葬时,处于当时的政治情势,家人不能违拗只能在其墓志上刻写恶谥。而在其女婿隋文帝即位后,便重新追赐美谥。

独孤罗是独孤信的长子,《隋书》卷七九《独孤罗传》载罗死于炀帝即位不久,谥曰恭;然其墓志载谥曰德。独孤信入关之后"复娶二妻,郭氏生子六人,善、穆、藏、顺、陀、整,崔氏生献皇后"。《周书·独孤信传》:"(大统)十四年,进位柱国大将军。录克下溠、守洛阳、破岷州、平凉州等功,增封,听回授诸子。于是第二子善封魏宁县公,第三子穆文侯县侯,第四子藏义宁县侯,邑各一千户;第五子顺项城县伯,第六子陀建忠县伯,邑各五百户。"其后,独孤藏死后也因事猫鬼死时已被免为民,

---

① 《周书》卷一六《独孤信传》,第267页。

有赠官而无赠谥。《周大都督武平公金州刺史独孤使君墓志》载其,"以宣政元年八月四日,薨于长安大司马坊第,春秋卅五。皇情悼惜,屡发王言,荣哀之理,存没斯备。即以其年十月廿日,岁次戊戌窆于泾阳胡渎川。诏赠金州刺史,礼也。"①

《周书》记载独孤信次子善虽然在兖州刺史任上政存简惠,天和六年也袭爵成为河内郡公,但死后也只有赠官"使持节、柱国、定赵恒沧瀛五州诸军事、定州刺史",②无赠谥。

从冯诞、胡国珍、独孤信等位高权重的外戚死后的谥号来看,皇权在其谥号的赐予、谥字的美恶上起着决定性作用。因为与皇权联系密切,因此一旦涉入争夺皇权的政治斗争,外戚的生命、死后殊荣待遇都将直接受到影响,死后的谥号也随其高下沉浮。

---

① 罗新、叶炜:《新出魏晋南北朝墓志疏证》,第295页。
② 《周书》卷一六《独孤信传》,第267页。

第五章 魏晋南北朝时期百官谥法

魏晋之际结合爵位和现实功行（官品在五品及其以上）决定百官谥号的规定，取消了那些仅靠父荫为爵者得谥的权利，对"有爵则有谥"的古制是一种冲击。而两晋南北朝时期得谥官员的身份也发生了变化，不仅生前有爵的官员可以得到谥号，生前无爵的官员死后也能得谥，这是中国古代官员谥法的一个重大变化。东晋没有明确规定百官给谥的品级，南朝百官给谥资格可能经过从五品上调至三品的过程，而北朝也没有明文规定百官给谥的品级，实际的赐谥中，官员生前在职的功劳、德行更大程度地影响着得谥与否及其谥号的好恶。

在中国古代，百官给谥的程序基本分为请谥→议谥→定谥→赐谥四个步骤，每个朝代的程序又有所差别。在两晋南朝时期，尚书省官员参加了百官给谥程序中"议谥"这一环节。在北魏中后期，官员谥号评定的程序为：在官员死后，由死者的子孙或僚属向大鸿胪正式提出赐谥号的请求；大鸿胪卿受理这种请求后，要求官员所属郡的大中正提供此人的"行状"；中正将行状移交到司徒府；而后下交太常寺，太常卿、太常博士根据行状评议此人的谥号。虽然尚书省官员似乎并没有参与到官员谥号的评定，但在实际的谥号评定过程中，尚书省负责审核行状的真伪，确定行状的记载与考簿的记载一致之后，将行状交与太常寺，太常卿、太常博士根据行状评议此人的谥号；当礼官议谥有不同时，尚书奏谥；当官员的谥号与其生前考课行迹不一致时，尚书省的官员依照官员生前的考课行迹，对礼官评议的谥号进行驳议，太常寺、司徒府等机构的官员共同参与其中。

秦汉魏晋南北朝时期社会风气虽以复谥为美，但实际评谥过程中官员谥号以单谥为主。谥号用字上绝大多数为美谥或平谥，恶谥极少。由于现实评议的需要，采用了《逸周书·谥法》篇中所没有的谥号用字，但由于学者对《逸周书·谥法》或注释或推演或增补，这些谥号用字仍可能有本可依。

第一节　魏晋南北朝得谥官员身份的重大转变

《礼记·士冠礼》载"古者生无爵，死无谥"，郑玄注云："周制以士为爵，死犹不为谥耳，下大夫也。"① 卿大夫死后有谥的记录稍晚。就《左传》而言，直到隐公五年（前718）时，才有卿大夫有谥的记载："五年春，公将如棠观鱼者。臧僖伯谏曰：'凡物不足以讲大事，其材不足以备器用，则君不举焉。'"杜预注："臧僖伯，公子彄也。僖，谥也。大事，祀与戎。"按：公子彄，是鲁孝公之子，惠公之弟，隐公伯叔父，字子臧。② 这是在《左传》中第一例除天子、诸侯外，卿有谥的记录。其后，特别是桓、庄公之后，卿大夫称谥者渐多，如《隐公七年传》载"齐侯使夷仲年来聘"。夷仲年是齐僖公之弟，夷即为其谥。《礼记·檀弓上》载：

> 公叔文子卒，其子戍请谥于君，曰："日月有时，将葬矣，请所以易其名者。"君曰："昔者卫国凶饥，夫子为粥与国之饿者，是不亦惠乎？昔者卫国有难，夫子以死卫寡人，不亦贞乎？夫子听卫国之政，修其班制，以与四邻交，卫国之社稷不辱，不亦文乎？故谓夫子贞惠文子。"③

---

① 《仪礼疏》卷三，（清）阮元校刻：《十三经注疏》，中华书局2009年版，第2069—2070页。
② 《春秋左传注疏》卷三，（清）阮元校刻：《十三经注疏》，第3747页。
③ 《春秋左传注疏》卷十，（清）阮元校刻：《十三经注疏》，第2835页。

《礼记正义》曰,"此一节论请君谏臣之谥法"。公叔文子即卫献公之孙拔,其爵为子爵,死后其子向卫国国君请谥,国君以拔生前行迹来定其谥号贞、惠、文,而后世仅书"文"。

汉代百官给谥依然遵照生无爵死无谥的原则,如李广历任北部边城太守七郡,与匈奴作战屡败敌兵,但未能封侯,死后无谥。主管诸侯王、列侯、百官谥号的部门为大鸿胪,《汉书》卷五《景帝纪》载:"(中元)二年春二月,令诸侯王薨、列侯初封及之国,大鸿胪奏谥、诔、策。列侯薨及诸侯太傅初除之官,大行奏谥、诔、策。"注引应劭曰:"皇帝延诸侯王,宾王诸侯,皆属大鸿胪。故其薨,奏其行迹,赐与谥及哀策诔文也。"① 西汉景帝中元二年(前148),由大鸿胪掌管诸侯王、初封及刚去封国的列侯死后的谥、诔、策。凡诸侯王薨,由大鸿胪负责奏其行迹,代表朝廷参加葬礼,致读诔文赐予谥号。而其他列侯及诸侯太傅初除之官死后,则由大鸿胪的属官大行令(行人)参加葬礼,赐予谥号宣读诔文。到东汉时,大鸿胪仍主诸侯王薨后事,即《后汉书·百官志二》所载:"王薨则使吊之,及拜王嗣。"而《后汉书·百官志一》还载:"司徒,公一人。本注曰:掌人民事。凡教民孝悌、逊顺、谦俭、养生送死之事,则议其制,建其度。"所谓"送死之事",显然也包括了赙赠和赐谥。汉代坚持生无爵死无谥的原则,到曹魏时,这种情况发生了一些改变。

魏晋南北朝时期,得谥官员的身份发生了重大转变。对此,汪受宽先生已有所论及,他认为曹魏谥法的改革对"有爵则有谥"的古制进行了第一次冲击,进而指出晋元帝所定百官给谥的规定对后代影响很大。② 但其讨论没有展开,笔者认为仍有深入探讨的余地。

一 曹魏、两晋得谥官员身份的变化

《通典》卷一〇四《礼六四·凶礼二十六》"诸侯卿大夫谥议"载:

---

① 《汉书》卷五《景帝纪》,第145页。
② 汪受宽:《谥法研究》,第121—123页。

（魏）刘辅等启论赐谥云："古者存有号则没有谥，必考行迹、论功业而为之制。汉不修古礼，大臣有宠乃赐之谥。今国家因用未革。臣以为今诸侯薨于位者可有谥，主者宜作得谥者秩品之限。"尚书卫觊奏："旧制，诸王及列侯薨，无少长皆赐谥。古之有谥，随行美恶，非所以优之。又次以明识昭穆，使不错乱也。臣以为诸侯王及王子诸公侯薨，可随行迹赐谥；其列侯始有功劳，可一切赐谥；至于袭封者则不赐谥。"尚书赵咨又奏云："其诸袭爵守嗣无殊才异勋于国及未冠成人，皆不应赐谥。"黄门侍郎荀俣议以为："古之谥，纪功惩恶也，故有桓文灵厉之谥。今侯始封，其以功美受爵土者，虽无官位，宜皆赐谥以纪其功，且旌奉法能全爵禄者也。其斩将搴旗，以功受爵，而身在本位，类皆比列侯。自关内侯以下及名号赐爵附庸，非谥所及，皆可阙之。若列侯袭有官位，比大夫以上；其不莅官理事，则当宿卫忠勤，或身死王事，皆宜加谥。其袭余爵，既无功劳，官小善微，皆不足录。"八座议以为："太尉荀顗所撰定体统，通叙五等列侯以上，尝为郡国太守、内史、郡尉、牙门将、骑督以上薨者，皆赐谥。"

这则材料只见于《通典》，不见于《三国志》等正史。《隋书》卷三三《经籍志二·仪注篇》载："魏、晋谥议十三卷何晏撰……今聚其见存，以为仪注篇。"显然，何晏所撰《魏谥议》在《隋书》十志成书之年显庆元年（656）仍存，而《通典》成书于贞元十七年（801），"诸侯卿大夫谥议"有可能本之于此。刘辅，不见于正史记载。尚书卫觊，建安末年为汉朝尚书，"文帝即（王）位，徙为尚书。顷之，还汉朝为侍郎，劝赞禅代之义，为文诰之诏。文帝践阼，复为尚书，封阳吉亭侯"[1]。明帝时仍为尚书，他死时的时间不详，但可以肯定在曹魏朝。尚书赵咨，《三国志》卷二六《满宠传》载青龙元年（233）满宠献计，"尚书赵咨以宠策为长"。黄门侍郎荀俣，《三国志》卷一六《杜恕传》载杜恕"太和中为散骑黄门侍郎"，时议考课之制，"后考课竟不行"条注引《杜氏新书》曰：

---

[1] 《三国志》卷二一《魏书·卫觊传》，第611页。

"时李丰为常侍，黄门郎袁侃见转为吏部郎，荀俣出为东郡太守，三人皆恕之同班友善"，则知荀俣在太和中为黄门侍郎。我们可以大概得知刘辅、卫觊、赵咨、荀俣四人议谥的时间在曹魏明帝时期。

《三国志》卷一《魏书·武帝纪》载建安二十年（215）冬十月"始置名号侯至五大夫，与旧列侯、关内侯凡六等，以赏军功"。裴松之注引《魏书》曰："置名号侯爵十八级，关中侯爵十七级，皆金印紫绶；又置关内外侯十六级，铜印龟纽墨绶；五大夫十五级，铜印环纽，亦墨绶，皆不食租，与旧列侯关内侯凡六等。"东汉末年，曹操实行了六等爵制，① 以适应异姓军功者众多的现实需要。由于爵制与死后谥号的密切联系，六等爵制下官员的谥号成了必议之话题，上述四人的话锋便直指有爵者皆可赐谥的旧制。刘辅主张对得谥官员的秩品进行限定，尚书卫觊则明确提出"袭封者则不赐谥"；尚书赵咨对其进行了补充，认为对"诸袭爵守嗣无殊才异勋于国及未冠成人"不应赐谥；黄门侍郎荀俣认为"自关内侯以下及名号赐爵附庸"者可不谥，而对列侯，则主张结合官员的爵位和官位来决定是否赐谥。在他们的言论中，强调了官员的现实功劳对谥号的影响。

根据《通典》的记载，赐谥一事经过八座的"议"，最终以荀颛所制定的"通叙五等列侯以上，尝为郡国太守、内史、郡尉、牙门将、骑督以上薨者，皆赐谥"的"体统"作为赐谥与否的原则。根据《通典》卷三六《职官十八·秩品一》所载魏官品，"牙门将、骑督、郡国太守、相、内史、州郡国都尉"为第五品，则荀颛所撰定的赐谥者身份为五等列侯同时官品在第五品以上者。② 笔者对《三国志》中曹魏得谥的90位官员的官

---

① 对于曹魏爵制的改革，中外学者已进行了深入的探讨。参见守屋美都雄《曹魏爵制二三考察》，载《东洋史研究》第20卷第4号，1962年，第382—411页；朱绍侯《军功爵制研究》，上海人民出版社1990年版；西嶋定生《中国古代帝国的形成与结构——二十等爵制研究》，武尚清译，中华书局2004年版；杨光辉《汉唐封爵制度》，学苑出版社2002年版，第44—45页；陈明光《曹魏的封爵制度与食封支出》，《西北师大学报》2005年第2期，第55—61页；罗新《试论曹操的爵制改革》，《文史》2007年第3辑，第51—61页。

② 罗新先生认为这段话所透露的非常重要的信息，不仅是把骑督当作享受赐谥待遇的最低阶层，而且把作为官职的骑督与作为爵位的列侯并列起来。详见罗新《试论曹操的爵制改革》，第58页。

品进行了统计，其中郭都、郭成、郭满、郭修、卞广、卞远、甄像、甄畅、甄德、甄逸、甄俨等11位追谥的外戚无法得知其官职；任俊生前为曹操时期的长水校尉，魏文帝追录功臣，追谥任俊为成侯；而其余官员的爵位或为县侯、乡侯或亭侯，其官品确实均在五品以上。曹魏时结合爵位和官职情况来决定赐谥与否，取消了那些仅靠父荫为爵者得谥的权利，对"有爵则有谥"的古制是一种冲击。

然《通典》这条系于曹魏时的材料中，出现了"太尉荀𫖮"字样，不仅让我们怀疑荀𫖮撰定谥法体统的时间。查《晋书》卷三九《荀𫖮传》，他在曹魏的历官先后为散骑侍郎、侍中、骑都尉、尚书、尚书仆射、司空。直到西晋武帝泰始三年（267）九月，以其为司徒，寻加侍中，迁太尉。因此，若要将此条材料系于曹魏时，则只能理解为杜佑将荀𫖮的官职记错了。荀𫖮所撰谥法体统中出现的"五等列侯以上"，《三国志》卷四《魏书·陈留王奂传》载，咸熙元年（264）五月庚申，相国晋王司马昭奏复五等爵。《晋书》卷二《文帝纪》载同年七月，"帝奏司空荀𫖮定礼仪，中护军贾充正法律，尚书仆射裴秀议官制，太保郑冲总而裁焉。始建五等爵"。《晋书·地理志》对五等爵制有详尽的记载，分为五等十级。① 荀𫖮本传中对魏晋禅替之际，开建五等、创建新礼仪有相应记载："及蜀平（陈留王曹奂景元四年十一月），兴复五等，命𫖮定礼仪。𫖮上请羊祜、任恺、庾峻、应贞、孔颢共删改旧文，撰定晋礼。"《晋书》卷一九《礼志上》中也有记载："及晋国建，文帝又命荀𫖮因魏代前事，撰为新礼，参考今古，更其节文，羊祜、任恺、庾峻、应贞并共刊定，成百六十五篇，奏之。"因此上引材料所述"太尉荀𫖮所撰定体统"，② 笔者认为也是咸熙

---

① 《晋书》卷一四《地理志上》："晋文帝为晋王，命裴秀等建立五等之制，惟安平郡公孚邑万户，制度如魏诸王。其余县公邑千八百户，地方七十五里；大国侯邑千六百户，地方七十里；次国侯邑千四百户，地方六十五里；大国伯邑千二百户，地方六十里；次国伯邑千户，地方五十五里；大国子邑八百户，地方五十里；次国子邑六百户，地方四十五里；男邑四百户，地方四十里。"杨光辉在《汉唐封爵制度》第29页中已指出《晋志》中男仅一级，但《太平御览》卷一九九注引《魏志》中有"次国男……"，可证男亦分大次。故所谓五等，实为十个等级。

② 对于荀𫖮所撰定的谥法，还有一处材料可以补充，即《晋书》卷二〇《礼志中》载："太尉荀𫖮上谥法云：若赐谥而道远不及葬者，皆封策下属，遣所承长吏奉策即家祭赐谥。"

元年（264）荀𫖮等人为开建五等爵制而配套撰定的晋朝新礼中的一部分内容。也正是在魏晋禅替之际，荀𫖮对汉末刘熙的《谥法注》进行了推演增广。① 若是这样，那么"通叙五等列侯以上，尝为郡国太守、内史、郡尉、牙门将、骑督以上薨者，皆赐谥"的赐谥体统在西晋流行。

《晋书》卷四五《刘毅传》载太康六年（285），曾任尚书左仆射、青州大中正、但生前无爵的刘毅卒，羽林左监、北海王司马宫上疏：

"中诏以毅忠允匪躬，赠班台司，斯诚圣朝考绩以毅著勋之美事也。臣谨按，谥者行之迹，而号者功之表。今毅功德并立，而有号无谥，于义不体。臣窃以春秋之事求之，谥法主于行而不系爵。然汉魏相承，爵非列侯，则皆没而高行，不加之谥，至使三事之贤臣，不如野战之将。铭迹所殊，臣愿圣世举春秋之远制，改列爵之旧限，使夫功行之实不相掩替，则莫不率赖。若以革旧毁制，非所仓卒，则毅之忠益，虽不攻城略地，论德进爵，亦应在例。臣敢惟行甫请周之义，谨牒毅功行如右。"帝出其表使八坐议之，多同宫议。奏寝不报。

司马宫提议革新"爵非列侯不加之谥"的旧制，参之以现实的功行来决定官员的谥号；并牒刘毅生前的功行，上疏请求晋武帝赐刘毅谥号。虽然刘毅最终没有获得赠谥，但这一举动开创了为无爵大臣请谥的先河。这件事在《通典》卷一〇四"诸侯卿大夫谥议"中系于东晋元帝大兴三年（320）：

东晋元帝大兴三年诏："古者皆谥，名实相称。顷来有爵乃谥，非圣贤本意。通议之。"有司表云："刘毅宜谥，以申毅忠允匪躬。赠右光禄大夫、仪同三司，斯诚圣朝考绩以著勋之美事也。按谥者行之迹，而号者功之表。今毅功德并立，而有号无谥，于义不体。窃以春

---

① 《旧唐书》卷四六《经籍志》："谥法三卷"下注云"荀𫖮演，刘熙注。"《新唐书》卷五七《艺文志一》同。此处"谥法三卷"当指刘、荀二人《谥法》注的合帙。

秋之事求之，谥主于行而不系爵。然汉魏相承，爵非列侯，则皆没其高行而不加之谥，至使三事之贤臣，不如野战之将士。臣愿圣代举春秋之远制，改近代之旧服。"

这有可能是在大兴三年君臣进行谥议时，将刘毅赐谥一事旧事重提。因为到东晋时，由于位高权重的大臣多是南渡的北方士族，他们多无世爵，所以要求死后赐谥的呼声也越来越高。

《晋书》卷六五《王导传》载：

> 自汉魏已来，赐谥多由封爵，虽位通德重，先无爵者，例不加谥。导乃上疏，称"武官有爵必谥，卿校常伯无爵不谥，甚失制度之本意也"。从之。自后公卿无爵而谥，导所议也。①

《艺文类聚》卷四〇《礼部下·谥》引《晋中兴书》载：

> 中宗（晋元帝）即尊号也。时赐谥多由封爵，不考德行。王导曰："近代以来，唯爵得谥。武官牙门，有爵必谥；卿校常伯，无爵悉不赐谥，甚失制谥之本。今中兴肇建，勋德兼备，宜深体前训，使行以谥彰。"中宗纳焉。自后公卿无爵而谥自导始也。

晋元帝所定百官无爵者也可给谥的规定对后世影响很大，大体南朝、北朝各政权以至唐以后都沿引了这一规定。② 笔者根据《三国志》《晋书》《宋书》《南齐书》《梁书》《陈书》《魏书》《北齐书》《周书》《南史》《北史》《隋书》等相关本传记载，以及魏晋南北朝时期的墓志

---

① 《晋书》卷六五《王导传》，第1750页。
② 汪受宽先生对晋朝谥法的争论给予了很高的评价，认为其"既有实践的意义，更有理论的价值"，"它促进了以后学者和统治者从理论和实践两方面去进行更深的探索与改制"，见汪受宽《谥法研究》，第29页。笔者赞成此观点。

材料①，并参考《历代名臣谥法考》《历代人物谥号封爵索引》②，对魏晋南北朝各政权得谥官员的身份作了一个统计。

表5-1　　　　　　　魏晋南北朝各政权得谥官员身份　　　　　　单位：人

政权	生前有爵死后有谥者				生前无爵死后有谥者				总人数
	单谥号+爵号	复谥号+爵号	复谥	单谥	复谥	单谥	单谥号+爵号	复谥号+爵号	
曹魏	86	2					2③		90
	88④				2				
西晋	4		4	78	2	3			91⑤
	86				5				
东晋	1	2	20	58	1	12			95⑥
	81				14				
刘宋	30	3	5	13	4	6	18	4	83
	51				32				
南齐	3	1	4	14	1	9	11		43
	22				21				
梁	5⑦	2	41	7	2	12	21⑧	3	93
	55				38				
陈	4		7	28	4	3	16		62
	39				23				

---

① 所引用的墓志材料来源于赵超《魏晋南北朝墓志汇编》（天津古籍出版社1992年版，以下简称赵超书），罗新、叶炜《新出魏晋南北朝墓志疏证》（中华书局2005年版，以下简称罗、叶书），赵君平编《邙洛碑志三百种》（中华书局2004年版），赵君平、赵文成编《河洛墓刻拾零》（北京图书馆出版社2007年版），毛远明《汉魏六朝碑刻校注》（线装书局2007年版）。统计时间截至2010年11月。

② 杨震方、水赉佑编著：《历代人物谥号封爵索引》，上海古籍出版社1996年版。

③ 这二人是州泰、荀霬，在《三国志》中没有找到二人生前的爵位。

④ 其中来自墓志铭的有司马馗（戴侯，东武城侯），见罗新、叶炜《新出魏晋南北朝墓志疏证》，第1页。

⑤ 有5人资料来自墓志，分别是王□（穆，京陵侯）、王汶（元，博陵公）、石尠（简，城阳侯）、石□（元，昌安公）（以上4人见赵超书）；赵□□（壮，下相侯）（见《河洛墓刻拾零》，第13页；首题：晋轻车将军渔阳内史下相壮侯巨鹿赵府君神道）。

⑥ 有1人资料来自墓志，即王彬之（肃，都亭侯，见罗、叶书第22页）。

⑦ 有1人资料来自墓志，即崔平仲（刚，新亭侯，见罗、叶书第110页）。

⑧ 此处的爵号都为"子"，即"单谥+子"。

续表

政权	生前有爵死后有谥者				生前无爵死后有谥者				总人数
	单谥号+爵号	复谥号+爵号	复谥	单谥	复谥	单谥	单谥号+爵号	复谥号+爵号	
北魏	64	20	60	238	47	105	7	4	545①
	382				163				
北齐		2	39	12	5	13	3	3	77②
	53				24				
北周	5	1	18	104	2	9			139③
	128				11				

从上表我们可以看出，两晋南北朝各政权得谥官员既有生前有爵者，也有生前无爵者。生前有爵的官员得谥者多于生前无爵者，仍然是此期官员谥法的大体趋势。但与前代相比，两晋南北朝时期生前无爵的官员死后也能得谥，这是中国古代官员谥法的一个重大变化。

---

① 北魏墓志铭中所见30位官员死后有谥：司马叔璠（简公）、崔双护（敬，安平侯）、王真保（追封天水郡开国公太原王，懿）、李蕤（简）、寇臻（威，昌平子）、郡乾（定，临泽侯）、长孙瑱（敬，西川子）、崔敬邕（贞，临清男）、李颐（文）、崔鸿（文贞侯）、寇治（昭）、于纂（孝惠，富平伯）、尔朱买珍（孝惠）、尔朱绍（文贞）、尔朱袭（武恭）、王悦（简公）；皮欢欣（恭，广川公）、高猛（文）、染兴（惠侯，蒲阴伯）、染雅（贞侯，北平侯）、韦彧（文烈）、员标（世，新安子）、王温（简）、狄□□（康王，略阳公）、杨暄（忠，临贞公）、长孙陵（庄王，蜀郡公）；杨济（广平侯，昭侯）、罗斤（带方公，康公）、罗拔（赵郡王，靖王）、罗宗（赵郡公，武公）。此处统计为墓志铭中独有，而在本传中没有记载的。前16通墓志铭出自赵超书；中间10通出自罗、叶书；杨济墓志出于赵君平编《邙洛碑志三百种》，中华书局2004年版，第25页；罗斤、罗拔、罗宗墓志出自赵君平、赵文成编《河洛墓刻拾零》，第26页。另外，罗新、叶炜《新出魏晋南北朝墓志疏证》认为皮欢欣很可能是《魏书》卷五一《皮豹子传》所附豹子第八子皮喜（第84页），笔者也赞成这种意见。但还是将皮欢欣的谥号列出来。

② 这里包括东魏的资料，墓志铭中有8人，高雅（贞）、张满（恭惠）、李挺（文贞，千乘县侯）、叔孙固（武恭，临济县开国侯）、萧正表（烈王，兰陵郡开国公）；元贤（文宣，洛川县开国子）、司马遵业（文□，阳平郡开国公）、暴诞（恭懿）。前5人为东魏时期的人物，后3人为北齐时期人物。均来源于赵超书。

③ 这里包括10例墓志铭资料，分别是拓跋育（思，淮安公）、独孤浑贞（毅公，晋源郡开国公）、郑术（元公，清渊公）、田弘（襄公，雁门公）、叱罗协（恭，南阳郡开国公）、韦孝固（恭，安平子）、独孤信（庚，河内公）、贺屯植（斌公，肥城县开国公）、李贤（桓公，河西公）、叱娄欢（壮，普安公）。其中，前6人资料来源于罗、叶书；后4人资料来源于赵超书。

二 南朝得谥官员身份的转变

上文讨论了曹魏、西晋得谥官员的身份必须为五等列侯以上、官品在五品以上,那么其他各政权对得谥百官的官品有无严格的限定?查诸史料,东晋没有明确规定百官给谥的品级。

南朝萧梁中大通二年(530),时任中书侍郎、鸿胪卿,领步兵校尉的裴子野卒,《南史·裴子野传》载:"先是,五等君及侍中以上乃有谥,及子野特以令望见嘉,赐谥贞子。"①《梁书·裴子野传》载裴子野死后,"高祖悼惜,为之流涕。诏曰:'鸿胪卿、领步兵校尉、知著作郎、兼中书通事舍人裴子野,文史足用,廉白自居,勤劳通事,多历年所。奄致丧逝,恻怆空怀。可赠散骑常侍,赙钱五万,布五十匹,即日举哀。谥曰贞子'"②。从《南史》的记载可知,南朝百官给谥官品在侍中以上。汪受宽先生据《隋书·百官志中》侍中与吏部尚书等同属第三品,认为"当时百官给谥资格限于三品以上"③。

笔者分别对上表中刘宋、萧梁、陈三朝生前无爵、死后有谥的官员生前的官品进行了统计④,其中刘宋时期的32人中,谥为"恭世子"的王绚生前官品为六品的秘书丞,还有4人生前官职为五品的太守⑤,其余的生前官品多为三品、四品;萧梁朝的38人中,除死于侯景之乱、后追谥的尚书右丞江子四(谥为毅子),戎昭将军、通直散骑侍郎、南津校尉江子一(谥为义子),东宫直殿主帅江子五(谥为烈子)的官品比较低外,其余官品多在十班以上。陈朝的23人中,云旗将军、司徒左长史袁泌(谥为质)官品为四品,太子中庶子虞荔(谥为德子)官品为四品,云旗将军、西阳武昌二郡太守陆山才(谥为简子)官品为四品,其余官员官品多为三品及

---

① 《南史》卷三三《裴松之附子野传》,第867页。
② 《梁书》卷三〇《裴子野传》,第444页。
③ 汪受宽:《谥法研究》,第123页。
④ 《通典》卷三七于"齐官品"下注"未详",虽然阎步克先生详细钩稽了南齐六十种官职的官品(《品位与职位——秦汉魏晋南北朝官阶制度研究》,中华书局2002年版,第285—296页),但笔者统计的21人官品很多不在这六十种中,因此未对南齐的情况做详细分析。
⑤ 分别是会稽太守褚淡之(质子)、吴兴太守刘瑀(刚子)、会稽太守张茂度(恭子)、吴郡太守袁洵(贞子)。

以上。以上统计的情况意味着一种可能，即在东晋南朝时，官员得谥者的官品要求从五品上调到三品，上调的时间最迟在梁武帝时期。但即使官方制定了官品的界限，在实际的赐谥过程中，仍会根据现实的情况和需要，对某些官员特赐谥号。

刘宋时期，王镇恶死后赠刺史，但是没有赠谥。直到追封了爵位后才追赐谥号。这样的情况还有王华、王昙首。见《宋书》卷四五《王镇恶传》："于是追赠左将军、青州刺史。高祖受命，追封龙阳县侯，食邑千五百户，谥曰壮侯。配食高祖庙廷。"《宋书》卷六三《王华、王昙首传》载王华："四年，卒，时年四十三。追赠散骑常侍、卫将军。九年，上思诛羡之之功，追封新建县侯，食邑千户，谥曰宣侯"。王昙首"七年，卒。追赠左光禄大夫，加散骑常侍，詹事如故。九年，以预诛羡之等谋，追封豫宁县侯，邑千户，谥曰文侯"。

三　北朝得谥官员身份的转变

我们也没有看到北朝时期对百官给谥品级的规定，但从当时的正史、墓志中注意到[①]，北魏对给谥官员生前官品的规定不是很严格。如《魏故假节龙骧将军豫州刺史李简子墓志铭》载李蕤卒时为"大司农少卿，死后赠官假节龙骧将军、豫州刺史，谥曰简"[②]。《魏书·公孙表附颖传》载公孙颖"改授太府少卿，又加前将军。神龟二年卒。赠平东将军、营州刺史，谥曰贞"。《魏书·李顺附瞰传》载，李瞰"迁廷尉少卿、殷州大中正。孝昌二年冬，卒，年五十七。赠平东将军、齐州刺史，谥曰宣"。大司农少卿、太府少卿、廷尉少卿同为六少卿之一，在太和二十三年职令中为正四品上阶。《魏书·李欣附蕴传》载李蕴，"入为员外散骑常侍、尚书右丞、中坚将军，迁左丞。延昌三年卒，赠平远将军、南青州刺史，谥曰

[①]　为了使统计的数目更加有针对性，我们主要选出的是任官在孝文帝时期、而得谥在宣武帝或孝明帝早期的官员。因为孝文帝以前官员的官品不能很好的确定，而孝明帝末期至以后的谥号有一部分为追赠。如《魏书·高谧传》中高谧："寻转治书。……延兴二年九月卒，时年四十五。太昌初，追赠使持节、侍中、都督青徐齐济兖五州诸军事、骠骑大将军、太尉公，青州刺史，谥武贞公。"这样的例子，笔者没有加以分析。

[②]　赵超：《汉魏南北朝墓志汇编》，第148页。

敬"，尚书左丞为从四品上阶。《魏书·于栗磾附袛传》载于袛，"卒于司徒掾。赠镇远将军、朔州刺史，谥曰悼"，司徒掾，太和二十三年职令中为从五品上阶。《魏书·尉元附静传》载，尉静"世宗时，为尚书左民郎中。卒，赠博陵太守，重赠镇军将军、洛州刺史，谥曰敬"，"尚书郎中"在太和二十三年职令中为正六品下阶。而裴敬宪生前为从七品下阶的太学博士，但死后在永安三年追赠谥曰文。① 以上李蕤、公孙颖、李暾、李蕴、于袛、尉静、裴敬宪七人生前官职或为少卿、尚书左丞、尚书郎、司徒掾、太学博士，官品从正四品上阶到从七品下阶不等，生前无特殊军功，而死后都得到了赠谥。由此看来，北魏官员得谥时，对生前官品要求比较宽松，上到正一品的三公，下到从七品下阶的太学博士死后都可以获得谥号。这反映出北魏追求事功的社会风气以及北魏朝廷注重现实功用，也能从侧面反映出北魏礼法中对谥法的规定并不特别严格。② 北齐生前无爵死后有谥的 24 人的官品多为正四品下阶以上，而北周 11 人的官品多在七命及以上。

虽然如此，但另外还有一个问题不容忽视，即官员死后赠官与死后赠谥是国家凶礼中的两个并列系统，官员死后的赠爵、赠官与官员赐谥关系密切。李彦楠认为东晋南朝无爵获谥官员，生前任官高于五品但不足三品的官员死后可被追赠至三品进而获谥。③ 北魏对官员死后的赠官也遵循类似的政策。上引李蕤墓志，死后赠龙骧将军、豫州刺史；在太和二十三年职令中记载，龙骧将军为从三品、上州刺史为正三品，中州刺史为从三品，下州刺史为正四品下阶。由于官员生前对朝廷的功、德，死后有的得到赠爵、有的得到高于生前官品的赠官的哀荣，之后得到赠谥。这一点与上面强调官员生前身份（爵位、官品）并不矛盾，而是互为补充。

从以上分析可以看出，魏晋之际结合爵位和现实功行（官品在五品及其以上）决定百官谥号的规定，取消了那些仅靠父荫为爵者得谥的权利，

---

① 《北史》卷三八《裴骏附敬宪传》，第 1375 页。
② 承蒙楼劲先生教示，北魏赠谥较宽，似可溯至天兴加谥于二十八帝以来的传统，二十八帝皆部落人物，追尊为帝倒在其次，加以谥号，表明了当时对谥法的重视和加谥法度不严的状况。
③ 李彦楠：《东晋南朝无爵公谥制度研究》，《魏晋南北朝隋唐史资料》第 40 辑，2019 年，第 72—86 页。

对"有爵则有谥"的古制是一种冲击。而两晋南北朝时期得谥官员的身份也发生了变化，不仅生前有爵的官员可以得到谥号，生前无爵的官员死后也能得谥，这是中国古代官员谥法的一个重大变化。这一变化与魏晋南北朝时期爵制变化息息相关。东晋没有明确规定百官给谥的品级，百官给谥资格可能经过从曹魏时的五品上调至三品的过程，而北朝也没有明文规定百官给谥的品级，实际的赐谥中，官员生前在职的功劳、德行更大程度地影响着得谥与否及其谥号的好恶。

直到唐代，明确规定"诸谥，王公及职事官三品以上、散官二品以上身亡者，其佐吏录行状申考功，考功责历任勘校，下太常寺拟谥讫，覆申考功，于都堂集省内官议定，然后奏闻。赠官同职事"[①]。《唐六典》卷一四《太常寺》"太常博士"条也载："凡王公已上拟谥，皆迹其功德而为之褒贬。（议谥：职事官三品已上，散官二品已上，佐史录行状，申考功勘校，下太常拟谥讫，申省议定奏闻。）"

四 高昌官员未见谥号

第一章第二节探讨了吐鲁番出土的《谥法》残本，这说明《谥法》连同其他儒家典籍进入到高昌地区。而在现存的文献资料和已公布的出土材料中，我们没有发现高昌王国官员的谥号，目前仅见麴氏高昌王朝时期三个高昌王的谥号。那么为什么会出现这种现象，高昌王的谥号是否受到了外来影响？

高昌王国时期，尤其是在497年麴嘉建立麴氏王朝后，这一地区一直处于相对稳定的状态。在政治制度上，实行以官僚制度为基础的君主制，中央和地方行政体制均受到汉文化传统的影响，其礼乐文化的主体也为汉文化。因此政治文化传统的赐谥和赠官制度也在高昌王国存在。

孟宪实先生曾搜集了吐鲁番出土的墓砖材料，对麴氏高昌时期的官员追赠制度进行了详细的研究。通过他的统计，有历官又有追赠官的共41

---

① 吴丽娱先生对这条的复原，详见天一阁博物馆、中国社会科学院历史研究所天圣令整理课题组校证《天一阁藏明抄本天圣令校证附唐令复原研究》之《唐丧葬令复原研究》，中华书局2006年版，第691页。

人，有历官而无追赠官的 59 人。① 追赠官和赐谥号是紧密联系在一起的，为国家凶礼中的两个并列系统，都是王朝赐给官员死后的哀荣。但在这 100 人中，无论其官职高低，均无赐谥记载。而且遍检已公布的吐鲁番出土的墓砖资料和文书材料，都没有发现高昌官员的谥号。出现这一现象的原因，可能是多样的。南朝时期，官员给谥的资格在五品及其以上，北朝没有明确规定官员的品级，基本上也以五品以上为多，北魏时期也有从七品的官员得到赠谥。孟宪实先生在考察了高昌追赠制度的基准，是以中央司马为界，以上皆得追赠。而根据侯灿先生的研究，麴氏高昌的官制大体分为六个系统：将军戎号、戍卫兵将、王府中央、东宫王都、郡府与县城官制。按其迁升等级，最基本的是一至九级。由绾曹郎中至各部司马，可以排列四个等级，其中，尚书各部郎中排列在第三等级，尚书各部长史属于第四等级，中央各部（兵部、民部、仓部、库部、祀部、都官、主客、屯田）司马属于第五等级。② 比照北魏二十三年职令，尚书郎中位居正六品下阶，那么，比尚书郎中低两等的各部司马的品级定比正六品下阶更低。因此，笔者推断已出土的资料中有赠官而无赐谥的第一个原因是这些官员的品级普遍比较低。另外，孟宪实先生在讨论高昌追赠制度时，指出："在追赠制度上，麴氏王族的特权也一定是存在的。但是，所见麴氏任官资料，来自墓表的并不多，麴悼以外，未见麴氏王族任何重要成员的墓表，可以认为，麴氏王族的墓地至今仍没有发现。"③ 因此，笔者认为高昌如果采用谥法，可能也是针对高级官员，尤其是麴氏王族享有，而现在麴氏王族的资料并没有发现。然而，也可能还有一个原因，便是这个偏安于西北一隅的高昌王国，对其官员可能不采取赐谥。

第二节　百官给谥程序

在中国古代，百官给谥的程序基本分为请谥→议谥→定谥→赐谥四个

---

① 孟宪实：《汉唐文化与高昌历史》，齐鲁书社 2004 年版，第 188—208 页。
② 侯灿：《麴氏高昌王国官制研究》，《文史》第 22 辑，中华书局 1984 年版，第 60—62 页；后收入氏著《高昌楼兰研究论文集》，新疆人民出版社 1990 年版，第 1—72 页。
③ 孟宪实：《汉唐文化与高昌历史》，第 194 页。

步骤，但每个朝代的程序又有所差别。① 魏晋南北朝时期，仍以礼官主导谥法一事，这一点已为学界所公认。但以往的学者却忽略了魏晋南北朝时期尚书省官员在百官给谥程序中的作用和地位，而这一点直接影响了唐代的相关制度。

一 魏晋南朝官员的给谥程序

请谥是指由死者的后世子孙、门人故吏或掌管谥法的礼官向朝廷提出申请赐给谥号的一种行为。《礼记·曲礼下》："既葬，见天子曰类见，言谥曰类"，孔颖达毓引王肃说云："请谥于天子，必以其实为谥，类于生平之迹也……今请谥使大夫不得曰聘，而名曰类，言类象聘而行此礼也，故云言谥曰类也。"②《汉书》卷五三《河间献王德传》载刘德，立二十六年薨。中尉常丽以闻曰："王身端行治，温仁恭俭，笃敬爱下，明知深察，惠于鳏寡。"大行令奏："谥法曰'聪明睿知曰献'，宜谥曰献王。"此处便是由诸侯王属官中尉请谥，大行令奏谥。魏晋南北朝时官员给谥的第一步仍是请谥。

（一）请谥

《晋书》卷九一《儒林·范弘之传》载"时卫将军谢石薨，请谥，下礼官议。"③ 此处的"请谥"，便是家人或属官向朝廷请谥。

萧梁时期，萧子显卒，诏赠官，及葬时，仍履行了"请谥"这一程序：

> 大同三年，出为仁威将军、吴兴太守，至郡未几，卒，时年四十九。诏曰："仁威将军、吴兴太守子显，神韵峻举，宗中佳器。分竹未久，奄到丧殒，恻怆于怀。可赠侍中、中书令。今便举哀。"及葬请谥。④

---

① 汪受宽：《谥法研究》，第127页。
② 《礼记正义》卷五《曲礼下》，阮元校刻：《十三经注毓》，第2742—2743页。
③ 《晋书》卷九一《儒林·范弘之传》，第2362页。
④ 《梁书》卷三五《萧子显传》，第512页。

（二）议谥、定谥

曹魏时期，官员死后，由相关机构参与议谥。如《三国志·钟繇传》载太和四年，钟繇薨。帝素服临吊，谥曰成侯。裴松之注引《魏书》曰：

> 有司议谥，以为繇昔为廷尉，辨理刑狱，决嫌明疑，民无怨者，由于、张之在汉也。诏曰："太傅功高德茂，位为师保，论行赐谥，常先依此，兼叙廷尉于、张之德耳。"乃策谥曰成侯。[1]

西晋时，百官的谥号仍由太常博士议定。《晋书》卷二四《职官志》载："太常博士，魏官也。魏文帝初置，晋因之。掌引导乘舆。王公已下应追谥者，则博士议定之。"

《晋书》中便记载了太常博士秦秀参与议谥的两则史料。太宰何曾咸宁四年（278）薨，"将葬，下礼官议谥。博士秦秀谥为'缪丑'"。《晋书·秦秀传》中详细记载了太常博士秦秀的谥议：

> 故太宰何曾，虽阶世族之胤，而少以高亮严肃，显登王朝。事亲有色养之名，在官奏科尹模，此二者实得臣子事上之概。然资性骄奢，不循轨则。诗云："节彼南山，惟石岩岩，赫赫师尹，人具尔瞻。"言其德行高峻，动必以礼耳。丘明有言："俭，德之恭；侈，恶之大也。"大晋受命，劳谦隐约，曾受宠二代，显赫累世。暨乎耳顺之年，身兼三公之位，食大国之租，荷保傅之贵，执司徒之均。二子皆金貂卿校，列于帝侧。方之古人，责深负重，虽举门尽死，犹不称位。而乃骄奢过度，名被九域，行不履道，而享位非常。以古义言之，非惟失辅相之宜，违断金之利也。秽皇代之美，坏人伦之教，生天下之丑，示后生之傲，莫大于此。自近世以来，宰臣辅相，未有受垢辱之声，被有司之劾，父子尘累而蒙恩贷若曾者也。

---

[1]《三国志》卷一三《魏书·钟繇传》，第399页。

周公吊二季之陵迟，哀大教之不行，于是作谥以纪其终。曾参奉之，启手归全，易箦而没，盖明慎终，死而后已。齐之史氏，乱世陪臣耳，犹书君贼，累死不惩。况于皇代守典之官，敢畏强盛，而不尽礼。管子有言："礼义廉耻，是谓四维，四维不张，国乃灭亡。"宰相大臣，人之表仪，若生极其情，死又无贬，是则帝室无正刑也。王公贵人，复何畏哉！所谓四维，复何寄乎！谨按谥法："名与实爽曰缪，怙乱肆行曰丑。"曾之行己，皆与此同，宜谥缪丑公。时虽不同秀议，而闻者惧焉。①

秦秀从名、实方面，追议了太宰何曾"虽少以高亮严肃"，"然资性骄奢，不循轨则"，因此议《谥法》所定"名与实爽曰缪"；又因何曾"行不履道""失辅相之宜"，因以《谥法》中"怙乱肆行曰丑"，定何曾谥号为"缪丑"。虽然后来晋武帝不从秦秀之议，定谥为"孝"，但太常博士秦秀谥议的公正却让听闻此事的人惧怕。

《晋书》卷四〇《贾充传》载贾充太康三年四月薨，"及下礼官议充谥，博士秦秀议谥曰荒，帝不纳。博士段畅希旨，建议谥曰武，帝乃从之"。这件事在《晋书·秦秀传》载：

及充薨，秀议曰："充舍宗族弗授，而以异姓为后，悖礼溺情，以乱大伦。昔鄫养外孙莒公子为后，春秋书'莒人灭鄫'。圣人岂不知外孙亲邪！但以义推之，则无父子耳。又案诏书'自非功如太宰，始封无后如太宰，所取必己自出如太宰，不得以为比'。然则以外孙为后，自非元功显德，不之得也。天子之礼，盖可然乎？绝父祖之血食，开朝廷之祸门。谥法'昏乱纪度曰荒'，请谥荒公。"不从。②

秦秀议谥时，主要针对贾充以其外孙贾谧为嗣孙，不合礼法制度而"开朝廷之祸门"，因此谥为"荒"，但晋武帝不从，又使太常博士段畅复

---

① 《晋书》卷五〇《秦秀传》，第1405页。
② 《晋书》卷五〇《秦秀传》，第1405—1406页。

第五章　魏晋南北朝时期百官谥法

议,段畅建议谥为武,晋武帝从其议。

《晋书》卷七九《谢石传》载:"石聚敛无餍,取讥当世。追赠司空,礼官议谥,(太学)博士范弘之议谥曰襄墨公。"此事在《晋书·范弘之传》载曰:

> (弘之)为太学博士。时卫将军谢石薨,请谥,下礼官议。弘之议曰:石阶藉门荫,屡登崇显,总司百揆,翼赞三台,闲练庶事,勤劳匪懈,内外佥议,皆曰与能。当淮肥之捷,勋拯危坠,虽皇威遐震,狡寇天亡,因时立功,石亦与焉。又开建学校,以延胄子,虽盛化未洽,亦爱礼存羊。然古之贤辅,大则以道事君,侃侃终日;次则厉身奉国,夙夜无怠;下则爱人惜力,以济时务。此数者,然后可以免惟尘之讥,塞素餐之责矣。今石位居朝端,任则论道,唱言无忠国之谋,守职则容身而已,不可谓事君;货黩京邑,聚敛无厌,不可谓厉身;坐拥大众,侵食百姓,大东流于远近,怨毒结于众心,不可谓爱人;工徒劳于土木,思虑殚于机巧,纨绮尽于婢妾,财用糜于丝桐,不可谓惜力。此人臣之大害,有国之所去也。
>
> 先王所以正风俗,理人伦者,莫尚乎节俭,故夷吾受谤乎三归,平仲流美于约己。自顷风轨陵迟,奢僭无度,廉耻不兴,利竞交驰,不可不深防原本,以绝其流。汉文袭弋绨之服,诸侯犹侈;武帝焚雉头之裘,靡丽不息。良由俭德虽彰,而威禁不肃;道自我建,而刑不及物。若存罚其违,亡贬其恶,则四维必张,礼义行矣。
>
> 案谥法,因事有功曰"襄",贪以败官曰"墨",宜谥曰襄墨公。①

卫将军谢石死后家属向朝廷请谥,范弘之为太学博士,参与议谥。在他所上谥议中,列举了谢石生前总司百揆、开建学校、取得淝水之战大捷、货黩京邑、聚敛无厌、侵食百姓等事迹,对其行迹不溢美、不隐恶,根据生前行迹和《谥法》所载,议谥为"襄墨公"。

---

① 《晋书》卷九一《儒林·范弘之传》,第2362—2363页。

《晋书》卷四五《郭奕传》载郭奕："太康八年卒，太常上谥为景。有司议以贵贱不同号，谥与景皇同，不可，请谥曰穆。"此处太常参与了郭晋死后谥号的议定。以上均为太常博士、太学博士参与议谥。

而在羽林左监、北海王司马宫上疏为无爵的刘毅请谥时，晋武帝出其表使八座议之。祝总斌先生认为，"八座或指尚书令、仆射和六曹尚书，或指尚书令、左右仆射和五曹尚书"①，则在西晋时尚书省官员参与了官员给谥这样的礼制事务。《晋书》卷八九《嵇绍传》记载了太尉、广陵公陈准薨，太常奏谥，国子博士嵇绍对陈准的谥号提出驳议，而驳议的结果仍旧下太常。前引《晋书》卷三八《梁王肜传》载梁王司马肜永康二年薨：

> 博士陈留蔡克议谥曰："肜位为宰相……淮南之难，不能因势辅义；赵王伦篡逆，不能引身去朝……此而不贬，法将何施！谨案谥法'不勤成名曰灵'，肜见义不为，不可谓勤，宜谥曰灵。"梁国常侍孙霖及肜亲党称枉，台乃下符曰："贾氏专权，赵王伦篡逆，皆力制朝野，肜势不得去，而责其不能引身去朝，义何所据？"克重议曰："……宜如前议，加其贬责，以广为臣之节，明事君之道。"于是朝廷从克议。

在这次议谥过程中，太常博士蔡克议谥为灵，而梁国常侍及其亲党称枉要求重谥。"台"下符后，蔡克重新议谥，仍保留前议。此处的"台"为"尚书台"，尚书台下符的内容对蔡克议谥中"肜不能引身去朝"提出异议，对蔡克所议的谥号没有提出任何疑义。在这则材料中尚书台参与了议谥。

东晋明帝时，王敦举兵谋逆，周札、周莚等被害。据《晋书》卷五八《周处附周札传》载王敦死后，周"札、莚故吏并诣阙讼周氏之冤，宜加赠谥。事下八坐"。其中，尚书令郗鉴、尚书卞壸、司徒王导对此事进行了讨论。

在《晋书》所记载的8则议谥和驳谥的事例中，6则议谥的均为礼官。

---

① 祝总斌：《两汉魏晋南北朝宰相制度研究》，中国社会科学出版社1990年版，第175页。

而在评议司马彤的谥号中，尚书台参与了其间。尚书台只是对太常博士所议司马彤生前的行迹提出异议，对其谥号评议结果没有提出疑义。西晋刘毅、东晋周札的谥事，也都曾下八座议之。

在南朝的相关文献记载中，我们可以看到尚书省官员也参加了议谥这一程序。前引《宋书》卷五九《江智渊传》载江智渊："迁骁骑将军，尚书吏部郎……初，上宠姬宣贵妃殷氏卒，使群臣议谥，智渊上议曰'怀'。上以不尽嘉号，甚衔之。"虽然上述材料记载的是给贵妃殷氏议谥，也可以从侧面证明尚书省官员参加了刘宋朝的议谥。

《南齐书》卷四二《王晏传》载王晏为吏部尚书，王俭卒，"礼官议谥，上欲依王导谥为'文献'，晏启上曰：'导乃得此谥，但宋以来，不加素族。'"另外，《梁书》卷五二《止足·陶季直传》载"尚书令王俭以（褚）渊有至行，欲谥为文孝公，季直请曰：'文孝是司马道子谥，恐其人非具美，不如文简。'俭从之"。以上两则材料可以证明南齐时，尚书省官员参与议谥。

刘长旭在博士论文《两晋南朝赠官研究》第三章中讨论了两晋南朝赠官的主管机构与关涉机构，认为两晋南朝赠官的主要评议机构是尚书省，同时门下省和中书省在赠官评议中的作用也不容忽视。其关涉机构官员有大鸿胪、兰台谒者台、太常。① 官员死后赠官与给谥，均为官员死后朝廷赐予其的哀荣，在礼制上是紧密相连的。因此，赠官所涉及的机构，给谥时也将要涉及。我们在以上分析的两晋南朝12则议谥实例中可以看到，礼官即太常仍主导着官员的议谥，而尚书省官员确实在百官给谥程序中起到了重要的评议作用，但在上述12则例子中没有门下省和中书省官员参与议谥的痕迹。

太常博士等礼官议谥后，最终的谥号由皇帝确定。如上文所述秦秀议何曾谥为"缪丑"，但晋武帝不从其议，而策谥为孝；上引太学博士范弘之议卫将军谢石之谥为"襄墨"，但"朝议不从，单谥曰襄"。还有一种情况，皇帝赐谥之后，死者子孙并不满意，复上表请求更谥号。《晋书》卷五七《滕修传》载滕修太康九年卒，"请葬京师，帝嘉其意，赐墓田一顷，

---

① 刘长旭：《两晋南朝赠官研究》，博士学位论文，北京师范大学，2002年，第44—52页。

谥曰声。修之子并上表曰：'……窃闻博士谥修曰声，直彰流播，不称行绩，不胜愚情，冒昧闻诉。'帝乃赐谥曰忠"。

（三）策谥

朝廷议谥、定谥后，就将谥号赐给丧家，在丧礼中使用。太尉荀颛上《谥法》云："若赐谥而道远不及葬者，皆封策下属，遣所承长吏奉策即家祭赐谥。"①

然而，策谥的时间也因特殊情况可能耽误。《晋书》卷三三《王祥传》载王祥：

> 泰始五（四）年薨，诏赐东园秘器，朝服一具，衣一袭，钱三十万，布帛百匹。时文明皇太后崩始踰月。其后诏曰："为睢陵公发哀，事乃至今。虽每为之感伤，要未得特叙哀情。今便哭之。"明年，策谥曰元。②

王祥的丧礼正好赶上晋武帝母亲王元姬薨逝，因此一直未得到赐谥，至第二年才策谥为"元"。

（四）谥号的变动

谥号关乎于生前的行迹，死后可能因生前劣迹而被贬谥。晋武帝时的名臣武陔：

> 泰始初，拜尚书，掌吏部，迁左仆射、左光禄大夫、开府仪同三司。陔以宿齿旧臣，名位隆重，自以无佐命之功，又在魏已为大臣，不得已而居位，深怀逊让，终始全洁，当世以为美谈。卒于位，谥曰定。③

《逸周书·谥法解》云"大虑静民曰定，安民大虑曰定，安民法古曰

---

① 《晋书》卷二〇《礼志中》，第645页。
② 《晋书》卷三三《王祥传》，第989—990页。
③ 《晋书》卷四五《武陔传》，第1285页。

定，纯行不二曰定"，然而就是这位得谥为"定"的"始终全洁"的宿齿旧臣，在其死后却因生前占官三更稻田，而被司隶校尉李憙弹劾请贬谥：

> 李憙上言："故立进令刘友、前尚书山涛、中山王睦、故尚书仆射武陔各占官三更稻田，请免涛、睦等官。陔已亡，请贬谥。"诏曰："法者，天下取正，不避亲贵，然后行耳，吾岂将枉纵其间哉！然案此事皆是友所作，侵剥百姓，以缪惑朝士。奸吏乃敢作此，其考竟友以惩邪佞。涛等不贰其过者，皆勿有所问。易称'王臣謇謇，匪躬之故'。今憙亢志在公，当官而行，可谓'邦之司直'者矣。光武有云'贵戚且敛手以避二鲍'，岂其然乎！其申敕群僚，各慎所司，宽宥之恩，不可数遇也。"①

虽然这件事情被压下来，但是所得之谥也能因为某种原因而被贬或被夺。

上引《晋书》卷三三《何曾传》中载何曾之谥，先经秦秀议谥为"缪丑"；晋武帝不从，策谥为孝，十余年后至太康（280—289）末，其子何劭自己上表改谥为元。

二 北朝的给谥程序

（一）请谥

在一定级别的官员死后，家属或门生故吏或向礼部请谥。如《北史》卷三四《索敞传》载：

> 索敞字巨振，燉煌人也。为刘延明助教，专心经籍，尽能传延明业。凉州平，入魏，以儒学为中书博士。京师贵游之子，皆敬惮威严，多所成益，前后显达位至尚书、牧、守者数十人，皆受业于敞。敞以《丧服》散在众篇，遂撰比为《丧服要记》。出补扶风太守，在

---

① 《晋书》卷四一《李憙传》，第1189页。

位清贫，卒官。时旧同学生等为请谥，诏赠凉州刺史，谥曰献。①

索敞生前官为扶风太守，在《太和二十三年职令》中，上郡太守为四品下阶，按照北魏官员给谥的品级来说，索敞可以得到赐谥。他在位清贫，死后，由旧时的学生向朝廷请谥。在第一章所引韦彧墓志中，便是韦彧"长子能与史民谨上行状"向朝廷请谥。

（二）议谥、奏谥、驳谥

北魏早期的给谥，我们可以参看《魏书》卷二七《穆崇传》，天赐三年（406）穆崇薨，"及有司奏谥，太祖亲览谥法，至述义不克曰'丁'。太祖曰：'此当矣。'乃谥曰丁公"。虽然我们并不清楚其"有司"的具体指代机构，但北魏建国之初已经建立了百官给谥的程序，这是道武帝亲自给开国功臣穆崇赐谥。《魏书》卷五六《郑羲传》：

> 太和十六年卒，赠帛五百匹。尚书奏谥曰宣，诏曰："……羲虽宿有文业，而治阙廉清。稽古之效，未光于朝策；昧货之谈，已形于民听。谥以善问，殊乖其衷。又前岁之选，匪由备行充举，自荷后任，勋绩未昭。尚书何乃情遗至公，愆违明典！依谥法：博闻多见曰'文'，不勤成名曰'灵'。可赠以本官，加谥文灵。"

此处直接记"尚书奏谥曰宣"，而没有载太常议谥的这一程序，与《晋书》中礼官奏谥的记载不同。因为郑羲生前的考课行迹与所奏谥号不合，所以孝文帝并没有同意尚书所奏之谥"宣"。孝文帝虽对郑羲的文采加以表彰，依谥法"博闻多见"谥其为"文"，但对其在官的劣迹也有所考虑，因此复谥其为"文灵"。

《魏书》卷四一《源怀传》载：

> （正始）三年六月（怀）卒，年六十三……兼吏部尚书卢昶奏：

---

① 《北史》卷三四《索敞传》，第1270页。

"太常寺议谥曰，怀体尚宽柔，器操平正，依谥法，柔直考终曰'靖'，宜谥靖公。司徒府议，怀作牧陕西，民余惠化，入总端贰，朝列归仁，依谥法，布德执义曰'穆'，宜谥穆公。二谥不同。"诏曰："府、寺所执，并不克允，爱民好与曰'惠'，可谥惠公。"

太和二十年（496），源怀出为长安镇将、雍州刺史，在任内"清俭有惠政，善于抚恤，劫盗息止，流民皆相率来还"，由于这些政绩，源怀在翌年"复拜殿中尚书，加侍中，参都曹事"。也正因此，在他死后得到美谥。值得注意的一点是，在源怀的谥议中，除太常寺的官员议谥外，司徒府的官员参与了"议"的环节。这是自《后汉书·百官志》载司徒"养生送死之事，则议其制，建其度"后，第一次在文献中出现司徒府参加谥议。两个机构分别根据谥法和源怀的在官行迹，议谥为"靖"和"穆"。太常寺、司徒府议谥结果的不一致，导致尚书省官员将不同的议谥结果奏请君主，由君主定夺后赐谥"惠"。① 源怀的谥号为"惠"，在墓志中有所证实，见《魏杨君妻源显明墓志》："父讳怀，魏故特进骠骑大将军尚书令司徒公冯翊郡开国公谥曰惠"。

《魏书》卷六八《甄琛传》记载了北魏官员议谥的程序：

> 正光五年冬（琛）卒……赠司徒公、尚书左仆射，加后部鼓吹。太常议谥"文穆"。吏部郎袁翻奏曰："案礼：谥者，行之迹也；号者，功之表也；车服者，位之章也。是以大行受大名，细行受细名。行生于己，名生于人，故阖棺然后定谥。皆累其生时美恶，所以为将来劝戒，身虽死，使名常存也。凡薨亡者，属所即言大鸿胪，移本郡大中正，条其行迹功过，承中正移言公府，下太常部博士评议，为谥列上。谥不应法者，博士坐如选举不以实论。若行状失实，中正坐如博士。"②

---

① 赵君平编：《邙洛碑志三百种》，中华书局2004年版。
② 《魏书》卷六八《甄琛传》，第1515—1516页。

依尚书吏部郎袁翻所言，当时官员给谥的程序为：在官员死后，由死者的子孙或僚属向大鸿胪正式提出赐谥的请求；大鸿胪卿受理这种请求后，要求官员所属郡的大中正提供此人的"行状"；中正将行状移交到司徒府；而后交至太常寺，太常卿、太常博士根据行状评议此人的谥号。

从袁翻所述和源怀谥议的具体事例，可以看到本郡大中正提供官员的行状，而后交至司徒府审核行状的真伪后下太常寺议谥；司徒府还参与议谥的具体过程。[①] 尚书省官员似乎并没有参与到官员谥号的评定，而实际上，从郑羲、源怀、甄琛死后赐谥程序看，尚书（多为吏部尚书、吏部郎）多在礼官议谥有多种时，进行奏谥。

行状，为状的一种。早在汉代，便是选官过程中必参的文书之一。《后汉书》卷六四《史弼传》在"裴瑜官至尚书"句下注引"先贤行状"："瑜字雉璜。聪明敏达，观物无滞，清论所加，必为成器，丑议所指，没齿无怨也。"《后汉书》卷七八《宦者·吕强传》："旧典选举委任三府，三府有选，参议掾属，咨其行状。"同书卷八一《独行·范式传》："长沙上计掾史到京师，上书表式行状，三府并辟，不应。"长沙吴简也谈到"私学"的"状"[②]，即当时的人生前已有行状。《文心雕龙》卷五《书记》："状者，貌也。体貌本原，取其事实，先贤表谥，并有行状，状之大者也。"从《后汉书》、《三国志》注引《先贤行状》中 30 人的行状片段看，行状包括本人的姓名、籍贯、乡论清议对本人的评价、本人的官职、在官的事迹等。我们现在虽已看不到北魏时官员的行状，但北魏的行状格式可能与三国时期的行状没有大的区别。从袁翻所述"礼法"可以看到，行状出于本郡大中正。而到北魏中后期，随着中正职能的转变，行状并不出自中正之手。《故使持节散骑常侍太常卿尚书都督雍州诸军事抚军将军豫雍二州刺史文烈公韦使君墓志铭》中明确记载韦彧死后，"长子彪与吏

[①] 虽然没有直接的材料证实曹魏、两晋司徒府参与了官员谥号评议的程序，但从《后汉书》所记司徒的职掌和中正设置的时间，我们有理由认为从曹魏、西晋起，司徒府便参与了官员谥号评议的程序。

[②] 王素、宋少华：《长沙走马楼三国吴简的新材料与旧问题——以邸阁、许迪案、私学身份为中心》，《中华文史论丛》2009 年第 1 期，第 1—26 页。

民谨上行状"①;《魏书》卷八四《儒林·刁冲传》:载刁冲卒后,"国子博士高凉及范阳卢道侃、卢景裕等复上状陈冲业行"。上引《甄琛传》也指出:

> 吏部郎袁翻奏曰:"……今之行状,皆出自其家,任其臣子自言君父之行,无复相是非之事。臣子之欲光扬君父,但苦迹之不高,行之不美,是以极辞肆意,无复限量。观其状也,则周孔联镳,伊颜接衽;论其谥也,虽穷文尽武,罔或加焉。然今之博士与古不同,唯知依其行状,又先问其家人之意,臣子所求,便为议上,都不复斟酌与夺,商量是非。致号谥之加,与泛阶莫异,专以极美为称,无复贬降之名,礼官之失,一至于此!"②

时任尚书吏部郎的袁翻指出到北魏后期,行状并非出自中正之手,而"皆出自其家",或是死者的子孙,或是死者生前的僚属。就连甄琛的行状,也不是出于本州中正。《北史》卷四三《邢峦附臧传》载:"臧和雅信厚,有长者之风,为时人所爱敬。为特进甄琛行状,世称其工。"时邢臧为安东将军、濮阳太守,并没有任中正的行迹,甄琛的行状却出于邢臧之手。而且,邢臧这篇被世人称赞的文辞优美的行状,却受到尚书吏部郎袁翻的质疑,从而导致尚书吏部郎参与到驳谥的过程:

> "案甄司徒行状,至德与圣人齐踪,鸿名共大贤比迹,'文穆'之谥,何足加焉。但比来赠谥,于例普重,如甄琛之流,无不复谥。谓宜依谥法'慈惠爱民曰孝',宜谥曰孝穆公。自今已后,明勒太常、司徒有行状如此,言辞流宕,无复节限者,悉请裁量,不听为受。必准人立谥,不得甚加优越。复仍踵前来之失者,付法司科罪。"从之。③

---

① 周伟洲、贾麦明、穆小军:《新出土的四方北朝韦氏墓志考释》,《文博》2000年第2期,第70—72页。
② 《魏书》卷六八《甄琛传》,第1516页。
③ 《魏书》卷六八《甄琛传》,第1516页。

太常依据邢臧所写的行状，议谥为"文穆"。但掌握官员考课和考簿的吏部郎袁翻却认为邢臧所写"言词流宕、无复节限"，其行状与甄琛任官的考绩并不一致，因此，袁翻驳甄琛之谥号为"孝穆"。

按照袁翻所述的给谥程序，尚书省的官员不参与官员谥法的初步评定。但在实际谥号的评定当中，尚书省官员参与驳谥的程序。上例便是掌握官员任命、考课、迁转的尚书吏部郎袁翻因为甄琛行状的失实，参与了驳谥的过程。

在实际的谥法初步评定过程中，尚书省官员也参与其中。《魏书》卷八九《酷吏·羊祉传》记载了羊祉死后谥法的讨论：

> 太常少卿元端、博士刘台龙议谥曰："祉志存埋轮，不避强御。及赞戎律，熊武斯裁，仗节抚藩，边夷识德，化沾殊类，襁负怀仁。谨依谥法，布德行刚曰'景'，宜谥为景。"侍中侯刚、给事黄门侍郎元纂等驳曰："臣闻惟名与器，弗可妄假，定谥准行，必当其迹。案祉志性急酷，所在过威，布德罕闻，暴声屡发。而礼官虚述，谥之为'景'，非直失于一人，实毁朝则。请还付外准行，更量虚实。"灵太后令曰："依驳更议。"元端、台龙上言："窃惟谥者行之迹，状者迹之称。然尚书铨衡是司，厘品庶物，若状与迹乖，应抑而不受，录其实状，然后下寺，依谥法准状科上。岂有舍其行迹，外有所求，去状去称，将何所准？检祉以母老辞藩，乃降手诏云：'卿绥抚有年，声实兼著，安边宁境，实称朝望。'及其殁也，又加显赠，言祉诚著累朝，效彰内外，作牧岷区，字萌之绩骤闻。诏册褒美，无替伦望。然君子使人器之义，无求备德。有数德优劣不同，刚而能克，亦为德焉。谨依谥法，布德行刚曰'景'，谓前议为允。"司徒右长史张烈、主簿李玚刺称："案祉历宦累朝，当官之称。委捍西南，边隅靖遏。准行易名，奖诚攸在。窃谓无亏体例。"尚书李韶又述奏以府寺为允，灵太后可其奏。①

---

① 《魏书》卷八九《酷吏·羊祉传》，第 1923—1924 页。

第五章　魏晋南北朝时期百官谥法

关于羊祉的官宦经历及死后赠谥，还可参看《魏故镇军将军兖州刺史羊公（祉）墓志铭》：①

使君讳祉，字灵祐，泰山梁父人也……□想年□，开辅国大将军府，国栋时□，民□长□。□□□□寻加建威将军，别督戎□□□□□□□□，师徒失律，公独亡□。除征西大将军司马，辞荣□命，□□□□。太和六年，襄樊未宾，乃□□□□□□□□持节□统军，故左仆射元珍时亦同为统军，俱受节度□□。公□闲具术，善于治戎。时有诏使，军门不开，诏使□□令明□□□难犯。使者踟蹰，通□□进，还，以状□□帝，帝叹曰："□抑之□方□□矣。"昔亚夫称美于汉文，□公见□于高祖，迈古垂声，其芳逾蔚。□□帝□旋师。久之，除左军将军，先事即奕，俯从此职。景明末，□且□□□号武兴氏，□□□诏公持节为军司，驰□戎轩，沈机伟略，制□□□。首夏发京，至秋殄贼，威□若神，□□关右。昔奉世□□时□□□□，□□□古，宁不惭恧。寻兼给事黄门侍郎。鲁阳方留京畿，□复侵□，此城关守，固难其人。□□公权行郡事，求□□□，不俟期月。先是华阳献地，巴剑□门，西南氓庶，万里投款。□□望成旧□朝有闻，诏征持节、龙骧将军、益州刺史，□□□督梁秦二州诸军事、梁秦二州刺史，持节、将军如故。公威惠素流，下车腾咏，肃乃建□□礼归□□□开教决□□□，□役必时，官民兼督，于是开石门于遂古，辟栈道于荒途。岁物绢□，□穷□国，恢吴绥蜀，襁负□聚，不□□□□□其为□可以图身虑化□□□众者矣。寻转征虏将军。以母老辞荣，乞及终养，手诏敦属弗许。而□□□□□□□岁□，仲升谒还，玉门非远，频烦表情，久而遂□。驰轩载途，□处膝下。岁余，朝廷兴伐蜀之师，诏复徵公平南将军、光禄大夫，秉旄戎首。抗表陈让，不蒙哀允。□纶继荐，相望中衢。时太夫人教曰："□已事君，岂复存孝？□宜□之，速□□□□。"

---

① 墓志录文见周郢《新发现的羊氏家族墓志考略》，载《周郢文史论文集》，山东文艺出版社1997年版，第46—80页。又见罗新、叶炜《新出魏晋南北朝墓志疏证》，第78—82页。

殷勤固请，具养已成。太夫人遂劝，二弟□对王人。于是还命辞亲，□徵奉主。兵未逾月，国讳班师。假途□□□□□如故。公□履居贞，含仁体顺，以孝移君，匪□形□□。朝廷□□□□□经明□□略遐，宣□班生，谨言陆子，□□□以尚也。方应股肱王室，燮襄台门，□弼告成，悬车□□。命德□永造，积善无凭。春秋五十九，熙平元年正月二日己巳遘疾，曁二月十二日己酉，薨于雒阳徽文里舍。天子伤悼，□□时临，册曰："惟熙平元年三月戊辰朔廿九日甲申，□□，帝曰：咨故光禄大夫、新除平北将军羊祉，器怀雅□，秉操贞□，诚著累朝，效彰出内。作牧岷区，字萌之绩骤闻，诏勒戎旗，抚驭之功实著。比居□秩，□申优养，方□□□，助谐政道，而年未尽算，奄云已毕。言寻朝旧，用悼□□。□遣□者，□册即柩，赠安东将军、兖州刺史，祭以太牢。"寻诏以旧□未崇，迁镇军将军，谥曰景。以其年十一月甲子朔廿日癸酉，葬太山郡梁父县卢乡□里之徂徕山左。

羊祉墓志铭详细记载了羊祉的历官经历，并全文记录了死后朝廷所给羊祉的册文。相较而言，本传所载的历官事迹更为客观。如《魏书·羊祉传》载羊祉为司空令辅国长史[①]时，侵盗公资，私营居宅，有司案之抵死，孝文帝特恕远徙。而墓志铭中却将此事的结果转变为"师徒失律，公独亡□"。宣武帝时，羊祉为龙骧将军、秦梁二州刺史，加征虏将军。天性酷忍，坐掠人为奴婢，为御史中尉王显所弹免。墓志铭上也没有记载此事。

羊祉死后，太常少卿元端、太常博士刘台龙依其行状，议谥为"景"；而门下省官员以羊祉任官的行迹为准，认为谥"景"过于溢美，对太常寺所议谥号提出封驳。灵太后下令"依驳更议"，之后太常寺、司徒府、尚书省的官员参与了议谥过程。太常少卿元端、博士刘台龙在重新议定羊祉谥号时所言"窃惟谥者行之迹，状者迹之称。然尚书铨衡是司，厘品庶物，若状与迹乖，应抑而不受，录其实状，然后下寺，依谥法准状科上"，

[①] 中华书局1974年版标点本《魏书》卷八九校勘记［四］："为司空令辅国长史，按司空属官无令。'令'字疑衍，意谓以辅国将军为司空长史。但亦晦涩，或有讹脱。"而根据《魏故镇军将军兖州刺史羊公（祉）墓志铭》："□想年□，开辅国大将军府，国栋时□，民□长□"，笔者认为羊祉当时的官职是司空、辅国大将军的属官"长史"。

道出了尚书实际参与了谥号的初步评定。此处"尚书"指尚书省官员无疑,元、刘指出在行状递交之后,"铨衡是司"的尚书省官员若发现行状与官员实际的历官行迹相乖左的话,应该"抑而不受",誊录其实际的历官行迹,而后下太常寺议谥。因此依元、刘二人所言行状递交给的是"尚书省",而与袁翻所述礼法行状交由"公府"(司徒府)不同。太常寺驳议认为:太常寺议谥根据的行状,是尚书省据官员的考簿审核后移送到太常寺的,行状与考簿相符与否应该由尚书省负责,太常寺只根据递交上来的行状、谥法来定谥。而且,在羊祉任官之时,他的考簿记载与朝廷给他的评价(灵太后的手诏)就大相径庭;在他死后,朝廷给羊祉的册文,满篇尽是赞誉之词,对羊祉"酷忍""侵盗公资""掠人为奴婢"的德、行只字不提。因此太常寺根据灵太后的手诏和羊祉死后朝廷对他的褒美之辞,仍坚持前谥"景"。而且司徒府的官员(司徒右长史、主簿)也参与了议谥这一程序,认为谥"景"无亏体例。尚书李韶总结太常寺、门下省、司徒府议谥和驳谥的结果后,向灵太后奏谥"景"。因此才有墓志铭中"寻诏以旧□未崇,迁镇东将军,谥曰景"的记载。

在两晋南朝时期,尚书省官员参加了百官给谥程序中"议谥"这一环节。而在上引北魏时期郑羲、源怀、甄琛、羊祉死后谥法评议的讨论中,我们可以看到,北魏官员谥号的评议过程中,尤其是在北魏中后期,官员谥号评定的程序为:在官员死后,由死者的子孙或僚属向大鸿胪正式提出赐谥号的请求;大鸿胪卿受理这种请求后,要求官员所属郡的大中正提供此人的"行状";中正将行状移交到司徒府;而后下交太常寺,太常卿、太常博士根据行状评议此人的谥号。虽然尚书省官员好似并没有参与到官员谥号的评定,但在实际的谥号评定过程中,尚书省负责审核行状的真伪,确定行状的记载与考簿的记载一致之后,将行状交与太常寺,太常卿、太常博士根据行状评议此人的谥号;当礼官议谥有不同时,尚书奏谥;当官员的谥号与其生前考课行迹不一致时,尚书省的官员依照官员生前的考课行迹,对礼官评议的谥号进行驳议,太常寺、司徒府等机构的官员共同参与其中。而北齐魏质和隋朝李士谦二人请谥,更直接证明北齐、隋朝生前无官职的人请"先生"之谥,是必须首先诣尚书省,而非鸿胪寺。

另外，在评定谥法的实际操作过程中，首先，行状并不由中正拟定，而是出于死者后人和佐吏之手，辞多溢美，言多不实，导致行状与官员生前历官德行不符；第二，尚书省（或司徒府）对官员门生、吏属所写的行状审核不严，发现与行迹迥异的行状并没有驳回，而直接移送至太常寺，这样太常寺依照不实行状所议之谥，亦将不实；第三，朝廷出于某些目的有意回避、庇护臣下的过错，以至于官员的历官行迹与朝廷对他的评价存在差异，这种矛盾直接影响府寺评议谥号时所据标准参差，导致谥法不公；第四，官员历官行迹中，不仅仅有清廉的一面，难免有贪、淫的行为，单谥并不能全面反映官员一生的行迹，因此，谥号多是美谥或平谥；即使生前得到的是丑谥，在墓志铭中，后人出于为尊者讳的目的，也将匿而不书。①

唐朝的官员谥号评议过程很大程度上吸取了两晋南北朝的经验，尤其受到北魏的影响。杜佑《通典》卷一〇四《单复谥议》载："大唐之制，太常博士掌凡王公以下拟谥，皆迹其功德而为之褒贬。诸谥职事官、三品以上散官，佐吏录行状，申考功勘校，下太常拟谥记，申省，议定奏闻。"吴丽娱先生根据《天圣令·丧葬令》第22条、《唐六典》、《通典》相关记载复原了唐代的有关规定："诸谥，王公及职事官三品以上、散官二品以上身亡者，其佐吏录行状申考功，考功责历任勘校，下太常寺拟谥讫，覆申考功，于都堂集省内官议定，然后奏闻。赠官同职事。"②凡职事官三品以上散官二品以上官员死后，由佐吏录其行状，申报考功司。考功司隶属于尚书省吏部尚书，设考功郎中一员，考功员外郎一人，主事三人，令史十三人，书令史二十五人，掌固四人，负责内外文武官员的考课。考功司依照四善二十七最的标准，每年对应考之官的功过行能进行考核，而定上上、上中、上下、中上、中中、中下、下上、下中、下下九等。史籍中

---

① 《魏书》郑羲本传中记其谥号为"文灵"，而在墓志铭上，却只有"文"的记载。见《八琼室金石补正》卷一四《北魏三·魏故中书令秘书监使持节督兖州诸军事安东将军兖州刺史南阳文公郑君（羲）碑》，《石刻史料新编》第六辑，新文丰出版公司印行，第4210页。
② 吴丽娱先生对这条的复原，详见天一阁博物馆、中国社会科学院历史研究所天圣令整理课题组校证《天一阁藏明抄本天圣令校证附唐令复原研究》之《唐丧葬令复原研究》，中华书局2006年版，第691页。

保留了唐朝官员的行状，《全唐文》中记录了李翱为韩愈、徐申等人书写的行状。《故正议大夫行尚书吏部侍郎上柱国赐紫金鱼袋赠礼部尚书韩公（愈）行状》：

> 曾祖泰皇任曹州司马，祖浚素皇任桂州长史，父仲卿皇任秘书郎赠尚书左仆射。公讳愈，字退之。昌黎某人……谨具任官事迹如前，请牒考功，下太常定谥。并牒史馆，谨状。①

同卷《唐故金紫光禄大夫检校礼部尚书使持节都督广州诸军事兼广州刺史兼御史大夫充岭南节度营田观察制置本管经略等使东海郡开国公食邑二千户徐公（申）行状》：

> 曾祖仁彻，隋吉州太和县丞。祖玄之皇考功员外郎赠吏部郎中谏议大夫。考义皇汾州司户参军，赠信州刺史、京兆府万年县青盖乡交原里东海徐公，年七十一。公讳申，字维降，东海剡人……谨具历官行事如前，伏请牒，太常编录，谨状。②

从以上两篇行状可以看出，唐代行状的内容包括官员曾祖、祖父、父亲三代的官职，官员自身的任官经历和在任的政绩。最后以"谨具任官事迹如前，请牒考功，下太常定谥。并牒史馆，谨状"等公文文字结尾。考功司根据官员以往考课的记录，勘查核实行状所言官员的履历功过，然后才能转送太常寺议谥。这一点无疑直接受到北魏的影响。

（三）谥策、赐谥

议定谥号后，朝廷便下诏赠赐谥号，这一诏书的内容便是谥策。我们还可以从墓志中看到遗留下来的谥策。前引《故使持节侍中太师大司□□□□录尚书事显蔚相冀定并恒瀛八州刺史广阿县开国公武贞窦公墓志铭》在记录了窦泰一生的军功功绩、所历之官职之后，有一段文字值得注意：

---

① （清）董诰编：《全唐文》卷六三九《李翱六》，中华书局1983年版，第6462页。
② 《全唐文》卷六三九《李翱六》，第6458页。

……以魏天平四年正月十七日薨于弘农阵所,春秋三十八。公材力宏举,雄姿杰出,官室奥远,崖岸弘深。霜雪未易其形,风波不改其操。言诺之重,黄金自轻;荣辱之来,白珪可玷。孝为行本,忠为令德。勋劳旌甲,契阔风尘。扞城四国,折谋万里。翼赞昆彭之业,经纶周汉之初。攀凤羽而高骞,托龙鳞而迥逝。注轮四牡,宾御成行。鸣玉双金,左右相照。加以宽而得众,惠以使民,言笑之恩,暖同布帛,欬唾所及,和若旸春,世经夷险,身有屯盛,咸守任安之节,不署翟公之门。故能克成山海,致兹远大。而虎步未遑,马革已归,倾千寻于斧柯,顿六辔于蚁垤。武皇奔车起恸,登城致哀,贻训魏后,加以殊数。诏曰:存立大功,没而加等,眇寻盛典,莫匪斯遵。故使持节侍中车骑大将军开府仪同三司御史中尉京畿大都督广阿县开国公窦泰,理识明悟,风格峻远,协规上宰,戮力懃王,爱结万里,誉宣三独。及擐甲持矛,埋轮絷马,临危固节,赴难忘身,曾不慭遗,奄焉莫及。兴言茂烈,震悼兼深。宜峻彝章,用崇徽秩。可赠使持节侍中太师大司马太尉公录尚书事都督冀定并恒瀛五州诸军事定州刺史,开国如故,谥曰武贞,礼也。以齐天保六年岁在乙亥二月壬子朔九日庚申改定于京城之西二十里。①

在上引墓志中,从"公材力宏举"到"加以殊数"一段,以华丽的四六之言概括了窦泰一生的功绩;而从"诏曰"到"谥曰武贞,礼也"抄录的便是北齐诏赐窦泰谥号的谥策。在这个谥策中,记录窦泰生前的官职,总结窦泰一生功绩的四言更显理性朴素,之后赙赠其官职,依礼谥其曰"武贞"。关于窦泰的谥号,《北齐书》卷一五《窦泰传》载他死后,赠大司马、太尉、录尚书事,谥曰武贞。②

另外,《□□□持节太师柱国大将军大都督大司马十二州诸军事同州刺史凉国景公贺兰祥墓志》也记载了北周诏赐贺兰祥谥号的谥策。其志盖题写"周故太师柱国大司马凉国景公之墓志",便将其谥号"景"字刻于

---

① 赵超:《汉魏南北朝墓志汇编》,第394—397页。
② 《北齐书》卷一五《窦泰传》,第194页。

其中。墓志在记录了贺兰祥一生功绩之后，载：

> 易名既请，降诏曰：故使持节、柱国大将军、大都督、大司马、凉国公祥，雅量冲邃，风猷峻杰，载德如毛，从善犹水。弘仁仗义，非礼不行，故以道著寰中，誉流海外。方赖亲贤，光赞衮职，奄焉不永，朕用伤悼于厥心。即远戒期，考终有典，宜崇□器，□旌徽烈。可赠使持节、太师、柱国大将军、大都督、同岐泾华宜敷宁陇夏灵恒朔十二州诸军事、同州刺史。封依旧，谥曰景公。

"谥，易名之典"，所谓"易名既请"，即向朝廷请谥。请谥之后，朝廷下诏赠谥，其诏书内容即谥策内容。谥策载贺兰祥的生前官职，及其在职任上的功绩，最后一部分记载对贺兰祥的赠官及赠谥。

在第一章第三节中，我们看到墓志结尾中常有"诏赠××（官职），谥曰××（礼也）"这样的词句，是丧主家在刻写墓志铭时，省略了诏赠谥策中关于丧主一生官职经历的具体内容，而直接刻写了子孙认为最为重要的赠官及谥号。

关于魏晋南北朝时期赠谥的仪式，史无明载。但《通典》卷一三八《开元礼纂类三三·凶礼五·赠谥》记载：

> 赠谥（六品以下无）：告赠谥于柩。（无赠者，设启奠讫即告谥。）其日，主人入，升立于馔东，西面。祝持赠谥文升自东阶，进立于柩东南，北向。内外皆止哭。祝少进，跪读文讫，兴。主人哭拜稽颡，内外应拜者皆再拜。祝进，跪奠赠谥文于柩东，兴，退复位。内外皆就位坐哭。①

此处赠谥即赠官与赠谥号，唐代《开元礼》中六品以下无赠谥，告赠、谥于灵柩前。唐朝的赠谥礼仪可能也是在魏晋南北朝时期的基础上完善的。

---

① 《通典》卷一三八《开元礼纂类·凶礼五·赠谥》，第3526页。

第三节　魏晋南北朝时期官员谥号用字和字数

官员谥号字数的多寡、用谥美恶，是中国古代谥法制度中的重要内容，不仅朝廷重视，而且受到得谥官员的亲属及社会的极高重视。汪受宽先生曾指出，先秦卿大夫谥号，不仅有单谥、复谥，还有三字谥，但两汉582例臣谥中，绝大多数都是单谥，只有16人是复谥。三国、两晋、南北朝、隋、唐，臣谥仍一二字兼用。① 这一认识是公允的。吴为民在《南北朝碑刻谥号初探》一文中，以魏晋南北朝碑刻中的谥号为对象，统计出复谥77例，单谥38例，三字谥20例，从而揭示出南北朝谥号以复谥为主。② 但吴文将"康王""武公"这样的例子作为复谥、"元懿公"作为三字谥来统计，笔者不能认同。以下将从三个方面来探究魏晋南北朝时期官员的谥号用字。

一　魏晋南北朝官员单、复谥

东晋时，便因议司空蔡谟谥号为引，发生过单复谥之争，详见《通典》卷一〇四《礼六四·凶礼二十六》东晋、大唐的"单复谥议"：

> （东晋）时，太常蔡司空谥议云："博士曹耽等议曰：谟可谓善始令终者矣。按谥法布德执义曰穆。"司空左长史孔严与王彪之书云："博士引礼之义，以通高尚之事。穆，诚是美谥。然蔡公德业既重，又是先帝师傅，居总录之任，则是参贰宰相。考行定名，义存实录，不可不详。"彪之答："按谥法布德执义曰穆，谓此名目殊为不轻。泰始初张皇后、太宁庾太后，并谥曰穆。魏司空陈泰、王昶、贺循，皆名士也，并谥曰穆。此与蔡公名体相应。中朝复谥亦不胜单，安平献王孚、齐献王攸并单谥。自顷复谥者，非大晋旧典必重复谥也，盖是近来儒官相承近意耳，皆顾命重勋，或居分陕，或处阿衡。蔡公存谦

---

① 汪受宽：《谥法研究》，第150页。
② 吴为民：《南北朝碑刻谥号初探》，《忻州师范学院学报》2008年第1期，第77—78页。

素之怀，不当此任，于今咏之。所以不复谥，欲令异于数公，所以标冲虚述德美也。又中朝及中兴曾居师傅及录台事者，亦皆不复谥。山、李二司徒，吾族父安丰侯，近贺司空、荀太尉颙、周光禄颢，或曾师傅，或曾总录，并不复谥。吾谓此谥弘美，不应翻改。按谥法条有限，而应谥者无限，亦何得令名德必皆齐同。远准周之文武，则后代不应复得通用此名；近校晋朝旧比，山涛、荀颙、周颢谥康，羊祜、荀勖同谥成。此例甚众，不可悉载。近朱伯高谥简，时尚书符却已不应与和峤同谥。蔡为太常，据上论可同，理甚有义，遂便施行。蔡家固当有此故事。准例如此，复无所为疑。"①

蔡谟穆帝时官至司徒，卒于永和十二年（356）。死后太常博士曹耽等议谥曰穆，司空左长史孔严与王彪之书，认为不应该只是单谥。此时，王彪之官为太常②，他认为，"自顷复谥者，非大晋旧典必重复谥也，盖是近来儒官相承近意耳，皆顾命重勋，或居分陕，或处阿衡"，并列举荀颙、周颢、山涛、荀勖、和峤等人俱为单谥，认为谥蔡谟为"穆"合宜。穆帝没有听从礼官王彪之的意见，复谥蔡谟为"文穆"。从这一争议可以折射出当时以复谥为美的社会风气。赵翼在《两汉六朝谥法》云"又古谥法多用一字，间有二字者，如考烈慎静之类也。并有用三字者，如贞惠文子是也。然大概用一字居多。近代谥法率用二字，盖便于其子孙之称也。"③

笔者根据《三国志》《晋书》《宋书》《南齐书》《梁书》《陈书》《魏书》《北齐书》《周书》《南史》《北史》《隋书》等相关本传记载，以及魏晋南北朝时期的墓志材料，④ 并参考《历代名臣谥法考》《历代人物谥号

---

① 《通典》卷一〇四《礼六四·凶礼二十六》，第2718—2719页。
② 《晋书》卷八《穆帝纪》载，升平元年（357）十二月以太常王彪之为尚书左仆射。汪受宽先生前引书第151页认为王彪之为司空左长史恐有误。
③ （清）赵翼：《陔余丛考》卷一六《两汉六朝谥法》，第308页。
④ 所引用的墓志材料来源于赵超编《魏晋南北朝墓志汇编》（以下简称赵超书），罗新、叶炜编《新出魏晋南北朝墓志疏证》（以下简称罗、叶书）、赵君平编《邙洛碑志三百种》（中华书局2004年版），赵君平、赵文成编《河洛墓刻拾零》（北京图书馆出版社2007年版），毛远明《汉魏六朝碑刻校注》（线装书局2007年版），叶炜、刘秀峰主编《墨香阁藏北朝墓志》（上海古籍出版社2016年版）。

封爵索引》①，对魏晋南北朝各朝代官员的单、复谥号和谥字进行了统计。②

丁：

北魏：穆崇（丁公，宜都公）

元：

曹魏：高柔（元侯，安国侯）、傅嘏（元侯，阳乡侯）

西晋：王祥（睢陵侯）、王戎（安丰侯）、王沉（博陵公）、王浑（京陵公）、石鉴（昌安侯）、任恺（昌国侯）、何曾（元公，郎陵公）、荀组（临颍公）、华廙（观阳公）、陈准（广陵公）、温羡（大陵公）、裴秀（巨鹿公）、裴楷（临海侯）、郑球（平寿公）、郑袤（安城侯）、刘弘（新城公）、刘寔（循阳侯）、卢钦（大梁侯）、顾荣（嘉兴公）、张寔（西平公）

宋：王僧朗（元公）、殷穆（元子）、赵伦之（霄城侯）

陈：沈恪（东兴侯）、张种（元子）、檀和之

北魏：崔剖（沂水男）、崔徽（元公，济南公）、薛谨（元公，涪陵公）

北周：寇儁（西安子）、杨宽（华山公）

元穆：

晋：褚袞（都乡侯）

元简：

陈：王冲（安东亭侯）

元懿：

北魏：冯诞（长乐公）

文：

魏：司马懿（安平公，谥曰文，后改谥宣文）③

---

① 杨震方、水赉佑编著：《历代人物谥号封爵索引》，上海古籍出版社1996年版。
② 下文中"丁：穆崇（丁公，宜都公）"表示"谥号用字：姓名（谥+爵，生前爵位）"；"元：崔剖（沂水男）"表示"谥号用字：姓名（生前爵位）"；"文：邢昕"表示"谥号用字：姓名"，生前无爵位；"贞：高道悦（贞侯）"表示"谥号用字：姓名（谥+爵）"，生前无爵号。不再一一出注。
③ 《晋书》校勘记：各本皆作"谥曰文贞，后改谥文宣"。考异："按礼志，魏朝初谥宣帝为文侯，景帝为武侯。文王表不宜与二祖同，于是改谥宣文、忠武。然则初谥文，无'贞'字也。礼志及文帝纪并称舞阳宣文侯，宋书礼志同。此云'文宣'，亦转写之误。"今据改。《晋书》卷一《宣帝纪》，第23页。

宋：王昙首（文侯，豫宁侯）

梁：王规（南昌侯）、范云（霄城县侯）、萧子恪（祁阳子）

北魏：高闾（文侯，安乐侯）、许谦（高阳公）、李希远（新丰公）、源绍（陇西公）、李谨（高邑伯）、薛虎子（河东公）、高允（咸阳公）、韦彧（阴盘男）、张彝（平陆侯）、裴伯茂（平阳伯）、游祥（高邑侯）、穆韶、封兴之、邢昕、邢臧、陆希质、李希礼、李祖儁、李邕、李纬、封兴之、阳固、裴敬宪、卢道裕（文侯）、薛和

北齐：平鉴（西平伯）、李系、陆印（始平侯）、孙腾（咸阳公）、崔瞻（武城公）、元昭业（文侯）

北周：于瑾（燕国公）、宇文泰（安定王）、宇文广（邠公）、长孙俭（郿公）、郑道邕（金乡侯，一谥贞）、刘志（武乡公）

文成：

晋：郗鉴（南昌公）

宋：宋景仁（文成公）

文孝：

齐：沈文季（西丰侯，一谥忠宪）

北齐：李祖勋（丹阳公）

文明：

北齐：司马子如（阳平公）、徐之才（西阳王）

文忠：

齐：徐孝穆（余乾公）

文定：

北齐：和士开（淮阳王）

文贞：

晋：范平

宋：王敬弘（文贞公）、王裕之

北齐：和安、胡长粲、崔劼、魏收（富平子）

文昭：

宋：王弘（文昭公，华容公）

北齐：李希仁（灵武男）、高乾（长乐公）

文宣：
宋：刘穆之（南康公）
北齐：高翼、魏兰根（永兴县侯）
文恭：
晋：王谧（武昌公）
北齐：封延之（郏城子）、高惠（陈留王）
文康：
晋：庾亮（永昌公）
北魏：张衮（文康公，临渭侯）
文惠：
北魏：李骞、韦旭
北齐：房谟
北周：韦旭
文丰：
北周：蔡大宝（安丰公）
文节：
北齐：司马子瑞（温县伯）
文靖：
晋：谢安（庐陵公）
文肃：
北齐：杜弼（定阳侯）
文穆：
晋：何充（都乡侯）、郗愔（南昌公）、蔡谟（济阳男）
北魏：高树生（死后追封渤海王）、李冲（清渊侯）
北齐：陈元康（昌国公）
文宪：
齐：王俭（文宪公，南昌公）
文简：
齐：褚渊（南康公）
北魏：李象（蓨县男）、李希宗、李琰之、李瑒之

文献：

晋：王导（始兴王）

北魏：穆绍（顿丘公）、源子恭（襄城男）、贾思同（营陵男）、王衍、刁整

北齐：元弼

北周：唐瑾（临淄公、一谥方）

文正：

北魏：穆观（宜都王）

文定：

北魏：邢峦（平舒伯）

文贞：

北魏：山伟（文贞公，东阿伯）、郭祚（文贞公，东光伯）、崔玄伯（文贞公，白马公）、崔休（文贞侯）、游肇（文贞公，新泰伯）、綦儁（章武伯）、贾思伯、邢宴、刘芳

文昭：王云、王庆钟、李孝伯（文昭公，宣城公）

文宣：

北魏：穆寿（宜都王）、谷浑（濮阳公）、陆子彰（东都公）、长孙稚（上党王）、胡国珍（文宣公，秦公）、高翼（乐成侯）、斛斯椿（常山公）、崔光（平恩侯）、魏兰根（永兴县侯）、王诵、高徽

文恭：

北魏：邓颖（下博侯）、张蒲（广平公）、李韶（安城伯）、王椿（真定侯）、卢道虔（临淄伯）、于昕、郑道昭

文烈：

北魏：李平（文烈公，武邑公）、董征、韦彧

文景：

北魏：高昫、房景先

文成：

北魏：穆观（宜都公）

文静：

北魏：李宪（濮阳伯）、魏子建

文肃：

北魏：崔士泰（乐陵男）

文懿：

北魏：李先（中山公）

文灵：

北魏：郑羲

骄：

梁：萧子显（宁都子）

平：

宋：蔡那（平阳侯）、萧琛（平子）

陈：陆见贤（平子）

北魏：毕元宾（彭城公）、常英（平王，辽西王）

北齐：王松年（高邑侯）、宋世轨

平简：

北齐：郑述祖

明：

北魏：夏侯道迁（明侯，濮阳侯）、刘昶（宋王）、窦瑗（容城伯）

明穆：

北魏：高仁

匡：

北魏：穆亮①（顿丘公）

成：

曹魏：王朗（成侯，兰陵王）、司马防（舞阳侯）、任峻（成侯，都亭侯）、卢毓（成侯，容成侯）、钟繇（成侯，定陵侯）

晋：羊祜（巨平侯）、杜预（当阳侯）、郑冲（寿光公）、荀勖（济北侯）、裴頠（巨鹿公）、卫瓘（兰陵公）、荀藩（西华公）、贾模（平阳乡侯）、李重（都亭侯）、李胤（广陵侯）、李憙（祁侯）、郑默（密陵侯）、刘智

---

① 墓志铭中记载谥为"文献公"，而本传记载为"匡"。

陈：沈钦（建城侯）、王通（武阳亭侯）、王猛、杜棱（永城侯）、周宝安（寿昌公）

北魏：屈恒（成公，济北公）、高崇（开阳男）、陆俟（东平王）、赵超宗（成伯，寻阳伯）、韩耆（成侯，安武侯）

北周：赵刚（浮阳公）

成穆：

北魏：张幸（平原成穆公）①

清穆：

北魏：刁雙

克：

北魏：慕容契（定陶男）、刘社生（东平公）

夷：

梁：王泰

北齐：魏鸾

光：

陈：王瑒（光子）、谢嘏（光子）

安：

梁：王志、王骞（南昌侯）

陈：王质（安子，甲日亭侯）、陆缮（安子）、沈君严（安子）

北魏：长孙颓（安王，北平王）、杨集始（武兴王）、穆鑱

北周：裴之隐（会稽男）

安宪：

北魏：刁冲（安宪先生，东安侯）

祈：

陈：沈君高（祁子）

孝：

曹魏：郭都（武城侯）、崔林（孝侯，安乡侯）

---

① 《张弁墓志》："祖幸，使持节、镇东将军、青州刺史、平原成穆公。"详见叶炜、刘秀峰主编《墨香阁藏北朝墓志》，第16—17页。

西晋：王馥（睢陵公）、周处

宋：路兴之（孝侯）

梁：陈道巨、刘孺（孝子）

陈：鲁悉达（彭泽县侯，孝侯）

北魏：孝：柳虯（美阳男）、卢鲁元（襄城王）、窦略（建昌公）、乙海、崔隆宗、张始均

北齐：元晞

北周：李基（敦煌公）、柳纠、萧岌

孝元：

北魏：叔孙俊（安成王）

孝威：

北魏：卢文伟（大夏男）

孝贞：

北魏：李彦、高归义

孝宣：

北魏：封回（富城子）、高颢（太尉公）

孝真：

北魏：胡僧洗（濮阳公）

孝惠：

北魏：成轨（始平县侯）、封津

孝景：

北魏：胡祥（东平公）

孝穆：

北魏：高乾（经县伯）、卢同（章武伯）、甄琛（孝穆公）、杨津

孝简：

北魏：卢义僖

孝懿：

北魏：李延寔（阳平王）、元谌（魏郡王）

孝定：

北周：王盟（蔡公）

孝昭：

宋：杨玄（武都王）

北魏：胡宁（林泾公）

孝烈：

晋：虞潭（武昌侯）

孝威：

北齐：卢文伟（大夏县男）

孝靖：

梁：谢朏

壮：

曹魏：张颌（壮侯，郑侯）、徐晃（壮侯，阳平侯）、文聘（壮侯，新野侯）、州泰（壮侯）、桓嘉（壮侯，高乡侯）、许褚（壮侯，牟乡侯）、庞德（壮侯，关门亭侯）

晋：胡奋（夏阳子）、王逊（褒中公）、周访（寻阳侯）

宋：卜天兴（壮侯，关中侯）、王镇恶（追谥壮侯，追封龙阳侯）、垣护之（壮侯，益阳侯）、刘康祖（壮男，新康男）、胡藩（壮侯，阳山男）、刘灵遗（壮侯，新阳伯）

齐：王玄邈（河阳侯）、王广之（宁都侯）、曹式宗（壮侯，封侯）、曹虎（一作曹武）、戴僧静（建昌侯）

梁：曹景宗（竟陵公）、张齐（安昌侯）、康绚（南安男）、王神念（南城侯）、裴之礼（夷陵侯）

陈：周炅（龙源侯）、荀朗（兴宁侯）、胡颖（汉阳侯）、徐世休（枳侯）

北魏：李惠（中山公）、杨播（华阴伯）

北周：崔说（安平公）、韩盛（临湍子）

壮武：

北周：李迁哲（安康公）、萧纶（邵陵王、）杨敷（临贞公，一谥忠壮）

壮肃：

陈：侯瑱（零陵公）

武：

曹魏：裴徽（兰陵公）

晋：石苞（乐陵公）、贾充（鲁公）、王浚（襄阳王）、张轨（武公，有爵）陈骞（高平公）

梁：陈庆之（永兴王）、杜崱（枝江公）

北魏：北魏：刁宣（高城侯）、长孙肥（蓝田侯）、冯熙（京兆公）、尔朱荣（晋王）、薛辨（汾阴侯）、于须、房士达

北齐：万俟洛（建昌公）、娄昭（太原王）、斛律金（咸阳王）、贺拔仁（安定王）

北周：李弼（赵郡公）、寇洛（松阳公）、尉迟纲（吴国公）

武宣：

北魏：费穆（赵平公）

武恭：

北魏：尧雄（平城公）

武烈：

北魏：崔延伯（新丰子）

北周：若干惠（长乐公）

武康：

北魏：高真

武敬：

于忠（武敬公，灵寿公）

武壮：

北齐：尉长命

北周：贺拔岳（樊城公）

武贞：

北魏：高谧（武贞公）、奚康生（寿张侯）

东魏：窦泰（武贞公）

北齐：窦泰（广阿县开国公）、卢勇（武贞侯）

武昭：

东魏：高永乐①

---

① 叶炜、刘秀峰主编：《墨香阁藏北朝墓志》，第46—47页。

北周：梁御（广平公）

武献：

北魏：元颢①

果：

北周：李端（襄阳公）

忠：

曹魏：夏侯惇（忠侯，高乡侯）

晋：滕修（武当侯）、刘超（零陵伯）、王允之（番禺侯）

宋：到彦之（建昌县公）、殷孝祖（建安侯）、刘袭（临沣侯）

梁：张惠绍（石阳侯）、臧盾、郑绍叔（东兴侯）、邓元起（松滋侯）

陈：司马申（文招侯）、到仲举（建昌公）、赵知礼（始平公）

北魏：晁清（颍川伯）、高谅（忠侯）、杨难当（南秦王）

北齐：李祖榠、韦子粲（西䴬男），刘丰

北周：窦善（永富公）、王雄（庸公）、王罴（扶风公）、可频雄、李远（阳平公，隋改谥"怀"）、尉迟运（卢国公）、张嵩

忠成：

晋：庾冰（新吴侯）

忠壮：

梁：裴之横（豫章侯）

陈：程灵洗（重安公）、昙朗（一谥"愍"）

北魏：倍俟利（忠壮王，孟都公）

北周：杨敷（临贞公）、魏益德（上黄县公）

忠武：

曹魏：司马师（舞阳侯）

晋：温峤（始安公）

齐：柳世隆（贞阳侯）

梁：王琳（巴陵王）

北魏：裴叔业（忠武公，兰陵公）

---

① 叶炜、刘秀峰主编：《墨香阁藏北朝墓志》，第44—45页。

北齐：段韶（广平郡公）、破六韩常（广川公）、刘贵（敷城公）、王琳（忠武王，建宁县侯）

北周：王励（咸阳王）、唐永（平寿伯）、许孝敬（追封建兴县公）

忠贞：

晋：卞壸（建兴公）

梁：韦粲（永昌侯）、张嵊（忠贞子）

北魏：车路头（宣城公）

忠烈：

晋：周玘（乌程公）

宋：柳元景（巴东公）、徐湛之（忠烈公，枝江侯）

梁：王茂（望蔡公）、成景儁

北魏：李苗（忠烈侯，河阳侯）

忠惠：

晋：薛涛（安邑公）

梁：柳庆远（云杜侯）

忠义：

晋：冼劲

忠肃：

晋：何无忌（安城公）、谢琰（望蔡公）

陈：徐度（湘东公）

忠愍：

陈：周文育（寿昌县公）

忠穆：

晋：嵇绍（戈阳侯）

忠宪：

宋：袁淑（忠宪公）

忠简：

晋：王恭

宋：江湛（忠简公）、黄伯固

忠敬：

梁：吕僧珍（忠敬侯，平固县侯）

陈：蔡景历（新丰县侯）

定：

曹魏：杜袭（定侯，平阳侯）、郭成（定侯，新乐亭侯）、郭满（定侯，西都侯）、张绣（定侯，宣威侯）、董昭（定侯，乐平侯）

晋：荀弈（临颍公）、荀闿（射阳公）、武陔（薛侯）、周楚（建城公）、李景（都亭侯）、曹志（定公，甄城公）

宋：王嗣（新建侯）、羊玄保（定子）

齐：垣闳（西都县子）

北魏：邢产（乐城子）、宋温（列人侯）、长孙观（上党王）、秦松（高都子）、封磨奴（渤海公）、崔景徽（临淄子）、楼安文（阳平公）、裴愉（灌津子）、成淹、崔振

北齐：卢恭道

北周：库狄峙（安丰公）、司马裔（琅琊公）、于象（黔昌公）、陆腾（上庸公）、尉迟俟兜（长乐公）

宜：

梁：韦放（宜侯，永昌侯）

荒：

宋：何勖（安城公）、颜师伯（荒子，平都子）

胡：

晋：华谭（都亭侯）

梁：王份、吉士瞻

威：

曹魏：朱灵（威侯，高唐侯）、吴质（初谥为丑侯，后改为威侯）、郭修（长乐乡侯）、臧霸（威侯，良城侯）、乐进（威侯，广昌亭侯）

晋：羊琇（甘露侯）、李毅、陶回（安乐伯）

宋：檀祗（威侯，西昌侯）

梁：冯道根（豫宁伯）、王珍国（宜阳侯）、席阐文（湘西伯）

陈：陆子隆（益阳侯）、杜僧明（临江侯）、黄法𣰣（义阳郡公）

北魏：李显甫（平棘子）、毛法仁（南郡王）、杜超（威王，阳平王）、长孙翰（阳平王）、邢虬、羊灵引、李悦祖

北周：王杰（鄂公）、韩雄（新义郡公）

威武：

北齐：蔡儁（乌洛男）

威恭：

北齐：薛淑

威肃：

宋：刘仲武

贞：

曹魏：桓阶（贞侯，高乡侯）、陈矫（贞侯，东乡侯）、荀霬（贞侯）、胡质（贞侯，阳陵侯）、徐宣（贞侯，津阳侯）、郭淮（贞侯，都乡侯）、郭嘉（贞侯，有阳侯）、孙资（贞侯，中都侯）、常林（贞侯，高阳侯）、甄像（贞侯，魏昌侯）、裴潜（贞侯，清阳侯）

晋：王览（即丘子）、刘颂（梁邹侯）、傅咸（清泉侯）、庾珉（长岑男）、周谟（西平侯）、刘舆（定襄侯）、桓云（万宁男）、孔愉（余不亭侯）、鲁芝（阴平侯）、杜夷（贞子）、庾阐（吉阳男）、王悦（始兴世子）、卫恒（兰陵世子）

宋：王瓒之（贞子）、朱修之（南昌侯）、沈演之（贞侯，吉阳侯）、袁洵（贞子）

齐：王思远、张岱（贞子）、庾杲之（贞子）、褚炫（贞子）

梁：王锡（永安侯）、徐摛、傅昭、孔休源（贞子）、殷钧（贞子）、裴子野（贞子）

陈：颜晃、王瑜（贞子）

北魏：李育（赵郡公）、李季主（元氏子）、陆馛（贞王，建安王）、刘文晔（都昌子）、罗结（屈蛇侯）、郑长猷（贞侯，云阳伯）、杨逸（华阴男）、高道悦（贞侯）、张孟舒（巩县侯）、王静（中都伯）、司马楚之（贞王，琅琊王）、李恢（巨鹿公）、韦儁（兴平男）、高洪（固安子）、陆隽（贞公，安乐公）、崔玄义（清丘县公）、刘求引（永安公）、独孤万龄、辛穆、郑士恭、崔长文、裴仲规、裴良、许纲、羊敦、裴佶、邓述、谷颖、贾景儁

北齐：陈终德

北周：赵江（昌国伯）、郑孝穆（永宁县侯）、裴侠（清河公）、韩褒（三水县公）、梁昕（胡城伯）、史遵、韦总（河南公）

贞烈：

北魏：李祖升、宋翻、崔亮、裴洵、魏质

贞顺：

北魏：宋牟

贞襄：

北魏：杨腾（华阴男）

贞惠：

梁：萧方诸

北魏：宇文福

北齐：宋游道

贞节：

北齐：崔暹

贞肃：

宋：任农夫（孱陵侯）

贞宪：

陈：沈君理（望蔡侯）

贞简：

北齐：张耀（都亭乡侯）

贞献：

北周：贺拔胜（琅琊公）

昭：

北魏：杜道俊（南康公）、李焕（容城伯）、奚斤（昭王，弘农王）、杜元宝、穆蒲阪、李佐（泾阳子)[1]

---

[1] 《李宝传》记李佐封"泾阳县开国子……谥曰庄"，而李伯钦墓志称"泾阳照子"，比较李遵墓志"显考昭侯……阼土晋阳"，李神俊（李挺）墓志"父尚书昭侯"，可以肯定，李佐谥昭，而非谥庄。

北周：豆卢宁（楚公）、韦鸿胄（新丰公）

昭武：

梁：曲嘉（高昌王）

昭定：

北周：念贤（安定公）

昭景：

北齐：段荣（武威王）

昭烈：

北魏：萧正表（兰陵王）

思：

陈：徐敬成（湘东公）

北魏：尧遵

信：

北周：杨绍（冠军公）

哀：

北魏：于砾（武城子）、屈道赐（哀公，济北公）、奚遵（澄城侯）、寇修之（哀公，冯翊公）

北周：贺若敦（当亭侯）

宣：

晋：颜髦

宋：王华（宣侯，新建侯）、范泰（宣侯，阳燧乡侯）、张畅（夷道县侯）

北魏：长孙嵩（宣王，北平王）、王叡（宣王，中山王）、公孙叡（阳平公）、杜铨（魏县侯）、杜遗（宣王，广平王）、李顺（宣王，高平王）、李宝（敦煌公）、和其奴（平昌王）、胡虔（安阳侯）、韦朏（杜县子）、高偘（经县伯）、高济（浮阳子）、唐和（酒泉王）、游雅（宣侯，广平侯）、许彦（宣公，武昌公）、张恂（平皋侯）、冯朗（燕王）、源贺（陇西王）、孙绍（新昌子）、窦拓（辽东公）、姚遗（宣王，广平王）、李曒、裴叔义、薛驎驹、卢元缉、穆真

宣恭：

北魏：张普惠

宣景：

北魏：李虔（高平男）

宣简：

北魏：王肃（昌国侯）、刘懋

宣惠：

北魏：李思穆（乐平伯）

宣穆：

晋：桓冲（丰城公）

宋：蔡兴宗（乐安公）

北魏：寇讃（河南公）

宣懿：

北齐：丰隆之（安德郡公）

庄：

晋：索靖（安乐亭侯）、薛兴（安邑公）

宋：王玄谟（庄公，曲江侯）

齐：王广之（庄公，应城县公）

北魏：王度（济阳公）、田益宗（曲阳伯）、尉眷（渔阳王）、司马悦（渔阳子）、江悦之（死后追封安平子）、李盖（中山王）、李熙（元氏子）、吕罗汉（庄公，山阳公）、来大千（庄公，庐陵王）、屈车渠（昌黎公）、段进（显美侯）、陆定国（庄王）、高偃（庄侯）、高道（经县侯）、尔朱代勤（梁郡公）、楼真（庄公，湘东公）、薛真度（敷西公）、淳于诞

北周：王庆（平昌公）、韦佑（固安公）、泉仲遵（商洛公）、蔡佑（怀宁公）

庄穆：

北魏：源子雍（阳平公）

庄惠：

北齐：叱列平

恭：

曹魏：卞广（开阳侯）、甄畅（恭侯，魏昌侯）、甄德（广安公）、臧艾（恭侯，良城侯）、韩暨（恭侯，南乡侯）

晋：袁瑰（长合侯）

宋：王偃（恭公）、王绚（恭世子）、张茂度（恭子）、张裕、刘式之（恭侯，德阳县五等侯）

齐：沈冲（恭子）

梁：王峻、沈旋（恭侯，建昌侯）、裴之高（都城县男）、萧子恪（南康子）

陈：王固（恭子，莫口亭侯）、沈法深（建城侯）、沈炯（恭子，梁时的爵原乡侯）

北魏：乙瑰（西平公）、王魏诚（中都侯）、毛修之（恭公，南郡公）、公孙质（广阳侯）、皮喜（恭公，南康侯）、李茂（恭侯，敦煌侯）、豆代田（长广王）、宋繇（清水公）、长孙陈（陵，吴郡王）、周澹（成德侯）、屈须（昌黎公）、孟表（汶阳伯）、毕闻慰（巨平伯）、高推（临邑子）、崔敬邕（临淄男）、崔辩（饶阳侯）、许洛阳（北地公）、张佑（新平王）、杨钧（越公）、楼伏连（恭王，广陵王）、裴修（恭伯）、邓羡（安阳子）、刘灵助（燕公）、卢弥娥（襄城王）、罗敦（带方公）、高当、石祖兴、李仲胤、辛珍之

北周：权景宣（千金郡公）、皇甫璠（长乐子）、达奚寔（平阳公）、独孤库者（赵公）、窦炽（邓国公）、张晏之、杨钧

恭文：

北魏：卢道虔（恭文公，临淄伯）

恭定：

北魏：杨遁

恭庄：

北魏：于劲（恭庄公，太原公）

恭惠：

北魏：安同（高阳王）

恭武：

北齐：可朱天元（昌阳伯）

第五章 魏晋南北朝时期百官谥法

恭穆：

北魏：朱端（乐陵公）

北齐：高季式（乘氏县子）

恭襄：

陈：淳于量

桓：

晋：陶侃（长沙公）、魏咏之（追封江陵县公）

宋：王懿（桓侯，新淦侯）

梁：杜怀宝、夏侯夔（保城侯）

陈：徐世谱（桓侯，鱼复侯）、孙玚（定襄侯）、骆牙

北魏：孔伯恭（东海王）、周几（交趾侯）、韩茂（桓王，安定公）

北周：李贤（西河公）、达奚武（高阳侯）、杨忠（隋王）

烈：

晋：荀畯（济北侯）、郭彰（冠军侯）、周闵（成武侯）、应詹（观阳侯）、桓伊（永修侯）、毛穆之（建安侯）、胡威（平春侯）、罗宪（追封西鄂侯）、陶璜（宛陵侯）①

宋：段佛荣（烈侯，云杜伯）、夏侯祖（烈子，祁阳子）、刘韶（新吴侯）

齐：王玄载（鄂县子）、刘善明（新淦伯）

梁：杨公则（宁都侯）、江子五（烈子）、昌义之（营道侯）、裴邃（夷陵侯）

北魏：李神轨（陈留侯）、陆真（河南公）、许安都（东光侯）、穆多侯（常宁子）、独孤冀（武安公）

北周：史宁（安政公）、梁椿（清宁公）、贺若敦（武都公）

---

① 《晋故使持节冠军将军交州牧陶列侯碑》碑阴载："教：故冠军、交州牧、烈侯陶璜……"，关于此碑发现详情及研究，详见丁克顺、叶少飞《越南新发现"晋故使持节冠军将军交州牧陶列侯碑"初考》，《元史及民族与边疆研究集刊》第30辑，上海古籍出版社2015年版，第1—11页；鲁浩《吴晋宋时期陶氏家庭与交州地方——以越南新出"陶列侯碑"为线索》，《海洋史研究》2018年第2期，第241—257页；宋燕鹏《论两晋刘宋时期交州的权力格局——以新发现西晋陶列侯碑为考察中心》，《社会科学战线》2019年第1期，第140—146页。

烈懿：

北齐：王则（太原伯）

刚：

曹魏：李通（刚侯，建功侯）、张辽（刚侯，晋阳侯）、苏则（刚侯，关内侯）

晋：傅玄（清泉侯）

宋：刘瑀（刚子）、刘孙登（刚侯，顺阳县侯）

梁：尹正（新野侯）、马仙琕（沧侯）

北魏：桓诞（襄阳公）

刚宪：

北魏：李彪（卫国子）

理：

梁：到洽（理子）

北周：薛寘（合阳侯）

基：

北周：段永（广城公）

顷：

齐：徐绲

康：

晋：何劭（康公，朗陵公）、魏舒（剧阳子）、荀颛（临淮公）、山涛（沓伯）、谢鲲（咸亭侯）、华表（观阳伯）、王廙（武陵侯）、周顗（成武侯）、陆玩（兴平伯）

宋：谢譓

梁：王瞻（东亭侯）、蔡樽、萧颖达（吴昌县侯）

陈：谢哲

北魏：乙乾归（西平公）、王世弼（慎县伯）、王宪（北海王）、毛猛虎（康公，南郡公）、仇洛（零陵公）、孔昭（康公，鲁郡公）、平恒（都昌侯）、司马金龙（康王，琅琊王）、邢颖（平城子）、李瑾（康侯，固安侯）、车伊洛（康王，前部王）、长孙骀（上党王）、毕众爱（巨平侯）、高谦之（开阳男）、高珽（辽东公）、高谠（沧水公）、崔孟舒（高邑男）、崔鉴（安平侯）、宿石（太原王）、张度（康侯，临渭侯）、张伟（建安公）、张谠（平陆侯）、楼大拔（永平侯）、赵黑（河内王）、裴骏（闻喜侯）、闾延（定襄公）、薛安都（河东王）、薛初古拔（河东公）、穆伏干（宜都王）、穆凯（建安王）、韩均（康公，安定公）、韩麒麟（康公，燕郡公）、罗拔（赵郡王）、李同轨、裴德欢、刘道斌

北周：王褒（石泉子）、杨烈（隋国公）

康节：

北周：王操（新康公）

章：

梁：王承（章子）、王规（南昌侯）、徐陵（建昌侯）

北周：申徽（博平侯）

悼：

曹魏：夏侯尚（悼侯，昌陵乡侯）

北魏：于祗、薛达头（聊城侯）

达：

北周：唐陵（平寿伯）

敬：

曹魏：华歆（敬侯，博平侯）、刘放（敬侯，方城侯）、卫觊（敬侯，闵乡侯）、卫臻（敬侯，长垣侯）、甄逸（追谥敬侯，死后追封安城乡侯）、卞远（开阳侯）、荀攸（方城侯）、荀彧（敬侯，万岁亭侯）、郭永（观津侯）

晋：华恒（苑陵侯）、赵诱（平阿侯）、甘卓（于湖侯）、卞敦（益阳侯）、荀崧（平乐侯）、桓豁、诸葛恢（建安伯）

宋：袁湛（敬公，晋宁男）、路道庆（敬候）、褚湛之（敬候，都乡侯）

齐：江斅（敬子）、陈肇之（敬候）、刘悛（鄱阳侯）、刘怀珍（霄城侯）

梁：任昉（敬子）

陈：沈巡（敬子）、蔡景历（新丰侯，重赠谥忠敬）

北魏：王桥（武威王）、吕温（野王侯）、房法寿（敬侯，壮武侯）、莫云（敬公，安定公）、高湖（东阿侯）、高扬（死后追封渤海公）、尉拨

(敬侯，安成侯)、张宗之（彭城侯）、尧方生（高邑子）、裴谭（兰陵公）、刘罗辰（永安公）、薛胤（河东侯）、穆忸头、刘仁之、李蕴、尉静宽

北周：豆卢永恩（沃野公）、豆卢讚、李彦（平阳伯）、岑善方（长宁公）、韦澄（彭城公）、赵善（襄城公）

敬烈：

晋：张重华（西平公）

敬康：

北周：傅准

敬惠：

北齐：李元忠（晋阳公）

敬简：

北齐：阳斐（方城伯）

敬悼：

晋：张玄靓（凉王）

惠：

曹魏：钟毓（惠侯，定陵侯）

宋：王寂

梁：王峻、王彬

北魏：崔衡（惠公，齐郡公）、刁遵（惠侯，东安侯）、吐谷浑慕璝（西秦王）、辛绍先（晋阳侯）、宋愔（列人子）、高恒（泾县侯）、高颢（建康子）、陆昕之（东郡公）、尉地干（燕郡公）、张代（惠侯）、源怀（冯翊公）、郑尚（汝阳男）、郑颖考（开封侯）、卢度世（惠侯，固安侯）、陆凯、尔朱菩提、祖慎、杜遇、李叔胤、李宣茂、李辅

北齐：郎基

北周：司马侃（琅琊公）、韦瑱（平齐公）

惠文：

北魏：杨盛（武都王）

惠恭：

北魏：裴彦先（雍丘子）

景：

曹魏：王基（景侯，东武侯）、王肃（景侯，兰陵侯）、孙礼（景侯，大利亭侯）、蒋济（景侯，都乡侯）、满宠（景侯，昌邑侯）、刘靖（景侯，建城侯）、刘晔（景侯，东亭侯）

梁：夏侯详（丰城公）

北魏：羊祉（巨平子）、杜豹（阳平王）、崔挺（泰昌子）、斛斯元（桑干公）、卢统（襄阳王）、郑幼儒、穆荣（景侯）①

北齐：季绘

北周：柳庆（平齐公）、贺兰祥（景公，凉国公）

景桓：

北魏：尉元（景桓公，山阳公）

景烈：

北齐：库狄干（章武王）

景惠：

北齐：慕容绍宗（燕国公）

恺：

北周：柳带韦（康成公）

顺：

北魏：李元茂（始丰侯）、陆清都（广牧子）、尉翊（博陵公）、裴道子（义昌伯）、裴双虎

温：

梁：王训（温子）、顾协（温子）

陈：王劢、章景明（广德侯）

北魏：王洛儿

闵庄：

北齐：尉兴敬（集中县公）

---

① 《齐故骠骑大将军开府仪同三司瀛州刺史中书监穆公（子宁）墓志铭》："祖荣，给事中、光州长史、司徒中郎、河阴令、太尉司马、南阳河内二郡太守、荆雍二州刺史，谥曰景侯。"详见叶炜、刘秀峰主编《墨香阁藏北朝墓志》，第 192—193 页。

节：

曹魏：毛嘉（节侯，安国侯）

宋：陆徽

陈：吴超（汝南侯）

北周：侯植（肥成侯）、郭贤（乐昌公）

倾：

北周：乐泽

靖：

曹魏：何夔（靖侯，城阳侯）、陈群（靖侯，颍阴侯）

晋：王遏、荀邃（西华公）、桓嗣（丰城公）、颜含（西平侯）、顾众（鄱阳侯）

宋：何偃（靖子）

齐：王缋（始平男）、袁彖、陆澄

梁：王暕

北魏：王隆保（巨鹿公）、王琚（高平公）、仇俨（一谥静，零陵公）、司马灵寿（温侯）、长孙道生（上党王）、徐謇（金乡伯）、张鸾旗（洛阳侯）、游明根（靖侯，广平公）、甄密（安市县子）、抱眭生、卢敏

靖穆：

北魏：崔秉

靖节：

晋：陶渊明

靖德：

陈：袁敬

义：

梁：江子一（义子）

炀：

梁：王亮（炀子，豫章公）

北魏：长孙道（北平公）

肃：

曹魏：王观（肃侯，阳乡侯）、辛毗（肃侯，颍乡侯）、张既（肃侯，

西乡侯)、程昱（肃侯，安乡侯）、贾逵（肃侯，阳里亭侯）、贾诩（肃侯，魏寿乡侯）

晋：王彬（关内侯）、庾翼（都亭侯）、陶臻（当阳侯）

宋：王翼之（肃子）、王谦之（石阳子）、宗悫（洮阳侯）、赵伯符（霄城侯）、刘怀慎（肃侯，南城县侯）

齐：李安民（肃侯，康乐侯）、吕安国（湘乡侯）、胡谐之（关内侯）

梁：江蒨（肃子）

陈：欧阳頠（阳山公，一谥穆）、钱道戢

北魏：袁式（肃侯，阳夏子）、许元康（武昌公）、司马纂

北周：李和（德广公）、马岫（扶风公）、席固（静安公）、郑伟（襄城公）、窦毅（杞公）

肃武：

北齐：韩轨（安德望）

愍：

曹魏：李典（都亭侯）、夏侯渊（博昌亭侯）、乐綝（愍侯，广昌亭侯）

晋：刘琨（广武侯）

宋：王僧绰（愍侯，豫章侯）

梁：张弘策（姚？阳侯）、张澄（石阳侯）

陈：侯敦（桂阳侯）

北魏：高观、苟资

愍悼：

晋：陶瞻（长沙王）

静：

陈：萧乾

北魏：穆乙九（富城公）

北周：皇甫集（泾阳公）、梁荣（朝那伯）、杨俭（夏阳侯）

静恭：

梁：王莹（建城公）

厉：

曹魏：于禁（厉侯，益寿亭侯）

僖：

梁：王懋（南乡侯）

陈：裴之平（僖子）

北魏：苟颓（僖王，河东王）

齐：

曹魏：长孙旃（上党王）

宁：

晋：李叡（江陵公）

质：

宋：褚淡之（质子）、刘敳（质侯，都乡侯）

齐：苏侃（新建侯）

梁：明山宾（质子）

陈：袁泌

北魏：张轨（寿张子）、源徽、蒋少游、王袭

北齐：达奚忠①

北周：张轨、裴果（冠军公）、薛端（文成公）

德：

陈：虞荔（德子）

毅：

梁：江子四（毅子）

穆：

曹魏：王昶（穆侯，京陵侯）、徐邈（穆侯，都亭侯）、陈泰（穆侯，颍阴侯）、赵俨（穆侯，宜亭侯）、甄严（魏昌侯）

晋：纪瞻（临湘侯）、贺循、戴邈、王忱、王峤（九原公）、范汪（武兴侯）、王舒（彭泽侯）、陆晔（江陵公）、褚䂮（长平伯）、顾和、杨文宗（务亭侯）、杜乂（当阳侯）、李让（新乡侯）、卢琰（广燕子）

宋：萧思话（穆侯，封阳侯）

---

① 《信州总管大将军东来公达奚使君墓志铭》："诏赠少司空，谥曰质公，也。"详见叶炜、刘秀峰主编《墨香阁北朝墓志》，第178—179页。注释五："也"字上疑脱"礼"字。

齐：褚贲、褚蓁（巴东侯）

梁：柳忱（州陵伯）、柳棪（曲江侯）、张充

北魏：王忻（中山公）、王慧龙（穆侯，长社侯）、李承（姑臧侯）、李璞（宜阳侯）、杨定（晋昌侯）、窦严（辽东公）、郦范（范阳公）、郑懿（荥阳伯）、李叔虎、柳崇、柳畅、张珍、裴宣、卢昶

北周：于翼

穆正：

梁：袁昂（穆正公）

宪：

晋：王献之、嵇含（武昌乡侯）、王澄（南乡侯）、王恬（即丘子）

宋：谢庄（宪子）、颜延之（宪子）

梁：江淹（宪伯，醴陵侯）

北魏：李详（平棘子）、程骏（曲安侯）

强：

梁：江革

隐：

梁：沈约（建昌侯）

北魏：封涅（章武侯）

戴：

曹魏：杜畿（戴侯，丰乐侯）、郭浮（梁里侯）

北魏：李同轨、孙蕙蔚（枣强男）、孙瓒（石安子）

北周：孟信

丑：

晋：王恺（山都公）

襄：

晋：周抚（建城公）、唐彬（上庸侯）、谢石（南康公）

宋：沈庆之（南昌公）、檀和之（襄子，云林子）、刘道产（襄侯，晋安侯）

齐：崔文仲（随县子）

梁：夏侯亶（丰城公）、刘隐（南海王）

北魏：皮豹子（淮阳王）、安颉（西平王）、叔孙建（襄王，丹阳王）、席法友（襄侯，乘氏伯）、赵逸（牟平子）、李崇（襄侯，固安侯）、路恃庆

北周：令狐整（彭阳公）、韦孝宽（襄公，郧公）、萧撝（蔡阳公）、高琳（犍为公）、刘亮（长广公）

襄壮：

北魏：李辅

襄威：

北周：怡峰（乐陵公）

缪：

北周：薛善（缪公，博平县公）

简：

曹魏：和洽（简侯，西陵侯）

晋：华峤（乐乡侯）、和峤（上蔡侯）、郭奕（平陵男）、王劭、郗昙（东安伯）、戴若思（秣陵侯）、庾怿（广饶男）、桓彝（万宁男）、王述（蓝田侯）、王彪之、丁潭（永安伯）、孔坦（晋陵男）、谢尚（咸亭侯）、袁乔（临湘伯）、荀辑（济北侯）、裴舆（临海侯）、戴渊

宋：张邵（简伯，临沮伯）、顾觊之（简子）、陆徽（简子）

齐：王延之（简子）、王秀之（简子）、何昌㝢（简子）、张绪（简子）、谢蒍（简子）

梁：周舍（简子）、蔡大业、蔡大年

陈：周弘正（简子）、袁宪（安城公）、陆山才（简子）

北魏：张白泽（广平公）、长孙石洛（林淮公）、来邱颓（陈留公）、豆求周（长庆王）、谷阐（简公，濮阳王）、贾秀（武邑公）、刁雍（东安侯）、陆丽（简王，平原王）、源延（武城子）、薛野䐗（河东公）、韦道福（高密侯）、韦欣宗（杜侯）、许安仁（武昌公）、李恭（简侯，容城侯）、李灵（高邑子）、崔季良（蒲阴男）、慕容琚（高都公）、韩备（简公，安定公）、杨懿（弘农公）、杨晖（弘农公）、裴炯（高城侯）、奚直（长进侯）、尔朱新兴（西河王）、宋宣（简侯，中都侯）、长孙敦（简王，北平王）、常亥（辽西公）、刘怿、郑允伯、崔孝暐、裴宣明、李道、高

绰、薛洪隆、崔纂、刘庆、薛湖

北齐：封子绘（安德公）

北周：高宾（渤海公）、长孙澄（义门公）、卢光（燕郡公）

简寂：

宋：陆修静

简肃：

梁：徐勉（简肃公）

简穆：

宋：何尚之（简穆公，都乡侯）

齐：王僧虔

简宪：

梁：张缵（利亭侯）①

简懿：

陈：袁枢

北魏：薛聪（简懿侯）

严：

梁：韦叡（梁都侯）

怀：

宋：沈林子（怀伯，汉寿伯）

北周：阳雄（鲁阳公）

献：

晋：王坦之（蓝田侯）

北魏：姚黄眉（陇西王）、常澄（辽西王）、索敞、高聪、裴庄伯、卢道将

北周：王德（河间公）、长孙绍远（上党公）、杨祯（隋公）、卢辩（范阳公）

---

① 《隋故贵乡夫人张氏（妙芬）墓志之铭》："父缵，侍中、中卫将军、开/府仪同三司、尚书仆射、驸马都尉、雍州刺史、利亭侯，谥曰简宪公。"

献武：

晋：谢玄（康乐公）

北齐：高欢（齐王）

献穆：

晋：王珣（东亭侯）

躁：

北周：侯莫陈崇（彭城公，改谥庄闵）

懿：

宋：王彧（懿侯，江安侯）

齐：王慈（懿子）、何戢（懿子）萧赤斧（懿伯）

北魏：李曾（柏仁子）、李璨（始丰侯）、韦珍（霸城侯）、张燿（长平男）、郑演（云阳伯）、闾辰（定襄王）、卢渊（固安伯）、苏淑（晋阳男）、房坚、陆恭之、穆子弼

北齐：崔伯谦

懿穆：

北魏：胡盛（阳平公）

灵：

北魏：高佑（东光侯）

慎：

北魏：长孙道（有爵为公）

北魏墓志铭中所见30位官员死后有谥而本传中无谥号记载的[①]：司马叔璠（简公）、崔双护（敬，安平侯）、王真保（追封天水郡开国公太原王，懿）、李蒁（简）、寇臻（威，昌平子）、鄐乾（定，临泽侯）、长孙瑱（敬，西川子）、崔敬邕（贞，临清男）、李颐（文）、崔鸿（文贞侯）、寇治（昭）、于纂（孝惠，富平伯）、尔朱买珍（孝惠）、尔朱绍（文贞）、

---

① 此处统计为墓志铭中独有，而在本传中没有记载的。前16通墓志铭出自赵超《魏晋南北朝墓志汇编》；中间10通出自罗新、叶炜编《新出魏晋南北墓志疏证》；杨济墓志出自赵君平主编《邙洛碑志三百种》，第25页；罗斤、罗拔、罗宗墓志出自赵君平、赵文成主编《河洛墓刻拾零》上册，第26页。

尔朱袭（武恭）、王悦（简公）；皮欢欣①（恭，广川公）、高猛（文）、染兴（惠侯，蒲阴伯）、染雅（贞侯，北平侯）、韦彧（文烈）、员标（世，新安子）、王温（简）、狄□□（康王，略阳公）、杨暄（忠，临贞公）、长孙陵（庄王，蜀郡公）；杨济（广平侯，昭侯）、罗斤（带方公，康公）、罗拔（赵郡王，靖王）、罗宗（赵郡公，武公）。

笔者认为在官员的谥号中，除使用单个谥字的为单谥（如"康"）外，像"康公"这样的单谥字加爵号的也应为单谥；复谥除两个谥字如"文献"外，"文穆公"这样的两个谥字加爵号的也应归类于复谥，而非三字谥。

表5-2　　　　　　魏晋南北朝各朝代百官单、复谥号　　　　　单位：人

单、复谥	朝代	曹魏	西晋	东晋	刘宋	南齐	梁	陈	北魏	北齐	北周
单谥	单谥		81	70	19	23	19	31	343	25	113
	单谥号+爵号	88	4	2	48	14	26	20	71	3	5
复谥	复谥		6	21	9	5	43	11	107	44	20
	复谥号+爵号	2		2		1	5		25	5	1

我们从表5-2中可以看出，魏晋南北朝官员谥号以单谥为主。然当时的舆论或以复谥为美。东晋时，便因议司空蔡谟谥号为引，发生过单复谥之争，详见《通典》卷一〇四《礼六四·凶礼二十六》"单复谥议"。

曹魏时期，生前有爵死后有谥者的官员中，死后谥号后均系以"王""公""侯"这一标志爵位的字；而到晋朝，生前有爵官员死后的谥号绝大多数为单纯的"单、复谥"，仅有少数7例在谥号后系以爵号。南北朝各政权中，生前有爵的官员死后的谥号也多数为单纯的"单、复谥"，但是仍有一定比例的官员死后谥号后加上侯爵字。唐朝以后，赐百官谥号一般仅云谥字，而不系侯爵字，只有对"耆老大臣与乡党有德之士"，偶尔赐

---

① 罗新、叶炜《新出魏晋南北朝墓志疏证》（第84页）认为皮欢欣很可能是《魏书》卷五一《皮豹子传》所附豹子第八子皮喜，笔者也赞成这种意见。但还是将皮欢欣的谥号列出来。

谥称公。①

谥后称子的历史渊源，是从《春秋》而来。《日知录》卷之四《大夫称子》："鲁之三家称子，他如臧氏、子服氏、仲叔氏皆以伯、叔称焉，不敢与三家并也。其生也或以伯、仲称之，如赵孟、知伯死，则谥之而后子之，犹国君之死而谥称公也。"② 虽然生前无爵的官员死后能得到谥号，但《通典》卷一○四"单复谥议"注引沈约《谥法》云："晋大兴三年（320），始诏无爵者谥皆称子。"而从上表统计的东晋一朝的数据来看，我们只发现了死于太宁元年（323）、生前无爵的杜夷谥为"贞子"③。南朝无爵者的谥号，一般其尾缀以"子"字，多见于史载。其中，刘宋18人，南齐11人，梁21人，陈16人。但是在实际的赐谥过程中，无爵者仍可直接赐谥为单谥，其中刘宋6人，南齐9人，梁12人，陈3人。而北朝无爵称子者，仅见于墓志一例，即上引李蕤④墓志，虽然墓志正文称李蕤"谥为简"，但其题名为"魏故假节龙骧将军豫州刺史李简子墓志铭"。

二 魏晋南北朝官员谥号用字

笔者对魏晋南北朝各政权官员谥号用字做了粗略统计，其中单谥用字分别有：丁、元、文、骄、平、成、夷、光、安、祈、孝、壮、武、果、忠、定、宜、荒、胡、威、贞、昭、思、信、哀、宣、庄、恭、桓、烈、刚、理、基、顷、康、章、悼、达、敬、惠、景、恺、慎、方、温、节、倾、靖、义、炀、肃、愍、静、熙、僖、齐、宁、质、德、毅、穆、宪、强、隐、戴、丑、襄、缪、简、严、怀、献、躁、懿、戾、匡、克、明、顺、灵、实。

复谥用字分别有：元穆、元简、元懿；文正、文成、文景、文孝、文明、文忠、文定、文贞、文昭、文宣、文恭、文烈、文康、文惠、文凯、

---

① 《宋会要辑稿》礼五八之九八，第1660页。
② （明）顾炎武（著），黄汝成集释，栾保群、吕宗力校点：《日知录集释》，上海古籍出版社2006年版。
③ 《晋书》卷九一《儒林·杜夷传》。
④ 墓志和本传均没有记载李蕤为"子"爵，所以笔者将李蕤归入"生前无爵死后有谥"一类。

文节、文靖、文肃、文静、文懿、文穆、文宪、文简、文献；平简；安宪；孝元、孝贞、孝定、孝宣、孝真、孝惠、孝景、孝穆、孝简、孝懿、孝昭、孝烈、孝威、孝靖；壮武、壮肃；武壮、武贞、武烈、武昭、武宣、武恭、武康、武敬；忠成、忠壮、忠武、忠贞、忠烈、忠惠、忠义、忠肃、忠愍、忠穆、忠宪、忠简、忠敬；威壮、威恭、威肃；贞白、贞肃、贞惠、贞节、贞宪、贞简、贞献、贞烈、贞顺、贞靖、贞襄；昭武、昭定、昭景、昭烈；庄惠、庄穆；恭武、恭穆、恭襄、恭文、恭定、恭惠、恭庄；烈懿；康节；敬烈、敬康、敬惠、敬简、敬悼；景烈、景惠、景桓；闵庄；靖节、靖德、靖穆；肃武；愍悼；静恭；穆正；襄威、襄壮；简寂、简肃、简穆、简宪、简懿；献武、献穆；明穆；宣恭、宣景、宣穆、宣简、宣惠、宣懿；清穆；惠文、惠恭；成穆；懿穆。

在这些单复谥用字中，美谥、平谥占据绝大多数。仅文、武、忠、孝、贞、敬、惠等七种美谥，在魏晋南北朝各政权官员的谥号中，所占比例就不小。汪受宽先生认为北朝的谥号过于溢美①，确实如此，而且整个魏晋南北朝时期的官员谥号都以美谥为主。

在此时期，官员获恶谥的比例极小。上引西晋咸宁四年（278），太常博士秦秀议太宰、朗陵公何曾谥为"缪丑公"，"帝不从，策谥为孝"②，"时虽不同秀议，而闻者惧焉"③，以此可知，恶谥的舆论影响极大。因此，在官员的谥号中恶谥极少。仅有以下几例：

1. 厉：曹魏：于禁（厉侯，益寿亭侯）
2. 炀：梁：王亮（炀子，豫章公）；北魏：长孙道（北平公）
3. 丑：晋：王恺（山都公）
4. 荒：刘宋：何勖（荒公，安城公）、颜师伯（荒子，平都子）
5. 缪：北周：薛善（缪公，博平县公）；
6. 戾：北周：独孤信④

---

① 汪受宽：《谥法研究》，第30页。
② 《晋书》卷三三《何曾传》。
③ 《晋书》卷五〇《秦秀传》。
④ 赵超：《汉魏南北朝墓志汇编》，第480页。

7. 躁：北周：侯莫陈崇（彭城公，后改谥庄闵）
8. 灵：北魏：高祐（东光侯）
9. 骄：梁：萧子显（宁都子）

《逸周书·谥法》篇云"杀戮无辜曰厉"；"好内远礼曰炀，去礼远众曰炀"；"怙威肆行曰丑"；"外内从乱曰荒，好乐怠政曰荒"；"名与实爽曰缪"；"不悔前过曰戾"；"好变动民曰躁"。查以上官员的本传，生前基本上都有与以上谥字相符的德行。

"灵"为恶谥，《逸周书·谥法》中"灵"有6解，分别为"不勤成名、死而志成、死见神能、乱而不损、好祭鬼怪、极知鬼神"，而《魏书》卷五七《高祐传》载："征为宗正卿，而祐留连彭城，久而不赴。于是尚书仆射李冲奏祐散淮徐，无事稽命，处刑三岁，以赎论。诏免卿任，还复光禄。太和二十三年卒。太常议谥曰炀侯，诏曰：'不遵上命曰灵，可谥为灵。'""不遵上命曰灵"这一对"灵"的解释却是《逸周书·谥法解》中所无。而且，"骄"字也不见于其中。《梁书》卷三五《萧子恪附子显传》：及葬请谥，手诏"恃才傲物，宜谥曰骄"。因此，汪受宽先生指出"是前无此谥，新造的"①。

郑樵《通志》卷四六《谥略》"序论"中言及恶谥，云"成周之法，初无恶谥，谥之有恶者，后人之所立也。"赵翼指出两汉六朝谥号用字的美、恶时，云：

> 又古人易名之典，必核其人之生平。未尝专著其美而讳其恶。秦汉以上不具论。《晋书》陈准死，太常议谥，嵇绍曰：谥所以垂不朽。大行受大名，细行受细名。准宜谥曰缪。何曾卒，议者以其食日万钱，谥曰缪丑。谢石卒，范宏之议，以因事有功曰襄，贪以败官曰墨，宜谥墨襄公。《宋书》何勖谥荒公。《南史》萧子显卒，请谥。手敕曰：恃才傲物，宜谥曰骄。萧昕卒，谥替侯。沈约卒，谥隐侯。徐陵卒，谥章伪侯。周敷为周迪所欺被害，谥曰脱。《北史》郑羲卒，

---

① 汪受宽：《谥法研究》，第163页。

尚书奏谥法博文多见曰文，不勤成名曰灵，乃谥为文灵。魏于忠谥武丑。穆崇死，请谥，太祖览谥法述义不克曰丁，遂谥为丁公。后周薛善谥缪，宇文直谥剌……唐宋时谥犹兼美恶也。近代有谥者。但于美谥之中稍存轻重，而无复加以恶谥者。①

魏晋南北朝时期，在谥号用字上，大体还遵循"大行受大名，细行受细名"这一原则，一些官员因为生前不良行迹而得到恶谥。

另外，我们在以上谥号用字上还发现，"光""明""章""顺""恺""慎""方""信"等字是《逸周书·谥法》篇中所没有的。获得这些谥号的官员分别是：

1. 光：陈：王玚（光子）、谢嘏（光子）
2. 明：北魏：夏侯道迁（明侯，濮阳侯）、刘昶（宋王）、窦瑗（容城伯）
3. 章：梁：王承（章子）、王规（南昌侯）、徐陵（建昌侯）；北周：申徽（博平侯）
4. 顺：北魏：李元茂（始丰侯）、陆清都（广牧子）、尉翊（博陵公）、裴道子（义昌伯）、裴双虎
5. 恺：北周：柳带韦（康成公）
6. 慎：北魏：长孙道（北平公）
7. 方：北周：唐瑾（临淄县伯）
8. 信：北周：杨绍（傥城郡公）
9. 实：东魏：尧杰（沧州刺史）

楼劲曾补足《玉海》卷五四《艺文部·嘉祐编定谥法》七家谥法条中的"又云：高、光、明、章、和、顺、冲七谥，《谥法》无也，而汉家用之"，以上"光、明、章、顺"四谥正包含其中，而"光""章"二谥字更是直到南朝才有记载。楼劲认为"自先秦历魏晋而至南梁，《周书·谥法》篇不仅传本有异，其所含谥名亦在不断传抄和整理中陆续有所增益和

---

① （清）赵翼：《陔余丛考》卷一六《两汉六朝谥法》，第308页。

出入"①，笔者同意这种见解。第一章已详细考证了这一时期《谥法》的论著，从东汉末刘熙注《谥法》至萧梁，有魏晋之际荀颛推演增广刘熙《谥法注》；晋张靖撰《谥法》两卷；杜预以《周书·谥法》为本撰《春秋释例·谥法》，被后人称为《春秋谥法》，又有不知名氏《广谥法》1 卷，（梁）沈约的《谥例》10 卷，（梁）裴子野《附益谥法》1 卷，（梁）贺琛的《新谥法》3 卷等。虽然《逸周书·谥法》仍是魏晋南北朝官府议谥或学者论谥的本宗，但"谥法条有限，而应谥者无限"②，出于现实的需要，对其解释和发挥已成为形势所趋。如王金在生前"为安西武陵王长史、蜀郡太守。金惮岨崄，固以疾辞，因以黜免……承圣三年，世祖追诏曰：'贤而不伐曰恭，谥恭子。'"③"恭"在《逸周书·谥法解》中有 9 解，但"贤而不伐曰恭"不在其列。就连那位作《谥例》十卷的尚书令、侍中、特进、建昌侯沈约的谥解也与《逸周书·谥法解》中不同。由于沈约生前两次忤梁武帝的旨意，死后太常议其谥为"文"，而武帝却以其"怀情不尽"谥曰"隐"④。"隐"在《逸周书·谥法解》有三解，分别为"隐拂不成""不显尸国""见美坚长"，而此处解释为"怀情不尽"也可能有本可依。梁武帝手诏赐谥萧子显"恃才傲物，宜谥曰骄"，恐怕也不是梁武帝自己发明的。⑤

综上所述，魏晋南北朝时期社会风气虽以复谥为美，但实际评谥过程中官员谥号以单谥为主。谥号用字上绝大多数为美谥或平谥，恶谥极少。由于现实评议的需要，采用了《逸周书·谥法解》篇中所没有的谥号用字，但由于官府和学者对《逸周书·谥法解》或注释、或推演、或增补，这些谥号用字仍可能有本可依。

---

① 楼劲：《〈玉海〉五四〈艺文部〉所存沈约〈谥例序〉文笺解——汉末魏晋几种谥法文献的有关问题》，《文史》2005 年第 1 辑，第 40 页。
② 《通典》卷一○四《单复谥议》王彪之所言，第 2719 页。
③ 《梁书》卷二一《王金传》，第 327 页。
④ 《梁书》卷一三《沈约传》，第 243 页。
⑤ 汪受宽先生认为，"百官恶谥还有一个特点，就是不少谥字或谥解，是临时编造的。"他举出萧子显的"骄"等例子，并认为梁武帝以"怀才不尽"谥沈约为隐，"此谥的发明权显然应归于梁武帝"（《谥法研究》，第 163 页）。笔者认为这一点不能肯定。

第四节　君臣同谥议

第二章分析了魏晋南北朝时期各个政权皇帝的谥号用字，上一节也搜集了各个朝代百官谥号用字，可以看出，除"尧""舜""禹"等为专用谥字外，在谥号用字上，皇帝与百官并没有专门的限制。在魏晋时代，就君臣能否用同一个谥字曾有讨论。

《通典》卷一〇四《礼六四·凶礼二十六》"君臣同谥议"：

> 周桓王时，蔡侯卒，谥桓侯。《五经通义》曰："有德则善谥，无德则恶谥，故同也。"
>
> 晋武帝太康八年十月，太常上谥故太常平陵男郭奕为景侯。有司议奏，以为："大晋受命祖宗谥号，群下未有同者。盖因近代浅情，习于所见也。奕谥与景皇帝同，可改谥曰穆。"侍中王济等议曰："按主者议谥，避帝而不避后，既不修古典，不嫌同称，复乖近代不袭帝后之例。至于无穷之祚，若皆有避，于制难全。"侍中成粲等议，以为："号谥国之大典，使上下迈德，罔有荒怠。宜远稽圣代，同符尧舜，不宜遵袭魏氏近制。"诏赐谥曰简。
>
> 东晋孝武太元四年，光禄勋王欣之表："伏寻太康中，郭奕谥曰景，有司执孝宗同号。臣闻姬朝盛明，父子齐称，诸侯与周同谥，经诸哲王，不易之道也。宜遵古典，训范来裔。"徐邈议："按郭奕谥景，诏实不以犯帝谥而改也。又武帝永平元年诏书，贵贱不嫌同号。周公谥文，君父同称，名行不殊，谥何得异。自今以后，其各如礼。"尚书奏："文武举其一致，圣贤有时而同，故文王经纬天地，孔文之不耻下问，所以为文也。远稽周典，嘉号通乎上下；近惟太康，改谥匪嫌同称。自顷议者或乖体尚之实，非所以经纶无穷，永代垂式。王欣之所表，抑实旧典，宜如所陈。"诏可。

上引《通典》中郭奕这条材料，见于《晋书·郭奕传》：

> 太康八年卒，太常上谥为景。有司议以贵贱不同号，谥与景皇同，不可，请谥曰穆。诏曰："谥所以旌德表行，按谥法一德不懈为简。奕忠毅清直，立德不渝。"于是遂赐谥曰简。①

而《通典》中关于郭奕谥号的讨论，与《晋书·礼志中》的记载同源：

> 《五经通义》以为有德则谥善，无德则谥恶，故虽君臣可同。魏朝初谥宣帝为文侯，景王为武侯，文王表不宜与二祖同，于是改谥宣文、忠武。至文王受晋王之号，魏帝又追命宣文为宣王，忠武为景王。太康八年十月，太常上谥故太常平陵男郭奕为景侯。有司奏云："晋受命以来，祖宗号谥群下未有同者，故郭奕为景，与景皇同，不可听，宜谥曰穆。"王济、羊璞等并云："夫无穷之祚，名谥不一，若皆相避，于制难全。如悉不避，复非推崇事尊之礼。宜依讳名之义，但及七庙祖宗而已，不及迁毁之庙。"成粲、武茂、刘讷并云："同谥非嫌。号谥者，国之大典，所以厉时作教，经天人之远旨也。固虽君父，义有所不隆，及在臣子，或以行显。故能使上下迈德，罔有怠荒。臣愿圣世同符尧舜，行周同谥之礼，舍汉魏近制相避之议。"又引周公父子同谥曰文。武帝诏曰："非言君臣不可同，正以奕谥景不相当耳，宜谥曰简。"及太元四年，侍中王欣之表君臣不嫌同谥，尚书奏以欣之言为然。诏可。②

《通典》比《晋书》本传的记载更为详细，在太常所奏谥号因与景皇帝同被驳回后，侍中王济、成粲等人参加了议谥，而这一点在《晋书》本传略记。王济认为谥"景"是臣谥与帝谥同，而谥"穆"则与后谥同，"避帝而不避后，既不修古典，复乖近代不袭帝后之例"，那么从此句可推断，与晋相近的年代曾制定了"臣谥不袭帝后之例"。而从"宜远稽圣代，

---

① 《晋书》卷四五《郭奕传》，第1289页。
② 《晋书》卷二〇《礼志中》，第631—644页。

同符尧舜，不宜遵袭魏氏近制"来分析，"臣谥不袭帝后之例"应是曹魏时期所制定的。最后，《晋书》载晋武帝下诏引《谥法》，对郭奕一生的行迹定性为"忠毅清直，立德不渝"，并谥其为"简"。

这一个因与帝王同谥号而改谥的事件，在东晋孝武帝太元四年又被提出来讨论。光禄勋王欣之认为在周朝时诸侯便能与周王同谥，君臣可用同一谥字。而从徐邈的奏议中可以看出，在晋武帝永平元年①还有诏书，称"贵贱不嫌同号"，即君臣可同谥。孝武帝听从了王欣之的奏议，君臣能否同谥的讨论告一段落。从此后南北朝君臣同用谥字就成为普遍现象了。

---

① 西晋武帝在太熙元年（290）四月二十日病逝，之后晋惠帝即位，改元为永熙元年（290），第二年改元永平元年（291），此处或有错误。

第六章　魏晋南北朝时期隐逸谥法

本章所论"隐逸",不仅包括魏晋南北朝时期各正史中《隐逸传》的传主,还包括《独行传》《止足传》《逸士传》《文学传》《儒林传》中的人物,他们的一个主要特点是追求人格的独立和完善,并不在于其是否隐遁山林;无论修道或修儒,在自己的领域中为仁师;无论朝廷征辟不就或隐于朝堂间,均能守志不移者,多为造诣高深的学者、隐逸之士、德高望重的地方贤达。

隐逸的得谥途径主要分为两类:一类是门生亲故私谥,一类是请谥朝廷而赐予。朝廷赐予谥号者,其给谥程序是相关人员请谥于尚书省,礼官太常议谥之后定谥、赐谥。他们的谥号字数基本上为双字复谥,后缀以"先生"或"处士";谥号用字多是"文""贞""玄""德"组合的复合词,与他们才学精深、德行高尚、声名卓著的德行与修业密切相关。唐宋以来无爵者称子、朝廷赐养德丘园、声实明著者谥先生的法令规定,实来源于汉晋南北朝时期。

第一节　隐逸得谥的途径

史书中较正式记载隐逸人士的是范晔的《后汉书》,专门设有《逸民传》。范晔在序文中讲到隐逸隐居的目的,"或隐居以求其志,或回避以全其道,或静己以镇其躁,或去危以图其安,或垢俗以动其概,或庇物以激其清"①。该逸民列传记载 18 位传主,重点讲述他们的守志和修志,但是这 18 位隐逸并没有谥号。

《后汉书》中还将"中世偏行一介之夫,能成名立方者,盖亦众也。或志刚金石,而克扞于强御。或意严冬霜,而甘心于小谅。亦有结朋协好,幽明共心;蹈义陵险,死生等节。虽事非通圆,良其风轨有足怀者"②结为《独行传》。在笔者看来,这些独行者追求人格的独立完善和志向的坚贞不渝,因此在此章中也将之归入隐逸此类。此列传共有 24 位传主,其中只有 1 人有谥,即范冉,"师从樊英、马融,朝廷多次征召而不就,中平元年,三公府先后征辟他入朝为官,他才应征入司徒府,不久辞职。翌年卒,大将军何进写信给陈留太守,"累行论谥",都认为谥为"贞节先生"最为适合。范冉的得谥是大将军何进与陈留太守相商的结果,并没有进入请谥→议谥→定谥的程序。

《晋书·隐逸传》载隐逸 38 人,其传序概括了隐逸的生活状况:

> 古先智士体其若兹,介焉超俗,浩然养素,藏声江海之上,卷迹嚣氛之表,漱流而激其清,寝巢而韬其耀,良画以符其志,绝机以虚其心。玉辉冰洁,川渟岳峙,修至乐之道,固无疆之休,长往邈而不追,安排窅而无闷,修身自保,悔吝弗生,诗人考盘之歌,抑在兹矣。至于体天作制之后,讼息刑清之时,尚乃仄席幽贞以康神化,征聘之礼贲于岩穴,玉帛之贽委于室衡,故月令曰"季春之月聘名士,礼贤者",斯之谓欤!自典午运开,旁求隐逸,谯元彦之杜绝人事,江思悛之啸咏林薮,峻其贞白之轨,成其出尘之迹,虽不应其嘉招,亦足激其贪竞。③

作者"美其高尚之德,缀集于篇"而成《隐逸传》,在这 38 人中,5 人有得谥记载。

---

① 《后汉书》卷八三《逸民传》,第 2755 页。
② 《后汉书》卷八三《逸民传》,第 2665 页。
③ 《晋书》卷九四《隐逸传》,第 2425—2426 页。

《宋书·隐逸传》载隐逸18人，但在这18人中，无人得谥。之后史书如《南齐书·高逸传》《梁书·处士传》《魏书·逸士传》《南史·隐逸传》《北史·隐逸传》等专门为隐逸人物列传，其名虽殊，但均是对隐逸这一群体关注的体现。《北史》卷八八《隐逸传》序：

  洪崖兆其始，箕山扇其风，七人作乎周年，四皓光乎汉日。魏、晋以降，其流逾广。其大者则轻天下，细万物；其小者则安苦节，甘贱贫。或与世同尘，随波澜以俱逝；或违时矫俗，望江湖而独往……案《魏书》列眭夸、冯亮、李谧、郑修为逸士传。《隋书》列李士谦、崔廓、廓子赜、徐则、张文诩为隐逸传。今以李谧、士谦附其家传，其余并编附篇，以备隐逸传云。①

他们的一个主要特点是追求人格的独立和完善，并不在于其是否隐遁山林；无论修道或修儒，在自己的领域中为仁师；无论朝廷征辟不就或隐于朝堂间，均能守志不移，即孔子所谓"隐居以求其志，行义以达其道"②，孟子所谓"古之人得志泽加于民，不得志修身见于世，穷则独善其身，达则兼善天下"③者，多为造诣高深的学者、隐逸之士、德高望重的地方贤达。《魏书·逸士传》列眭夸、冯亮、李谧、郑修四人事迹，其中载李谧得谥的情况最详。

隐逸的得谥途径分为两类：一类是门生亲故私谥，一类是请谥朝廷而赐予。

一 门生亲故私谥

春秋时下大夫展禽、庶人黔娄，皆不得请谥于朝，故门人妻子议私谥。到东汉末年私谥盛行。如《后汉书》卷四三《朱穆传》载："穆前在

---

  ① 《北史》卷八八《隐逸传》，第2908页。
  ② 《论语集解校释·季氏第十六》，辽海出版社2007年版，第336页。
  ③ （清）焦循撰，沈文倬点校：《孟子正义》卷二六《尽心章句上·九章》，中华书局1987年版，第890—891页。

冀州，所辟用皆清德长者，多至公卿、州郡。初，穆父卒，穆与诸儒考依古义，谥曰贞宣先生。及穆卒，蔡邕复与门人共述其体行，谥为文忠先生。"① 这便是门人私谥"先生"的先例。《后汉书》卷六二《陈寔传》载陈寔中平四年卒，"何进遣使吊祭，海内赴者三万余人，制衰麻者以百数。共刊石立碑，谥为文范先生"②。上引《后汉书》卷八一《独行·范冉传》中范冉的谥号的取得，也是大将军何进移书陈留太守商议而后，才有"贞节先生"的谥号。

关于私谥，上引《后汉书·朱穆传》载蔡邕与门人私谥朱穆为文忠先生，李贤注引《袁山松书》记载的蔡邕、荀爽、张璠的讨论：

> 蔡邕议曰："鲁季文子，君子以为忠，而谥曰文子。又传曰：'忠，文之实也。忠以为实，文以彰之。'遂共谥穆。"荀爽闻而非之。故张璠论曰："夫谥者，上之所赠，非下之所造，故颜、闵至德，不闻有谥。朱、蔡各以衰世臧否不立，故私议之。"③

荀爽对蔡邕与朱穆门人共同商议私谥朱穆为文忠先生并不赞成，而张璠也认为谥是"上之所赠"，并不是私人商议能形成的，所以一定程度上张璠也并不赞成私谥。朱穆为其父私谥、蔡邕为朱穆私谥是因处于衰败之世，东汉朝廷臧否不立而造成的特殊情况。

赵翼《陔余丛考》卷一六《两汉六朝谥法》论及这一时期的私谥：

> 司马光曰："《礼记》言古者生无爵，死无谥。《檀弓》书礼所由失，谓士之有诔，自县贲父始。曾子曰：贱不诔贵，幼不诔长，惟天子则称天以诔之。诸侯相诔，犹为非礼。况弟子而诔其师乎。孔子殁，哀公诔之，不闻弟子复为之谥也。"是温公亦以私谥为非

---

① 《后汉书》卷四三《朱穆传》，第1472、1473页。
② 《后汉书》卷六二《陈寔传》，第2067页。
③ 《后汉书》卷四三《朱穆传》，第1472、1473页。

礼。与爽同。①

赵翼还列举了这一时期私谥诸人：陶弘景赐谥贞白先生、刘瓛赐谥贞简先生、《北史》李谧赐谥贞静处士、诸儒私谥夏恭宣明君、朱穆与诸儒考依古义、谥朱穆父贞宣先生、蔡邕与门人谥朱穆文忠先生、大将军何进移书陈留太守谥范冉贞节先生、陈实谥文范先生。②

魏晋南北朝时期，仍存在门生故吏私谥的情况。萧梁时期的刘峻：

居东阳，吴、会人士多从其学。普通二年，卒，时年六十。门人谥曰玄靖先生。③

萧梁时期的刘炫：

时在郡城，粮饷断绝，其门人多随盗贼，哀炫穷乏，诣郡城下索炫，郡官乃出炫与之。炫为贼所将，过城下堡。未几，贼为官军所破，炫饥饿无所依，复投县城。长吏意炫与贼相知，恐为后变，遂闭门不纳。是时夜冰寒，因此冻馁而死，时年六十八。其后门人谥曰宣德先生。④

萧梁时萧视素曾任太子中舍人，丹阳尹丞，司徒左西属、南徐州治中后，去官独居山室，亲故私谥其为贞文先生：

性静退，少嗜欲，好学，能清言，荣利不关于口，喜怒不形于色。在人间及居职，并任情通率，不自矜高，天然简素，士人以此咸敬之。及在京口，便有终焉之志，乃于摄山筑室。会征为中书侍郎，

---

① 《陔余丛考》卷一六《两汉六朝谥法》，第307页。
② 《陔余丛考》卷一六《两汉六朝谥法》，第307页。
③ 《梁书》卷五〇《文学传·刘峻》，第707页。
④ 《隋书》卷七五《儒林·刘炫传》，第1723页。

遂辞不就，因还山宅，独居屏事，非亲戚不得至其篱门……八年，卒。亲故迹其事行，谥曰贞文先生。①

萧梁朝，亲人故旧谥刘歊为贞节处士：

> 明年疾卒，时年三十二……歊既长，精心学佛，有道人释宝志者，时人莫测也，遇歊于兴皇寺，惊起曰："隐居学道，清净登佛。"如此三说。歊未死之春，有人为其庭中栽柿，歊谓兄子弇曰："吾不见此实，尔其勿言。"至秋而亡，人以为知命。亲故诔其行迹，谥曰贞节处士。②

萧梁朝，门徒谥阮孝绪为"文贞处士"：

> 大同二年，卒，时年五十八。门徒诔其德行，谥曰文贞处士。所著七录等书二百五十卷，行于世。③

刘峻、刘炫、阮孝绪的谥号由门人所私谥；萧视素和刘歊的谥号由亲人故旧所私谥。从以上五位隐逸的谥号可见，在谥字后加"先生""处士"。"学士年长者，故谓之先生"④，先生是儒家对业师的尊称，如《论语·为政》："有事，弟子服其劳；有酒食，先生馔。"不仕之人，常门徒众多，有门生给上谥号，故称先生。

处士，《荀子》云："古之所谓处士者，德盛者也，能静者也，修正者也，知命者也，箸是者也。"⑤《汉书》卷一三《异姓诸侯王表一》载"秦既称帝，患周之败，以为起于处士横议"，应劭曰："孟轲云

---

① 《梁书》卷五二《止足·萧视素传》，第763页。
② 《梁书》卷五一《处士·刘歊传》，第750页。
③ 《梁书》卷五一《处士·阮孝绪传》，第742页。
④ 《孟子·告子下》："宋牼将之楚，孟子遇于石丘，曰：'先生将何之？'"赵岐注。
⑤ （战国）荀况著；梁启雄释：《荀子简释》第六篇《非十二子》，中华书局1983年版，第67页。

'圣王不作，诸侯恣行，处士横议'。"师古曰："处士谓不官于朝而居家者也。"①

二 朝廷赐谥、追谥

（一）朝廷官方给谥"先生"

除门生私谥隐逸外，史书中还见朝廷赐谥、追谥隐逸。西晋时的范平：

> 字子安，吴郡钱塘人也。其先铚侯馥，避王莽之乱适吴，因家焉。平研览坟素，遍该百氏，姚信、贺邵之徒皆从受业。吴时举茂才，累迁临海太守，政有异能。孙皓初，谢病还家，敦悦儒学。吴平，太康中，频征不起，年六十九卒。有诏追加谥号曰文贞先生，贺循勒碑纪其德行。②

范平在孙吴时任临海太守，西晋平吴后，虽常有征辟但范平不就，卒后朝廷有诏追谥其为"文贞先生"。前秦苻坚谥公孙永为"崇虚先生"：

> 公孙永字子阳，襄平人也。少而好学恬虚，隐于平郭南山，不娶妻妾，非身所垦植，则不衣食之，吟咏岩间，欣然自得，年余九十，操尚不亏。与公孙凤俱被慕容皝征至邺，及见皝，不拜，王公以下造之，皆不与言，虽经隆冬盛暑，端然自若。一岁余，诈狂，皝送之平郭。后苻坚又将备礼征之，难其年耆路远，乃遣使者致问。未至而永亡，坚深悼之，谥曰崇虚先生。③

前秦苻坚谥张忠为"安道先生"：

---

① 《汉书》卷一三《异姓诸侯王表一》颜师古注，第364页。
② 《晋书》卷九一《儒林·范平传》，第2346—2347页。
③ 《晋书》卷九四《隐逸·郭荷传》，第2454页。

张忠字巨和，中山人也。永嘉之乱，隐于泰山。恬静寡欲，清虚服气，餐芝饵石，修导养之法。冬则缊袍，夏则带索，端拱若尸。无琴书之适，不修经典，劝教但以至道虚无为宗。其居依崇岩幽谷，凿地为窟室。弟子亦以窟居，去忠六十余步，五日一朝。行达华山，叹曰："我东岳道士，没于西岳，命也，奈何！"行五十里，及关而死。使者驰驿白之，坚遣黄门郎韦华持节策吊，祀以太牢，褒赐命服，谥曰安道先生。[1]

以上两条史料中，前秦苻坚赐公孙永谥为"崇厚先生"，赐张忠"安道先生"。尤其是张忠死后，苻坚遣黄门郎韦华持节策吊，祀以太牢，褒赐命服，以待重臣之礼待张忠。

前凉张祚谥郭荷为"玄德先生"：

郭荷字承休，略阳人也。六世祖整，汉安顺之世，公府八辟，公交车五征，皆不就。自整及荷，世以经学致位。荷明究群籍，特善史书。不应州郡之命。张祚遣使者以安车束帛征为博士祭酒，使者迫而致之。及至，署太子友。荷上疏乞还，祚许之，遣以安车蒲轮送还张掖东山。年八十四卒，谥曰玄德先生。[2]

南朝萧梁谥陶弘景为贞白先生：

大同二年，卒，时年八十五。颜色不变，屈申如恒。诏赠中散大夫，谥曰贞白先生，仍遣舍人监护丧事。弘景遗令薄葬，弟子遵而行之。[3]

萧梁时谥刘瓛为"贞简先生"：

---

[1]《晋书》卷九四《隐逸·张忠传》，第2452页。
[2]《晋书》卷九四《隐逸·郭荷传》，第2454页。
[3]《梁书》卷五一《处士·陶弘景》，第743页。

及居父丧，不出庐，足为之屈，杖不能起。今上天监元年，下诏为璥立碑，谥曰贞简先生。所著文集，皆是礼义，行于世。①

（二）朝廷官方给谥"处士"

官方给谥"处士"的，见北魏谥李谧为"贞静处士"：

> 延昌四年卒，年三十二，远迩悼惜之。其年，四门小学博士孔璠等学官四十五人上书曰："窃见故处士赵郡李谧，十岁丧父，哀号罢邻人之相；幼事兄玚，恭顺尽友于之诚。十三通孝经、论语、毛诗、尚书，历数之术尤尽其长，州闾乡党有神童之号。年十八，诣学受业，时博士即孔璠也。览始要终，论端究绪，授者无不欣其言矣。于是鸠集诸经，广校同异，比三传事例，名《春秋丛林》，十有二卷……谧尝诣故太常卿刘芳推问音义，语及中代兴废之由，芳乃叹曰：'君若遇高祖，侍中、太常非仆有也。'……又结宇依岩，凭崖凿室，方欲训彼青衿，宣扬坟典，冀西河之教重兴、北海之风不坠。而佑善空闻，暴疾而卒。邦国衔殄悴之哀，儒生结摧梁之慕。况璠等或服议下风，或亲承音旨，师儒之义，其可默乎！"事奏，诏曰："谧屡辞征辟，志守冲素，儒隐之操，深可嘉美。可远傍惠、康，近准玄晏，谥曰贞静处士，并表其门闾，以旌高节。"遣谒者奉册，于是表其门曰文德，里曰孝义云。②

李谧生前多次拒辞朝廷征辟，不就官职，因此卒时仍为白身处士，其卒后四门小学博士等学官 45 人上书朝廷，其上书的内容，回顾了李谧一生的学业生涯和治学成果，以及朝臣太常卿刘芳和甄琛对他的称赞和褒扬。在一定形式上，此篇上书可看作为李谧的行状，主要目的是为了向朝廷请谥，最后诏赐"谥曰贞静处士"，并遣谒者奉册。

---

① 《南齐书》卷三九《刘璥传》，第 679—680 页。
② 《魏书》卷九〇《逸士·李谧传》，第 1838—1939 页。

梁武帝时，也曾谥庾诜为"贞节处士"：

> 中大通四年，因昼寝，忽惊觉曰："愿公复来，不可久住。"颜色不变，言终而卒，时年七十八。举室咸闻空中唱"上行先生已生弥陁净域矣。"高祖闻而下诏曰："旌善表行，前王所敦。新野庾诜，荆山珠玉，江陵杞梓，静侯南度，固有名德，独贞苦节，孤芳素履。奄随运往，恻怆于怀。宜谥贞节处士，以显高烈。"①

两晋出现了政府主动给予隐逸者、儒学名师谥号，而这一做法为十六国、南朝和北朝统治者所效仿。从以上所列举的造诣高深的学者、隐逸之士等谥号的获得，除了门人私谥外，从东汉到魏晋南北朝时期有一个变化，东汉时期儒学名士的谥号多为门人私谥，而到了魏晋南北朝时期，除了很少的门人私谥外，更多的是政府的行为。东汉中后期儒学名士与宦官之间多有争斗，他们在政治斗争中失利，因此在礼制方面也会处于劣势，而当时清谈的社会风气导致门人的私谥；而到了两晋时期，士人阶层受到了尊重，而且儒学名士即使不任官，但是社会影响力巨大，统治者考虑到这种影响力，从而主动给儒学名士谥号。

另一种私谥因史籍记载不明，不知是门人私谥，还是请谥后朝廷赐谥。如《梁书》载南阳涅阳人刘之遴，他的父亲刘虬，齐国子博士，谥文范先生。②

前凉张茂统治时，敦煌人索袭虚靖好学，不应州郡之命，病卒后敦煌太守阴澹赠钱二万。《晋书·索袭传》只记"乃谥曰玄居先生"，由是不知是阴澹私谥还是前凉朝廷所谥。前凉张祚时期征辟隐居酒泉南山、私授弟子三千余人的敦煌效谷人宋纤为太子太傅，宋纤上书辞命遂不食而卒，谥宋纤曰"玄虚先生"便不明是否为前凉朝廷所谥。③

以上得谥隐逸的共同特点：一是生前没有官职，或朝廷委以官职却拒

---

① 《梁书》卷五一《处士·庾诜传》，第751页。
② 《梁书》卷四〇《刘之遴传》，第572页。
③ 《晋书》卷九四《隐逸·宋纤传》，第2453页。

不就任；二是或为隐逸或为儒士，才学精深、德行高尚、声名卓著，有一定社会舆论影响力，各政权的统治者在他们的谥号用字后加以"先生""处士"二字以示尊重。

（三）请谥于朝廷

北魏东安侯刁冲，为司空记事参军：

> （刁）冲以嫡传祖爵东安侯。京兆王继为司空也，并以高选频辟记室参军。肃宗将亲释奠，于是国子助教韩神固与诸儒诣国子祭酒崔光、吏部尚书甄琛，举其才学，奏而征焉。及卒，国子博士高凉及范阳卢道侃、卢景裕等复上状陈冲业行，议奏谥曰安宪先生，祭以太牢。①

刁冲死后，国子博士高凉等人上行状于朝廷，经过议谥、奏谥等程序后，朝廷赐谥为"安宪先生"。他生前有爵、有官职，与上引范平等六人情况不同。

北齐时，魏收的族人魏质，生前并无官职，但通诸经大义，有很多学生，兴和二年（540）卒后：

> 侍中李神俊、秘书监常景等三十二人申辞于尚书，为请赠谥。事下太常，博士考行，谥曰贞烈先生。②

虽然魏质生前无官职，死后其谥号的取得，也按照百官得谥的程序，申辞于尚书请谥，事下太常博士议谥，最后得谥为"贞烈先生"。

魏质死后，侍中、秘书监等官员申辞于尚书省请求赠谥，而不是向掌管礼议事宜的部门请谥，由此可见北齐时期尚书省在谥号评定中所起的重要作用。

---

① 《魏书》卷八四《儒林·刁冲传》，第 1859 页。
② 《北史》卷五六《魏收附魏质传》，第 2039 页。

《隋书》卷七七《隐逸·李士谦传》载李士谦卒于开皇八年：

> 时年六十六。赵郡士女闻之，莫不流涕曰："我曹不死，而令李参军死乎！"会葬者万余人。乡人李景伯等以士谦道著丘园，条其行状，诣尚书省请先生之谥，事寝不行，遂相与树碑于墓。①

李士谦在隋朝无官职，因此乡人条列其行状向朝廷请"先生"之谥，虽然最后并没有得到赐谥，但最引人注意的一点是乡人"诣尚书省请先生之谥"，也不是向掌管礼议事宜的部门请谥，这与北齐死后，官员"申辞于尚书，为请赠谥"是相同的。虽然李士谦生前在隋朝无官职，其乡人在死后条列行状诣尚书省请谥的事例，也足以证明隋朝尚书省在谥号评定中的作用。魏质和李士谦二人的事例，可以直接证明北齐、隋朝生前无官职的人请"先生"之谥，必须首先请示尚书省。

第二节　隐逸的谥号用字、字数

隐逸的谥号字数基本上为双字复谥，后缀以"先生"或"处士"；谥号用字多是与"文""贞""玄""德""白"组合的复合词，与他们才学精深、德行高尚、声名卓著的德行与修业密切相关。以下是隐逸谥号用字的情况：

朱穆父：贞宣先生

朱穆：文忠先生

陈寔：文范先生

范冉：贞节先生

刘峻：玄靖先生

刘炫：宣德先生

---

① 《隋书》卷七七《隐逸·李士谦传》，第1754页。

萧视素：贞文先生

刘瓛：贞简先生

魏质：贞烈先生

刁冲：安宪先生

范平：文贞先生

索袭：玄居先生

宋纤：玄虚先生

郭荷：玄德先生

公孙永：崇虚先生

张忠：安道先生

刘虬：文范先生

陶弘景：贞白先生

刘歊：贞节处士

李谧：贞静处士

阮孝绪：文贞处士

庾诜：贞节处士

在这22位隐逸人士的谥号中，"贞"出现了12次，"文"出现了6次，"玄"出现了4次，其余还用到了"德""安""静""节""宪""白""忠"等标志美德嘉行的美谥。

"贞"，《逸周书·谥法解》《史记正义·谥法解》均有3解，3解字词相同，为"清白守节曰贞""大虑克就曰贞""不隐无屈曰贞"。

"玄"，《逸周书·谥法解》《史记正义·谥法解》并无"玄"的谥解，而"玄"进入谥法，应追溯到东汉时期的荀靖"玄行先生"[1]、法真"玄德先生"[2]。苏洵《谥法》卷二载"含和无欲曰玄"，《大金集礼》卷三载"应真主神曰玄"。

---

[1] 《后汉书》卷六二《荀爽传》，第2050页。
[2] 《后汉书》卷八三《逸民·法真传》，第2774页。

"文",《逸周书·谥法解》《史记正义·谥法解》《续通志·谥略》中"文"均有6解,吐鲁番《谥法》残本有"(经纬)天地曰文""慈惠恩民曰文""学勤好问曰文"。

"德",《史记正义·谥法解》"绥柔士民曰德""执义行善曰德""谏争不威曰德"。

"白",《正义·谥法解》:"外内贞复曰白",孔晁注曰:"正而复,终始一。"《周公谥法释义》注:"外内皆正,终而复始。"苏洵《溢法》:"涅而不淄曰白",《经世大典·臣谥》引《论语》曰:"不旦白乎,涅而不淄。"《经世大典·臣谥》"致虑忘机曰白"。

隐逸人士"文""贞""玄""德""白"组合的双字谥,标明了社会和朝廷上对他们才学精深、德行高尚、声名卓著的德行与修业的赞赏和表彰。

由上可知,隐逸的谥号用字均为美谥,22人谥号字数均为双字复谥,后缀以"先生"或"处士"。《通典》卷第一〇四《凶礼二十六·单复谥议》:

> (大唐)之制,太常博士掌凡王公以下拟谥,皆迹其功德而为之褒贬。诸谥职事官、三品以上散官,佐吏录行状,申考功勘校,下太常拟谥记,申省,议定奏闻。无爵称子。沈约《谥法》云:"晋大兴三年,始诏无爵者谥皆称子。"养德丘园,声实明著,则谥曰先生。大行则大名,小行则小名。

吴丽娱先生根据《天圣令·丧葬令》第22条、《唐六典》、《通典》相关记载复原了唐代的有关规定:"诸谥……无爵者称子。若蕴德丘园、声实明著,虽无官爵,亦奏赐谥曰先生。"①

《天圣令·丧葬令》第22条记载了宋代的有关规定:"诸谥……无爵

---

① 吴丽娱:《唐丧葬令复原研究》,第691页。

者称子。若蕴德丘园、声实明著，虽无官爵，亦奏锡（赐）谥曰先生。"[1]从以上分析可以看出，唐宋以来无爵者称子、朝廷赐谥先生的法令规定，实来源于汉晋南北朝。

---

[1] 天一阁博物馆、中国社会科学院历史研究所天圣令整理课题组校证：《天一阁藏明抄本天圣令校证附唐令复原研究》，中华书局2006年版，第356页。

结　　论

魏晋南北朝时期，礼学家辈出，《通典》中列举了魏晋南北朝百余位礼学家，同时礼学专著大量涌现。在此礼学繁盛的大背景下，社会上涌现出一批谥法专著，这些著作以谥法解和谥号分类汇编为多，着重于对《逸周书·谥法解》的谥号用字进行评注、考据，辑录帝王将相名臣的谥号，是我们了解魏晋南北朝谥法制度的重要资料。魏晋南北朝时期的谥法文献对宋代谥法影响仍极大。宋朝最为著名的《编定六家谥法》20卷中，《春秋谥法》《广谥》《谥例》《新谥法》四家谥法便是在魏晋南北朝时期相关著作的基础上编纂而成的。

20世纪六七十年代吐鲁番出土的文书中，保存了《谥法》残本。通过对出土《谥法》残本与现在流传的传世文献对照，可以清楚地看出魏晋南北朝时期学者对《谥法》的阐释和增广。而搜辑残存在现今古籍中的魏晋南北朝时期谥法著作的片段，对重新认识魏晋南北朝时期谥法制度有着重要意义。

墓志中也保留了魏晋南北朝时期谥号刻写的第一手材料。墓志主人死后，家人或下属向朝廷请谥，朝廷议谥毕后，将谥号赐给丧家，在葬礼中使用。墓主谥号的颁赐与否及谥字美恶直接与当时的社会背景及现实政治息息相关，社会动荡、战乱多事，尤其到每个朝代的末期，都会影响正常的赐谥，"兵革交侵，普断赠谥"是一种普遍现象。而且墓主家到京城的距离有远有近，若路程遥远，来不及在下葬的时候将谥号刻在墓志铭之上，就会直接导致丧主墓志铭上谥号的空刻、补刻。另外，在现实的刻写条件下，刻石的版面、丧主墓志的长短、刻工的排版、墓主家人为尊者讳以及朝廷重新追赠美谥、复谥等因素，尤其是后二者，可能会导致墓志中的谥号与史书中的记载不同。这为我们动态地认识谥法制度的特点及其与当时现实政治、社会的关系提供了宝贵的材料。

从两汉到魏晋南北朝时期，皇帝和皇后妃嫔、隐逸人物在谥号用字、字数和谥法制度等方面发生了变化。从刘邦之子刘盈开始，谥号以复谥为主，且第一个字都用"孝"字，而魏晋南朝皇帝的谥号以单谥为主，十六国北朝皇帝的谥号以复谥为主，具有很强的独立区别标识意义。魏晋南北朝时期，帝王谥法的礼仪范式日渐繁缛、亦愈加制度化，但是群臣谥议、南郊告谥、题谥于神主之背等主要仪式并没有改变。汉魏禅代是魏晋南北朝一个重要的历史事件。山阳公刘协死后，魏明帝赐谥其为孝献皇帝并在魏文帝庙内告谥的"今"礼，实为一创举，也成为后代引以为据的成规"故事"。

从《公羊传》《白虎通》《春秋释例》《通典》的讨论来看，从先秦、汉代到唐代，历代学者对妇人的谥法有很大争论。汉初，谥法制度再次衔接周代谥法制度发展起来。如无特殊情况，皇后皆有谥制度化。汉初的皇后依然遵循"妇人无外行，不另给谥"的原则随夫谥而称，如汉高祖谥"高"皇帝，吕后称"高"皇后。而别拟谥成为魏晋南北朝时期皇后给谥的一个主流形式，也引发人们逐渐对后妃谥字解意的重视。贺琛《谥法》分为三卷，其中妇人独有一卷，这是中国古代谥法制度中前所未有之创举。在皇后谥法的礼仪中，对于逝去的皇后在谥号未定之前，称为"大行皇后"。皇后与帝王谥号取得的地点最大不同在于，"天子谥成于郊，后妃谥成于庙"，这一点一直影响后世皇后谥法礼仪。北朝自拓跋魏入主中原至北周灭亡，共有17位皇后出家为尼，除极个别有追谥外，皇后出家为尼几无谥号。

从传世文献和出土墓志来看，这一时期嫔妃虽有等级，但其死后赐谥并未形成定制。宗室王妃、太妃虽出身多为高门贵族，其夫、子贵为皇室家族诸王公侯，但其得谥并未形成定制，得谥与否和夫、子的权势、帝后关系亲密程度相关。南朝公主得谥的记载多于北朝。公主得谥有的是在死后埋葬前，有的是在死后经年、其父兄得到皇位后追谥的。在公主的谥号用字上，多用美谥，如懿、穆、昭、宣等。此期公主的谥号中，多为单字谥，双字谥只占少数。

太子是中国古代帝王的法定继承人的称谓。关于太子谥号的有无，先秦以来便是讨论的焦点之一。从孙吴宣（明）太子孙登、西晋愍怀太子司马遹、南齐文惠太子萧长懋、萧梁昭明太子萧统、萧梁哀太子萧大器、萧梁愍怀太子萧方矩、北魏景穆太子拓跋晃七位太子得谥及其谥字来看，他们在未取得皇位之前便去世，或死于政治斗争，或死于国难，西晋愍怀太子司马遹、萧梁哀太子萧大器、萧梁愍怀太子萧方矩是在死后一段时间后追谥的，而其余四人是在死后马上得到赐谥。除萧大器的谥号"哀"为单字谥，孙登"宣（明）"不能确定为双字或单字时外，其余五人均为双字谥。而且，他们的谥号用字与生前行迹相符合，基本上得到的均是美谥。东晋礼学家贺循在世子是否赐谥上，认为不仅是看其年龄，而且主要看其是否有"功行"，这与立"谥"本意相符合。

魏晋南北朝时期，宗室始藩王除获罪外基本能得到谥号，二、三藩王谥号的取得与自身官职权势、是否早夭国除、和当朝皇帝关系的亲疏都紧密相关。宗室成员获得谥号，从程序上看，也要经过请谥、议谥、赐谥等程序。魏晋南北朝各政权中，不同皇帝对待宗室的态度和政策不同，从而导致其对待宗室死后的丧礼及赠谥全然不同。外戚的生前死后事，也与宗室群体一样，更多地受到皇权的直接影响。自东晋成帝给恭皇后父杜乂追赠金紫光禄大夫、母裴氏追赠乡君后，刘宋、南齐、萧梁、陈朝多给皇后、妃嫔之父、母追赠三品的金紫光禄大夫、乡君，而赐谥的情况很少，这可能与得谥的根本在于其生前的行迹有关。而从冯诞、胡国珍、独孤信等位高权重的外戚死后的谥号来看，皇权在谥号的赐予、谥字的美恶上起着决定性的作用。

谥法虽然是礼制的一部分，但它作为统治者笼络、鼓励广大官吏的重要手段，在社会政治等级结构中有着特殊的意义，是官僚制度的一个重要环节。魏晋南北朝时期是谥法制度发展变化的一个重要时期，尤其是此时百官的谥号发生了很大的转变。魏晋南北朝时期官员的谥号和谥法有以下三个方面的变化和特点：一是得谥官员身份的重大转变，即生前无爵者死后也可有谥。两汉时期对百官给谥资格有严格的规定，百官有爵为侯伯则给谥，否则得不到谥号。随着官僚制度的发展，魏晋之际结合爵位和现实功行（官品在五品及其以上）决定百官谥号的规定，取消了那些仅靠父荫为爵者得谥的权利，对"有爵则有谥"的古制是一种冲击。两晋南北朝时期得谥官员的身份也发生了变化，不仅生前有爵的官员可以得到谥号，生前无爵的官员死后也能得谥，这是中国古代官员谥法的一个重大变化。这一变化与魏晋南北朝时期爵制变化有关，而且实际的赐谥中，官员生前在职的功劳、德行更大程度地影响着得谥与否及其谥号的好恶。

二是魏晋南北朝时期官员谥号用字以单谥和美谥为主。魏晋南北朝时期社会风气虽以复谥为美，但实际评谥过程中官员谥号以单谥为主。谥号用字上绝大多数为美谥或平谥，恶谥极少。由于现实评议的需要，采用了《逸周书·谥法解》篇中所没有的谥号用字，由于这一时期的学者对《谥法解》或注释或推演或增补，这些谥号用字仍可能有本可依。

三是两汉时期，谥法主要由礼官大鸿胪卿负责。随着官僚制度的发展，两晋南朝时期在百官给谥程序中，尚书省官员参加了百官给谥程序中"议谥"这一环节。北魏官员谥号的实际评议过程中，尚书省负责审核行状的真伪，确定行状的记载与考簿的记载一致之后，将行状交由太常寺，太常卿、太常博士根据行状评议此人的谥号；当官员的谥号与其生前考课行迹不一致时，尚书省的官员依照官员生前的考课行迹，对礼官评议的谥号进行驳议，这一点直接影响了唐代的相关制度。

魏晋南北朝时期，隐逸的谥法得谥途径分为两类：一类是门生亲故私谥，一类是请谥朝廷而赐予。他们的谥号字数基本上为双字复谥，后缀以"先生"或"处士"；谥号用字多是"文""贞""玄""德""白"组合的复合双字谥，这与他们才学精深、德行高尚、声名卓著的德行与修业密切相关。唐宋以来无爵者称子、朝廷赐养德丘园、声实明著者谥"先生"的法令规定，实来源于汉晋南北朝时期。

参考文献

(一) 传世文献

《尚书古今文注疏》,(清)孙星衍,中华书局1986年版。

《商君书》,(战国)商鞅,上海古籍出版社1989年版。

《吕氏春秋》,(战国)吕不韦撰,高诱注,上海古籍出版社1989年版。

《春秋左传诂》,洪亮吉撰,李解民点校,中华书局1987年版。

《韩非子》,(战国)韩非,上海古籍出版社1989年版。

《新序》,(汉)刘向,中华书局1985年版。

《春秋繁露》,(汉)董仲舒,上海古籍出版社1989年版。

《白虎通义》,(汉)班固,中华书局1985年版。

《礼记集解》,孙希旦撰;沈啸寰、王星贤点校,中华书局1989年版。

《孟子正义》,(清)焦循撰;沈文倬点校,中华书局1987年版。

《周礼正义》,(清)孙诒让,中华书局1987年版。

《论语注疏》,《十三经注疏》,北京大学出版社1999年版。

《春秋左传正义》,《十三经注疏》,上海古籍出版社1997年。

《管子校注》,黎翔凤撰,梁运华整理,中华书局2004年版。

《史记》,(汉)司马迁,中华书局1959年版。

《汉书》,(汉)班固,中华书局1962年版。

《后汉书》,(宋)范晔撰,(唐)李贤等注,中华书局1965年版。

《三国志》,(晋)陈寿撰,(宋)裴松之注,中华书局1959年版。

《晋书》，（唐）房玄龄，中华书局 1974 年版。
《魏书》，（北齐）魏收，中华书局 1974 年版。
《宋书》，（梁）沈约，中华书局 1974 年版。
《南齐书》，（梁）萧子显，中华书局 1972 年版。
《梁书》，（唐）姚思廉，中华书局 1973 年版。
《北史》，（唐）李延寿，中华书局 1974 年版。
《周书》，（唐）令狐德棻，中华书局 1971 年版。
《隋书》，（唐）魏征、令狐德棻，中华书局 1973 年版。
《旧唐书》，（后晋）刘昫等，中华书局 1975 年版。
《新唐书》，（宋）欧阳修、宋祁，中华书局 1975 年版。
《华阳国志》，（晋）常璩，中华书局 1985 年版。
《十六国春秋》，（北魏）崔鸿，丛书集成初编，第 3815 本，中华书局 1986 年版。
《水经注疏》，（北魏）郦道元注，（清）杨守敬、熊会贞疏，江苏古籍出版社 1989 年版。
《洛阳伽蓝记校注》，（北魏）杨衒之撰，范祥雍校注，上海古籍出版社 1978 年版。
《颜氏家训集解》，（北齐）颜之推撰，王利器集解，上海古籍出版社 1980 年版。
《唐律疏义》，（唐）长孙无忌等，中华书局 1983 年版。
《唐会要》，（唐）王溥，中华书局 1955 年版。
《唐六典》，（唐）李林甫等，中华书局 1992 年版。
《李文公集》，（唐）李翱，上海商务印书馆影印本，1919 年版。
《艺文类聚》，（唐）欧阳询撰，汪绍楹校，中华书局 1965 年版。
《北堂书钞》，（唐）虞世南撰，孔广陶校注，宏业书局 1974 年版。
《通典》，（唐）杜佑撰，王文锦等点校，中华书局 1988 年版。
《初学记》，（唐）徐坚，中华书局 1962 年版。
《文馆词林》，（唐）许敬宗等，中华书局 1985 年版。
《唐大诏令集》，（宋）宋敏求编，中华书局 2008 年版。
《困学纪闻》，（宋）王应麟，辽宁教育出版社 1998 年版。

《太平御览》，（宋）李昉等，中华书局1960年版。

《资治通鉴》，（宋）司马光等人编著，（元）胡三省注，中华书局1956年版。

《习学记言序目》，（南宋）叶适，中华书局1977年版。

《文献通考》，（元）马端临，新兴书局（台北）1956年版。

《汉唐事笺》，（元）朱礼，江苏古籍出版社1990年版。

《永乐大典》，杨家骆主编，类书丛编第一集七十二册，世界书局印行，1977年。

《今文尚书考证》，（清）皮锡瑞，中华书局1989年版。

《佩文韵府》，（清）张玉书等编，上海古籍书店1983年版。

《读通鉴论》，（清）王夫之，中华书局1975年版。

《越缦堂文集》，（清）李慈铭，文海出版社1975年版。

《廿二史札记校证》，（清）赵翼，中华书局1984年版。

《陔余丛考》（清）赵翼，中华书局1963年版。

《册府元龟》，（宋）王钦若等编纂，周勋初等校订，凤凰出版社2006年版。

（二）金石、文书资料

国家文物局古文献研究室、新疆维吾尔自治区博物馆、武汉大学历史系编：《吐鲁番出土文书》第一册，文物出版社1981年版。

洪适：《隶释》，中华书局1985年版。

陆增祥：《八琼室金石补正》，《石刻史料新编》第六辑，新文丰出版公司1982年印行。

罗新、叶炜：《新出魏晋南北朝墓志疏证》，中华书局2005年版。

罗振玉：《芒洛冢墓遗文》、《芒洛冢墓遗文续编》，《石刻史料新编》第一辑，新文丰出版公司1982年印行。

王昶：《金石萃编》，扫叶山房1936年，唐驼署。

王连龙：《新见北朝墓志集释》，中国书籍出版社2015年版。

叶炜、刘秀峰主编：《墨香阁藏北朝墓志》，上海古籍出版社2016年版。

赵超：《汉魏南北朝墓志汇编》，天津古籍出版社1992年版。

赵君平、赵文成：《河洛墓刻拾零》，北京图书馆出版社 2007 年版。

赵君平：《邙洛碑志三百种》，中华书局 2004 年版。

赵明诚：《金石录》，空山堂刻，清顺治七年（1650）。

赵万里：《汉魏南北朝墓志集释》，《石刻史料新编》第三辑，新文丰出版公司 1982 年印行。

（三）著作

陈丽萍：《贤妃嬖宠：唐代后妃史事考》，社会科学文献出版社 2014 年版。

陈戍国：《中国礼制史·魏晋南北朝卷》，湖南教育出版社 2011 年版。

陈寅恪：《隋唐制度渊源略论稿》，生活·读书·新知三联书店 2001 年版。

陈仲安、王素：《汉唐职官制度研究》，中华书局 1993 年版。

程树德：《九朝律考》，中华书局 1963 年版。

戴炎辉：《唐律通论》，中正书局 1946 年印行。

高二旺：《魏晋南北朝丧礼与社会》，中国社会科学出版社 2017 年版。

高敏：《云梦秦简初探》，河南人民出版社 1979 年版。

郭沫若：《两周金文辞大系图录考释》，科学出版社 1957 年版。

郭沫若：《郭沫若文集》，人民文学出版社 1963 年版。

韩国东洋史学会编：《中国史研究的成果与展望》，中国社会科学出版社 1991 年版。

侯灿、吴美琳：《吐鲁番出土砖志集注》，巴蜀书社 2003 年版。

黄怀信、张懋、田旭东：《逸周书汇校集注》，上海古籍出版社 1992 年版。

黄怀信：《逸周书源流考辨》，西北大学出版社 1992 年版。

黄怀信：《逸周书校补注释》，西北大学出版社 1996 年版。

黄惠贤、陈峰主编：《中国俸禄制度史》，武汉大学出版社 1996 年版。

黄惠贤：《中国政治制度通史》第四卷《魏晋南北朝卷》，人民出版社 1996 年版。

黄留珠：《秦汉仕进制度》，西北大学出版社 1985 年版。

江藩：《江藩集》，上海古籍出版社2006年版。

康乐：《从西郊到南郊：国家祭典与北魏政治》，稻禾出版社1995年版。

李开元：《汉帝国的建立与刘邦集团》，生活·读书·新知三联书店2000年版。

李凭：《北魏平城时代》，社会科学文献出版社2000年版。

李振宏：《居延汉简与汉代社会》，中华书局2003年版。

梁满仓：《魏晋南北朝五礼制度考论》，社会科学文献出版社2009年版。

刘俊文主编：《日本学者论中国史（六朝隋唐卷）》，上海古籍出版社1995年版。

刘师培：《刘师培中古文学论集》，中国社会科学出版社1997年版。

吕思勉：《两晋南北朝史》，上海古籍出版社1983年版。

吕思勉：《吕思勉读史札记》，上海古籍出版社1982年版。

马长寿：《碑铭所见前秦至隋初的关中部落》，中华书局1985年版。

马长寿：《乌桓与鲜卑》，上海人民出版社1962年版。

孟宪实：《汉唐文化与高昌历史》，齐鲁书社2004年版。

缪钺：《读史存稿》，生活·读书·新知三联书店1963年版。

宋晓梅：《高昌国——公元五至七世纪丝绸之路上的一个移民小社会》，中国社会科学出版社2003年版。

孙筱：《两汉经学与社会》，中国社会科学出版社2002年版。

唐兰：《西周青铜器铭文分代史征》，中华书局1986年版。

唐长孺：《魏晋南北朝史论丛续编》，生活·读书·新知三联书店1959年版。

唐长孺：《魏晋南北朝史论丛》，生活·读书·新知三联书店1955年版。

唐长孺：《魏晋南北朝史论拾遗》，中华书局1983年版。

唐长孺：《魏晋南北朝隋唐史三论》，武汉大学出版社1995年版。

天一阁博物馆、中国社会科学院历史研究所天圣令整理课题组校证：《天一阁藏明抄本天圣令校证附唐令复原研究》，中华书局2006年版。

田余庆：《东晋门阀制度》，北京大学出版社1989年版。

田余庆：《拓跋史探微》，生活·读书·新知三联书店2003年版。

童书业：《春秋左传研究》，中华书局2006年版。

万绳楠：《陈寅恪魏晋南北朝史讲演录》，黄山书社1987年版。

万绳楠：《魏晋南北朝文化史》，黄山书社1989年版。

汪受宽：《谥法研究》，上海古籍出版社1995年版。

王国维：《观堂集林》，中华书局1959年版。

王素：《高昌史稿（统治篇）》，文物出版社1998年版。

王素：《三省制略论》，齐鲁书社1986年版。

王亚南：《中国官僚政治研究》，中国社会科学出版社1981年版。

王仲荦：《北周六典》，中华书局1979年版。

王仲荦：《魏晋南北朝史》，上海人民出版社1979年版。

吴丽娱：《终极之典：中古丧葬制度研究》，中华书局2012年版。

徐师曾：《文体明辨序说》，人民文学出版社1982年版。

严耀中：《北魏前期政治制度》，吉林教育出版社1990年版。

阎步克：《乐师与史官：传统政治文化与政治制度论集》，生活·读书·新知三联书店2001年版。

杨伯峻：《春秋左传注》，中华书局1990年版。

杨光辉：《汉唐封爵制度》，学苑出版社2002年版。

杨鸿年：《汉魏制度丛考》，武汉大学出版社1985年版。

杨宽：《战国史》，上海人民出版社1980年版。

杨震方、水赉佑编著：《历代人物谥号封爵索引》，上海古籍出版社1996年版。

姚薇元：《北朝胡姓考》，科学出版社1958年版。

周一良：《魏晋南北朝史札记》，中华书局1985年版。

朱绍侯：《军功爵制研究》，上海人民出版社1990年版。

祝总斌：《两汉魏晋南北朝宰相制度研究》，中国社会科学出版社1990年版。

［日］福岛繁次郎：《中国南北朝史研究（增补版）》，名著出版1962年版。

［日］宫崎市定：《九品官人法の研究》，京都大学东洋史研究会，日本 1656 年版。

［日］川胜义雄、砺波护编：《中国贵族制社会の研究》，同朋舍 1987 年印刷。

［日］谷川道雄：《中国中古社会与共同体》，马彪译，中华书局 2002 年版。

［日］谷川道雄：《隋唐帝国形成史论》，李济仓译，上海古籍出版社 2004 年版。

［日］福原启郎：《西晋の武帝司马炎》，白帝社 1995 年版。

［日］西嶋定生：《中国古代帝国的形成与结构——二十等爵制研究》，武尚清译，中华书局 2004 年版。

（四）论文

白芳：《论秦汉时期"公"谥称谓的社会内涵》，《锦州师范学院学报（哲学社会科学版）》2003 年第 2 期。

暴希明：《古人谥号论略》，《甘肃社会科学》2013 年第 4 期。

蔡升奕：《读〈逸周书·谥法解〉旧校旧注札记》，《吉安师专学报》1999 年第 2 期。

蔡升奕：《读〈逸周书·谥法解〉旧校旧注续记》，《古籍研究》1999 年第 1 期。

曹刚华：《北魏内外秘书考略》，《民族研究》2003 年第 2 期。

陈明光《曹魏的封爵制度与食封支出》，《西北师范大学学报》2005 年第 2 期。

陈鹏：《论六朝诔文的骈化及其艺术成就》，《嘉兴学院学报》2008 年第 4 期。

程大鲲：《清代宗室贵族的封爵与谥号》，《兰台世界》1997 年第 4 期。

程大鲲：《清代宗室贵族谥号考》，《满族研究》2004 年第 3 期。

大同市博物馆：《大同东郊北魏元淑墓》，《文物》1989 年第 8 期。

戴卫红：《吐鲁番文书所见〈谥法〉残本略考》，《吐鲁番学研究》

2010 年第 1 期。

戴卫红：《魏晋南北朝时期官员谥号用字》，《南京晓庄学院学报》2010 年第 4 期。

戴卫红：《魏晋南北朝得谥官员身份的重大转变》，《南都学坛》2010 年第 6 期。

戴卫红：《魏晋南北朝官员给谥程序》，《南京晓庄学院学报》2011 年第 2 期。

戴卫红：《魏晋南北朝帝王谥法研究（上）》，《许昌学院学报（社会科学版）》2015 年第 6 期。

戴卫红：《魏晋南北朝帝王谥法研究（下）》，《许昌学院学报（社会科学版）》2016 年第 3 期。

戴卫红：《魏晋南北朝谥法制度的特点》，《中国社会科学报》2019 年 12 月 17 日第 6 版。

戴卫红：《魏晋南北朝谥法制度研究述评》，楼劲主编《魏晋南北朝时期政治与社会》，中国社会科学出版社 2020 年版。

董常保：《〈春秋〉所载周天子谥号体例考析》，《天中学刊》2012 年第 4 期。

董常保：《〈左传〉"声"谥考析》，《牡丹江大学学报》2012 年第 8 期。

董常保：《〈春秋〉所载女性谥号考论》，《四川教育学院学报》2012 年第 12 期。

董芬芬：《春秋时代的谥制与谏文》，《甘肃理论学刊》2008 年第 1 期。

杜芳琴：《中国古代女主政治略论》，《山西师大学报（社会科学版）》，1993 年第 2 期。

杜建民、崔吉学：《论谥号文化内涵的演变》，《史学月刊》1994 年第 5 期。

杜勇：《金文"生称谥"新解》，《历史研究》2002 年第 3 期。

盖金伟：《汉唐"私谥"文化简论》，《新疆大学学报（哲学社会科学版）》2001 年第 1 期。

高华平:《何晏著述考》,《文献》2003年第4期。

郭沫若:《谥法之起源》,《郭沫若全集》考古编第5卷,科学出版社2002年版。

贺德扬、杜建民:《谥号传统定义质疑》,《齐鲁学刊》1989年第1期。

侯灿:《麹氏高昌王国官制研究》,《文史》第22辑,1984年。

黄鹤:《西周金文王号为生称或死称问题述评》,《古籍整理研究学刊》2013年第6期。

黄吉军、黄吉博:《北魏高猛及夫人元瑛墓志浅释》,《中原文物》1996年第1期。

黄金明:《从谥诔到诔文:论古代诔文体式的形成》,《漳州师范学院学报(哲学社会科学版)》2003年第4期。

黄奇逸:《甲金文中王号生称与谥法问题的研究》,《中华文史论丛》1983年第1辑。

李朝阳:《咸阳市郊北周独孤浑贞墓志考述》,《文物》1997年第5期。

李家浩:《庚壶铭文及其年代》,《古文字研究》第19辑,中华书局1982年版。

李零:《楚景平王与古多字谥——重读〈秦王卑命钟〉铭文》,《传统文化与现代化》1996年第6期。

李乃龙:《〈齐竟陵文宣王行状〉考析——兼论"行状"的文体特征》,《广西师范学院学报(哲学社会科学版)》2007年第1期。

林德春:《中国古代谥号和谥法评述》,《松辽学刊》1996年第1期。

刘仕平:《谥法的起源、种类及研究谥法的意义》,《武警工程学院学报》2001年第1期。

楼劲:《〈玉海〉五四〈艺文部〉所存沈约〈谥例序〉文笺解——汉末魏晋几种谥法文献的有关问题》,《文史》2005年第1辑。

楼劲:《道武帝所立庙制与拓跋氏早期世系》,《文史》2006年第4辑。

罗小华:《试论清华简〈系年〉中的几个多字谥》,《简帛研究二〇一六》（秋冬卷），西师范大学出版社 2017 年版。

罗新：《可汗号研究——兼论中国古代"生称谥"问题》，《中国社会科学》2005 年第 2 期。

罗新：《试论曹操的爵制改革》，《文史》2007 年第 3 辑。

洛阳市第二文物工作队：《洛阳碑志选刊》，载《书法丛刊》1996 年第 2 期。

马卫东：《文献校释中的周代多字谥省称问题》，《古代文明》2013 年第 3 期。

马先登：《北周武德皇后墓志》，《文物天地》1995 年第 2 期。

南京博物馆：《南京北郊东晋温峤墓》，《文物》2002 年第 7 期。

南京博物院：《江苏吴县张陵山张氏墓群发掘简报》，《南方文物》2005 年第 4 期。

南京市博物馆、雨花区文化局：《南京南郊六朝谢珫墓》，《文物》1998 年第 5 期。

南京市文物保管委员会：《南京人台山东晋兴之夫妇墓发掘报告》，《文物》1965 年第 6 期。

南京市文物保管委员会：《南京象山东晋王丹虎墓和二号、四号墓发掘简报》，《文物》1965 年第 6 期。

彭裕商：《谥法探源》，《中国史研究》1999 年第 1 期。

秦公：《释北魏高道悦墓志》，《文物》1979 年第 9 期。

屈万里：《谥法滥觞于殷代论》，《中研院历史语言研究所集刊》第 13 本，1948 年。

沈刚：《东汉的私谥》，《烟台大学学报（哲学社会科学版）》2014 年第 4 期。

沈国光：《汉魏六朝行状研究》，华东师范大学 2016 年硕士论文。

师宁：《论生称谥及谥法起源问题》，《首都师范大学学报（社会科学版）》1994 年第 6 期。

守屋美都雄《曹魏爵制二三考察》，载《东洋史研究》第 20 卷第 4 号，1962 年。

司艾华、刘伟：《说滕文公之"文"》，《枣庄师范专科学校学报》

2002年第5期。

孙德昌：《谥号·庙号·年号考略》，《社会科学辑刊》1996年第1期。

唐清莲：《从边缘到中心——论两汉皇室女性的地位及外戚专政》，《西南民族大学学报（人文社科版）》2004年第12期。

田余庆：《代北地区拓跋与乌桓的共生关系——魏书序纪有关史实解析》七《拓跋内乱与乌桓动向》，《拓跋史探》，生活·读书·新知三联书店2003年版。

涂白奎：《西周王号无恶谥说》，《中国史研究》2005年第4期。

王素、宋少华：《长沙走马楼三国吴简的新材料与旧问题——以邸阁、许迪案、私学身份为中心》，《中华文史论丛》2009年第1期。

王素：《〈吐鲁番出土文书〉［壹］附录残片考释》，《出土文献研究》第3辑，中华书局1998年版。

吴为民：《南北朝碑刻谥号初探》，《忻州师范学院学报》2008年第1期。

吴夏平：《从行状和墓碑文看唐代骈文的演进》，《文学遗产》2007年第4期。

吴震：《麴氏高昌国史索隐——从张雄夫妇墓志谈起》《文物》1981年第1期。

祥生：《长安发现北魏献文皇帝之孙墓志》，《碑林集刊》第四辑，陕西人民美术出版社1996年版。

向燕南：《〈四库全书总目〉王圻〈谥法通考〉提要订误》，《北京师范大学学报（社会科学版）》2000年第2期。

谢钧祥：《武——以谥号而得的姓》，《中州统战》2000年第9期。

谢钧祥：《以谥以国命得的姓》，《中州统战》2001年第2期。

徐冲：《从"异刻"现象看北魏后期墓志的"生产过程"》，《复旦大学学报（社会科学版）》2011年第2期。

徐春燕：《明代后妃的号》，《史学月刊》2004年第6期。

徐广源：《清朝帝后妃谥号浅议》，《清史研究》1997年第4期。

徐国荣：《汉末私谥和曹操碑禁的文化意蕴》，《东南文化》1997年第

3 期。

徐国荣：《先唐诔文的职能变迁》，《文学遗产》2000 年第 5 期。

徐中舒：《遹敦考释》，《中央研究院历史语言研究所集刊》第 3 本第 2 分，1931 年。

许智银：《论北魏女性出家为尼现象》，《许昌师专学报》2001 年第 6 期。

薛金玲：《〈逸周书·谥法〉时代辨析》，《西安石油学院学报（社会科学版）》2003 年第 3 期。

薛金玲：《谥法起源浅析》，《西北大学学报（哲学社会科学版）》2000 年第 1 期。

闫丽：《〈左传〉人物称谓中"谥"的社会意义》，《古籍整理研究学刊》2009 年第 3 期。

杨果、赵治乐：《宋人谥号初探》，《史学月刊》2003 年第 7 期。

杨希枚：《论久被忽略的〈左传〉诸侯以字为谥之制——兼论生称谥问题》，《中国史研究》1987 年第 4 期。

杨希枚：《论周初诸王之生称谥》，《殷都学刊》1988 年第 3 期。

杨向奎：《行状对墓志文创作的影响》，《河南师范大学学报（哲学社会科学版）》2017 年第 5 期。

杨学明：《春秋"私谥研究"》，《太原师范大学学报（哲学社会科学版）》2015 年第 2 期。

余樟华、盖翠杰：《行状职能考辨》，《浙江师范大学学报（社会科学版）》2002 年第 2 期。

张彩云：《鲁元公主谥号辨析》，《中国社会科学报》2018 年 8 月 27 日"历史学"版。

张鹤泉、苗霖霖：《北魏后宫谥法、赠官制度考略》，《社会科学战线》2010 年第 9 期。

赵厚均：《汉魏两晋诔文述论》，《上海大学学报（社会科学版）》2011 年第 3 期。

中国社会科学院考古研究所河南二队：《河南偃师县杏园村的四座北魏墓》，《考古》1991 年第 8 期。

周清明：《古代谥法及对社会的影响》，《科技创新导报》2008年10月11日。

周伟洲、贾麦明、穆小军：《新出土的四方北朝韦氏墓志考释》，《文博》2000年第2期。

周郢：《新发现的羊氏家族墓志考略》，载《周郢文史论文集》，山东文艺出版社1997年版。

朱利民：《"武成"谥号考订》，《唐都学刊》2000年第2期。

朱玲玲：《诔文与谥议起源考》，《滨州学院学报》2005年第4期。

邹厚本：《东晋张镇墓碑志考释》，南京博物院《文博通讯》1979年10月，总第27期。

后　　记

　　本书是国家社科基金项目《魏晋南北朝谥法制度研究》的结项成果。说来惭愧，从动手搜集材料、申请课题到书稿的出版，已经过去十四年的光阴。最初开始关注魏晋南北朝谥法这一课题，是在撰写《北魏考课制度研究》最后一章"北魏考课制度与官僚的升迁、惩罚"时，发现北魏尚书省官员参与了官员谥号的评定，官员在职的劣迹不仅影响他生前的考课等第、荣誉和俸禄，还影响其死后谥号的评定，这在郑羲、羊祉等北魏名臣的本传和墓志中有清晰记载。于是搜集了很多魏晋南北朝时期官员的墓志、本传，还像发现新大陆似的，注意到了吐鲁番文书中的《谥法》残本，由此便把求知求学的小爪子伸向了魏晋南北朝谥法制度。

　　但实际上做起来的时候，才发现自己的知识储备远远不够。谥法，从涉及的人来说，关涉的不仅仅是得谥者本人，从理论上说，本人生前的品德行迹是得谥之本；关涉的还有请谥的门生故吏和家属，他们让谥号从丧主的私事、家事走向朝堂公众视野，丧主谥号的好恶，也将伴随后世子孙，他们的积极奔走还可能影响丧主平谥、恶谥的改变；还有朝堂上奏谥、议谥、驳谥的太常、尚书省、司徒府等各行政机构的官员，他们有可能让一次次的奏议变成一条条成规制度；还有定谥和赐谥的皇帝，是他一锤定音、一字盖棺定谥；还有撰写墓志的文人，他们将墓主生前的历官行迹与朝廷赐谥熔融在一篇短小的墓志中；还有刻写墓志的刻工，在空间有限的石碑上排版刻写，他们可能要面临刻写墓志时朝廷赐谥还未到达或压根就不会有赐谥、而丧家却仍保留赐谥格套的情况，也可能要解决下葬时朝廷赐谥刚刚送至的补刻排版；还有当时收录、研究谥法的史书编撰者和

■■ 后 记

学者，他们的注解、阐释和推演使得本已固定化、模式化的《谥法》，在新的时代焕发出新的生机而适应新的要求。从涉及的制度来说，魏晋南北朝的谥法制度，不仅是丧礼的一部分，与丧葬制度、礼制息息相关，也与这一时期的考课制度、爵制、职官制度都有联动；目前基本不见一条一条关于谥法的规定，大多是在朝堂中讨论后定下来的"今礼"，而后可能变成后代引以为据的"故事"；它还多与社会背景、政治事件紧密相关。从目前的传世文献和出土资料看，承载谥号和谥法记载的，不仅有不同阶层不同身份的人的纪、传；还有各种诔辞、谥策文、哀策文、谥议文；不仅有吐鲁番文书中的《谥法》残本，还有实际刻写行迹和谥号的墓志。林林总总，从制度涉及的人、条文规定、实际运行，到涉及资料的多样性，都给我提出了很大的挑战。

幸运的是，这一路得到了很多先生的帮助和鼓励。2009 年 11 月，当我将急就的一篇囊括了魏晋南北朝谥法文献、官员谥法三大变化大约 3 万字的草章忐忑地呈送给研究所相识的老师时，很快就得到了他们的回应和点拨。楼劲老师指出研究魏晋以来官员赠谥的目的，应当要有所思考和交代；凌文超学友建议结合汉晋爵制变革以及北魏中后期官、爵演变分析；刘驰老师回信指出，若能将谥法与政治、官制等联系起来，似能更上一层楼；吴丽娱老师建议追寻和建立一条完整的赠谥发展链条。故宫博物院的王素先生诲示，可先进行学术史的梳理，并提出尚待解决的问题；接下来将此文三节分为三篇文章，加上吐鲁番出土谥法残卷也写一篇，五篇文章，成为一个系列。当文书"小白"马上将已草就但不敢拿出手的《吐鲁番文书所见〈谥法〉残本略考》发送给王素先生后，工作非常繁忙的他并没有嫌弃我这个文书研究的门外汉，马上给我回信，鼓励我"这篇论文，考证翔实，很不错"，同时就吐鲁番出土的《谥法》以及高昌国王的谥号来源提出了修改意见。诸位先生为我论文的修改、课题的展开提出了具体的、宝贵的意见，使我受益良多，正是这些谆谆教诲、真知灼见，战战兢兢的小白开始蹒跚学步。

正如王素先生帮我规划的那样，在以后的两年中，我陆续发表了四篇相关文章，为课题的申请奠定了基础。但是，前行的路途并不是一帆风顺的，在之后的工作和研究过程中，自己的兴趣点从北魏的制度，转移到秦汉三国简牍，之后又挪移到东亚木简上。这一路，那幅半途而废的挖井人漫画一直警醒着我。当我重新拾起压在书桌底下记有各朝官员谥号的笔记本时，时间已经过去了五六年。而今天呈现在面前的书稿，仍有各种缺陷，让我心生愧疚。

感谢业师李凭先生，一直对我的勉励；感谢中国社会科学院历史研究所（2019年改名为古代史研究所）卜宪群研究员，从课题的研究到书稿的出版，他都给予了大力支持。感谢现任教于石河子大学的西南师范大学同级校友杨向奎教授，就行状的功用等问题，我们在微信中有过具体探讨，长于墓志研究的他经常鼓励我早日将书稿出版。感谢秦汉史研究室和魏晋南北朝史研究室的同仁，团结友爱的工作氛围让人如沐春风。感谢我的家人，在生活上无微不至的照顾，在工作上无条件地支持，让我拥有一方温馨宁静的小天地潜心学习和研究。感谢硕士生章泽玮、刘卓、邱收，帮我核对引文。感谢中国社会科学出版社宋燕鹏编审辛勤的编辑，并宽容我的拖沓，使小书得以付梓。

法国作家司汤达的墓志铭书写着，"Il a vécu, il a écrit, il a aimé（活过，写过，爱过）"；如果，有一天让我写下自己的铭文，我希望是"学勤好问，忠和纯备"……

戴卫红
2023年11月于社科嘉园